I ROMANZI ANTICHI E IL CRISTIANESIMO: CONTESTO E CONTATTI

Ilaria RAMELLI

I romanzi antichi e il Cristianesimo: contesto e contatti

WIPF & STOCK · Eugene, Oregon

Wipf and Stock Publishers
199 W 8th Ave, Suite 3
Eugene, OR 97401

I Romanzi Antichi e il Cristianesimo
Contesto e Contatti
By Ramelli, Ilaria L. E.

ISBN 13: 978-1-62032-032-7
Publication date 3/1/2012
Previously published by Signifier Libros, 2001

"The first edition of this mongraph was published
in Madrid in 2001, by Signifier Libros."

"I would like to warmly thank Sabino Perea Yebenes
and Signifier Libros for allowing me to republish my book."

A mia madre

Sommario

Preface (B.P. Reardon) 11
Prefazione dell'autrice 13
Introduzione 17
Nota importante 22

Capitolo 1. Caritone di Afrodisia 23
Capitolo 2. Senofonte di Efeso 45
Capitolo 3. Giamblico 63
Capitolo 4. Achille Tazio 81
Capitolo 5. Longo Sofista 103
Capitolo 6. Eliodoro 125
Capitolo 7. Luciano 143
Capitolo 8. Petronio 163
Capitolo 9. Apuleio 193

Conclusioni 221

Bibliografia 231
Bibliografia su Caritone 233
Bibliografia su Senofonte Efesio 238
Bibliografia su Giamblico 241
Bibliografia su Achille Tazio 244
Bibliografia su Longo Sofista 248
Bibliografia su Eliodoro 256
Bibliografia su Luciano 260
Bibliografia su Petronio e sulla parodia nel mondo classico 266
Bibliografia su Apuleio 277
Bibliografia generale sul romanzo antico 289

Preface

In the society that arose after the second world war, there has been growing interest in the conditions of life in the complex world of the Roman Empire, especially in the provinces. One focus of this interest has been ancient prose fiction, increasingly seen, in the last generation, as a coherent phenomenon. A major stage in this process was the publication in 1967 of Ben Edwin Perry's *The Ancient Romances* (though his own work in the field went back fifty years earlier). For Perry, this fiction symptomized a degraded post-Hellenistic society. That view is not fashionable now, but it contains an important kernel. Whereas for almost a hundred years, under the crushing condemnation of Rohde – and, it must be emphasised, a totally mistaken chronology for the form – these narrative texts had been dismissed as trivial, insignificant, worthless, Perry took them seriously; and that is the root of the modern revival of interest in them. It is against this background that Ilaria Ramelli has constructed her inquiry into their contacts with contemporary Christianity.

Ancient prose fiction can be viewed in several perspectives. On one level, it is an extension of New Comedy: simple entertainment, with no pretensions to significance. But there is a deeper level. Ancient novels are not just fantasy narratives, empty of real human content. They are about people - not, like much of the literature that surrounded them, about books or traditions. As the author observes, they have ethical values: chastity, fidelity. Unlike the Latin novels, the Greek romances are very largely idealizing; but that does not mean that they do not talk about real people.

Conditions in the early Roman Empire were propitious to the new form of prose fiction, «the open form for the open society», to use Perry's expression: a large world, extensive communications, a homogeneous political structure imposed by Rome; an open and progressive moral and spiritual atmosphere, under the impulse of developing philosophies and religions; Eastern Mediterranean society adapting to openness. It is not surprising to see these conditions issuing in experimental literature and also in the pre-political Christianity of a still pagan world. Both are looking for a goal. Naturally they have elements in common.

As the author points out, prose narrative literature and nascent Christianity have not often been seen together by scholars. But they are closer than they may seem, and their collocation may be fruitful. It would not be realistic to expect dramatic results from such an examination, but it is an area of inquiry that deserves careful attention. It is welcome that the challenge has been accepted here.

B.P. Reardon

Prefazione dell'autrice

Il presente lavoro è il risultato di uno studio svolto nell'arco di diversi anni a proposito dei rapporti tra il romanzo antico e il Cristianesimo, due mondi che generalmente, almeno a un primo sguardo, non si pensa che possano essere accostati né, tanto meno, intersecati. Eppure, sembra che valga la pena di intraprendere una ricerca di questo tipo, anche solo in base alla constatazione preliminare che i romanzi antichi presentano certamente alcune istanze religiose ed etiche talora molto marcate e particolarmente insistite: penso, ad esempio, alla speciale messa a fuoco del valore della castità, di quello della fedeltà o della perseveranza fino al martirio in autori come Achille Tazio o Eliodoro, o, d'altra parte, all'avversione alla violenza e al suicidio, o, ancora, al tema della fede nella divinità, che salva anche con miracoli, ad esempio in Senofonte Efesio e in Eliodoro. Dall'altra parte, il Cristianesimo, che andava espandendosi e sviluppandosi nei periodi e nelle aree in cui i romanzieri antichi scrivevano, predicava istanze e valori che presentano spesso una sorprendente affinità con quelli che emergono nei romanzi.

Certamente, il Cristianesimo non ebbe un'incidenza sociale determinante fino, almeno, al secondo secolo, e molti romanzi risultano scritti prima che il Cristianesimo stesso cominciasse ad avere un effetto rilevante sulla società. Tuttavia, da un lato, cercherò di dimostrare che, almeno in determinate zone e in precisi momenti storici (come ad esempio la Roma della tarda età neroniana), già dal I secolo i Cristiani erano forse meno sconosciuti al mondo pagano di quanto in genere non si supponga. In secondo luogo, si può senz'altro dimostrare l'esistenza almeno di una "temperie spirituale" comune, sotto molti rispetti, tanto ai romanzieri antichi quanto ai Cristiani – anche se soltanto in pochi casi si può giungere a ipotizzare che in alcuni romanzi antichi si trovino precise allusioni al Cristianesimo.

In ogni caso, per quanto le correlazioni fra questi due fenomeni sociali non siano sistematiche, un'impostazione e un'analisi di tali rapporti appare interessante di per sé e vale senz'altro la pena di essere svolta, poiché si tratta comunque di mettere a punto, studiare e illuminare un aspetto non trascurabile della società dei primi due-tre secoli dell'era cristiana.

Come suggerisce il titolo stesso, infatti, il Cristianesimo fa senz'altro parte del "contesto" del romanzo antico e questo studio si propone di analizzare i "contatti" tra i due mondi, quello del romanzo antico e quello cristiano antico, dal punto di vista storico, linguistico e culturale, con la messa in luce di alcune tematiche comuni, di alcune istanze etiche e religiose, che sembrano rivelare una temperie spirituale molto affine. Il metodo seguito, il più sistematicamente possibile, è quello dell'analisi del contesto storico, culturale e religioso di ciascun romanzo, con lo studio delle fonti disponibili sulla presenza del Cristianesimo nel tempo e nel luogo di ciascun romanziere e, soprattutto, con l'analisi del testo del romanzo finalizzata ad evincerne gli eventuali punti di contatto e affinità con il mondo cristiano e la letteratura cristiana antica, a livello sia linguistico sia tematico, nonché, in alcuni casi, qualche possibile allusione al fatto cristiano stesso da parte dei romanzieri.

Ritengo particolarmente importante notare, a questo proposito, che simili allusioni sembrano presenti già a uno stadio molto precoce dello sviluppo sia del romanzo antico sia del Cristianesimo: intendo nel *Satyricon* di Petronio, la cui analisi per me in qualche modo segna l'inizio della presente ricerca. Avendo, infatti, riscontrato diverse allusioni apparentemente puntuali ai Cristiani e al fatto cristiano in Petronio[1], nella tarda età neroniana, in una temperie storica e in una città come Roma, in cui il Cristianesimo era certamente noto agli ambienti pagani, mi è parso opportuno estendere la ricerca e la verifica anche agli altri romanzieri antichi, secondo un piano il più possibile sistematico: e ne è risultato il presente lavoro, la cui struttura è volutamente molto lineare, in quanto ogni capitolo è dedicato all'analisi di ciascun romanziere, a partire da quelli greci per terminare con i due latini[2].

Un motivo concorrente che mi ha spinto a intraprendere questa ricerca è la circostanza che, a quanto mi risulta, sul tema del "contesto" cristiano dei romanzi pagani e dei "contatti" fra questi due mondi sia stato scritto relativamente poco, certo anche perché è solo da una trentina d'anni a questa parte che il romanzo antico, come genere letterario, è stato preso in seria considerazione e valutato come un prezioso documento che riflette, in qualche modo, la società in cui nacque. Un dato di fatto, inoltre, non è trascurabile: gli studiosi di Cristianesimo antico e di letteratura cristiana antica in genere non si occupano dei romanzi antichi e non ne sono esperti; d'altra parte, è abbastanza raro che uno studioso competente in fatto di romanzi antichi sia anche interessato ed esperto a proposito degli aspetti storico-letterari del Cristianesimo antico.

---

[1] "Petronio e i Cristiani: allusioni al Vangelo di Marco nel *Satyricon*?", *Aevum* 70, 1996, 75-80.

[2] La presente analisi si limita ai romanzi giuntici completi, in originale o in epitome. Ho deliberatamente escluso i frammenti e anche la *Historia Apollonii Regis Tyri*, che implica troppe questioni storico-letterarie che non sarebbe stato il caso di affrontare qui, a proposito della data (alcuni la datano al VI secolo d.C., altri al III), del problema se sia un rifacimento, se sia esso stesso un testo cristiano, se vi siano interpolazioni, se la lingua originale sia il greco o il latino e simili. Rinvio per tutto allo studio di G. SCHMELING, "Apollonius of Tyre: Last of the Troublesome Latin Novels", in *ANRW* II, 34, 4, Berlin-New York 1998, 3270-3291 con bibl.: Schmeling ritiene che sia dei primi del III secolo, che sia stato scritto originariamente in latino, che quanto ci rimane sia il testo completo e che rechi le tracce di rifacimenti cristiani; al presente, sta studiando il romanzo di Apollonio il dott. Stelios Panayotakis (Groningen).

Il poco che, dunque, è stato scritto sui rapporti tra i romanzi antichi e il Cristianesimo, inoltre, è stato scritto in modo tutt'altro che sistematico (ad esempio, qualche ipotesi di Cabaniss sulle possibili allusioni al Cristianesimo in Petronio, un capitolo di Thiede sulle eventuali allusioni al Cristianesimo in Caritone, i suggerimenti poco sviluppati di Bowersock sulla probabilità che il Cristianesimo abbia influenzato certe narrazioni e determinate topiche dei romanzi antichi, un articolo di Hunink sulle possibili allusioni derisorie ai Cristiani in Apuleio) o comunque con prospettive differenti alla presente. Si è studiata recentemente in dovizia, infatti, e si sta studiando attualmente con profitto, soprattutto in America, la presenza di elementi romanzeschi nella narrativa cristiana antica, mentre, per converso, quasi nulla è stato fatto per verificare se nella narrativa pagana antica, e segnatamente nei romanzi, non vi siano elementi di convergenza con il Cristianesimo antico, o addirittura, in qualche caso, anche allusioni ai Cristiani e al fatto cristiano in genere. Questo è un aspetto che non credo sia stato sufficientemente studiato e discusso: il presente lavoro si propone di colmare, almeno molto parzialmente, questa lacuna.

I risultati della presente indagine sono molto diversificati: in alcuni casi il "contesto" cristiano e i "contatti" con il Cristianesimo sono evidenti, in altri casi sono solo probabili, in altri ancora appaiono del tutto incerti. Tali contatti, poi, laddove possano essere individuati, risultano appartenenti a più livelli, da quello tematico a quello linguistico. I risultati ottenuti, inoltre, senz'altro non sono definitivi né esaustivi, ma spero che possano contribuire all'illustrazione del rapporto tra il mondo del romanzo antico e quello cristiano antico, due mondi che si rivelano sempre meno isolati e sempre più dotati di comunicazione a più livelli: storico e sociologico, letterario e linguistico, spirituale (morale e religioso). Il lavoro rimane, naturalmente, aperto sia a ulteriori dati e acquisizioni sia a ulteriori verifiche e intelligenti interpretazioni dei dati già ottenuti e analizzati.

Introduzione

Recentemente molti interventi dei critici si sono concentrati sui rapporti tra il romanzo classico e la letteratura cristiana antica, che risultano in effetti notevoli sotto diversi aspetti, da quelli linguistici, sia lessicali sia morfologici e sintattici, a quelli topico-narrativi, fino a spunti, talora, intellettuali e filosofici. Per citare soltanto i più recenti, comparsi nell'ultimo decennio, ricordo i seguenti titoli, nell'ordine alfabetico degli autori:

AA.VV., *Ancient Fiction and Early Christian Narrative*, edd. R.F. HOCK-J.B. CHANCE-J. BRADLEY-J. PERKINS, Atlanta 1998, Society of Biblical Literature, Symposium Series Number 6.

L. ALEXANDER, "In Journeyings Often: Voyaging in the Acts of the Apostles and in Greek Romance", in *Luke's Literary Achievement: Collected Essays*, ed. C.M. Tucket, Sheffield 1995, 17-39.

Eiusd. "Fact, Fiction and the Genre of Acts", *New Testament Studies* 44, 1998, 380-399.

Eiusd. "Better to Marry than to Burn: St. Paul and the Greek Novel", in *Ancient Fiction*, cit., 235-256.

R.S. ASCOUGH, "Narrative Technique and Generic Designation: Crowd Scenes in Luke-Acts and Chariton", *Catholic Biblical Quarterly* 58, 1996, 69-81.

M. AUBIN, "Reversing Romance? The *Acts of Thecla* and the Ancient Novel", in *Ancient Fiction*, cit., 257-272.

R. BECK, "History into Fiction: the Metamorphoses of the Mythras Myths, c. 60-120 C.E.", in *The Ancient Novel in Context. Proceedings of the Third International Conference on the Ancient Novel, Groningen, 25-30 July 2000*, edd. M. Zimmerman-S. Panayotakis-W. Keulen, in corso di pubblicazione.

J.-A. BRANT, "Divine Birth and Apparent Parents: the Plot of the Fourth Gospel", in *Ancient Fiction*, cit., 199-217.

Eiusd. "Husband Hunting: Characterization and Narrative Art in the Gospel of John", *Biblical Interpretation* 4, 1996, 205-223.

J. BREMMER, "The Novel and the Apocryphal Acts: Place, Time and Readership", in *Groningen Colloquia on the Novel*, IX, edd. H. Hofmann-M. Zimmerman, Groningen 1998, 157-180.

J.B. CHANCE, "Divine Prognostication and the Movement of Story: An Intertextual Exploration of Xenophon's *Ephesian Tale* and the *Acts of the Apostles*", in *Ancient Fiction*, cit., 219-234.

K. CHEW, "The Representation of Violence in the Greek Novels and Martyr Accounts", in *The Ancient Novel in Context*, cit.

K. COOPER, *The Virgin and the Bride: Idealized Womanhood in Late Antiquity*, Cambridge 1996.

S. DÖPP, "Roman-romanhafte Literatur", in *Lexikon der antiken Christlichen Literatur*, edd. S. Döpp-W. Geerlings, Freiburg im Breisgau 1998, 533-535.

D.R. EDWARDS, "Defining the Web of Power in Asia Minor", *Journal of the American Academy of Religion* 62, 1994, 699-718.

Eiusd. *Religion and Power: Pagans, Jews and Christians in the Greek East*, New York 1996.

CH.W. HEDRICK, "Conceiving the Narrative: Colors in Achilles Tatius and the Gospel of Mark", in *Ancient Fiction*, cit., 177-197.

Eiusd. "Representing Prayer in Mark and Chariton", *Perspectives in Religious Studies* 22, 1995, 239-257.

B. HEINENGER, *Metaphorik, Erzählstruktur und szenisch-dramatische Gestaltung in der Sondergutgleichnissen bei Lukas*, Münster 1991.

T. HILHORST, "Erotic Elements in the *Shepherd of Hermas?*", in *Groningen Colloquia on the Novel*, IX, cit., 193-204.

R.F. HOCK, "A Support for His Old Age: Paul's Plea on behalf of Onesimus", in *The Social World of the First Christians: Essays in Honor of Wayne A. Meeks*, edd. L.M. White-O.L. Yarborough, Minneapolis 1995, 67-81.

Eiusd. "Why New Testament Scholars Should Read Ancient Novels", in *Ancient Fiction*, cit., 121-138.

Eiusd. "Social Experience and the Beginning of the Gospel of Mark", in *Reimagining Christian Origins: A Colloquium Honoring Burton L. Mack*, edd. E.A. Castelli-H. Taussig, Valley Forge 1996, 311-326.

Eiusd. "The Parable of the Foolish Rich Man (Luke 12: 16-20) and Graeco-Roman Conventions of Thought and Behavior", in *Early Christianity and Classical Culture: Essays in Honor Abraham J. Malherbe*, ed. J.T. Fitzgerald *et al.*, Valley Forge 2000.

Eiusd. "Recent Literature on the Greek Novel and Early Christian Literature", *The Petronian Society Newsletter* 30, 1-2, April 2000, 9-11.

G. HUBER-REBENICH, "Hagiographic Fiction as Entertainment", in *Latin Fiction: the Latin Novel in Context*, ed. H. Hofmann, London 1999, 187-212.

D. KONSTAN, "Acts of Love: A Narrative Pattern in the Apocryphal Acts", *Journal of Early Christian Studies* 6, 1994, 15-36.

D.R. MACDONALD, "Secrecy and Recognition in the *Odyssey* and Mark: Where Wrede Went Wrong", in *Ancient Fiction*, cit., 139-153.

Eiusd. "The Shipwrecks of Odysseus and Paul", *New Testament Studies* 45, 1999, 88-107.

S. PANAYOTAKIS, "Death Scenes in *Apollonius, King of Tyre*", in *The Ancient Novel in Context*, cit.

J. PERKINS, *The Suffering Self: Paul and Narrative Representation in the Early Christian Era*, London-New York 1995.

Eiusd. "Social Geography in the Apocryphal Acts of the Apostles", in *The Ancient Novel in Context*, cit..

R.I. PERVO, "The Ancient Novel becomes Christian", in *The Novel in the Ancient World*, ed. G. Schmeling, Leiden 1996, 685-711.

Eiusd. "Early Christian Fiction", in *Greek Fiction. The Greek Novel in Context*, London-New York 1994, 239-254.

Eiusd. "A Hard Act to Follow: The *Acts of Paul* and the Canonical *Acts*", *Journal of Higher Criticism* 2, 1995, 3-32.

W. SHINER, "Creating Plot in Episodic Narratives: The *Life of Esop* and the *Gospel of Mark*", in *Ancient Fiction*, cit., 155-176.

CH. THOMAS, "Stories without Texts and without Authors: The Problem of Fluidity in Ancient Novelistic Texts and Early Christian Literature", in *Ancient Fiction*, cit., 273-291.

K. WALDNER, "Gewalt und Wahrheit: zur Repräsentation öffentlicher Bestrafung in der kaiserzeitlichen Literatur", in *The Ancient Novel in Context*, cit.

L.M. WILLS, *The Quest of the Historical Gospel: Mark, John and the Origin of the Gospel Genre*, London-New York 1997.

L'indagine dei rapporti in particolare tra il romanzo e la letteratura cristiana antica si è orientata finora, nella maggior parte dei casi, in questo senso: trovare elementi tipici del romanzo antico entro i prodotti letterarî della prima Cristianità, sia gli scritti neotestamentarî sia la letteratura patristica sia soprattutto gli apocrifi. I risultati di questa ricerca si sono rivelati sin dall'inizio notevoli, e tali continuano a rivelarsi, almeno a quanto ho potuto riscontrare. Poco invece mi sembra che si sia lavorato in senso opposto: in effetti il terreno sembra in tal caso ancora più insidioso e la ricerca potrebbe non approdare a nulla. Ma credo che valga la pena di tentare ugualmente, ed è quello che mi proporrei di fare in questa sede.

L'intento della presente indagine infatti vorrebbe essere quello di verificare non tanto se nella letteratura cristiana antica vi siano elementi romanzeschi, bensì, all'opposto, se nei romanzi classici vi siano elementi cristiani. Ho esposto la questione in questi termini per semplificare il più possibile i miei scopi; in verità, ad un quesito così formulato si sarà naturalmente portati a rispondere in maniera negativa. Più precisamente, dunque, mi proporrei di verificare se nei romanzi classici greci e latini, almeno quelli completi e, per così dire, "canonici"[3], vi siano indizî che rivelino una qualche conoscenza, da parte dell'autore, dei Cristiani e della loro dottrina, eventualmente sotto forma di allusione critica o derisoria, anche di impronta parodistica, al fatto cristiano e ai Cristiani stessi[4], oppure sotto forma di una certa "vicinanza spirituale", o comunanza di valori, con il Cristianesimo. È ovvio che in una ricognizione di questo genere il rischio al quale si è maggiormente esposti è quello di vedere tali indizî ed accenni anche là dove essi non sono affatto. Ne sono pienamente consapevole, e mi spaventa anche la vastità delle competenze richieste da una ricerca di questo tipo. Appunto per le difficoltà intrinseche ad un simile lavoro, quindi, è opportuno procedere con la massima cautela e con un metodo di indagine mirato, previamente stabilito e quanto più possibile accurato ed articolato, proprio per poter offrire un quadro ricco e preciso del contesto culturale dei romanzi antichi e dei possibili contatti tra i romanzieri, il loro pubblico e il mondo cristiano.

In primo luogo, credo sia bene verificare se l'epoca di composizione di ciascun romanzo ed il suo contesto geografico consentano di supporre, alla luce delle conoscenze acquisite relative alla diffusione del Cristianesimo nei primi secoli, almeno la possibilità di una qualche conoscenza dei Cristiani da parte dell'autore. Occorre anche domandarsi se gli interessi dell'autore, da un lato, e, dall'altro lato, quelli del pubblico al quale questi si rivolgeva, potessero portare, in qualche misura, ad una certa attenzione, anche critica e polemica, verso la nuova religione, le sue dottrine e coloro che la professavano: è noto del resto che l'attenzione dei romanzieri antichi per gli aspetti religiosi ha fatto parlare del romanzo greco come di un veicolo di propaganda religiosa: un percorso critico seguito dal Merkelbach e oggi rettificato ma non abbandonato[5]. Un'attenta analisi del testo poi potrebbe rivelare non solo elementi linguistici comuni anche alla letteratura cristiana antica, che sono per altro indizî di per sé spesso labili e sovente privi di valore probante ai fini della dimostrazione di

[1]Al gruppo di romanzieri greci costituito, nell'ordine cronologico e dei capitoli del mio lavoro, da Caritone, Senofonte Efesio, Giamblico, Achille Tazio, Longo Sofista ed Eliodoro, affianco l'analisi di Luciano, prima di passare al romanzo latino con Petronio ed Apuleio, ai quali sono dedicati gli ultimi due capitoli.

[2] Secondo Glen Bowersock, i romanzieri non mancherebbero di alludere ai Cristiani nelle loro opere: G.W. BOWERSOCK, *Fiction as History: Nero to Julian*, Berkeley 1994, Sather Classical Lectures 58. Le tesi di Merkelbach saranno analizzate *infra.*

[3] M.J. HIDALGO DE LA VEGA, "La novela griega como vehículo de propaganda religiosa", in *Formas de difusión de las religiones antiguas. Segundo encuentro-coloquio de ARYS. Jarandilla de la Vera. Diciembre 1990,* edd. J. Alvar-C.Blánquez-C.G. Wagner, Madrid 1991, 197-214 con bibliografia.

una effettiva dipendenza, ma anche l'espressione di valori, quali la fedeltà, la castità, la fede, il rispetto per la vita umana, che rinviano a un mondo spirituale vicino a quello cristiano, oppure spunti topico-narrativi, cenni, anche polemici e parodistici, ai Cristiani, alla vita di Gesù e al Cristianesimo in generale, con i suoi insegnamenti e le sue convinzioni. Naturalmente in questo caso è indispensabile un vaglio severo, onde verificare ad es. che non si tratti di topiche diffuse già precedentemente o indipendentemente rispetto al Cristianesimo, o che i presunti cenni alla vita di Gesù o ai Cristiani o alle loro dottrine non siano in realtà allusioni a tutt'altro. In varî casi naturalmente sarà difficile trovare dati determinanti nell'uno o nell'altro senso e sarà forse necessario lasciare aperto il problema. Per alcuni autori, poi, vi sono fonti che attestano una loro stretta connessione con il Cristianesimo: di Achille Tazio o di Eliodoro si dice che furono addirittura vescovi. Queste notizie andranno vagliate con attenzione critica, alla luce sia di quanto sappiamo su ciascun romanziere e dell'analisi del suo romanzo, da un lato, sia, dall'altro lato, alla luce della storia primitiva del Cristianesimo. In alcuni casi, infine, come per Luciano, è pacifico tra gli studiosi che il narratore avesse conoscenza del Cristianesimo: non v'è dubbio infatti che Luciano stesso parli dei Cristiani. Qui si tratterà allora di verificare se, in primo luogo, anche altri passi dell'opera lucianea, oltre a quelli già ampiamente riconosciuti e discussi dalla critica, possano contenere allusioni al Cristianesimo. In secondo luogo, sarà opportuno cercare di definire con precisione l'atteggiamento del prosatore verso i Cristiani e le loro dottrine.

Per alcuni autori, in particolare per Petronio, la presente indagine si configura come la continuazione di piccole osservazioni da me già formulate in precedenza. Questa dunque è per me una gradita occasione per estendere sistematicamente l'analisi a tutti i romanzieri classici, procedendo, con una metodologia essenzialmente comune, ad una ricerca più globale che spero possa rivelarsi non completamente priva di frutti e che possa anche, eventualmente, servire come stimolo alla critica e come incentivo ad ulteriori ricerche, facilmente conducibili da studiosi di competenze ben maggiori delle mie sia in estensione sia in profondità. Va da sé che i risultati dell'intera analisi rimarranno nell'àmbito della probabilità: l'importante sarà aver lavorato con la massima serietà ed il massimo impegno, ed aver motivato le mie ipotesi sulla base di una analisi, quanto più accurata ed approfondita possibile, delle fonti disponibili.

Nota importante

In apertura del presente lavoro desidero esprimere la più viva e sincera riconoscenza al dottor Sabino Perea Yébenes, per il cortese interesse dimostratomi e per avere accettato di accogliere questo studio nella sua collana, e al professor Giuseppe Zanetto, per la generosa fiducia accordatami, i preziosi consigli e la costante e cortese disponibilità nel seguire sin dall'inizio questo lavoro nelle sue varie fasi di elaborazione. Ringrazio anche il dottor Nicola Pace e i professori Giuseppina Barabino, Kathryn Chew, Gabriele Burzacchini, Bryan Reardon, Gareth Schmeling e, soprattutto, Marta Sordi per la loro gentile attenzione, per avere letto interamente quest'opera e per avermi consigliato nell'àmbito delle rispettive competenze. Un particolare debito di gratitudine va anche al prof. Stelios Panayotakis, che ha letto i capitoli su Senofonte Efesio e su Apuleio, e alla professoressa Judith Perkins, che ha letto i capitoli su Petronio e su Apuleio; ai professori padre Ignace de la Potterie, Aldo Setaioli, Carsten Peter Thiede e Maaike Zimmerman per il loro interesse soprattutto verso le mie ipotesi riguardo a Petronio. Un sentito ringraziamento, infine, allo stesso prof. Zanetto e al prof. Sergio Daris, che mi hanno esortato a intraprendere questa ricerca, e al prof. Bryan Reardon che mi ha fortemente incoraggiata a pubblicarla e ne ha preparato una gradita prefazione.

1
Caritone di Afrodisia

La presente analisi prende avvio dal *Romanzo di Calliroe* di Caritone di Afrodisia, il primo romanzo greco cronologicamente appartenente all'èra cristiana. La maggior parte degli studiosi moderni infatti, quali Grimal, Schmeling, Gerschmann, Plepelits, Bompaire[1], Molinié, Müller, Reardon, Connors, Thiede, Erim[2], van der Horst, Ruiz Montero, Roncali o Crismani[3],

---

[1] P. GRIMAL, *Romans grecs et latins,* Paris 1958, 381-382, data fra Cicerone e Apuleio; G. SCHMELING, *Chariton*, New York 1974, 24-25: verso il 125 d.C.; K.H. GERSCHMANN, *Chariton-Interpretationen*, Münster 1975, IV: verso la fine del I sec. d.C.; K. PLEPELITS, intr. a *Chariton von Aphrodisias*, Stuttgart 1976, 8-9: prima dell'età adrianea; J. BOMPAIRE, "Le décor sicilien dans le roman grec et dans la littérature contemporaine", *REG* 90, 1977, 55-68: intorno al 100 d.C. o prima. B.E. PERRY, *The Ancient Romances. A Literary-historical Account of Their Origins*, Berkeley-Los Angeles 1967, propone una data al I secolo d.C., orientandosi più sulla parte centrale che sulla fine del secolo; con lui concorda sostanzialmente B.P. REARDON, "The Greek Novel", *Phoenix* 23, 1969, 291-309.

[2] G. MOLINIÉ, intr. a *Le roman de Chairéas et Challirhoé*, Paris 1979, 1-4, data fra il 50 e il 125; C.W. MÜLLER, *Der griechische Roman. Neues Handbuch der Literaturwissenschaft*, ed. E. Vogt, Wiesbaden 1981, 377-412, part. 397: I secolo d.C; B.P REARDON, "Theme, Structure and Narrative in Chariton", *YClS* 27, 1982, 1 n. 3; Id. (ed), *Collected Ancient Novels*, Berkeley-Los Angeles 1989, 17: il prof. Bryan Reardon, in una conferenza su Caritone tenuta all'Università degli Studî di Milano il 17.V.1999, ha sostenuto che la *Callirhoen* della fine della I satira di Persio è il romanzo caritoniano o una sua rielaborazione come mimo e che dunque Caritone ha scritto il suo romanzo non dopo gli anni Cinquanta del I secolo: vedremo che questa posizione è sostenuta anche da C.P. Thiede e da C. CONNORS, "Ancient Novels and the Language of Place", in *The Ancient Novel in Context. Proceedings of the Third International Conference on the Ancient Novel (Groningen, 25-30 July 2000)*, edd. M. Zimmerman-S. Panayotakis-W. Keulen, in corso di pubblicazione, che invoca anch'ella il verso di Persio pur non considerandolo "a definitive proof for an early date of Chariton"; K. ERIM, *Aphrodisia: City of Venus Aphrodite*, London 1986, 166. R. TURASIEWICZ, "De participii apud Xenophontem Ephesium usu", *Eos* 79, 1991, 17-22, analizza le costruzioni participiali in Senofonte e in Caritone: Senofonte, pur usando la *koiné*, non si stacca troppo dall'uso classico, comunque meno di Caritone, che è dunque anteriore rispetto a Senofonte stesso.

[3] P.G. VAN DER HORST, "Chariton and the New Testament. A Contribution to the Corpus Hellenisticum" *NT* 25, 1983, 348-355, part. 349: data alla seconda metà del I sec. d.C.; C. RUIZ MONTERO, "Chariton von Aphrodisias: ein Überblick", in *ANRW* II 34, 2, 1994, 1006-1054, part. 1007-1012, agli ultimi anni del I o ai primi del II sec. d.C. (1012); R. RONCALI, intr. a Caritone di Afrodisia, *Il romanzo di Calliroe*, Milano 1996, 5-63, part. 15-24: seconda metà del I-primi decenni del II; un aggiornato *status quaestionis* cui rinvio sin d'ora sui problemi della composizione e della datazione di ciascuno dei cinque singoli romanzi è D. CRISMANI, *Il teatro*

appare generalmente concorde nell'assegnare l'opera di Caritone a un periodo compreso fra l'età neroniana e l'età traianea o adrianea, dalla metà circa del I secolo d.C. ai primi decenni del II secolo. Se risulta in effetti difficile trovare un inoppugnabile *terminus post quem* per Caritone, a parte l'accenno ai Cinesi (Char. VI 4, 2), che sembra rinviare all'età augustea e ai contatti allora inaugurati fra Roma e l'Oriente[4], un *terminus ante quem* può essere fissato su base papirologica verso la metà del II secolo[5] e probabilmente su base giuridica all'età adrianea[6]. Anche i dati stilistici, retorici, lessicali e letterari paiono confermare la suddetta datazione[7]. Dal punto di vista cronologico, dunque, sembra aperta almeno la possibilità di una conoscenza del fatto cristiano da parte dell'autore della *Calliroe*.

Come è noto, le uniche notizie a nostra disposizione su Caritone ci vengono fornite da lui stesso in apertura del romanzo: "Io, Caritone di Afrodisia, segretario [ὑπογραφεύς] del retore Atenagora" (Char. I, I 1). L'epigrafia depone a favore della storicità di entrambi i personaggi citati, i cui nomi sono presenti in iscrizioni di Afrodisia insieme con i nomi di alcuni personaggi del romanzo[8]. Forse Atenagora è da identificarsi con il retore di cui

---

nel romanzo ellenistico d'amore e d'avventure, Alessandria 1997, part. 121-131 (*Appendice*): se ne veda anche la positiva recensione di R. LAURIOLA, *A&R* 44, 1999, 89-90. Gli studi delle ultime tre autrici, Consuelo Ruiz Montero, Renata Roncali e Daria Crismani, si segnalano anche per una ricca e aggiornata bibliografia, accanto a cui indico quella di Chariton, *Callirhoe*, Cambridge (Mass.)-London 1995, I-II, part. 20-26.

[4] L'indizio è studiato soprattutto da A.D. PAPANIKOLAOU, *Chariton-Studien*, Göttingen 1973, part. 161-163, che però si è mantenuto forse troppo vicino al *terminus post quem* nella sua datazione alla seconda metà del I sec.: lo confuta RUIZ MONTERO, "Chariton", 1041-1048.

[5] P. Fay. 1, con frammenti del l. IV (B. GRENFELL-A. HUNT-D. HOGARTH, *Fayûm Towns and their Papyri*, I, London 1901, 74-82); P. Oxy. 1019, con frr. del l. II (*The Oxyrhynchus Papyri*, VII, ed. A. Hunt, London 1910, 143-146); Pap. Oxy. 2948, con parti del l. II (*The Oxyrhynchus Papyri*, XLI, ed. Weinstein, London 1972, 12-14); P. Michael. 1, con frr. del l. II (*Papyri Michaelidae*, Aberdeen 1955, 1-3): C. LUCKE, "Zum Charitontext auf Papyrus", *ZPE* 58, 1985, 21-33.

[6] PLEPELITS, intr. a *Chariton*, 8-9, notava che dal regno di Adriano in poi il padrone non poteva più uccidere uno schiavo, mentre nel romanzo (II 7) il padrone lo può fare ed è quindi probabile che l'opera vada assegnata a un periodo precedente.

[7] Ampia rassegna in RUIZ MONTERO, "Chariton", 1041 sgg., cui rinvio senz'altro.

[8] *Monumenta Asiae Minoris Antiqua*, VIII, 10, *Aphrodisias*, 72-147, con attestazioni dei nomi di Caritone, Atenagora, Dionisio, Cherea; si veda C. RUIZ MONTERO, "Caritón de Afrodisias y el mundo real", in *Piccolo mondo antico. Appunti sulle donne, gli amori, i costumi, il mondo reale nel romanzo antico*, a c. di P. Liviabella Furiani-A.M. Scarcella, Edizioni Scientifiche Italiane, Pubblicazioni dell'Università di Perugia, Napoli 1989, 107-147, part. 117-123.

ci testimonia il poeta Ammiano ai primi del II secolo[9]. In base alle testimonianze epigrafiche è dunque probabile che, per quanto il nome di Caritone fosse assai diffuso[10], l'autore del nostro romanzo fosse un letterato della Caria attivo nel I secolo d.C.-inizi II secolo, segretario di un retore e non inesperto di diritto, della città caria di Afrodisia, presente in testi letterari fino dal tempo di Silla[11]. La Caria, nel periodo in cui Caritone visse, era una regione in cui erano già presenti germi di Cristianesimo, dovuti soprattutto all'attività missionaria di san Paolo: oltre ad Afrodisia vi appartenevano ad esempio Magnesia, Tralle, Antiochia, Alicarnasso, Mileto, Coo, Cnido. Paolo infatti si fermò a predicare a Giudei e pagani ad Antiochia di Pisidia (*At* 13, 3 sgg.) e il messaggio cristiano si diffuse presto in tutta la regione (*ibid.* 49), mentre nella stessa Antiochia prosperava una comunità cristiana; attraversata la Pisidia, Paolo giunse a predicare in Panfilia, altra regione vicina alla Caria (*At* 14, 24); in occasione della permanenza più che biennale di Paolo a Efeso fra il 54 e il 57 (*At* 18, 19; 19, 1; 20, 31)[12], città prossima alla Caria dove nacque una importante comunità cristiana legata a Giovanni[13] e alla quale Paolo indirizzò un'epistola (*Ef*), gli *Atti* ricordano che tutta la provincia d'Asia udì il messaggio evangelico (*At* 19, 10). Paolo fu anche in altre città della Caria, come Mileto (*At* 20, 15); Gerapoli, Colossi e Laodicea, nella zona settentrionale della Caria, furono presto sedi di altrettante comunità cristiane: basti pensare rispettivamente a Papia, vescovo di Gerapoli nei primi decenni del II secolo, all'epistola di san Paolo ai Colossesi (*Col*) o a quella che nell'*Apocalisse* è indirizzata all'"angelo" (forse il vescovo[14]) di Laodicea (*Ap* 3, 14-22). Pure nelle città carie di Magnesia e di Tralle i Cristiani si trovano ben presto

---

[9] Di questa discussa identificazione si è occupata C. RUIZ MONTERO, "Una observación para la cronología de Caritón de Afrodisias", *EClás* 25, 1980, 68-69.

[10] Come fa notare giustamente RONCALI, *Il romanzo*, 10 e *ibid.* n. 8.

[11] Sulla città e sulla sua storia RUIZ MONTERO, "Caritón", 111 n. 16; J. REYNOLDS, *Aphrodisias and Rome*, London 1982. Sugli elementi retorici in Caritone: M. LAPLACE, "Le roman de Chariton et la tradition de l'éloquence et de la rhétorique: constitution d'un discours panégyrique", *RhM* 140, 1997, 38-71.

[12] Cfr. ad es. E. CORSINI, *Apocalisse prima e dopo,* Torino 1980, 146-147: Efeso è la prima delle comunità cristiane destinatarie delle sette lettere di *Ap* 2-3.

[13] Sulla diffusione del Cristianesimo nell'area presso Efeso: ad es. P. ROSSANO, *Prefazione* a E. CORSINI, *Apocalisse,* 5; sulla matrice giovannea di questa cristianizzazione: R.E. BROWN, *Giovanni. Commento al Vangelo spirituale*, tr. it. Assisi 1979, cxxiii-cxxv e *passim*; C. MORESCHINI-E. NORELLI, *Storia della letteratura cristiana antica greca e latina*, I, *Da Paolo all'età costantiniana*, Brescia 1995, 125-137; I. DE LA POTTERIE, *Storia e mistero. Esegesi cristiana e teologia giovannea*, Roma 1997, 43-49.

[14] La tendenza più diffusa dell'esegesi è identificare con il vescovo della comunità locale l'angelo di ciascuna delle sette chiese di *Ap* 2-3. Contro, CORSINI, *Apocalisse*, 162-163; similmente anche U. VANNI, "L'Apocalisse", in *Il messaggio della salvezza. Opera giovannea e lettere cattoliche*, Torino 1990, 367-450, part. 410.

stabilmente insediati: è noto che verso il 110 sant'Ignazio, vescovo di Antiochia, scriveva lettere indirizzate a queste due comunità e ad Efeso[15]. Anche dal punto di vista geografico, pertanto, non sembra preclusa in linea di principio una possibile conoscenza del Cristianesimo da parte di Caritone, che viveva presso zone evangelizzate[16].

Già nel Settecento, del resto, D'Orville, l'editore dell'*editio princeps* del romanzo, aveva riscontrato nell'opera di Caritone indizi, a dire il vero piuttosto labili, che gli facevano supporre una conoscenza del Cristianesimo da parte dell'autore: *Etiamsi autem extra omne dubium [!] vixit sub imperatoribus Christiana sacra iam complexis, incertum tamen utrum huic persuasioni ipse accesserit. Occurrunt profecto nonnulla loca, quae digito quoque indicavi, unde eum appareret non fuisse alienum a lectione Sacrarum Litterarum. Sed talia deprehendere quoque licet in scriptoribus quos veteri superstitioni addictos fuisse constet*[17]. Poi anche Rohde[18] ipotizzò che Caritone fosse un Cristiano. Questo appare molto difficile, anche perché la critica recente, come abbiamo visto, ha fatto retrocedere la data di Caritone di diversi secoli rispetto a quella supposta da D'Orville e da Rohde, che ne facevano il più tardo dei romanzieri classici; se mai, si potrà cercare di rintracciare eventuali allusioni al fatto cristiano in Caritone, e domandarsi se non possa trattarsi piuttosto di parodie.

---

[15] La forma cosiddetta breve delle sette lettere di Ignazio è l'autentica, cui mi riferisco: M. SIMONETTI, *La letteratura cristiana antica greca e latina*, c. G. Lazzati, Milano 1988², 34-35.

[16] C.P. THIEDE, *Ein Fisch für den römischen Kaiser*, München 1998, 127-128: la città di Afrodisia, nelle Carie, non distava molto da Colossi, Laodicea e Gerapoli, di molto antica colonizzazione. Richiama l'attenzione sull'importanza dell'ambientazione geografica –non troppo "astratta" come si potrebbe credere– del romanzo classico CONNORS, "Ancient Novels and the Language of Place", cit.

[17] J.Ph. D'ORVILLE, *Χαρίτωνος 'Αφροδισιέως τῶν περὶ Χαιρέαν καὶ Καλλιρόην ἐρωτικῶν διηγημάτων λόγοι Η*, *Charitonis Aphrodisiensis de Chaerea et Callirrhoe amatoriarum narrationum libri VIII, graece et latine*, Amstelodami 1750; cur. J.J. REISKE, Lipsiae 1783 (quest'ultima è l'edizione da me vista) *Praefatio lectori* Φιλέλληνι, con pagine non numerate: citando il Cocchius ricorda Caritone come un martire cristiano (*Vita Charitonis cuiusdam martyris Christiani*) e scrive ciò che ho citato nel testo. I luoghi con precisi riscontri evangelici sono nelle *Animadversiones* finali con pagine, questa volta, numerate (197-682), ma sembrano paralleli di espressioni poco significative (es. ἐν τῷ μέσῳ usato nel senso di "fra la gente", 534); per *Mt* 420, 534; per *Mc* 549; per *Lc* 322, 355, 370, 380, 387, 402, 414, 472, 478, 543, 610; per *Gv* 365, 450.

[18] E. ROHDE, *Der griechische Roman und seine Vorläufer*, Hildesheim 1876, 1960⁴: ma per Rohde Caritone scriveva nel VI sec. *in.* o nel V *ex.* (489; 521-522) e pertanto presupponeva, in questa prospettiva ormai superata, una situazione culturale totalmente diversa da quella in cui oggi invece sappiamo che visse Caritone.

È senz'altro evidente nell'opera di Caritone una particolare attenzione rivolta ai fatti religiosi, anche se la celebre posizione di Merkelbach, che proponeva un'interpretazione del romanzo greco antico basata tutta sulla chiave misterica[19], faceva eccezione proprio per Caritone; altri ha voluto leggere il romanzo come storia dell'anima[20]. Anche se una simile interpretazione è stata da più parti ricusata[21], resta innegabile l'interesse di Caritone per il religioso[22]. A ragione si è fatto notare che la figura di Afrodite, con cui talora la protagonista viene confusa, orchestra tutto il romanzo, che essa è citata ben 51 volte, e in ogni libro –mentre in Achille Tazio vanta solo 14 occorrenze, in Eliodoro 6, in Longo 2, in Seonfonte Efesio 3–, e inoltre che Caritone è il solo a impiegare il nome di Afrodite esclusivamente per designare la divinità e non in senso metaforico per indicare "amore", come accade negli altri romanzieri e in particolare in Achille Tazio[23]. Non per nulla Caritone era di Afrodisia, città rinomata per il santuario dedicato alla dèa omonima[24].

---

[19] Penso soprattutto a R. MERKELBACH, *Roman und Mysterium in der Antike*, München-Berlin 1962, ma anche già agli spunti di K. KERÉNYI, "Die Papyri und das Problem des griechischen Romans", in *Actes du Ve Congrès International de Papyrologie*, Oxford 1937, 192-209.

[20] P. GRIMAL, *Introduction* alla sua traduzione *Romans grecs et latins*, Paris 1958. Si veda anche MOLINIÉ, intr. a *Le roman de Chairéas*, cit., 25-26.

[21] REARDON, *The Greek Novel*, 305, conviene che sia tanto importante la religione nel romanzo che Rohde e Merkelbach hanno dato una loro interpretazione dei romanzi solo in questa chiave, però è una tesi "exaggerated" perché (*ibid.* n. 35) non calza proprio con Caritone; ammette la somiglianza con i riti misterici, ma di essi si sa poco e del resto tale somiglianza potrebbe essere dovuta a una comune struttura archetipica umana. Concludendo, a proposito del Cristianesimo (309): "this is genuinely literature of its time, which reflects the situation and aspirations of early Christianity". Comunque, Reardon non sembra accettare una presenza di elementi cristiani nel romanzo antico, anzi sostiene che sia stato il Cristianesimo a contribuire al mancato sviluppo del genere (B.P. REARDON, *The Form of Greek Romance*, Princeton 1991).

[22] SCHMELING, *Chariton*, 135; RUIZ MONTERO, "Chariton", 1032: "Zweifellos kann man Charitons Roman nicht einen 'Mysterientext' nennen. Die Bedeutung der Religion in dem Roman läßt sich aber ebensowenig bestreiten. Die Aphrodite von Aphrodisias [...] wird auch von Chariton gebührend gefeiert". Sulla valenza delle divinità nel romanzo greco segnalo M. ALPEROWITZ, *Das Wirken und Walten der Götter im griechischen Roman*, Heidelberg 1992.

[23] RONCALI, *Il romanzo*, 12 ed ivi n. 16. Riguardo alla confusione tra Calliroe e Afrodite in occasione del suo ingresso a Mileto per le nozze, R. LANE FOX, *Pagans and Christians in the Mediterranean World from the Second Century A.D. to the Conversion of Constantine*, London 1988^2, 138-140 istituisce un parallelo con il passo degli *Atti degli Apostoli*, considerato pressoché contemporaneo, in cui a Listra Paolo e Barnaba vengono scambiati per due divinità pagane.

[24] MOLINIÉ, *Introduction*, *ibid.* e 39-40 sulle divinità in Caritone, fra le quali spicca Afrodite; RUIZ MONTERO, "Chariton", 1006; D.R. EDWARDS, "Religion, Politics and Entertainment in the Graeco-Roman World: Chariton and his City Aphrodisias", in *The Notion of 'religion' in Comparative Research. Selected Proceedings of the XVIth Congress of*

Pertanto non appare fuori luogo in Caritone un eventuale interesse anche verso la nascente ma già diffusa –almeno nelle sue zone– religione cristiana.

Ai fini della nostra indagine è utile rivolgere l'attenzione anche al pubblico[25] di Caritone e domandarci se tale pubblico potesse essere eventualmente interessato a precisi riferimenti al Cristianesimo nel romanzo che si trovava dinnanzi. Ora, i lettori della *Calliroe* erano molto probabilmente un pubblico ampio e abbastanza vario, socialmente stratificato come accade nel caso della letteratura di consumo[26], anche se non di infima estrazione[27], e dovevano essere in grado di cogliere e di apprezzare eventuali allusioni alla nuova religione, specialmente in una zona dove –si diceva– il Cristianesimo era diffuso all'epoca della composizione del romanzo.

L'impiego di testi storico-biografici quali sono i Vangeli non si inserirebbe, eventualmente, male, del resto, nel panorama delle fonti usate da Caritone, che oltre a spunti epici e drammatici comprende anche diversi testi storiografici[28];

International Association for the History of Religions. Rome, 3rd-8th september 1990, ed. U. Bianchi, Roma 1994, 283-287. Sulla religiosità in Caria: A. LAUMONIER, *Les cultes indigènes en Carie*, Paris 1958.

[25] Tra la nutrita bibliografia sul pubblico del romanzo: D.N. LEVIN, "To whom did the Ancient Novelists Address themselves?", *RSClass* 25, 1977, 18-29; K. TREU, "Der antike Roman und seine Publikum", in *Der antike Roman. Untersuchungen zur literarischen Kommunikation und Gattungsgeschichte*, hrsg. von H. Kuch, Berlin 1989, 178-197; S.A. STEPHENS, "Who Read Ancient Novels?", in *The Search for the Ancient Novel*, ed. J. Tatum, Baltimore-London 1994, 405-418; E. BOWIE, "The Readership of Greek Novels in the Ancient World", *ibid.* 435 sgg.

[26] Sul romanzo come letteratura di consumo, inerente a un pubblico socialmente stratificato, soprattutto in riferimento ai papiri su cui era scritto e che talvolta si presentano come materiale di riutilizzo: G. CAVALLO, "Conservazione e perdita dei testi greci", in *Tradizione dei classici, trasformazioni della cultura*, Roma-Bari 1986, 147-149; M. FUSILLO, "Letteratura di consumo e romanzesca", in *Lo spazio letterario della Grecia antica*, dir. G.Cambiano-L. Canfora-D. Lanza, I, 3, Roma 1994, 233-273. Si veda anche RONCALI, *Il romanzo*, p. 17.

[27] Le ipotesi formulate dai moderni sulla consistenza e sui caratteri del pubblico del romanzo in generale e di Caritone in particolare sono varie: ad es. B.E. PERRY, "Chariton and his Romance from a Literary-Historical Point of View", *AJPh* 51, 1930, 93-134, part. 132-134; Id., *The Ancient Romances. A Literary-Historical Account of their Origins*, Berkeley-Los Angeles 1967, 89-90; 98-99; LEVIN, "To whom did the Ancient Novelists Address themslves?", 18-29; MÜLLER, *The Ancient Romances, passim*; TREU, "Der antike Roman und sein Publikum", 178-197; la posizione più equilibrata appare quella di RUIZ MONTERO, "Chariton", 1039-1040. Oggi M. ANDREASSI, "Il mimo tra consumo e letteratura: *Charition* e *Moicheutria*", in *The Ancient Novel in Context. Proceedings of the Third International Conference on the Ancient Novel (Groningen, 25-30 July 2000)*, edd. M. Zimmerman-S. Panayotakis-W. Keulen, in corso di pubblicazione, propone di superare la divisione –implicante anche una divisione di pubblico– tra "letteratura alta" e "letteratura bassa", alla quale apparterrebbero i romanzi.

[28] RUIZ MONTERO, "Chariton", 1012-1023 ne offre una rapida ma completa rassegna.

soprattutto, è stata ben messa in luce già a partire da Calderini[29] l'attenzione particolare rivolta da Caritone al mondo contemporaneo[30], del quale molti elementi trapelano nel suo romanzo, che pure è ambientato nel V-IV secolo a.C.[31]. Come è noto, infatti, i protagonisti sono Calliroe, figlia del generale siracusano Ermocrate (fine V sec.), e Cherea, sposatisi per amore; per inganno degli altri pretendenti rifiutati, Cherea, credendosi tradito, colpisce Calliroe con un calcio e ne provoca la morte apparente. Calliroe è però rapita dalla tomba da trafugatori, i quali la conducono a Mileto, dove la vendono schiava a Dionisio signore della Ionia, che Calliroe sposa e al quale è attribuito un figlio, in realtà di Cherea. Quest'ultimo nel frattempo è partito da Siracusa e viene fatto schiavo in Caria, presso il satrapo Mitridate. Dopo una serie di peripezie che comprendono anche una scampata crocifissione da parte di Cherea e una guerra fra l'Egitto e la Persia, i due si ricongiungono[32]. Contro la tendenza di cui illustre esponente fu Rohde[33], infatti, quella cioè di considerare il romanzo un'opera assolutamente artificiale e di fantasia, giustamente Molinié[34] ha richiamato l'attenzione sui *realia* presenti nella *Calliroe*, non solo quelli relativi al V-IV secolo a.C.[35], ma anche quelli dell'epoca di Caritone. Ad esempio, l'uso del teatro come luogo di pubbliche assemblee in Siracusa (I 1, 12; III 4, 4) e la

[29] A. CALDERINI, intr. a *Le avventure di Cherea e Calliroe*, Torino 1913, 181 sgg.; 226.

[30] Sull'inserimento del romanzo di Caritone in una cornice concreta: E.L. BOWIE, "The Novels and the Real World", in *Erotica Antiqua. Acta of the International Conference on the Ancient Novel Held at the Universituy College of North Wales, 12th-17th July 1976*, ed. by B.P. Reardon, Bangor 1977, 91-96.

[31] MOLINIÉ, *Introduction*, 8-9; RUIZ MONTERO, "Chariton", 1027-1029 con bibliografia; interessante in particolare il riferimento alla *concordia ordinum*, cui inneggiano monete di Vespasiano, Traiano e Adriano, come attesta H. MATTINGLY, *The Coins of the Roman Empire in the British Museum*, I-IV, part. II e III, London 1976. Sulla creazione da parte di Caritone di una "storia alternativa di Siracusa" cfr. J. ALVAREZ, "Chariton's Erotic History", *AJPh* 118, 1997, 613-629. Mi occupo dei dati storici in Caritone, considerando il suo come un "romanzo storico", in "Caritone e la storiografia greca. Il 'Romanzo di Calliroe' come romanzo storico antico", *ACME* 53, 2000, 43-62.

[32] Sull'intreccio del romanzo, caratterizzato da una sfasatura rispetto alla *fabula* e da un cosiddetto "secondo inizio": S. NIMIS, "*In mediis rebus*: Second Beginnings in the Ancient Novel", in *The Ancient Novel in Context*, cit., in corso di pubblicazione.

[33] ROHDE, *Der griechische Roman*, ried. Leipzig 1960.

[34] MOLINIÉ, *Introduction*, 22-23.

[35] Sugli elementi storici presenti in Caritone e sull'impiego degli storiografi una aggiornata sintesi si trova in R. HUNTER, "History and Historicity in Chariton", in *ANRW* II 34, 2,1994, 1055-1086 con ampia bibliografia aggiornata alla fine degli anni '80; ulteriori ragguagli nel mio citato *Caritone e la storiografia greca*.

partecipazione delle donne a tali assemblee (III 4, 4; VIII 7, 1) riflette un costume più tardo-ellenistico e romano che propriamente greco classico[36].

Anche la menzione dello στρατηγὸς Πριηνέων potrebbe rinviare al *praefectus vigilum* e al *praefectus nocturnae custodiae*, entrambi di età imperiale, e fornire, come è stato supposto, un utile argomento sulla datazione[37] e l'immagine femminile idealizzata che traspare dal romanzo, soprattutto in riferimento a Calliroe, trova precise corrispondenze nella letteratura che va da Seneca e Musonio a Plinio il Giovane, Tacito e Plutarco, nella numismatica e nell'epigrafia: molte affinità sono state in effetti poste in luce dai critici fra gli ideali stoico-cinici dell'alto impero e quelli che traspaiono in Caritone[38].

---

[36] R. MACMULLEN, *Enemies of the Roman Order. Treason, Unrest, and Alienation in the Empire*, Cambridge 1967, 163-191; RUIZ MONTERO, "Chariton", 1027. Sembra anche una forzatura supporre che vigesse la condanna a morte per adulterio nella Siracusa di Ermocrate e questa legge, sottesa a Char. I 4, 7, appare piuttosto una trasposizione nella Siracusa di fine V sec. della legislazione, ben nota al segretario di un avvocato, dell'Atene classica e della Roma prima di Augusto. Discussione in HUNTER, "History", 1080-1081 con bibl. Ancora, il tempio di 'Ομόνοια a Mileto (III 2, 16) non sembra attestato archeologicamente –anche se autori come Zwiker sostengono che sia sempre esistito nella città–, ma potrebbe riflettere la propaganda imperiale della *concordia ordinum*, testimoniata a livello numismatico. Contro ZWIKER ("Homonoia", P.-W. VIII, 1913, 26560), Hetteger ha sostenuto che il tempio fosse la trasposizione di quello della *Concordia* romana (cit. in F. ZIMMERMANN, "Chariton und die Geschichte", in R. Günther-G.Schrot, edd., *Sozialökonomische Verhältnisse im alten Orient und im klassischen Altertum*, Tagung der Sektion Alte Geschichte der Deutschen Historiker-Gesellschaft vom 12.-17. 10. 1959 in Altenburg, Berlin, 1961, 329-345); MOLINIÉ, *Introduction*, 8 crede che sia improbabile questa ipotesi, data la scarsa o nulla presenza latina nell'opera; RUIZ MONTERO, *Chariton*, p. 1028 con bibl.

[37] F. MILLAR, "The World of the Golden Ass", *JRS* 71, 1981, 63-75, part. 71 n. 48; L. ROBERT, *Études Anatoliennes*, Amsterdam 1970, 322-323; 339-340. Anche la presenza di quattro porti a Mileto sembra confermata da Strabone (XIV 1-6). Degli altri *realia* legati alle città, a parte Babilonia (V 4 sgg.) e Atene (I 11, 5-7; IV 5, 4; VI 6, 7), descritte secondo moduli tradizionali, importanti appaiono le menzioni di Menfi (VI 8, 2), Pelusio (VII 3, 3; 5, 12), Tiro (VII 2, 7-8; 4, 4) e Arado (VII 4, 13; 5, 1; 6, 2 etc.), quest'ultima citata in Strab. XVI 3-4 e Ios. *A.I.* I 6, 2 come sede di templi fenici (tutte queste località fiorirono nei primi tempi del principato) e di Pafo, città oracolare che nel 79 fu visitata da Tito secondo Tacito e Svetonio. RUIZ MONTERO, "Caritón", 106-149, part. 116 n. 45; 117 n. 46; PLEPELITS, *Chariton*, 88 n. 185. Non abbiamo riscontri archeologici sui santuari di Afrodite di Siracusa, Arado e Mileto nominati da Caritone (II 2, 7): RUIZ MONTERO, "Caritón", 113 n. 23. Anche gli indizi di carattere economico, quali i prezzi, sembrano adattarsi sia al tempo di Caritone sia al V-IV sec.: PLEPELITS, *Chariton*,169 n. 53; MOLINIÉ, *Introduction*, 71 n. 1. Tardo-ellenistico e imperiale è poi il tratto del popolo che crede nell'epifania di Afrodite e probabilmente tutti i *realia* relativi al culto di Afrodite nel romanzo; in generale molti riferimenti al mondo religioso trovano paralleli nelle fonti iconografiche, letterarie ed epigrafiche dell'epoca di Caritone: RUIZ MONTERO, "Caritón", 126 nn. 187-188; "Chariton", 1033 e 1035.

[38] Per i luoghi di Plinio e di Tacito RUIZ MONTERO, "Chariton", 1036 n. 178; per Seneca A.C. VAN GEYTENBECK, *Musonius Rufus and Greek Diatribe*, Wijsgerige Teksten en Studies onder redactie van C.J. de Vogel-K. Kuypers, Assen 1963, 58; E. CONDE GUERRI, *La sociedad romana en Séneca*, Murcia 1979, 278; F. LE CORSU, *Plutarque et les femmes dans*

Di particolare interesse riveste la riflessione cinico-stoica, che Caritone sembra avere presente, sui caratteri del buon sovrano, impersonato dal re d'Egitto (VII 3, 1 e 4), oppure anche la questione della schiavitù, particolarmente dibattuta nello Stoicismo –si pensi a Seneca, Musonio, Epitteto– e qui riflessa[39]. Vorrei osservare che una problematica presente sia in Caritone sia in Musonio è quella sull'interruzione di gravidanza: Calliroe in II 8-10, nonostante i dubbi dettatile dalla condizione difficile in cui si trova, attendendo un figlio da Cherea ma separata da lui e schiava in casa di Dionisio, condanna decisamente tale atto come empio (anche solo meditandolo ella si rende ἀσεβεστάτη al pari di Medea), similmente a Musonio, che lo presenta quale un'offesa al sommo dio Zeus "protettore della famiglia"(ὁμόγνιος)[40]. E molti potrebbero ancora essere gli esempi di come Caritone lasci trapelare aspetti contemporanei dal suo romanzo; mi limito a ricordare la recente analisi di Katrina M. Poetker[41], che riscontra evidenti affinità nei modelli culturali di famiglia rispettivamente in Caritone e nel Vangelo di Marco, ponendo gli elementi emersi in un contesto di interazione tra la cultura greco-romana, quella giudaica e le nascenti comunità cristiane.

Van der Horst ha poi fatto notare[42] una serie di corrispondenze, in parte già segnalate da Bauer, di tipo lessicale, concettuale, stilistico, fra il testo di Caritone e quelli del Nuovo Testamento greco, ad esso *grosso modo* contemporanei[43]. Caritone in effetti, il cui vocabolario annovera circa 3000 parole, presenta 2000 termini comuni con il NT, oltre che con autori anch'essi pressoché a lui contemporanei, quali Plutarco, Flavio Giuseppe e Filone di Alessandria[44]. Non solo Caritone mostra affinità linguistiche con il NT, ma anzi,

---

dans les Vies Parallèles, Paris 1981, 271 sgg. Sui riscontri epigrafici R. LATTIMORE, *Themes in Greek and Latin Epitaphs*, Urbana, Ill. 1962, 266-300; H.W. PLEKET, *Textes on the Social History of the Greek World*, Leiden 1969, Epigraphica 2, nnr. 13, 14, 18, 24, 31; RUIZ MONTERO, "Caritón", n. 118. Sulla esaltazione della *pudicitia* soprattutto in età adrianea e sulle altre virtù riflesse nel romanzo di Caritone cfr. RUIZ MONTERO, "Chariton", 1036-1037.

39 RUIZ MONTERO, "Caritón", 141-143; Eiusd. "Chariton", 1038-1039, la quale conclude che l'insieme degli ideali che emergono dal romanzo di Caritone "entspricht den Idealen einer Epoche, die im Christentum aufgehen sollte" (1039).

40 Ho trattato della questione in "La concezione di Giove come suprema divinità negli Stoici romani del I secolo", *RIL, Classe di Lettere*, 131, 1997, 293-320.

41 K. POETKER, "Callirhoe, Tobit and Mark: Cultural Models of Family in Three Ancient Narratives", in *The Ancient Novel in Context*, cit., in corso di pubblicazione.

42 VAN DER HORST, "Chariton and the New Testament", 349-355.

43 Tra i primi studiosi che abbiano sistematicamente analizzato il testo di Caritone dal punto di vista linguistico sono W.E. BLAKE, "Modal Uses in Chariton", *AJPh* 57, 1936, 10-23; A. PAPANIKOLAOU, "Zur Sprache Charitons", *Hellenica* 19, 1966, 120-123.

44 Secondo i recenti studii di C. RUIZ MONTERO, "Aspects of the Vocabulary of Chariton of Aphrodisias", *ClQ* 41, 1991, 484-490: si tratta, come si vede, di una conferma ulteriore della datazione del romanzo che ho presentato sopra come la più largamente condivisa:

molte scene, idee, frasi e caratteristiche di stile possono illuminare scene del NT, specialmente degli *Atti degli Apostoli*[45]. Vorrei presentare qui di seguito alcuni esempi –fra i tanti posti in luce da Van der Horst– di parallelismi verbali, stilistici o concettuali fra Caritone e il NT. Van der Horst[46] rileva l'impiego di εὐαγγέλιον in Caritone, che, come osservo, appare sempre quale annunzio di salvezza: in Char. VI 5, 5 ("qui hai la prima buona novella: il re ti ha visto con piacere"), dove a Calliroe preoccupata, in terra straniera e coinvolta in un giudizio, viene annunziato che il re di Persia ha preso a benvolerla: il messaggero è davvero convinto di recare a Calliroe un annunzio di salvezza; in VI 5, 2 ("subito credette di venir restituita a Cherea e aveva fretta di ascoltare, e promise all'eunuco che lo avrebbe ricompensato per le buone novelle") Calliroe crede che le venga annunziato di essere finalmente restituita a Cherea e per lei sarebbe un vero messaggio di salvezza; in VIII 2, 5 ("Abbiamo vinto, signori, -disse- anche l'esercito di terra del re: quest'uomo ci porta la buona novella") Cherea annunzia, benché falsamente, agli Egiziani, ribellatisi al re di Persia e in guerra con lui, che l'esercito egiziano ha sconfitto quello del re: anche questo significa salvezza per i rivoltosi, poiché una sconfitta avrebbe significato una dura repressione da parte del Persiano; il verbo corrispondente, εὐαγγελίζω, compare in II 1, 1, sempre con il medesimo significato di "recare una novella di salvezza": infatti è riferito a un servo di Dionisio, che annunzia al suo padrone, disperato e affranto dal dolore della perdita di sua moglie, che ha trovato Calliroe, la quale a suo avviso lo salverà da morte sicura ("uscì per andare a Mileto, desideroso di comunicare al padrone le buone novelle sulla schiava appena comprata, convinto di offrire grande consolazione al suo dolore"). Tanto più interessante appare lo sviluppo semantico della parola εὐαγγέλιον che Caritone ha in comune con la letteratura neotestamentaria e cristiana: in origine il termine indicava propriamente la "ricompensa per la buona notizia", a partire dall'*Odissea* (in due passi relativi alla ricompensa per la buona notizia del ritorno di Odisseo: XIV 152: εὐαγγέλιον δέ μοι ἔστω / αὐτίκ', ἐπεὶ κεν κεῖνος ἰὼν τὰ ἃ δώμαθ' ἵκηται; 166: οὔτ' ἄρ' ἐγὼν εὐαγγέλιον τόδε τίσω). Questo significato si trova ancora in Isocrate (VII 10), in Senofonte (*Hell.* IV 3, 14), fino al tempo di Plutarco (Plut. *Sert.* 11). Il significato di "buona novella", in àmbito pagano, compare in Appiano (*Bell. civ.* III 93) e in Flavio Giuseppe (*Bell. Iud.* II 17, 4), che scrive nella seconda metà del I secolo d.C., nonché in un contemporaneo di Plutarco, Luciano. Come si vede, il nuovo uso sembra comparire

dalla metà del I secolo ai primi del II.

[45] VAN DER HORST, "Chariton and the New Testament", 348-349; rapporto Caritone-*Atti*: D.R. EDWARDS, *Acts of the Apostles and Chariton's "Chaereas and Challirhoe". A Literary and Sociohistorical Study*, Boston University, Ph.D. 1987 (UMI Diss. Services, Ann Arbor 1994).

[46] VAN DER HORST, "Chariton and the New Testament", 349.

cronologicamente in concomitanza con la letteratura neotestamentaria; è anche il torno di tempo in cui opera Caritone.

Van der Horst[47] fa notare poi come l'atto di recare presso il re persiano la testa del faraone egizio (Char. VII 5, 14) sia identico a quello con cui venne recata a Erode la testa del Battista (*Mt* 14, 11); anche l'atto di stracciarsi le vesti, che nel Nuovo Testamento è fatto dal sommo sacerdote di fronte alle supposte bestemmie di Gesù (*Mt* 26, 65; *Mc* 14, 63), si trova in Char. III 10, 3 ("a quella notizia la donna si strappò le vesti"), dove Calliroe ha appena appreso la falsa notizia della morte di Cherea, e in Char. V 2, 4 ("se ne tornò nella cameretta [...] strappandosi le vesti"), dove Cherea ha appena ricevuto l'ordine di non avvicinarsi a Calliroe e di non farsi vedere da lei, nonostante l'abbia ritrovata finalmente; sia nel NT che in Caritone questo atto è un segno di sommo dolore. La scena evangelica della donna ai piedi di Gesù (*Lc* 7, 38-44; *Gv* 11, 2)[48] assomiglia profondamente, negli atti di devozione della stessa donna, a quella di Calliroe ai piedi di Afrodite (Char. VIII 8, 15): ella prende i piedi della divinità, vi si prosterna, si scioglie i capelli. Anche l'osservazione degli *Atti* in occasione del discorso di Paolo all'Areopago, secondo cui gli Ateniesi non avevano passatempo migliore che parlare e sentir parlare (*At* 17, 19-21), trova riscontro[49] in quella di Char. I 11, 6-7, per cui gli Ateniesi amano parlare e posseggono l'Areopago. L'idea di "discendere dal cielo" riferita ad una divinità si trova sia nel NT riferita a Gesù Cristo (*Gv* 3, 13; 6, 38; 6, 42; *I Thess* 4, 16), sia in Caritone III 9, 5 ("[Cherea] aveva paura non solo delle macchinazioni che gli potevano venire da parte degli uomini, ma si aspettava anche che potesse scendere un dio dal cielo") e VI 3, 4 ("a meno che non sia disceso dal cielo qualcuno di lassù", riferito al fatto che Calliroe appare come una dèa)[50]. A livello lessicale, anche l'espressione ταῦτα εἰπών impiegata dopo una comunicazione importante si trova usata sia nel NT, soprattutto in *Giovanni* (9, 6; 18, 1; 20, 20; 20, 22; 21, 19) e negli *Atti* (1, 9; 7, 60; 20, 36), sia in Caritone (V 6, 11; V 7, 8; VIII 5, 15)[51].

[47] VAN DER HORST, "Chariton and the New Testament", 350.

[48] VAN DER HORST, "Chariton and the New Testament", 351.

[49] VAN DER HORST, "Chariton and the New Testament", 353.

[50] VAN DER HORST, "Chariton and the New Testament", 351.

[51] Il valore di questo sintagma in *Giovanni* è analizzato da W.C. VAN UNNIK, "De Verbindung *tauta eipon* in het Evangelie van Johannes", in *Ad Interim. Feestbundel voor R. Schippers*, Kampen 1975, part. 61-75; cfr. VAN DER HORST, "Chariton and the New Testament", 351.

Numerosi sintagmi, poi, appaiono comuni a Caritone e alle lettere paoline [52]: interessante mi sembra che, se *Tit* 3, 4 ("è apparsa la bontà e l'amore per gli uomini del nostro Salvatore, Dio") attribuisce al Signore χρηστότης e φιλανθρωπία, Char. II 2, 1 ("il nostro signore è buono e amante degli uomini") dice il signore, in questo caso Dionisio, χρηστός e φιλάνθρωπος; parallelamente, Caritone dice Dionisio a V 6, 6 σώφρων e κόσμιος: questa coppia di aggettivi si trova anche in *I Tim* 3, 2[53]. Anche l'espressione "non ingannare se stessi" si trova identica in Caritone (VI 1, 10: "Non ingannare te stesso", μὴ ἐξαπάτα σεαυτόν) e in Paolo *I Cor* 3, 18 ("nessuno inganni se stesso", μηδεὶς ἑαυτῶν ἐξαπατάτω)[54].

Ma gli esempi si potrebbero moltiplicare. Anche l'ordine delle parole in Caritone si rivela affine a quello del NT, secondo le analisi di Hernández Lara[55]. Non sembra possibile affermare con certezza se i parallelismi individuati da Van der Horst e dagli altri siano dovuti alla semplice comunanza di *milieu* culturale di Caritone e degli autori del NT, oppure se si debba pensare a una eventuale conoscenza dei testi cristiani da parte dell'autore della *Calliroe*, il quale, se presenta una lingua abbastanza piana, con una certa formularità lessicale, scarsa presenza di traslati e di citazioni, risente per altro della lingua che si parlava al suo tempo attorno a lui, rivelando influssi dell'*Umgangssprache*, del linguaggio parlato della prima età imperiale[56]. Sarebbe opportuna in questo senso e forse dirimente un'analisi dei parallelismi con il NT condotta su altri testi del medesimo periodo per i quali sia esclusa la conoscenza del NT stesso; Van der Horst ha studiato in diversi contributi al *Corpus Hellenisticum* tali parallelismi, ed in particolare nel caso delle *Diatribe* di Musonio Rufo[57], ma per Musonio non si può escludere in assoluto qualche conoscenza del

---

[52] VAN DER HORST, "Chariton and the New Testament", 353. Di minore rilievo la seguente osservazione: La coppia τρέφειν (con prefisso)-παιδεύειν si trova in *At* 22, 3, laddove Paolo espone quale sia stata la propria educazione e dice: "Io sono un Giudeo, nato a Tarso di Cilicia, ma cresciuto [ἀνατεθραμμένος] in questa città, educato [πεπαιδευμένος] alla scuola di Gamaliele"; analogamente Calliroe associa i due verbi nella lettera a Dionisio: "Spiritualmente sono con te in virtù del nostro figlio comune, che ti affido da allevare [ἐκτρέφειν] e da educare [παιδεύειν] in modo degno di noi" (Char. VIII 4, 5).

[53] VAN DER HORST, "Chariton and the New Testament", 354-355.

[54] VAN DER HORST, "Chariton and the New Testament", 354.

[55] C. HERNÁNDEZ LARA, "El orden de palabras en Caritón de Afrodisia", *Myrtia* 2, 1987, 83-89: la struttura più 'popolare' Soggetto-Verbo-Oggetto è frequente in Caritone, anche se la percentuale d'impiego sale nel NT. La lingua di Caritone sarebbe tipica della *koiné* letteraria.

[56] G. ZANETTO, "La lingua dei romanzieri greci", *GIF* 42, 1990, 233-243, part. 236-238.

[57] VAN DER HORST, "Musonius Rufus and the New Testament", *Novum Testamentum* 16, 1974, 306-315.

Cristianesimo e comunque i parallelismi fra Musonio e il NT sono di ordine differente rispetto a quelli riscontrati fra Caritone e il NT. Indicativo può risultare inoltre che recentemente P. J. Lalleman abbia potuto riscontrare profonde consonanze tra alcuni passi di Caritone e precisi luoghi degli *Acta Iohannis* (per la precisione Char. III 3, 4 in parallelismo con il cap. 43, 1 degli *Acta* e Char. III 3, 7 con il cap. 20, 14-19 degli stessi *Acta*)[58].

Una conoscenza dei testi cristiani da parte di Caritone postula senz'altro Carsten Peter Thiede, che recentemente ha individuato ed esposto alcuni possibili allusioni al fatto cristiano presenti nel romanzo di Caritone[59]. L'interesse dell'ipotesi di Thiede, che ora esamineremo, appare indubbiamente notevole; forse però la datazione precedente il 62 proposta da Thiede stesso per il romanzo[60] non è sostenibile con assoluta certezza e si fonda soprattutto sulla citazione dell'opera da parte di Persio nell'ultimo verso della sua *Satira* I (*post prandia Callirhoen do,* Pers. I 134). È purtroppo impossibile affermare con sicurezza se Persio avesse in mente l'opera di Caritone o non piuttosto una commedia o un mimo, come del resto suggeriscono antichi scolii[61].

Anche l'argomento basato sulle clausole ritmiche, il quale per Wilamowitz costituiva un elemento datante che permetterebbe di collocare Caritone "nell'età neroniana, sicuramente non molto più tardi"[62], è stato confutato da più parti[63] e non appare una prova certa dell'anteriorità della *Calliroe* al 62.

Il motivo del calcio mortale sferrato da Cherea contro la sposa in attesa di un figlio[64] parrebbe celare un riferimento all'analogo caso occorso a Nerone

---

[58] P.J. LALLEMAN, "Classical Echoes (Callimachus, Chariton) in the *Acta Iohannis*?", *ZPE* 116, 1997, 66.

[59] THIEDE, *Ein Fisch*, 127 sgg.

[60] THIEDE, *Ein Fisch*, 132. Egli si rifà a G.P. GOLD-N. HOLZBERG, *Der antike Roman*, München-Zürich 1986, part. 52, per cui il romanzo sarebbe da collocarsi al più tardi nel 62 d.C..

[61] *Do eis cantandam tragoediam poetae cuiusdam indocti, qui* Calliroen *vel aliquam historiam pueriliter et indocte scripsit. Vel ut alii dicunt haec Calliroe nympha fuit quam Paris ante Helenae raptum habebat, quae deserta multum dicitur rupti amoris flevisse dulce consortium. Hanc comoediam Atines Celer scripsit pueriliter. Vel certe* Calliroe *pantomima fuit*, su cui si veda RONCALI, *Il romanzo*, 19 n. 29.

[62] U. VON WILAMOWITZ-MOELLENDORFF, *Die griechische und lateinische Literatur und Sprache,* Berlin-Leipzig 1907[2], 154; 184: "vielleicht noch in Neronischer Zeit, sicherlich nicht viel später": si veda RONCALI, *Il romanzo*, 19-20 per la datazione su base stilistica e ritmica.

[63] A partire da S. HEIBGES, *De clausulis Charitoneis*, Halis Saxonum 1911, 109-111: ma si veda RONCALI, *ibid.*.

[64] HUNTER, "History", 1064 propone un ascendente menandreo e a 1057, 1080 pensa alla topica sul tiranno, sulla quale v. W. AMELING, "Tyrannen und schwangere Frauen", *Historia* 35, 1986, 507-508.

con Poppea Sabina, sposata nel 62 (Tac. *Ann.* XVI 6, 1; Suet. *Nero* 35, 3): se così fosse, non si potrebbe sostenere una data anteriore al 62, però non si potrebbe neppure allontanarsi troppo dall'età neroniana[65], ma si tratta comunque di un indizio piuttosto labile. Parrebbe pertanto più prudente attenersi a un arco cronologico un poco più ampio, che trova d'accordo la maggioranza degli studiosi del romanzo antico: la seconda metà del I secolo, fino ai primi decenni del II, come si è detto precedentemente, propendendo piuttosto –alla luce dell'analisi della lingua e dello stile di Caritone– per il I secolo, quando il gusto atticistico non si era ancora pienamente sviluppato[66]. Una simile datazione, per altro, non inficia minimamente in via teorica la tesi che Caritone abbia eventualmente inteso parodiare nel suo romanzo il racconto evangelico, che è in questa sede il fulcro del nostro interesse.

I passi addotti da Thiede riguardano la crocifissione, poi in realtà non eseguita, di Cherea e la morte apparente della protagonista, la sua sepoltura, il suo rapimento da parte di ladri τυμβωρύχοι e il successivo ritrovamento della tomba vuota da parte dello sposo Cherea.

È opportuno prendere in esame più da vicino questi due passi. Il primo (Char. IV 3) presenta Cherea che viene crocifisso insieme con altri malfattori –come Gesù, nota Thiede– e che viene invitato a scendere con la medesima forma verbale greca impiegata in *Mt* 27, 40 per sfidare Gesù a scendere dalla croce: κατάβηθι (Char. IV 3, 6)[67]. Fa pensare non solo la corrispondenza verbale, ma anche il fatto che si tratti dell'unica occorrenza in tutto il romanzo di Caritone. Questo stretto ed esclusivo riscontro linguistico, anche se non costituisce un indizio probante in se stesso, parrebbe suffragare l'ipotesi di una eventuale vicinanza al Vangelo. Il comportamento di Mitridate, che prima ordina e poi revoca la crocifissione, dando ascolto alla testimonianza dell'imputato Policarmo, al cospetto del popolo, viene anch'esso posto da Thiede in parallelismo –in verità non troppo stringente– con quello di Pilato. Si potrebbe rilevare anche il contegno di Cherea, che non profferisce parola prima di salire sulla croce e non tenta di accusare nessuno, nemmeno Calliroe responsabile della sua disgrazia: in qualche modo anche questo può ricordarci la condotta di Gesù nella Passione. Van der Horst [68] ha fatto notare a proposito della crocifissione di Cherea un'espressione che trova riscontro nella narrazione evangelica della crocifissione di Gesù: in entrambi i casi si parla di "consegnare

[65] Sul legame del romanzo antico con la storia contemporanea a partire da Nerone segnalo G. W. BOWERSOCK, *Fiction as History: Nero to Julian*, Berkeley-Los Angeles 1994.

[66] Per la lingua di Caritone rinvio ancora a ZANETTO, "La lingua", 236-238 e sulla datazione del romanzo al I secolo in base a questo parametro 242 n. 1.

[67] Non so fino a che punto possa avere agito un eventuale ricordo della miracolosa salvezza di Creso dalla pira di Hdt. I 86, proposto da HUNTER, "History", 1058 n. 18.

[68] VAN DER HORST, "Chariton and the New Testament", 350.

[παραδιδόναι] nelle mani di + genitivo" (Char. IV 3, 10; *Mt* 26, 45; *Mc* 9, 31; 14, 41; *Lc* 9, 44; 24, 7). Inoltre, sempre circa la crocifissione, è noto che, secondo *Lc* 14, 27 e *Gv* 19, 17, Gesù portò (βαστάζειν) la sua Croce (σταυρός): questo si verifica anche per gli schiavi di Char. IV 2, 6-7 (però il verbo è φέρειν) e per Policarmo e Cherea, crocifissi con loro: VI 2, 7: "Policarmo invece, portando [βαστάζων] la croce"; IV 3, 10, ove parla Cherea: "ho portato la croce [σταυρὸν ἐβάστασα] e sono stato consegnato nelle mani del carnefice".

Il secondo luogo del romanzo di Caritone su cui si concentrano le attenzioni di Thiede appare degno di particolare considerazione e sembra quello che presenta maggiori affinità, da un lato, con il racconto evangelico e, dall'altro, con una sezione della petroniana novella della matrona di Efeso che potrebbe, come vedremo a suo luogo, contenere eventuali allusioni al Vangelo. Cherea giunge alla tomba all'alba, dopo la notte in cui Calliroe –il terzo giorno dalla sepoltura– è scomparsa dal sepolcro ad opera dei τυμβωρύχοι (III 3, 1-7), per onorare la defunta con corone e libagioni e trova le pietre rotolate via dall'ingresso; la Fama come nunzio (ἄγγελος) diffonde la notizia e tutti corrono alla tomba, ma nessuno osa entrare prima che lo ordini Ermocrate, il padre della fanciulla; chi entra narra l'incredibile: la morta non c'è. Anche Cherea entra e ispeziona la tomba, ma non trova la giovane, seguito da altri; uno degli astanti dà allora la colpa ai τυμβωρύχοι, mentre Cherea, con lo sguardo rivolto al cielo e con le mani tese, proclama la divinizzazione e l'assunzione in cielo di Calliroe.

I parallelismi con le narrazioni evangeliche appaiono evidenti; per parte mia, vorrei soffermarmi su alcuni punti, seguendo l'ordine narrativo di Caritone. Cherea (III 3, 1) giunge di buon mattino (περίορθρον) alla tomba e reca offerte funebri: entrambi gli elementi, il mattino presto e le cure funebri, sono presenti nei Vangeli a proposito delle pie donne di *Mc* 16, 1-2; *Mt* 28, 1; *Lc* 24, 1; *Gv* 20, 1. La tomba è detta da Caritone sempre τάφος (III 3, 1; 2; 3), termine usato dal solo Matteo nelle corrispondenti scene evangeliche (*Mt* 28, 2), mentre gli altri Sinottici e Giovanni impiegano μνημεῖον. Procedendo nel racconto, Char. III 3, 1 ("sopraggiunto, trovò [εὗρε] le pietre [λίθους] rimosse [κεκινημένους]") trova eco in tutti i Vangeli: meno in *Mt* 28, 2 ("un angelo [...] fece rotolare via la pietra"), più in *Mc* 16, 4 ("vedono che la pietra è stata rotolata via [ἀνακεκύλισται]") e in *Lc* 24, 2 ("trovarono [ηὗρον] la pietra rotolata via [ἀποκεκυλισμένον]"); *Gv* 20, 1 presenta: "vede la pietra rotolata via [ἠρμένον]". Cherea allora, prosegue Caritone, "rimase sbigottito ed era preso da una terribile ἀπορία" (Char. III 3, 2; similmente al § 4 Caritone dirà che tutti erano presi da ἀμηχανία): una simile reazione presentano i Vangeli in riferimento alle pie donne presso il sepolcro aperto; in particolare *Lc* 24, 4 appare lessicalmente molto vicino a Caritone: "mentre esse non sapevano che fare [ἀπορεῖσθαι]". La Fama che riferisce ai Siracusani il παράδοξον quello che è il contrario di ciò che si potrebbe credere, è detta da Caritone ἄγγελος (III 3, 2): Thiede[69] pensa senz'altro a un parallelismo con l'apparizione evangelica di un angelo sulla tomba del Risorto (spec. *Mt* 28, 2); la funzione della Fama, però, che è di riferire ai Siracusani, i quali conoscevano Calliroe, quello che il solo Cherea aveva visto fino a quel momento, presenta una forte analogia anche con la funzione esplicitamente attribuita dai Vangeli alle pie donne, le prime testimoni della tomba aperta: la corrispondenza è anche lessicale con *Lc* 24, 9 ("le donne annunziarono [ἀπήγγειλαν]") e con *Mt* 28, 8 ("corsero ad annunziare [ἀπαγγεῖλαι]"), dove la somiglianza è estesa pure alla velocità dei messaggeri, dato che anche Caritone designa la Fama come "veloce". Udita la notizia, "tutti accorsero insieme [συνέτρεχον] alla tomba, ma nessuno osava entrare prima che lo ordinasse Ermocrate", a causa della sua autorità (Char. III 3, 2): questa situazione ricorda da vicino il passo giovanneo in cui Pietro e Giovanni, saputo della tomba vuota, corrono a vedere (*Gv* 20, 2: Pietro τρέχει; 20, 4: i due ἔτρεχον), ma Giovanni non osò entrare (*Gv* 20, 6) prima che arrivasse Pietro, per rispetto alla sua autorità. Nel prosieguo del racconto di Caritone, si parla dell'incredulità di fronte all'idea della tomba vuota: "sembrava incredibile [ἄπιστον] che non vi fosse neppure il cadavere" (Char. III 3, 3); analogamente: "Molti entrarono, a causa dell'incredulità [ἀπιστία]". Ora, questa identica incredulità di fonte all'annuncio della tomba vuota si trova anche nei Vangeli: se *Mt* 28, 17 dice che i discepoli "dubitarono", molti altri luoghi evangelici impiegano il sostantivo e il verbo corrispondente al sostantivo usato da Caritone: *Lc* 24, 11 dice che i discepoli "non credevano" alle donne (ἠπίστουν); *Mc* 16, 11 analogamente dice che essi "non credettero" (ἠπίστησαν; cfr. anche 16, 13) e parla della "loro incredulità" (ἀπιστία). I presenti spiegano il fatto della tomba vuota con un furto di τυμβωρύχοι e si domandano: "Ma la morta dov'è [ποῦ]?" (III 3, 4). In *Gv* 20, 2 Maria Maddalena dice: "Hanno rubato il Signore e non sappiamo dove [ποῦ] l'abbiano posto". In questa generale incredulità, c'è però qualcuno che crede: nel Vangelo è Giovanni, il discepolo che Gesù amava (che "vide e credette", a differenza degli altri: *Gv* 20, 8); nel romanzo è Cherea, lo sposo, che, "volto lo sguardo verso il cielo, le mani tese" (Char. III 3, 5), proclama la divinizzazione di Calliroe (ad es.: "non sapevo di avere una dea [θεά] come sposa"). Certo, di questa rinascita di Calliroe dopo la morte, come del motivo di Protesilao risuscitato e presente sotto forma di δαίμων, si sono date interpretazioni che si rifanno ad esempio al Pitagorismo, pur non trattandosi di riferimenti molto circostanziati a qualche testo preciso[70].

---

[69] THIEDE, *Ein Fisch*, 130.

[70] E. BOWIE, "Philostratus, Writer of Fiction", in *Greek Fiction. The Greek Novel in Context*, ed. by J.R. Morgan-R. Stoneman, London-New York 1994, 181-199, studia i punti di contatto fra il romanzo e l'*Heroikos* di Filostrato, fra i quali rientrano anche quelli indicati qui sopra; in sfavore della tesi che Caritone attingesse a Filostrato: RONCALI, *Il romanzo*, 19. Sulla

Suggestiva, se non altro, appare un'ulteriore somiglianza con il Vangelo, e in particolare con quello di Giovanni, nella scena dell'incontro fra Maria Maddalena e Gesù dopo la Risurrezione. Penso alla scena del ricongiungimento finale dei due sposi, Cherea e Calliroe, nell'isola di Arado, allorché Calliroe, fino a quel momento afflitta e velata perché crede Cherea morto, riconosce Cherea per mezzo della voce ed esclama il suo nome, mentre Cherea grida quello della sposa (VIII 1, 8: "Egli stava ancora parlando e Calliroe, riconosciutane la voce, si scoprì ed entrambi gridarono insieme: 'Cherea!' 'Calliroe!'"). Sovviene che in *Gv* 20, 14-17 la Maddalena, anch'ella come Calliroe afflitta e piangente dapprima, perché crede morto il suo Signore, riconosce poi Gesù risorto non dall'aspetto, bensì soltanto quando Egli la chiama per nome (20, 16: "Gesù le disse: 'Maria!' Essa allora, voltatasi verso di lui, Gli disse in ebraico: 'Rabbuni!', che vuol dire: 'Maestro!'"). Ma certamente queste somiglianze non sono pregnanti.

Vedremo nel prosieguo del lavoro quanto sia diffuso e caratteristico il *topos* della morte apparente e della, altrettanto apparente, "risurrezione". Proprio a questo proposito G.W. Bowersock recentemente ha potuto interrogarsi appunto sul possibile influsso dei racconti cristiani su questo tipo narratologico: "The question we must now ask is whether from a historical point of view we would be justified in explaining the extraordinary growth in fictional writing, as its characteristic and concomitant fascination with resurrection, as some kind of reflection of the remarkable stories that were coming out of Palestine precisely in the middle of the first century A.D."[71].

Si potrebbe considerare anche un altro elemento: rispetto al figlio di Calliroe, Dionisio appare un padre putativo, mentre il vero padre è assente; Dionisio, personaggio che Caritone carica di tratti positivi, uomo dal carattere nobile, prende ufficialmente il figlio come proprio, tuttavia le ambiguità che a più riprese nelle sue parole sono state rilevate[72] lasciano intendere che Dionisio sia consapevole di non essere il vero padre del fanciullo. In merito a questa

---

proclamazione della resurrezione nei Padri del I-II sec. cfr. K. SCHNEIDER, *Studien zur Entfaltung der altkirchlichen Theologie der Auferstehung*, Bonn 1999. Sulla morte in Caritone, che è per lo più apparente (*Scheintod*), cfr. M.A. DOODY, "Death and the Novel", in *The Ancient Novel in Context*, cit., in corso di pubblicazione; R. PERVO, "Filling in the Gaps: Philinnion and Ancient Fiction", *ibid.*, che riscontra il medesimo *topos* nella storia di Filinnio narrata in sede iniziale da Flegonte di Tralle (età tiberiana) nei suoi *Mirabilia*, riflette sulla sua possibile relazione con il tema dello *Scheintod* nei romanzi classici ed esamina il tema dalla prospettiva della letteratura cristiana antica. Sulla "resurrezione" nel mondo classico P. GONZÁLEZ SERRANO, "Catábasis y resurrección", *Espacio, Tiempo y Forma, Serie II, Historia Antigua* 12, 1999, 129-179.

[71] BOWERSOCK, *Fiction as History*, 119. Suggerisce anche un influsso dei miti mitraici R. BECK, "History into Fiction: the Metamorphoses of the Mythras Myths", in *The Ancient Novel in Context*, cit., in corso di pubblicazione.

[72] RONCALI, *Il romanzo*, 217 n. 61.

situazione sono state formulate diverse ipotesi: Ruiz Montero pensa che Caritone attingesse a una leggenda siracusana[73]; altri studiosi, come Plepelits, Laplace o Müller[74], hanno posto l'accento sulla somiglianza della situazione della *Calliroe* con leggende relative a figli adottivi di re o di divinità. Ammettendo in Caritone la possibilità di eventuali allusioni al Cristianesimo, si potrebbe pensare che una situazione simile a quella del romanzo si presentava anche, come è noto, nelle narrazioni evangeliche relative alla nascita di Gesù e alla paternità putativa di Giuseppe, che si trovano soprattutto in *Matteo* (1, 18-25; cfr. anche *Lc* 1, 26-38 e 2, 4-7). Anche l'inviolabilità del matrimonio, il suo fondamento divino e il valore della fedeltà e della castità[75], insieme con l'amore per i figli ed il rifiuto della interruzione di gravidanza, sono valori esaltati nel romanzo di Caritone e si trovano in consonanza con il pensiero cristiano, anche se hanno riscontri puntuali pure nell'etica di Musonio Rufo e di Plutarco[76]. Anche la concezione della schiavitù e dell'atteggiamento del padrone verso lo schiavo che emerge dal romanzo di Caritone presenta, come è stato posto in luce da Ruiz Montero[77], profonde affinità con il pensiero cristiano in merito, però i riscontri in questo senso si estendono anche ai testi di filosofi stoici come Seneca, Musonio Rufo, Epitteto, o a quelli di Plinio il Giovane e di Plutarco; perciò quest'ultimo non sembra un argomento che si possa addurre a favore della conoscenza del Cristianesimo da parte di Caritone.

Abbiamo fin qui esposto i punti di contatto che appaiono più rilevanti fra le narrazioni evangeliche e quella di Caritone[78]. Non mi sembrano senz'altro

---

[73] RUIZ MONTERO, "Chariton", 1015.

[74] PLEPELITS, intr. a *Chariton*, 30-32; C.W. MÜLLER, "Chariton von Aphrodisias und die Theorie des Romans in der Antike", *A&A* 22, 1976, 115-136, part. 133; M. LAPLACE, "Les légendes troyennes dans le 'roman' de Chariton, *Chairéas et Challirhoé*", *REG* 93, 1980, 83-125.

[75] Su cui A. HEISERMAN, *The Novel before the Novel. Essays and Discussions about the Beginnings of Prose Fiction in the West*, Chicago-London 1977, part. 77 e *passim*; HUNTER, "History", 1076-1077. Nel romanzo antico il tema della castità secondo Reardon è presente in Senofonte ed Eliodoro: "a virginity theme which reflects a certain aspect of early Christian thought" (REARDON, *The Greek Novel*, 307); tratta del tema anche O. SCHISSEL, *Entwicklungsgeschichte des griechischen Romanes im Altertum*, Halle 1913, 47 sgg.

[76] Scarsi riferimenti in RUIZ MONTERO, "Chariton", 1035-1036.

[77] RUIZ MONTERO, "Caritón", 143; "Chariton", 1039.

[79] Le edizioni commentate che ho potuto consultare non mi paiono rilevare, in corrispondenza dei passi presi in esame finora, indizi della conoscenza del fatto cristiano da parte di Caritone: cfr. *Storie d'avventura antiche: Caritone,* Cherea e Calliroe, *Eliodoro,* Storie Etiopiche, *Apuleio*, Metamorfosi, a c. di G. ANNIBALDIS-R. RONCALI, Bari 1987, part. su Caritone 5-149 (solo tr. e commento) e i già citati Chariton, *Callirhoe* e Caritone, *Il romanzo*, a c. di RONCALI; l'edizione 1979 di MOLINIÉ, a differenza di altre delle *Belles-Lettres*, non possiede note di commento. Altre edd. con note o commento: "Chariton d'Aphrodise, *Les aventures de Chéréas et Callirhoé*", in *Romans grecs et latins*, ed. P. GRIMAL, Paris 1958, 379-

sufficienti a far postulare una dipendenza di Caritone dai Vangeli, però credo che siano almeno degni di riflessione.

Thiede[79] pensa che il nostro romanziere si sia rifatto soprattutto al Vangelo di Giovanni e a quello di Matteo. Il primo, come è noto, secondo la tradizione fu scritto ad Efeso, in una zona pertanto prossima a quella in cui visse Caritone; Thiede tuttavia, come si diceva, propugna per Caritone una data anteriore al 62 e considera di conseguenza le reminiscenze evangeliche –a suo avviso certe– presenti nel romanzo come un'ulteriore prova a suffragio della tesi da lui sostenuta dell'anteriorità di Giovanni al 70[80]. Non è però necessario supporre una datazione così alta per Caritone né tanto meno per Giovanni, che è possibile per entrambi ma che mi sembra veramente difficile provare. Mi pare che l'ipotesi di eventuali allusioni evangeliche, anche giovannee, in Caritone si possa inscrivere ugualmente bene –e forse meglio, con meno rischi– in un quadro cronologico moderatamente più ampio, sia per Caritone che per Giovanni: come si diceva prima, la fine del I secolo o i primi del II.

Per quanto concerne Matteo, Thiede stesso ricorda che questo Vangelo attesta fra l'altro (*Mt* 28, 2) la diffusione tra i Giudei della diceria che il corpo di Gesù sarebbe stato trafugato dai suoi discepoli, i quali avrebbero così commesso una τυμβωρυχία. In merito a questo episodio, un parallelismo verbale e concettuale fra Caritone e Matteo che a mio avviso appare notevolmente interessante è stato rilevato già da Van der Horst[81], che accostava a *Mt* 28, 13 ("i suoi discepoli, venuti di notte, lo rubarono [ἔκλεψαν αὐτόν]") la struttura parimenti trimembre di Char. III 2, 7 ("dei profanatori di tombe [τυμβωρύχοι], scavata la tomba, la rubarono [ἔκλεψαν αὐτήν]"). La corrispondenza stilistica, lessicale e sintattica in espressioni tutt'altro che diffuse e usuali sembrerebbe addirittura suggerire una ripresa testuale. Si noti, inoltre, un altro indizio linguistico degno della massima attenzione: il termine τυμβωρύχοι è attestato per 16 volte nel romanzo di Caritone come pure in diverse iscrizioni sepolcrali di Afrodisia[82], mentre non compare in nessuno degli

---

513; 1450-1458; "Caritone, *Le avventure di Cherea e Calliroe*", a c. di R. NUTI, in *Il romanzo classico*, Roma 1958, 29-179; 1371-1376; Caritón de Afrodísias, *Quéreas y Callírroe*; Jenofonte de Efeso, *Efesíacas*; *Fragmentos novelescos*, tr. et adn. Julia Mendoza, Madrid 1979.

[79] THIEDE, *Ein Fisch*, 132.

[80] Si richiama in particolare agli studi di J.A.T. ROBINSON, *Redating the New Testament*, London 1976; Id., *Wann entstand das Neue Testament?*, Paderborn-Wupperthal 1986; D. GUTHRIE, *New Testament Introduction*, Leicester 1990. Retrodata i Vangeli anche J. CARMIGNAC, *La naissance des Evangiles synoptiques*, Paris 1984[2] (con argomenti più esterni, mentre il Robinson si avvaleva di argomenti interni): valuta i lavori di Robinson e Carmignac P. SACCHI, *L'apocalittica giudaica e la sua storia*, Brescia 1990, 144 n. 9.

[81] VAN DER HORST, "Chariton and the New Testament", 350.

[82] *Monumenta Asiae Minoris Antiqua*, VIII, nn. 544-545 (τυμβωρύχοι), 547, 550, 553, 555, 556b, 557, 565, 568, 571, 577, 578, 579, 584, 586, 592.

altri romanzi greci[83], e questo parrebbe deporre a favore di una eventuale attualità, al tempo di Caritone, di una accusa come quella che Matteo testimonia in vigore contro i Cristiani, mentre, quando vennero scritti gli altri romanzi, probabilmente una simile accusa non era più attuale.

Se nei romanzi greci successivi non si mette più a fuoco questo tema della τυμβωρυχία attuale al tempo di Caritone, questa problematica compare, forse non a caso, in un romanzo latino contemporaneo a quello di Caritone: il *Satyricon* d Petronio. Mi sembra infatti interessante rilevare che questa stessa accusa giudaica e questa diceria di cui parla Matteo (28, 2) e della quale forse si trova un riflesso nel passo di Caritone III 3, 1 sgg. che abbiamo preso in esame, potrebbe essere sottesa anche alla possibile parodia evangelica presente nella novella petroniana della *Matrona di Efeso*, in cui –come vedremo a suo luogo[84]– si allude al cadavere di un crocifisso trafugato e alla apparente rianimazione di tale crocifisso nel terzo giorno. Indicativo appare che gli scritti di Caritone e di Petronio siano con molta probabilità pressoché contemporanei e che la novella petroniana sia ambientata a Efeso, città vicina –come si diceva– alla Caria ove scriveva Caritone. Nell'ipotesi che Caritone desse credito alla accusa giudaica anticristiana di violazione di tombe, è chiaro che il racconto della Risurrezione sarebbe per lui una favola e i Cristiani agli occhi di uno scettico tale sarebbero apparsi dei creduloni, gente che ha creduto che Gesù fosse risorto perché lo desiderava ardentemente: Caritone in effetti per ben due volte nel suo romanzo, e in termini pressoché identici, espone la riflessione che gli uomini, quello che vogliono, finiscono anche per crederlo: VI 5, 1 ("per natura l'uomo, se vuole una cosa, finisce anche per credervi") e III 9, 3 ("se uno vuole una cosa, finisce anche per credervi"). Glen Bowersock del resto ravvisa la presenza del tema della risurrezione anche nell'accenno di Dionisio di Mileto in V 10, 1: Ποῖος οὗτος ἐπ' ἐμοῦ Πρωτεσίλεως ἀνεβίω.[85]

Mi sembra anche degno di attenzione in merito che l'accusa di τυμβωρυχία, rivolta ai Cristiani secondo Matteo e forse riflessa in Caritone e in Petronio, sia anche alla base del cosiddetto *Editto di Nazareth*: si tratta di un'epigrafe rinvenuta a Nazareth e ora conservata a Parigi che reca il testo greco di un Διάταγμα di un non meglio specificato Καίσαρος, che stabiliva una pena severissima, addirittura la pena capitale (ll. 20-22), contro coloro che si fossero macchiati di τυμβωρυχία: e questo è tanto più notevole, in quanto

[83]Si veda RONCALI, *Il romanzo*,12.

[84] Si veda qui *infra* il capitolo VIII, su Petronio.

[85]Il tema ritorna anche in Elio Aristide, *Orat.* 3, 365 Behr (46 Dindorf), ma soprattutto, nota Bowersock, è presente in Petron. *Satyr.* 129, 1, in cui Encolpio, una volta ricuperate le proprie virtù virili, si dichiara più fortunato, *gratiosorem quam Protesilaum aut quemquam alium antiquorum*, con evidente riferimento al tema del ritorno dai morti, metaforicamente applicato anche alla prestanza di Encolpio: cfr. BOWERSOCK, *Fiction as History*, 112-113.

di norma la τυμβωρυχία era colpita soltanto con ammende pecuniarie. Molti sono gli indizi che concorrono a fare datare questo editto alla tarda età neroniana[86]. È stata da più parti sostenuta l'interpretazione "cristiana" dell'editto: la gravità della pena, l'impiego di verbi al perfetto e l'invito alla denuncia fanno pensare che con questo editto si volesse colpire qualche precisa persona: Grzybek ha poi recentemente offerto una interpretazione delle ll.15-17 dell'editto[87] che, se fondata, non lascerebbe adito a dubbi sulla finalità anticristiana dell'editto stesso, contenente l'ordine di istituire un processo "*de diis* contro il culto reso agli uomini": coloro che rendevano culto ad un uomo erano evidentemente i Cristiani, che erano parimenti coloro che erano stati accusati dai Giudei di τυμβωρυχία. Dunque, dalla tarda età neroniana esisteva una disposizione volta a colpire i Cristiani come violatori di tombe, secondo l'accusa giudaica.

Se tale accusa anticristiana sembra trovare eco in Caritone e, come si vedrà meglio, in Petronio, una situazione giuridica quale quella che prevede l'*Editto di Nazareth* sembra supposta forse in un episodio dello stesso romanzo di Caritone. Penso in particolare alla condanna a morte di Terone, per crocifissione, a causa del trafugamento di Calliroe dalla tomba e della successiva sua vendita come schiava: Terone per il suo reato di τυμβωρυχία non è condannato ad una semplice multa, ma viene messo a morte senza esitazione, e inoltre è accusato di essere ἀσεβής (III 4, 10). Questo fatto, più che calarsi nel contesto storico in cui si finge avvenuto, parrebbe adattarsi forse meglio al *milieu* giuridico dell'epoca in cui visse Caritone[88], ovvero dall'età neroniana in poi: in effetti abbiamo per Afrodisia riscontri epigrafici precisi contro i τυμβωρύχοι, per cui la formula completa era ἀσεβὴς καὶ ἐπάρατος καὶ τυμβωρύχος[89]. Del resto, anche in altre occasioni Caritone dimostra di attenersi alle norme e agli usi del suo tempo piuttosto che a quelli della Siracusa o dell'Asia del V-IV secolo a.C.[90]. Forse Caritone non va letto

---

[86] E. GRZYBEK-M. SORDI, "L'Edit de Nazareth et la politique de Néron à l'égard des Chrétiens", *ZPE* 120, 1998, 279-291, part. 288-291 per la contestualizzazione storica ad opera di Marta Sordi. Rinvio a questo lavoro, oltre che per l'edizione e per le argomentazioni degli Autori, anche per uno *status quaestionis* aggiornato e per una recente bibliografia.

[87] GRZYBEK-SORDI, "L'Edit de Nazareth", 284-287; la traduzione di Grzybek delle linee in questione suona (280): "contre une telle personne, moi j'ordonne qu'il y ait un procès, comme (on le fait) –pour outrage aux dieux– contre les cultes rendues aux hommes".

[88] Per un'indagine sui *realia* giuridici sottesi al romanzo antico segnalo S. SCHWARTZ, *Courtroom Scenes in Ancient Greek Novels*, Ph. D. Dissertation, Columbia University 1998.

[89] RUIZ MONTERO, "Caritón", 123 n. 79; "Chariton", 1031.

[90] Rinvio a quanto detto sopra e alla n. 21 e per un quadro generale a E. KARABÉLIAS, "Le roman de Chariton d'Aphrodisias et le droit. Renversements de situation et exploitation des ambiguïtés juridiques", in *Symposion 1988. Comunicazioni sul diritto greco ed*

in quell'ottica di semplicità in cui spesso lo si è voluto leggere, insieme con Senofonte e in contrapposizione con la triade Longo-Achille Tazio-Eliodoro, ritenuti più complessi e portatori di messaggi più profondi rispetto alla semplice narrazione: c'è indubbiamente del vero in questa impostazione[91], però, alla luce di quanto si è detto ad esempio della presenza di dati storici nell'opera, non si possono escludere *a priori* eventuali intenti parodistici e accenni anche critici alla realtà contemporanea. Il pubblico di Caritone poteva non solo volere dilettarsi dell'intreccio, ma anche essere in grado di cogliere questo tipo di allusioni.

Insomma, quanto esposto fin qui non è, a mio avviso, tale da far concludere senz'altro che Caritone conoscesse il fatto cristiano e vi alludesse nella sua opera; tuttavia, alla luce degli indizi che ho cercato di presentare, non credo neppure che si possa escludere, con aprioristica certezza, una tale conoscenza.

---

ellenistico (Siena-Pisa, 6-8 giugno 1988), a c. di G. Nenci-G. Thür, Akten der Gesellaschaft für griechische und hellenistische Rechtsgeschichte, VII, Köln-Wien 1990, 369-396; HUNTER, "History", 1081 reca un significativo esempio della disinvoltura con cui Caritone trattava le leggi, assimilando quelle di Siracusa a quelle di Atene o della Roma repubblicana sulla punibilità dell'adultero.

[91] Ben schematizzata in E.L. BOWIE-S.J. HARRISON, "The Romance of the Novel", *JRS* 83, 1993, 159-178, part. 164-165.

2
Senofonte di Efeso

Dati gli stretti legami che, come avremo modo di porre in luce, sussistono fra il romanzo di Caritone di Afrodisia e quello di Senofonte Efesio, ritengo opportuno fare seguire all'analisi del racconto di Caritone quella degli *Ephesiakà* di Senofonte, romanzo probabilmente di poco posteriore.

La collocazione cronologica e geografica degli *Ephesiakà* non è facilmente definibile[1], anche se sembra certa la vicinanza cronologica con Caritone[2]; il nome stesso dell'autore, come è noto, potrebbe essere un *nom d'emprunt*[3]. A rendere ancor più difficoltosa la questione è la possibilità che il romanzo, nella forma in cui oggi lo leggiamo, sia un riassunto di un originale più ampio; questa ipotesi, esposta già da Rohde e sviluppata da Bürger[4], e

---

[1] Recente visione d'insieme sul romanzo e sul suo autore in J.N. O' SULLIVAN, *Xenophon of Ephesus. His Compositional Technique and the Birth of the Novel*, Berlin-New York 1995, Untersuchungen zur antiken Literatur und Geschichte 44: sulla datazione 1-8; 100-138; 168-170.

[2] O' SULLIVAN, *Xenophon*, 168-170, propone il 55 circa per Caritone e il 50 per Senofonte, ma con scetticismo, e ribadisce il legame fra i due romanzi, analizzato a 145-167.

[3] Uso l'espressione di G. DALMEYDA, *Xénophon d'Éphèse. Les Éphésiaques ou le roman d'Habrocomès et d'Anthia*, Paris 1926, ix; O' SULLIVAN, *Xenophon*, 1 esordisce con "it is very probable that the auhor of the *Ephesiaca* was neither Xenophon nor Ephesian". Che "Efesio" sia un appellativo derivato a Senofonte dalla sua opera è parere di diversi studiosi e viene esposto in B. LAVAGNINI, "La patria di Senofonte Efesio", in *Studi sul romanzo greco*, Messina 1950, 145 sgg.. Per un'aggiornata sintesi sulla questione del nome di Senofonte Efesio cfr. C. RUIZ MONTERO, "Xenophon von Ephesos: ein Überblick", in *ANRW*, II, 34, 2, 1994, 1088-1137, part. 1089: a questo ampio lavoro rimando senz'altro come ad una sintesi aggiornata e ricca di bibliografia dello stato degli studi su Senofonte.

[4] E. ROHDE, *Der griechische Roman und seine Vorläufer*, Leipzig 1914[3], 416 n. 1; K. BÜRGER, "Zu Xenophon von Ephesus", *Hermes* 27, 1892, 36-37: ammette però che la prima parte del libro II e l'ultima del V siano essenzialmente integre. Breve rassegna della fortuna dell'ipotesi di un'epitome in "Senofonte Efesio, *Anzia e Abrocome*", a c. di G. ANNIBALDIS, in *Storie d'amore antiche. Leucippe e Clitofonte, Dafni e Cloe, Anzia e Abrocome*, intr. di L. CANFORA, Bari 1987, 333: per Weinreich l'opera odierna è una versione abbreviata per un pubblico di massa; per Miralles l'originale, in 5 libri, fu poi ampliata in 10; Kerényi e Merkelbach, fedeli alla interpretazione isiaca (per Merkelbach il romanzo è un'allegoria dei misteri isiaci), ipotizzarono che il romanzo fosse dedicato a Iside, quindi abbreviato da un fedele del dio Sole.

ancora condivisa oggi da diversi studiosi[5], spiegherebbe fra l'altro alcune incongruenze presenti nel romanzo odierno[6] e la affermazione del lessico Suda, che ricorda Senofonte come autore di *Ephesiakà* in dieci libri (ἐρωτικὰ βυβλία ι'), mentre come è noto la partizione odierna è in cinque[7]. O' Sullivan recentemente si è però espresso in sfavore di questa tesi[8] e con lui anche Turasiewicz[9]. La datazione è stata variamente fissata di volta in volta dal II al V secolo[10]; la scoperta dei papiri del romanzo di Caritone e la retrodatazione di quest'ultimo alla fine del I secolo o inizi del II[11] ha fatto superare tesi come quelle di D'Orville, che cronologicamente poneva Senofonte molto tardi, precisamente dopo Eliodoro, Achille Tazio, Longo Sofista e prima di Caritone. Allo stato attuale della ricerca, sembra che un'ubicazione cronologica degli *Ephesiakà* possa definirsi entro margini di sicurezza fra il *terminus post quem* dell'età augustea, nella quale nacque (30 a.C.) la prefettura d'Egitto menzionata più volte da Senofonte[12], o meglio il *terminus post quem* dell'età adrianea, a partire dalla quale è testimoniata la carica di "irenarca di Cilicia" ricordata negli *Ephesiakà*[13], e il *terminus ante quem* del 263 d.C., quando i Goti appiccarono il fuoco all'*Artemision* di Efeso. Altri indizi sono stati da più parti addotti onde permettere una meno vaga approssimazione: in particolare, in favore di una cronologia alta Rohde[14] notò l'arcaicità di alcuni usi descritti nel romanzo come ancora sussistenti e Dalmeyda[15] suppose che Senofonte scrivesse in un'Asia

---

[5] Ad es. R. NUTI, "*Nota* a Senofonte Efesio, *Abrocome e Anzia (I racconti Efesii)*", in *Il romanzo classico*, a c. di Q. CATAUDELLA, Roma 1958, 181-249, part. 183.

[6] Ad esempio, è oscuro il motivo che ha spinto i due a partire da Efeso, stanti le minacciose previsioni dell'oracolo di persecuzioni per mare da parte di pirati (I 10). Certo è possibile anche che Senofonte non motivasse meglio la decisione dei genitori di fare partire i due giovani, ma questo parrebbe proprio uno dei casi in cui l'ipotesi di un riassunto giova a fare luce.

[7] Anche qui è possibile supporre che nelle edizioni vigesse una diversa suddivisione dei libri.

[8] O' SULLIVAN, *Xenophon*, 100-138 discute a lungo e confuta la tesi dell'epitome, supponendo che la *Suda* possa avere un numero errato di libri o una divisione diversa.

[9] R. TURASIEWICZ, "Zum Stil des Romanciers Xenophon von Ephesos", *GB* 21, 1995, 175-188.

[10] Cfr. DALMEYDA, *Xénophon*, xii.

[11] Ne abbiamo parlato nel cap. I, al quale rinvio senz'altro anche per la documentazione.

[12] Senofonte parla di "prefetto d'Egitto" a III 12, 6; IV 2, 1; O' SULLIVAN, *Xenophon*, 4 lo ritiene l'unico valido *terminus post quem* per la composizione del romanzo.

[13] O' SULLIVAN, *Xenophon*, 5-8 ritiene però che la carica di irenarca di Cilicia non possa fornire dati cronologici precisi. Cfr. anche *Anzia e Abrocome*, a c. di ANNIBALDIS, 327-335 per l'introd., part. 330 per la data (proposto il II sec. d.C.), 401 con bibliografia.

[14] E. ROHDE, *Der griechische Roman und seine Vorläufer*, Hildesheim 1876, 418-419: egli si riferisce agli *Ephesiakà* III 6, 4; III 7, 4.

[15] DALMEYDA, *Xénophon*, xiv.

non ancora profondamente cristianizzata, data la presenza ancora viva del sacrificio cruento ad Ares in Cilicia; è stato inoltre supposto che il romanzo sia stato composto dall'età adrianea –o poco prima– all'età di Commodo, ma mancano prove decisive in tal senso[16].

Il lessico Suda, lo accennavamo, è l'unica fonte a dire che il nostro autore fosse efesio[17], e ricorda Senofonte come autore di *Ephesiakà* in dieci libri, attingendo la notizia dallo storico Esichio di Mileto[18], e di un'opera "sulla città degli Efesini", che è stata ora identificata con il romanzo, ora invece ritenuta un lavoro a se stante[19], ma che in ogni caso sembra confermare almeno l'interesse per la città, se non la provenienza dell'autore da Efeso, anche se recentemente O' Sullivan ha messo in discussione pure questa notizia[20]. Questa è infatti la città dei due giovani protagonisti, Abrocome e Anzia, i quali, innamoratisi, si sposano; senonché, Abrocome, per avere trascurato il culto di Eros, si attira la vendetta della divinità: proprio per sottrarsi a questa vendetta essi compiono un viaggio, che però li getta in balia di pirati e li costringe a separarsi. Dopo una lunga serie di vicissitudini per il Mediterraneo (Ionia, Rodi, Cipro, Egitto, Sicilia, Magna Grecia), essi riescono a salvarsi e a mantenersi reciprocamente fedeli fino al ricongiungimento. Una buona conoscenza dei culti efesini –secondo Dalmeyda sulla scorta di Picard[21], ma diverse voci si sono levate a correggere questa opinione, come quelle di Gärtner e di Schwartz[22]– sembra sottesa alle descrizioni del primo libro, che ci offrono uno spaccato della vita religiosa degli Efesini. Anzia in particolare, che deve essere una sacerdotessa di Artemide, appare come una sorta di teofania[23]. Anche i preti e gli indovini che esercitano la loro attività nei pressi del tempio, come si legge

---

[16] Si veda l'esposizione e la discussione in DALMEYDA, *Xénophon*, xiv n. 3.

[17] Come nota O' SULLIVAN, *Xenophon*, 2.

[18] O' SULLIVAN, *Xenophon*, 1.

[19] Si veda per la discussione RUIZ MONTERO, "Xenophon", 1089. Pensa a un'opera distinta dal romanzo e offre ulteriore bibliografia H. GÄRTNER, "Xenophon von Ephesos", in P.-W. IX A, 2, 1967, 2055-2089, part. 2075.

[20] O' SULLIVAN, *Xenophon*, 2.

[21] DALMEYDA, *Xénophon*, ix-x; PICARD, *Éphèse et Claros*, Paris 1922: sull'attendibilità di questo libro offre un giudizio molto negativo RUIZ MONTERO, "Xenophon", 1090.

[22] GÄRTNER, "Xenophon", 2058-2059, suppone che l'autore non abbia visto la processione di persona; più drastico ancora J. SCHWARZ, "Quelques remarques sur les Éphésiaques", *AC* 54, 1985, 197-204, il quale sembra propenso a escludere che tale processione abbia mai avuto luogo e pensa piuttosto all'influsso della descrizione da parte di Ateneo di una analoga processione di Tolemeo II Filadelfo. Questo costituirebbe anche un *terminus post quem* per la datazione del nostro romanzo: se Ateneo (su cui cfr. G. ZECCHINI, *La cultura storica di Ateneo*, Milano 1989) scrisse nel 230 d.C., il romanzo dovrebbe essere di poco posteriore .

[23] Sul culto dell'Artemide efesina cfr. *Anzia e Abrocome*, a c. di ANNIBALDIS, 403 n. 1.

nel romanzo, sembrano trovare riscontro nei dati storici ed archeologici a nostra disposizione, come la vendita di talismani attorno al tempio stesso e la diffusione di trattati di magia, nonché nella testimonianza di Filostrato circa l'accoglienza riservata dagli Efesini ad Apollonio di Tiana[24]. Non mancano inoltre precisazioni geografiche pressoché accessorie ma esatte, riferite all'Asia Minore, ad es. a II 10, 4 a proposito dell'ubicazione di Xanthos; I 2, 2 in merito alla lunghezza del tragitto della processione dalla città all'*Artemision*; I 6, 1 sulla distanza marittima da Efeso al santuario di Apollo a Colofone e simili[25]. Tuttavia la convinzione di Dalmeyda che il I libro degli *Ephesiakà* costituisca una documentazione storica della vita religiosa di Efeso nel II secolo è stata recentemente posta in dubbio, come si accennava, e vari studiosi propendono per credere che Senofonte non abbia mai visto Efeso di persona o che, almeno, la processione di Artemide in I 2 non sia una fedele descrizione di un evento di cui l'autore sia stato testimone oculare.

Se forse non Efeso, dunque, un altro territorio che Senofonte mostra di conoscere, e bene, è quello egiziano, data l'ambientazione della seconda parte del romanzo. L'interesse particolare di Senofonte per l'Egitto era stato già notato da Henne[26], il quale tuttavia non pensava ad una permanenza del romanziere in quel paese, bensì piuttosto all'impiego di fonti, scritte o orali, su questo paese. Successivamente, Griffiths notò in particolare la buona conoscenza da parte di Senofonte della zona del delta nilotico e soprattutto di Alessandria d'Egitto: questo lo portò a concludere che Senofonte, nato ad Efeso o comunque di famiglia efesina, abbia nondimeno trascorso la sua vita in Alessandria d'Egitto[27]. Su questa linea è anche la posizione di Sartori[28], il quale considera il romanzo senofonteo alla stregua di una fonte storica e ritiene che l'autore abbia impiegato un'opera periegetica di Democrito di Efeso su Alessandria. Si aggiunge a queste considerazioni anche un motivo religioso: Anzia, che pure è sacerdotessa di Artemide, invoca anche Iside, dèa egiziana, come la più grande fra le divinità, che aiuta la donna a conservare la propria

---

[24] Cfr. DALMEYDA, *Xénophon*, xi.

[25] La discussione è sempre in DALMEYDA, *Xénophon*, xi-xii: lo studioso era tuttavia convinto che il romanzo fosse da collocarsi in area microasiatica e non sembra prendere in esame la possibilità di una origine egiziana.

[26] H. HENNE, "La géographie de l'Égypte dans Xénophon d'Éphése", *Rev. d'Hist. de la Philosophie et d'Hist. Générale de la Civilisation* 4, 1936, 97-106.

[27] J. G. GRIFFITHS, *Xenophon of Ephesus on Isis and Alexandreia*, in *Hommages à Marteen J. Vermaseren*, I, hrsg. von M.B. DE BOER-T.A. ERDRIDGE, Leiden 1978, *Études préliminaires aux religions orientales dans l'Empire Romain* 68, 409-437. L'autore adduce anche l'episodio di Egialeo, che viveva con la sposa ormai mummificata, come prova della conoscenza dettagliata dei costumi egiziani da parte di Senofonte.

[28] F. SARTORI, "Italie et Sicilie dans le roman de Xénophon d'Éphèse", *Journal des Savants* 1985, 161-186.

purezza (III 11; IV 3, 4)[29]. D'altra parte, la diffusione del culto di Iside nell'impero romano dal I secolo è ampiamente attestata[30] (basti pensare, nella Roma del II sec. *in.*, alla testimonianza di Iuv. VI 489 e 529; IX 22; XII 28; XIII 93).

Entrambi i luoghi in cui è dunque possibile collocare geograficamente il romanzo di Senofonte, Efeso e l'Egitto, sono aree nelle quali il Cristianesimo trovò precoce diffusione e in cui all'epoca della probabile composizione degli *Ephesiakà* esso era profondamente radicato. Ritengo opportuno documentare, per quanto possibile, questa asserzione.

Efeso fu evangelizzata prestissimo. Era una città greca, di tradizione greca, capoluogo della provincia d'Asia ma abitata anche da molti Giudei, che vi avevano una sinagoga. Paolo sembra il fondatore della comunità cristiana di Efeso[31], dove infatti predicò per circa tre anni, forse dal 54 al 57, come egli stesso attesta parlando agli Efesini: "τριετίαν νύκτα καὶ ἡμέραν οὐκ ἐπαυσάμην μετὰ δακρύων νουθετῶν ἕνα ἕκαστον" (*At* 20, 31). Da Efeso Paolo scrisse alcune delle sue lettere, fra cui la prima ai Corinti, forse quelle ai Galati e ai Filippesi[32]. L'evangelizzazione di Efeso non avvenne senza molte difficoltà: *At* 19, 23-40 testimonia del tumulto scoppiato nella città quando Paolo fu accusato da Demetrio, uno degli argentieri venditori di tempietti dell'Artemide di Efeso, i quali rischiavano la rovina economica se dal culto pagano la popolazione si fosse convertita al Cristianesimo predicato da Paolo, per il quale non sono dèi quelli fatti da mano d'uomo. Gli argentieri crearono tumulto al grido: "μεγάλη ἡ Ἄρτεμις Ἐφεσίων" (v. 28); la folla pagana, accorsa nel teatro, catturò Gaio ed Aristarco, due Macedoni collaboratori di Paolo. Gli Asiarchi, amici di Paolo, gli impedirono di presentarsi e, mentre i Giudei contribuivano alla sommossa (v. 33), il γραμματεύς, autorità locale favorevole a Paolo, calmò la sedizione minacciando l'intervento dei Romani [33]. Quando poi dovette andare via da Efeso per continuare nella sua opera di evangelizzazione in Macedonia, Paolo

[29] Dalmeyda nota la devozione di Anzia a Iside ma la spiega semplicemente con la diffusione del culto anche a Efeso, dove è attestato epigraficamente per l'età antonina (*Xénophon*, xvii-xviii).

[30] L. VIDMAN, *Isis und Sarapis bei den Griechen und Römern*, Berlin 1970.

[31] Fondazione della comunità efesina e sue prime vicende storiche: A. AMMASSARI, *Gli Atti del Cristo Risorto. Note di commento sulla struttura letteraria e le lezioni degli "Atti degli Apostoli" nella colonna latina del "Bezae Codex Cantabrigiensis"*, Città del Vaticano 1998, 96-98.

[32] Per la data probabile del soggiorno di Paolo a Efeso e per le epistole scritte da là, cfr. I. DE LA POTTERIE, "Maria è stata ad Efeso?", in Eiusd. *Storia e mistero. Esegesi cristiana e teologia giovannea*, Roma 1997, 43-48, part. 44.

[33] Sull'importanza di questo episodio nel contesto dell'immediata reazione pagana al messaggio cristiano si veda M. SORDI, *I Cristiani e l'Impero Romano*, Milano 1986 rist., 212.

vi lasciò Timoteo –suo fidato discepolo fino da Listra, dove egli lo aveva fatto circoncidere perché figlio di una Giudea e di un Greco (*At* 16, 1-3)–, affinché controllasse la comunità (*1Tim* 1, 2-3). Come è noto, Paolo poi scrisse agli Efesini, che ormai costituivano una salda comunità cristiana, mentre era prigioniero, in catene (ad es. *Ef* 6, 19-20); egli inviò agli Efesini Tichico come latore dell'epistola e allo scopo di fare loro conoscere sue notizie (*Ef* 6, 21-22). Più volte Paolo ricorda in questa lettera come gli Efesini, da pagani quali erano, si erano convertiti e formavano allora una compatta comunità cristiana (ad es. *Ef* 2, 11-13).

Ma la cristianità di Efeso non era soltanto di matrice paolina. Infatti Giovanni secondo la tradizione compose ad Efeso il suo Vangelo e ad Efeso ritornò dopo l'esilio inflittogli da Domiziano a Patmo –dove egli stese l'*Apocalisse*–, quando venne richiamato da Nerva (96-98): quivi morì. Questo avvenne secondo l'antica e concorde testimonianza di Papia vescovo di Gerapoli negli anni 130/140 –quando ancora c'erano persone che avevano udito predicare Giovanni ormai anziano–, Policarpo di Smirne, martire nella metà del II secolo, il quale da giovane aveva ascoltato gli Apostoli che avevano visto il Signore, Policrate di Efeso attivo verso la fine del II secolo e Ireneo di Lione vissuto intorno al 200, i grandi vescovi del II secolo, a cui si aggiunge Giustino Martire. Anzi, secondo alcuni studiosi, Giovanni sarebbe stato ad Efeso prima ancora di Paolo, negli anni Quaranta, e il silenzio degli *Atti degli Apostoli* potrebbe spiegarsi in tal caso con la loro paternità dovuta a Luca, che era discepolo di Paolo e non di Giovanni, e interessato quindi a narrare solo i viaggi di Paolo[34]. Se quest'ultima ipotesi non sembra comunque dimostrabile, appare preferibile attenersi alla tradizione patristica: Ireneo in particolare (*Adv. Haer.* III 1, 1) testimonia che Giovanni, il discepolo che si era chinato sul petto del Signore, pubblicò il suo vangelo a Efeso: e secondo Eusebio (*Hist. eccl.* IV 14, 3-8) Ireneo ottenne questa testimonianza da Policarpo, che aveva ascoltato Giovanni. Anche Giustino, che fu ad Efeso intorno al 135, afferma esplicitamente che Giovanni, uno degli Apostoli del Signore, aveva risieduto là (*Dial. c. Tryph.* 81, 4; Eus. *Hist. eccl.* IV 18, 6-8). Pure gli *Atti di Giovanni*, apocrifi ma antichi, scritti da Leucio Carino intorno al 150, parlano del ministero di Giovanni ad Efeso. Policrate inoltre, vescovo di Efeso, scrivendo a papa Vittore nel 190 circa (Eus. *Hist. eccl.* V 24, 3), attesta la sepoltura di Giovanni ad Efeso[35]. Dunque secondo la tradizione patristica, che non c'è

[34] DE LA POTTERIE, *Maria*, 44.

[35] Cfr. per la tradizione patristica sul soggiorno efesino di Giovanni R.E. BROWN, *Giovanni. Commento al Vangelo spirituale*, tr. it. Assisi 1991³, CIV-CVII; CXXIV-CXXV per la preferenza data alla tesi della composizione del vangelo di Giovanni a Efeso; M.F. BASLEZ, *Saint Paul*, tr. it. *Paolo di Tarso, l'Apostolo delle genti*, Torino 1993, 99; 137-139. In generale sulle comunità giovannee O. CULLMANN, *Le milieu joannique*, Neuchâtel-Paris 1976; R. BROWN, *La communauté du disciple bien-aimé*, Paris 1990.

ragione di smentire, Efeso fu il luogo in cui Giovanni compose il suo Vangelo e in cui, dopo la parentesi del supplizio romano –forse[36]– e della relegazione a Patmo, visse i suoi ultimi anni e fu sepolto. Come è noto, del resto, anche le lettere di *Ap* 2-3 sono indirizzate alla comunità di Efeso e ad altre sei chiese nella regione di Efeso. E anche le epistole giovannee, siano esse o meno del medesimo autore del quarto vangelo, vanno molto probabilmente collocate nell'area efesina verso la fine del I secolo; esse suggeriscono una moltitudine di chiese giovannee sparse su una vasta area facente comunque capo ad Efeso. Le lettere giovannee, scritte per fare fronte alla "crisi spirituale delle Chiese d'Asia"[37], presentano molte affinità con quelle di Ignazio d'Antiochia, la maggior parte delle quali sono indirizzate analogamente a città dell'area di Efeso[38].

Tanto maggiore rilievo acquista Efeso nel contesto della prima diffusione del Cristianesimo, se, come è probabile, insieme con Giovanni si trasferì in questa città anche Maria, la madre di Gesù, il quale sulla Croce l'aveva affidata al discepolo prediletto. Quest'ultimo subito la prese in casa, come testimonia egli stesso nel suo vangelo: "ἀπ' ἐκείνης τῆς ὥρας ἔλαβεν ὁ μαθητὴς αὐτήν εἰς τὰ ἴδια" (*Gv* 19, 25-27, part. 27). Testimonianza esplicita in favore della venuta di Maria ad Efeso appare la lettera ufficiale inviata dal Concilio di Efeso del 431 a Costantinopoli, dove era vescovo Nestorio: vi si legge infatti, secondo l'esegesi e la traduzione proposta dal padre Ignace de la Potterie: "Nestorio, il rinnovatore dell'eresia empia, dopo essere giunto nella terra degli Efesini, laddove erano giunti il Teologo Giovanni e la *Theotokos* Vergine, la Santa Maria [...], dopo una terza convocazione [...], è stato condannato"[39]. A Efeso il culto mariano fu precoce; i Padri del Concilio del 431 si riunirono in una grande chiesa, la prima basilica del mondo consacrata a Maria, eretta e dedicata ben prima del Concilio che favorì la venerazione resa alla Vergine: questo culto speciale e antico della Madonna a

[36] Secondo Tertull. *Praescr. Haeret.* 36, 2-3, e Hieron. *In Matthaeum* III 20, 23; *Adv. Iovin.* I 26 Giovanni sotto Domiziano fu immerso in una giara d'olio bollente a Roma presso Porta Latina, dove ancora oggi sorge la Basilica di S. Giovanni in Porta Latina, e poi, essendo uscito incolume dalla prova, venne esiliato a Patmo. Si veda eventualmente il mio "Giovenale, satira IV e il supplizio di Giovanni a Roma secondo Tertulliano", *Gerión,* 18, 2000, 343-358.

[37] L'espressione è del p. Donatien Mollat (è il titolo del capitolo *L'autore delle Lettere e la crisi spirituale delle Chiese d'Asia*, di *Giovanni maestro spirituale*, tr. it. Roma 1984, 159-161).

[38] Per l'importanza di Efeso nelle lettere giovannee e in quelle di Ignazio cfr. R.E. BROWN, *Le lettere di Giovanni*, tr. it. Assisi 1986, 158-161, part. 168 per le varie datazioni proposte delle lettere di Giovanni (cfr. *ibid.* n. 234) e 159 per le Chiese giovannee in area efesina. Sulla centralità di Efeso negli scambi e nella comunicazione BASLEZ, *Paolo*, 136-137.

[39] I. DE LA POTTERIE, "La venue de Marie à Éphèse d'après le témoignage du Concile de 431", in *Mater fidei et fidelium,* misc. in onore di Théodore Koehler, Univ. Dayton 1991, 218-235.

Efeso si spiega bene con il suo soggiorno in quella città. Tale soggiorno parrebbe d'altronde trovare conferma archeologica, dopo gli scavi condotti nei pressi di Efeso, nel luogo tradizionalmente indicato come "casa di Maria", dove sotto i resti di una chiesa bizantina si è trovata una casa del I secolo d.C.[40].

Nei primi decenni del II secolo Efeso risulta una città dotata di una comunità cristiana numerosa, ben salda e importante –secondo recenti ricerche la comunità giovannea contava membri dello strato sociale superiore[41]–, anzi venerabile. In un'epoca infatti, come vedremo, non troppo lontana dalla composizione degli *Ephesiakà*, Ignazio di Antiochia, condotto al martirio fra il 107 e il 118 , scriveva in greco una lettera alla comunità di Efeso, della quale ci rimane anche una versione abbreviata in siriaco[42]. Ignazio mostra deferenza e affetto per questa comunità, allora guidata dal vescovo Onesimo, e li chiama "iniziati di Paolo [...] in un'intera sua lettera si ricorda di voi in Gesù Cristo" (*Eph.* XII 1)[43]. Importante appare anche la sezione di apertura della lettera di Ignazio agli Efesini, quella dell'intestazione con il mittente e il destinatario: se la confrontiamo con le sezioni parallele delle altre sue lettere (a Tralle, Magnesia, Filadelfia, Smirne, Roma), appare chiaramente che Ignazio ha per

---

[40] Per brevi ma completi ragguagli sugli scavi, condotti sulla base delle indicazioni di suor Kathrin Emmerich, una mistica tedesca di inizi Ottocento che descrisse con esattezza i luoghi presso Efeso in cui visse Maria, pur senza averli mai veduti, e grazie anche ai contadini ortodossi che in base a un'antichissima usanza si recavano tutti gli anni in pellegrinaggio alle rovine della Casa di Maria il giorno dell'Assunzione cfr. DE LA POTTERIE, "Maria", 46-48.

[41] E.W. STEGEMANN-W. STEGEMANN, *Urchristliche Sozialgeschichte. Die Anfänge im Judentum und die Christusgemeinden in der mediterranen Welt*, Stuttgart-Berlin-Köln 1995, tr. it. *Storia sociale del Cristianesimo primitivo. Gli inizi nel Giudaismo e le comunità cristiane nel mondo mediterraneo*, tr. di R. Fabbri, Bologna 1998, Collana di Studi religiosi, 389-392.

[42] Per la data del martirio di Ignazio e per le redazioni delle sue lettere si vedano: J.B. LIGHTFOOT, *The Apostolic Fathers*, II, *S. Ignatius, S. Polycarp*, I-III, London 1889², rist. Hildesheim-New York 1973; H. PAULSEN, *Die Briefe des Ignatius von Antiochia und der Brief von Polycarp von Smyrna*, zweite, neubearbeite Auflage, Tübingen 1985; W.R. SCHROEDEL, *Ignatius of Antioch*, Philadelphia 1985; Eiusd. "Polycarp of Smyrna and Ignatius of Antioch", in *ANRW*, II, 27, 1, Berlin-New York 1993, 272-358; CH. MOUNIER, "Où est la question d'Ignace d'Antioche? Bilan d'un siècle de recherches, 1870-1988", *ibid.* 359-484; breve *status quaestionis* con bibl. anche in C. MORESCHINI-E. NORELLI, *Storia della Letteratura Cristiana Antica greca e latina*, I, Brescia 1995, 166-172; A. QUACQUARELLI, *Le Lettere di Sant'Ignazio*, in Eiusd. *I Padri Apostolici*, Roma 1998, part. 97-98.

[43] Se si tiene presente quanto detto precedentemente sulla probabilità della venuta di Maria ad Efeso, non appare un caso che Ignazio parli della Vergine, e per due volte, proprio in quella delle sue lettere indirizzata agli Efesini (*Ef* 19, 1) e che sempre in questa lettera egli presenti, primo fra tanti Padri della Chiesa, "la cristologia dell'infanzia matteo-lucana e la cristologia giovannea della preesistenza non come contraddittorie ma come consequenziali, cosicché si potrebbe affermare che la Parola divenne carne nel grembo della Vergine Maria" (cito ancora da BROWN, *Le lettere*, 175): Ignazio infatti in *Ef* 7, 2 dice che Gesù è "sia di Maria che di Dio".

Efeso espressioni di stima e di riguardo seconde soltanto a quelle che riserva a Roma, della quale infatti riconosce la primazialità[44]; in particolare, Ignazio pone in evidenza l'importanza, la consistenza e l'unità della Chiesa di Efeso: Ignazio mostra deferenza e rispetto per la sua antichità e per le sue autorevoli radici apostoliche e, probabilmente, mariane[45]. Dunque anche Ignazio testimonia l'importanza della comunità cristiana di Efeso e sembra confermare indirettamente la tradizione della venuta di Maria in questa città, che nel secondo secolo contava ben due comunità cristiane, l'una giudaico-cristiana e l'altra elleno-cristiana[46]. Come si nota dagli indirizzi di queste lettere di Ignazio, anche nelle zone intorno a Efeso, specialmente quelle vicine al mare, il Cristianesimo si era impiantato saldamente prima della fine del I secolo, ad esempio a Tralle e a Magnesia del Meandro (cfr. Eus. *Hist. eccl.* III 36, 4-9)[47].

Il secondo contesto geografico proposto per Senofonte è l'Egitto. Come è noto, l'Egitto è una terra che conobbe da subito la predicazione cristiana[48]. La tradizione patristica più antica e fededegna, rappresentata da Papia di Gerapoli (*ap.* Eus. *Hist. eccl.* II 15; III 39, 15), da Clemente di Alessandria (*ap.* Eus. *ibid.* II 15; VI 4, 6) e da Ireneo (*Adv. haer.* III 1, 1), ricorda che Marco, l'evangelista, seguì Pietro nella sua predicazione a Roma ancora sotto il regno di Claudio[49] e che sulla base di tale predicazione, su richiesta degli uditori romani di Pietro, compose il suo Vangelo, approvato dal fondatore della Chiesa di Roma. Ora, Marco, identificabile secondo Papia (*apud* Eus. *Hist. eccl.* II 15, 2) con l'omonimo della *I Petri* che Pietro chiama *filius meus* (*1Pt* 5, 13), sarebbe poi

[44] L'intestazione della lettera ai Romani è infatti la più lunga e articolata e contiene espressioni chiarissime circa il primato di Roma, assolutamente assenti nelle altre intestazioni: "nella carità di Gesù Cristo Dio nostro, che *presiede* nella terra di Roma, degna di Dio, di *venerazione* [...], che *presiede* alla carità". Ma subito dopo Roma, nella stima di Ignazio, viene Efeso.

[45] Ignazio parla della comunità cristiana di Efeso come di "colei che è stata benedetta in grandiosità con la pienezza di Dio Padre, che è stata predestinata [...] ad essere per sempre di gloria eterna e di salda unità, che è stata scelta [...] la Chiesa degna di essere beata".

[46] Eus. *Hist. eccl.* III 36, 5 che cita Ignazio (*Eph.* 1, 2, 6); Iust. *Dial. cum Triph.* 47, che Eus. *Hist. eccl.* IV 18, 6 colloca ad Efeso. Cfr. BASLEZ, *Paolo*, 165 e 284 n. 91.

[47] Nota BASLEZ, *Paolo*, 277 n. 50, che a proposito di queste comunità Paolo già alla fine del suo primo anno ad Efeso può parlare, al plurale, delle Chiese d'Asia (*1Cor* 16, 19).

[48] Oggi A. CAMPLANI, *L'Egitto cristiano: aspetti e problemi in età tardo-antica*, Roma 1997, Studia Ephemeridis Augustinianum 56, con bibl. sulla diffusione del Cristianesimo in Egitto.

[49] Una dettagliata analisi della tradizione patristica del II secolo sulla composizione del Vangelo di Marco a Roma agli inizi del regno di Claudio in M. SORDI, "La prima comunità cristiana di Roma e la corte di Claudio", in *Cristianesimo e istituzioni politiche da Augusto a Costantino*, a c. di E. Dal Covolo-R. Uglione, Roma 1996, 15-24, part. 16-17. Recente è poi il commento di B. MAGGIONI, *Il Vangelo di Marco*, Milano 2000.

andato in Egitto[50]: Eusebio ricorda testualmente che "questo Marco fu inviato per primo nella terra d'Egitto, affermano, a predicare [κηρῦξαι] il Vangelo che aveva anche messo per iscritto [συνεγράψατο] e a fondare per la prima volta chiese [ἐκκλησίας συστήσασθαι] nella stessa Alessandria" (*Hist. eccl.* II 16,1). L'esposizione di Eusebio prosegue con la menzione di Filone di Alessandria[51], il quale nella sua opera dedicata ai Terapeuti avrebbe inteso descrivere i santi costumi dei primi Cristiani d'Egitto, appena convertiti da Marco e considerati alla stregua di filosofi nella loro ascesi (ἀσκήσεως φιλοσοφωτάτης καὶ σφοδρωτάτης, *ibid.* 16, 2). Indipendentemente dalle convinzioni di Eusebio e dalla intenzione di Filone, in verità poco probabile, di parlare dei Cristiani di Alessandria, la predicazione di Marco in Egitto appare comunque dotata di fondamento storico e attestata da una tradizione autorevole, peraltro accettata oggi ufficialmente sia dalla Chiesa Cattolica sia da quella Copta[52]. In effetti, per i secoli a venire la cattedra episcopale di Alessandria continuò a richiamarsi all'evangelista come al fondatore della sua serie di vescovi, caratterizzati in genere da una notevole dottrina. Del resto, gli studiosi sono propensi ad accettare che l'evangelizzazione di Alessandria risalga ad elementi giudeo-cristiani piuttosto che legati a Paolo e che l'influsso del giudaismo alessandrino sia stato notevole[53]; la controversia dottrinale impegnò a lungo i Cristiani di Alessandria: si pensi alla lettera dello Ps.-Barnaba e ai grandi dottori gnostici alessandrini, Basilide e Valentino, che appartengono all'epoca in cui furono scritti gli *Ephesiakà*. Poco dopo si situa la dotta figura

---

[50]Secondo Ammassari, addirittura, il Vangelo di Marco presenterebbe indizi linguistici tali da farne supporre la composizione in Egitto (A. AMMASSARI, *Il Vangelo di Marco nella colonna latina del* Bezae Codex Cantabrigiensis, Città del Vaticano 1997): questa ipotesi va contro la tradizione patristica sopra considerata e come tale è difficilmente accettabile, tuttavia ha il pregio di ricordarci i profondi legami intercorsi fra Marco e la terra d'Egitto.

[51]Eusebio riporta la tradizione (λόγος, *Hist. eccl.* II 17, 1) secondo cui Filone si sarebbe recato a Roma ai tempi di Claudio per incontrare Pietro e definisce questa tradizione "non improbabile" (οὐκ ἀπεικός, *ibid.*). La nota ambasceria, invece, in cui Filone si faceva portavoce presso l'imperatore delle esigenze della sua città, avvenne sotto Caligola (cfr. la *Legatio ad Caium*).

[52] Durante il pellegrinaggio giubilare in Egitto (24-26 febbraio 2000) papa Giovanni Paolo II disse testualmente: "la città di Alessandria, dove fu fondata la Chiesa dall'evangelista Marco, discepolo di Pietro e di Paolo, ha donato noti scrittori ecclesiastici come Clemente e Origene e grandi padri della Chiesa come Atanasio e Cirillo". Durante lo stesso viaggio il patriarca della Chiesa Copta, Shenouda III, accogliendo il papa di Roma, esclamò: "Le diamo il benvenuto, Santità, in Egitto [...] la terra di san Marco che fondò la nostra Chiesa, la terra di sant'Atanasio, teologo capo del Concilio ecumenico di Nicea, e la terra di san Cirillo d'Alessandria, che difese la fede contro il Nestorianesimo": cito da *30Giorni nella Chiesa e nel mondo*, 18, 3, 2000, 29.

[53] M. SIMONETTI, *La letteratura cristiana antica greca e latina*, Milano 1988, 102-103.

di Panteno[54], collocabile cronologicamente nella II metà del II secolo e ricordata da Clemente nelle *Ipotiposi* (*ap.* Eus. *Hist. eccl.* V 11) e negli *Stromati* (I 1, 1-2 = Eus. *Hist. eccl.* V 11, 3-4), Origene (*ap.* Eus. *Hist. eccl.* VI 19, 12-13) Eusebio (*Hist. eccl.* V 10) e Gerolamo (*Vir. ill.* 36; 38; *Ep.* 70, 2): originario forse della Sicilia[55] e di indirizzo filosofico stoico, fondò ad Alessandria la celebre scuola catechetica presso la quale insegnò anche Origene. Panteno fu missionario in India e venne prescelto come tale in base alla sua dottrina vasta e sicura (Eus. *Hist. eccl.* V 10): osserva in effetti Gerolamo (*Vir. ill.* 36) che da Marco in poi la dottrina era elemento caratterizzante i vescovi di Alessandria[56]. Sull'importanza, poi, di Clemente dal punto di vista della fondazione filosofica –e segnatamente medioplatonica– del Cristianesimo non v'è certamente bisogno di argomentare[57]. Ma un indizio autorevole dell'antichità dell'evangelizzazione in Egitto, almeno ad Alessandria, è contenuto negli stessi *Atti degli Apostoli*: se, come accennammo, Paolo verso la metà degli anni 50 soggiornò a lungo ad Efeso e vi organizzò una fiorente comunità cristiana, il passo di *At* 18, 24-28 ci attesta che prima di lui aveva predicato in questa città un Giudeo-cristiano proveniente proprio da Alessandria d'Egitto, dove egli aveva dunque sentito

---

[54] Sul quale cfr. in breve SIMONETTI, *La letteratura cristiana antica*, 103-104.

[55] S. PRICOCO, "Da Fazello a Lancia di Brolo. Osservazioni sulla storiografia siciliana e le origini del cristianesimo in Sicilia", in *Il cristianesimo in Sicilia dalle origini a Gregorio Magno. Atti del Convegno di Studi organizzato dall'Istituto Teologico-Pastorale "Mons. G. Guttadauro", Caltanissetta 28-29 ottobre 1985*, a c. di V. Messana-S. Pricoco, Caltanissetta 1987, Quaderni di Presenza Culturale 26, 19-39, part. 37-38; si veda anche il mio "Annotazioni sulle origini del Cristianesimo in Sicilia", *RSCI* 53, 1999, 1-15.

[56] *Iuxta quamdam veterem in Alexandria consuetudinem, ubi a Marco evangelista semper ecclesiastici fuere doctores.*

[57] Tra la vasta bibliografia in merito, mi limito a ricordare H.I. MARROU-M. HARL, intr. à *Clément d'Alexandrie. Le Pédagogue*, I, Paris 1960, Sources Chrétiennes 70; J. DANIÉLOU, *Message évangelique et culture hellénistique aux IIe et IIIe siècles*, Tournai 1961; A. MÉHAT, *Étude sur les* Stromates *de Clément d'Aléxandrie*, Paris 1966, Patristica Sorboniensia 7; S.R.C. LILLA, *Clement of Alexandria. A Study in Christian Platonism and Gnosticism*, Oxford 1971; O. STÄHLIN-U. TREU, *Clemens Alexandrinus*, I, Berlin 1972³, *Einleitung* (nell'edizione di Clemente dei *Griechische Christliche Schriftsteller*); P. NAUTIN, "La fin des *Stromates* et les *Hypotyposes* de Clément d'Alexandrie", *Vigiliae Cristianae* 30, 1976, 268-302; A.H. ARMSTRONG, "The Self-Definition of Christianity in Relation to Later Platonism", in *Jewish and Christians. Self Definition*, ed. by E.P. Sanders, I, London 1980; D. WYRWA, *Die christliche Platonaneigung in der* Stromateis *des Clemens von Alexandrien*, Berlin-New York 1983, Arbeiten zur Kirchengeschichte 5; C. NARDI, *Clemente, Ecloghe Profetiche*, Firenze 1985; G. PINI, *Clemente Alessandrino. Stromati. Note di vera filosofia*, Milano 1985; A. VAN DEN HOEK, "How Alexandrian was Clement of Alexandria? Reflexions on Clement and his Alexandrian Background", *The Heythorp Journal*, 31, 1990, 179 sgg.; Eiusd. "Origen and The Intellectual Heritage of Alexandria: Continuity or Disjunction?", in *Origeniana Quinta*, ed. by R.J. Daly, Leuven 1992, 43-45; D.TH. RUNIA, "Why Does Clement of Alexandria Call Philo 'The Pythagorean'?", *Vig. Christ.* 49, 1995, 1-22; H.J. EDWARDS, "Clement of Alexandria and His Doctrine of the Logos", *Vig. Christ.* 54, 2000, 159-177.

l'annuncio cristiano e aveva ricevuto una formazione che gli consentì di insegnare riguardo a Gesù e al battesimo di Giovanni: Ammassari ritiene che ad Alessandria si seppe molto presto della predicazione di Gesù nella Galilea e del battesimo di penitenza di Giovanni, anche se non subito degli sviluppi sacramentali ed ecclesiali connessi alla Risurrezione e alla Pentecoste[58].

Il romanzo di Senofonte è ambientato dunque tra la Ionia, l'Egitto, Rodi, Tiro in Fenicia, Tarso di Cilicia, Cappadocia e Ponto; ancora, sono menzionate la Frigia, la Panfilia, Cipro, la Siria, in particolare Laodicea, la Sicilia con Siracusa e Taormina, e la Magna Grecia, con Taranto e Nuceria. Oltre ad Efeso e all'Egitto, della cui cristianizzazione abbiamo già trattato, la grande maggioranza degli altri sfondi geografici del romanzo rivela località che furono oggetto di precoce diffusione dell'annunzio cristiano: la Cappadocia e il Ponto sono terre assegnate dalla tradizione alla predicazione petrina; di Tarso era Paolo, che vi passò ancora nel corso dei suoi viaggi missionarî; a Rodi egli stesso passò nel secondo, terzo e quarto viaggio (*At* 21, 1); anche Cipro fu oggetto della predicazione paolina, che si tenne a Salamina, a Pafo e per tutta l'isola, durante il primo viaggio dell'apostolo, che anzi a Pafo convertì il proconsole Sergio Paolo (*At* 13, 4-12), e nel terzo (*At* 21, 3); Paolo fu in Panfilia a Perge (*At* 13, 13) e a Tiro di Fenicia si fermò durante il terzo viaggio e quivi trovò alcuni discepoli con cui si trattenne una settimana e che dimostrarono tutto il loro attaccamento a Paolo quando alla sua partenza lo accompagnarono fino fuori dalla città con mogli e figli (*At* 21, 3-5). Quanto alla Siria, è noto che Antiochia, Damasco e Seleucia sono luoghi in cui pure si fermò Paolo, ma già prima dell'inizio del primo viaggio missionario di Paolo stesso esisteva ad Antiochia una comunità cristiana formata da profeti e dottori (*At* 13, 1-3) e originata dai Cristiani che si erano dispersi ancora nei primi anni Trenta, al tempo della persecuzione giudaica anti-cristiana scoppiata alla morte di Stefano: i Cristiani in quell'occasione erano arrivati fino alla Fenicia, a Cipro e ad Antiochia (*At* 11, 19): anzi, alcuni cittadini di Cipro e di Cirene, giunti ad Antiochia, presero a predicare anche ai Greci e quando da Gerusalemme fu inviato Barnaba, che chiamò a sua volta Paolo e che con lui rimase per un anno intero ad Antiochia, una grande folla fu convertita e i Cristiani ricevettero quivi per la prima volta il loro nome (*At* 11, 20- 26). Dunque in queste località, Fenicia, Cipro, Antiochia, tutte presenti nel romanzo, già negli anni Trenta del primo secolo esistevano comunità cristiane. Antiochia, la Siria e la Cilicia sono già cristianizzate intorno al 49, l'anno del cosiddetto Concilio di Gerusalemme, i cui protagonisti in effetti spedirono una lettera ai Cristiani provenienti dal paganesimo di Antiochia, Siria e Cilicia (*At* 15, 23). L'evangelizzazione si ebbe

[58] AMMASSARI, *Gli Atti*, 97.

presto anche nell'entroterra siriaco, come vedremo[59]. Pure il secondo viaggio di Paolo toccò la Siria e la Cilicia e la Frigia (*At* 15, 41; 16, 6), tutte menzionate da Senofonte, e si concluse ad Antiochia (*At* 18, 22). Il terzo viaggio vide il ritorno in Frigia (*At* 18, 23). Il viaggio paolino "della prigionia" toccò poi, come è noto, oltre che Malta (*At* 28, 1-10), anche Siracusa, dove Paolo rimase tre giorni, e Reggio (*At* 28, 12-13): a Pozzuoli Paolo trovò alcuni "fratelli" che lo invitarono a rimanere una settimana con loro. È probabile che questi "fratelli", chiamati così dal narratore Luca, fossero Cristiani e non Giudei: infatti, se Paolo chiama i Giudei "fratelli" in quanto Giudeo egli stesso, non lo fa Luca[60]. Così subito dopo sembrano Cristiani i "fratelli" che incontrano Paolo al Foro Appio e alle Tre Taverne (*At* 28, 15). La Magna Grecia, citata da Senofonte, conobbe ben presto il messaggio cristiano: le zone di Pompei, Pozzuoli e della Campania in genere presentano non solo segni consistenti di presenze ebraiche, ma anche alcune tracce di primitiva evangelizzazione, come hanno dimostrato gli studî della critica recente[61]. Ad esempio Varone riscontra,

[59] Soprattutto nel capitolo dedicato a Giamblico. Per la prima diffusione del Cristianesimo in Asia Minore rinvio ai cenni contenuti nel primo capitolo, qui *supra*. Cito i testi più importanti di quelli menzionati sopra: *At* 21, 3-5: καὶ κατήλθομεν εἰς Τύρον [...] ἀνευρόντες δὲ τοὺς μαθητὰς ἐπεμείναμεν αὐτοῦ ἡμέρας ἑπτὰ [...] ἐξελθόντες ἐπορευόμεθα προπεμπόντων ἡμᾶς πάντων σὺν γυναιξὶ καὶ τέκνοις ἕως ἔξω τῆς πόλεως; *At* 13, 1-3: Ἦσαν δὲ ἐν Ἀντιοχείᾳ κατὰ τὴν οὖσαν ἐκκλησίαν προφῆται καὶ διδάσκαλοι, ὅ τε Βαρνάβας καὶ Συμεὼν ὁ καλούμενος Νίγερ καὶ Λούκιος ὁ Κυρηναῖος, Μαναέν τε [...] καὶ Σαῦλος; *At* 11, 19-26: οἱ μὲν οὖν διασπαρέντες ἀπὸ τῆς θλίψεως τῆς γενομένης ἐπὶ Στεφάνῳ διῆλθον ἕως Φοινίκης καὶ Κύπρου καὶ Ἀντιοχείας, μηδενὶ λαλοῦντες τὸν λόγον εἰ μὴ μόνον Ἰουδαίοις. Ἦσαν δέ τινες ἐξ αὐτῶν ἄνδρες Κύπριοι καὶ Κυρηναῖοι, οἵτινες ἐλθόντες εἰς Ἀντιόχειαν ἐλάλουν καὶ πρὸς τοὺς Ἕλληνας [...] πολύς τε ἀριθμὸς ὁ πιστεύσας ἐπέστρεψεν ἐπὶ τὸν Κύριον [...] καὶ ἐξαπέστειλαν Βαρνάβαν ἕως Ἀντιοχείας· ὃς παραγενόμενος καὶ ἰδὼν τὴν χάριν τὴν τοῦ Θεοῦ ἐχάρη καὶ παρεκάλει πάντας τῇ προθέσει τῆς καρδίας προσμένειν τῷ Κυρίῳ [...] Καὶ προσετέθη ὄχλος ἱκανὸς τῷ Κυρίῳ.

[60] Sulle origini del Cristianesimo in Sicilia il mio cit. *Alcune osservazioni sulle origini del Cristianesimo in Sicilia*, nel quale raccolgo la documentazione. Quanto a Luca, cfr. M.F. BASLEZ, *Paolo*, p. 232 s.v. *Luca. At* 28, 12-14: καὶ καταχθέντες εἰς Συρακούσας ἐπεμείναμεν ἡμέρας τρεῖς, ὅθεν περιελθόντες κατηντήσαμεν εἰς Ῥήγιον. Καὶ μετὰ μίαν ἡμέραν ἐπιγενομένου νότου δευτεραῖοι ἤλθομεν εἰς Ποτιόλους, οὗ εὑρόντες ἀδελφοὺς παρεκλήθημεν παρ' αὐτοῖς ἐπιμεῖναι ἡμέρας ἑπτά.

[61] Sui nuclei giudaici a Pompei e a Pozzuoli cfr. C. GIORDANO-I. KAHN, *Gli Ebrei in Pompei, in Ercolano e nelle città della Campania Felix*, Pompei 1965-Napoli 1979, 31-44, con 14 graffiti ebraici e notizie databili tutti a prima del 79, delle quali la metà presenta nomi semitici: è una percentuale molto alta a confronto con le iscrizioni romane, che hanno solo il 13% di nomi semitici, eppure a Roma vi era una consistente comunità ebraica che fu oggetto di ripetuti provvedimenti imperiali: celebre è l'espulsione del 49 sotto Claudio. Gli Autori suppongono (43-44) che si tratti per lo più di nuovi arrivati, che forse vollero sfuggire alla guerra giudaica. M. CONTICELLO DE'SPAGNOLIS, "Una testimonianza ebraica a Nuceria

su base essenzialmente onomastica per Pompei e grazie alla notizia già citata degli *Atti degli Apostoli* per Pozzuoli, la presenza di Cristiani di origine giudaica già nel primo secolo[62]. Tutto questo mostra, se non altro, come il panorama geografico di Senofonte riguardi tutte zone, mediterranee, in cui il Cristianesimo vide uno sviluppo notevole, e già dal primo secolo: quando dunque Senofonte scriveva, i luoghi che citava ospitavano già tutti delle comunità cristiane, alcune minori, altre, come nel caso di Efeso e di Antiochia, di più solida e antica cristianizzazione.

Un altro elemento rilevante è che appare vivo l'interesse di Senofonte non solo per la vita religiosa, ma anche in generale per i fatti contemporanei: a differenza di quanto accade con Caritone, la narrazione si snoda entro una cornice cronologica che sia pure latamente coincide con il tempo in cui viveva l'autore: basti pensare alla menzione dell' ἄρχων τῆς Αἰγύπτου in IV 2. Analogamente l'ambientazione non è in paesi lontani e favolosi, ma in regioni ben note del Mediterraneo, come la Ionia, Rodi e Cipro, o l'Egitto, la Sicilia e la Magna Grecia[63]. L'interesse di Senofonte per i fenomeni del suo tempo non può che deporre a favore di un eventuale interesse anche per il nascente Cristianesimo.

Anche alcune convergenze linguistiche tra gli *Atti* apocrifi dei ss. Pietro e Paolo hanno fatto riflettere, benché oggi Artés Hernández abbia accuratamente rivisto i termini della questione[64].

I passi più interessanti del romanzo di Senofonte ai nostri fini sono due, entrambi dotati di notevoli punti di convergenza con analoghi luoghi dell'opera di Caritone[65] e, d'altro canto, con le narrazioni evangeliche. A IV 2 si situa

---

Alfaterna", in L. FRANCHI DELL'ORTO (ed.), *Ercolano 1738-1988. 250 anni di ricerca archeologica*, Roma 1993, 243-252. Dietro suggerimento di padre Frederick E. Brenk ho in corso uno studio approfondito sulle presenze giudaiche e cristiane in area campana nel I secolo d.C., che sarà pubblicato sulla *Rivista di Storia della Chiesa in Italia*, con bibliografia a cui rinvio.

[62] A. VARONE, *Presenze giudaiche e cristiane a Pompei*, Napoli 1979, Quaderni della Società per lo Studio e la Divulgazione dell'Archeologia Biblica, 1, pp. 11-25; 29; Eiusd. "La Campania e il Cristianesimo delle primissime origini. Contributi valutativi sulla questione dei Cristiani nell'antica Pompei", *Campania Sacra* 11-12, 1980-1981, 3-44; Eiusd. "Le voci degli antichi: itinerario pompeiano tra pubblico e privato", in L. FRANCHI DELL'ORTO-A. VARONE (edd.), *Riscoprire Pompei*, tr. it. Roma 1993, 26-40, part. 36 dove ipotizza un'intenzione anticristiana in *CIL* IV 679. Sono grata ad Antonio Varone, della Soprintendenza Archeologica di Pompei e di Ercolano, per l'aiuto offertomi nelle ricerche sulle origini del Cristianesimo in Campania.

[63] Dà particolare rilievo a questo fatto NUTI, *Nota*, 184.

[64] J.A. ARTÉS HERNÁNDEZ, "Las *Efesíacas* de Jenofonte de Éfeso y los *Hechos apócrifos de Pedro y Pablo*: estudio lingüístico, 1, 2", *Minerva* 10, 1996, 51-57; *Minerva* 11, 1997, 33-53.

[65] *Anzia e Abrocome*, a c. di ANNIBALDIS, 406 nn. 23 e 29 sull'ascendenza caritoniana dei passi di Senofonte.

l'episodio della crocifissione di Abrocome, che trova un corrispondente in Carit. IV 2, 6. Sia Abrocome sia Cherea, ridotti in schiavitù dalle loro vicissitudini, vengono condannati alla crocifissione nonostante la loro innocenza; entrambi inaspettatamente si salveranno. Abrocome è condotto al cospetto del governatore d'Egitto (τὸν ἄρχοντα τῆς Αἰγύπτου), dietro denuncia epistolare degli abitanti di Pelusio a suo carico, per l'uccisione di Arasso. Il prefetto, senza dare luogo ad alcuna fase istruttoria del processo che possa verificare l'innocenza di Abrocome –esattamente come accade a Cherea in Caritone, dove il satrapo Mitridate non vuole ascoltare nessuna difesa–, dà ordine di crocifiggere Abrocome (IV 2, 1: προσαρτῆσαι σταυρῷ). Abrocome, come Cherea, non proferisce parola per tutto il tempo, né oppone resistenza (IV 2, 2). Su una roccia nuda e scoscesa presso la sponda del Nilo, coloro che devono crocifiggere Abrocome innalzano la croce (IV 2, 3: ἀναστήσαντες τὸν σταυρόν) e vi fissano il suppliziato, legandone con corde mani e piedi (προσαρτῶσι σπάρτοις τὰς χεῖρας σφίξαντες καὶ τοὺς πόδας). Senofonte aggiunge qui un'osservazione[66]: mentre Caritone non descrive la modalità di affissione alla croce, egli precisa che questa avvenne mediante corde, mostrandosi al contempo consapevole di modalità differenti, in uso presso altri paesi, poiché annota: "questo è infatti il modo in cui quelli di laggiù sono soliti crocifiggere [τοῦτο γὰρ τῆς ἀνασταυρώσεως ἔθος τοῖς ἐκεῖ]". Tanto più significativo potrebbe apparirte questo particolare in quanto l'uso di altri paesi non è stato tratto da Caritone, che presuppone anch'egli una crocifissione mediante corde e che d'altra parte non precisa che in altri luoghi si usava crocifiggere i condannati in modo differente. Infatti di Cherea è detto che, nel momento in cui venne invitato a discendere, stava salendo sulla croce (ἐπιβαίνοντα τοῦ σταυροῦ, Char. IV 2, 5): evidentemente aveva ancora mani e piedi liberi e attendeva di essere legato o inchiodato. Ma questa seconda eventualità sembra da escludersi, poiché, se Cherea fosse stato inchiodato, l'avrebbero certamente inchiodato mantenendolo coricato a terra e poi avrebbero innalzato la croce; oppure, se avessero inchiodato le sole mani al braccio orizzontale, l'avrebbero poi issato su quello verticale. Appare infatti da escludersi anche la possibilità che Cherea fosse salito sulla croce con le mani preventivamente inchiodate al braccio orizzontale, in primo luogo perché non avrebbe potuto salire da solo, come appare invece dal contesto, e in secondo luogo perché, una volta disceso per il mutato parere di Mitridate, non venne liberato da eventuali chiodi, bensì scese autonomamente (κατέβαινε τοῦ σταυροῦ, *ibid.*) e venne immediatamente condotto dal satrapo, che lo abbracciò e lo fece condurre al bagno (Char. IV 2, 7). Senofonte, pertanto, ammesso che attingesse a Caritone, nella scena di

[66] Sono molto riconoscente al prof. Giuseppe Zanetto, che ha richiamato la mia attenzione su questo particolare.

quest'ultimo della crocifissione di Cherea trovava una modalità di affissione del suppliziato, quella con i lacci, analoga a quella che egli stesso presenta per Abrocome in Egitto: ma a differenza di Caritone egli precisa che in altri luoghi si usavano altri modi per fissare il condannato alla croce. E questi usi non si riferiscono a tempi passati, bensì sono in vigore al tempo del romanziere, che come abbiamo visto non ambienta il suo romanzo in un'altra epoca rispetto a quella in cui vive. Senofonte pensa qui sicuramente ai chiodi, dato che nell'antichità erano queste le due tecniche prevalenti nella crocifissione: o con i chiodi, o con i lacci[67]. Il racconto evangelico, come è noto, testimonia che a Gerusalemme Gesù venne crocifisso con i chiodi: inequivocabile è il passo di Giovanni relativo all'incredulità di Tommaso: "se non vedo nelle sue mani il segno dei chiodi [τὸν τύπον τῶν ἥλων] [...] non crederò" (*Gv* 20, 25). Certo, non si può assolutamente affermare che Senofonte avesse in mente la crocifissione di Gesù; del resto questo supplizio era ben diffuso nell'impero romano[68].

I carnefici –ritornando alla narrazione di Senofonte– lasciano dunque Abrocome, credendolo in un luogo sicuro, dal quale non possa sfuggire o essere liberato. Si inserisce a questo punto un'ulteriore differenza fra l'episodio di Caritone e quello di Senofonte, riguardo alla maniera in cui i protagonisti raggiungono la salvezza. Se infatti a Cherea viene improvvisamente ordinato di scendere dalla croce perché Mitridate ha mutato parere, Abrocome si salva miracolosamente grazie a un diretto intervento divino. In Senofonte viene introdotta anche la novità della preghiera rivolta alla divinità da parte del crocifisso. Egli infatti, stando sulla croce, rivolge una preghiera al dio Sole (IV

[67] Tanto più interessanti sono le parole di Senofonte in quanto egli appare solito soppesarle; sulla regolarità della dizione in Senofonte ha appuntato l'attenzione G. ZANETTO, "A Senofonte Efesio", *SIFC* 13, 1995, 226-230, secondo il quale questa regolarità è anzi uno dei pochi elementi su cui si può fondare la critica testuale del romanzo di Senofonte, cui contribuisce l'edizione del *Lessico dei romanzieri greci* (alla cui preparazione collabora lo stesso Zanetto).

[68] Vale forse anche la pena di notare che gli episodi di crocifissione dal tardo I secolo erano stati anche oggetto di spettacolarizzazione –fra l'altro anche nelle esecuzioni dei Cristiani quali incendiarii nel 64 d.C., come attesta Tacito, *Ann.* XV 44; cfr. anche Giovenale alla fine della *Satira* I, quando parla di impalati usati come torce umane ai tempi di Tigellino, e scene vivaci e crude di mimi, come il celebre *Laureolus* a cui si riferisce anche Marziale nel *Liber de spectaculis*, 7 (l'attore è un condannato che muore veramente sulla croce e una delle motivazioni per la condanna è quella di avere incendiato Roma). A questo proposito è importante il contributo di E. MIGNOGNA, "Romanzo greco e teatro di consumo", in *The Ancient Novel in Context. Proceedings of the Third International Conference on the Ancient Novel (Groningen, 25-30 July 2000)*, edd. M. Zimmerman-S. Panayotakis-W. Keulen, in corso di pubblicazione, che pone in luce strette relazioni tra i romanzi greci e il teatro di consumo quale quello del mimo. Si veda inoltre il mio "Alcune osservazioni sulle occorrenze di *crux* in Manilio, Seneca, Giovenale, Marziale", *Espacio, Tiempo y Forma,* Serie II, Historia Antigua 12, 1999, 241-252. Basilare anche per le testimonianze antiche che raccoglie sulla croce è Giusto Lipsio (*De cruce libri III ad sacram profanamque historiam utiles una cum notis*, Romae 1595^2).

2, 4 -5): dopo una breve eulogia del dio ("o tu che fra gli dèi sei quello che più ami gli uomini, tu che regni sull'Egitto, tu ad opera del quale apparvero la terra e il mare a tutti gli uomini"), ecco la richiesta di Abrocome, strutturata su un binomio oppositivo: "se Abrocome è effettivamente colpevole di qualcosa, possa io morire miserabilmente e possa subire una pena ancora peggiore di questa, se mai ve ne fosse; ma se invece sono stato rovinato a tradimento da una donna malvagia, non possa né la corrente del Nilo essere contaminata ingiustamente da un cadavere, né tu contemplare tale spettacolo, di un uomo innocente ucciso qui sulla tua terra". Segue immediatamente il miracolo, poiché il dio ha pietà di lui (II 4, 6-7): un forte soffio di vento (πνεῦμα ἀνέμου) svelle la croce e la precipita nelle acque del Nilo, che lungi dall'affogare Abrocome lo accolgono e, senza che gli animali del fiume gli facciano alcun male, lo sospingono alla foce, dove le guardie trovano Abrocome e quindi lo conducono dal governatore d'Egitto (τὸν διοικοῦντα τῆς Αἰγύπτου). Questi, adirato, ordina di costruire una pira, porvi sopra Abrocome e bruciarlo (II 4, 8): una nuova, breve preghiera vale al poveretto un ulteriore soccorso divino, che si esplica in un improvviso straripamento delle acque del Nilo, le quali spengono così la pira. Riportato dal prefetto d'Egitto (τὸν ἄρχοντα τῆς Αἰγύπτου, IV 2, 9), per ordine di quest'ultimo è condotto in prigione, mentre il prefetto è desideroso di sapere chi sia Abrocome e perché gli dèi lo proteggano così.

Un altro episodio che presenta notevoli somiglianze, da un lato, con un passo di Caritone e, dall'altro, con situazioni evangeliche, è quello della sepoltura di Anzia, erroneamente creduta morta dopo che aveva bevuto una pozione soporifera, del suo risveglio e del suo rapimento da parte di ladri profanatori di tombe. Ci siamo in effetti già occupati nel cap. I di una serie di fatti analoghi accaduti a Calliroe in Caritone. In Xenoph. III 6, 5 Anzia beve il suo φάρμακον e, sperando di morire e di ricongiungersi al suo sposo Abrocome, cade invece addormentata. Al cap. 7 Anzia viene trasportata da Perilao, che la crede defunta, in una tomba. In III 8, 1 la giovane si risveglia nella tomba e, delusa dal ritrovarsi ancora in vita, si ripromette di morire di fame (III 8, 2). Intanto, venuta la notte, alcuni ladri (λῃσταί, III 8, 3) sopraggiungono e trafugano dalla tomba tutti gli oggetti preziosi, trovando Anzia viva; ella li scongiura di lasciarla nella sua sepoltura (III 8, 4-5), ma i briganti la conducono con sé sulla nave (III 8, 5). L'episodio della τυμβωρυχία richiama in effetti da vicino quello di Caritone (I 6-10) e la problematica, affrontata a suo tempo, legata appunto alla violazione di sepolcri. In Senofonte tuttavia non compare la scena del ritrovamento della tomba vuota che abbiamo analizzato invece trattando di Caritone.

Vorrei concludere ricordando un passo di Senofonte che rivela strette analogie non solo con il mito greco, ma anche con una nota storia veterotestamentaria. Si tratta dell'episodio di Abrocome e Manto, la figlia di Apsirto che, innamoratasi di Abrocome e vedendosi respinta per l'integrità morale di lui, lo accusa presso suo padre di aver tentato di sedurla: questa vicenda non richiama alla memoria soltanto il mito di Bellerofonte, accusato falsamente da Antea, invaghita e respinta, di aver cercato di usarle violenza (*Il.* VI 163-165), e l'unico frammento di Mirtide Antedonio citato da Plutarco (*Quaest. Gr.* 40, II 357)[69], ma anche –essendo evidentemente un motivo comune a più culture– la storia biblica di Giuseppe, il figlio di Giacobbe che, divenuto schiavo di Potifarre consigliere del faraone d'Egitto, fece innamorare di sé la moglie del suo padrone: ella, più volte respinta, accusò falsamente Giuseppe presso il suo sposo, il quale, senza ascoltare altro, fece gettare Giuseppe in prigione (*Gn* 39). Anche Abrocome, senza essere ascoltato da Apsirto, viene imprigionato, dopo avere subito alcune torture. Del resto, un raffronto tra Senofonte Efesio e le novelle giudaiche è stato recentemente proposto da Consuelo Ruiz Montero nell'ambito di un'indagine sulle tipologie dell'oralità in Senofonte, come pure da J. Chance è stato istituito un parallelo tra le strutture narrative di Senofonte e quelle degli *Atti degli Apostoli*, soprattutto riguardo alla prescienza e alla presenza divina rispetto alla storia[70].

A conclusione della presente indagine, non credo che vi siano elementi sufficienti dai quali poter dimostrare una indubbia conoscenza del Cristianesimo da parte di Senofonte Efesio o la sua volontà di alludervi nel romanzo. Si è cercato comunque di porre in luce, soprattutto nella prima parte del capitolo, tutti i presupposti per questa conoscenza, la quale risulta senz'altro possibile e che sarebbe a mio avviso metodologicamente scorretto volere escludere *a priori*. Inoltre, gli indizi che emergono dalla seconda parte sembrano deporre a favore di una eventuale conoscenza del Cristianesimo da parte del romanziere, anche se per lo studioso, su un terreno così delicato e, in ultima analisi, così scarsamente documentato, si impone naturalmente la massima prudenza.

---

[69] Il mito di Bellerofonte è ricordato come punto di riferimento del passo senofonteo ad es. da *Anzia e Abrocome*, a c. di ANNIBALDIS, 405 n. 13 con altri *topoi* letterari della castità virile, come Ippolito con Fedra, Peleo da Acasto, Giuseppe in Egitto, Cnemone e Teagene in Eliodoro. Il frammento di Mirtide è in D.L. PAGE, *Poetae melici Graeci*, Oxford 1962, 371 n° 716.

[70] C. RUIZ MONTERO, "Xenophon of Ephesus and Orality in the Roman Empire", in *The Ancient Novel in Context*, cit.; J. CHANCE, "Divine Prognostication and the Movement of Story: an Intertextual Exploration of Xenophon's *Ephesian Tale* and the *Acts of the Apostles*", in *Ancient Fiction and Early Christian Narrative*, edd. R.F. Hock-J.B. Chance-J. Bradley-J. Perkins, Atlanta 1998, Society of Biblical Literature, Symposium Series Number 6, 219-234.

3
Giamblico

Dopo l'analisi dei romanzi di Caritone di Afrodisia e di Senofonte Efesio stimo opportuno, nella prosecuzione dell'indagine sul romanzo greco, rivolgere l'attenzione ai *Babyloniakà*[1] di Giamblico[2], che rivelano analogie notevoli sia con l'opera di Caritone sia con quella di Senofonte[3] e che dal punto di vista cronologico sembrano doversi porre poco dopo i romanzi di questi due: in tal caso, le analogie potrebbero essere interpretate come dipendenze. Se infatti la datazione di Senofonte non è definibile con certezza entro un margine circoscritto[4], il romanzo di Giamblico offre fortunatamente un *terminus post quem* ben definito: come è noto, in un breve *excursus* autobiografico Giamblico afferma di essere fiorito ai tempi di Soemo (Iambl. 10). Vale la pena di riportare il breve passaggio, quale suona nel riassunto di Fozio, nel cap. 94 della sua *Bibliotheca*[5]:

---

[1] Il titolo ci è trasmesso solto dalla Suda (II 603, 18, s.v. Ἰάμβλιχος): ἔγραψε δὲ τὰ καλούμενα Βαβυλονιακά; Fozio (Iambl. I) cita l'opera come Ἰαμβλίχου δραματικόν.

[2] Edizione critica: E. HABRICH (ed.), *Iamblichi Babyloniacorum reliquiae*, Leipzig 1960.

[3] Q. CATAUDELLA, *Il romanzo classico*, Roma 1958, xx istituisce la successione Caritone-Senofonte-Giamblico, pur sollevando legittimi dubbi sulla correttezza metodologica di affidarsi esclusivamente ai criteri di somiglianza per stabilire una dipendenza fra due o più romanzi. Avremo occasione di notare alcuni evidenti parallelismi fra i *Babyloniakà* e i romanzi di Caritone e di Senofonte; cfr. l'edizione HABRICH, cit., 5 e 68.

[4] Come abbiamo visto nel cap. II, benché oggi gli studiosi siano generalmente concordi nel datare il romanzo di Senofonte al II secolo, l'unico *terminus ante quem* preciso di cui disponiamo per la datazione degli *Ephesiakà* è nell'avanzato III secolo: pertanto non si può escludere, in linea teorica, che l'opera di Senofonte possa essere anche successiva ai *Babyloniakà* e che, di conseguenza, i rapporti di dipendenza fra questi due romanzi possano essere invertiti.

[5] È noto infatti che il romanzo di Giamblico non ci è pervenuto direttamente, bensì disponiamo soltanto di frammenti provenienti per lo più dalla Suda e dai codd. *Laurentianus* 57, 12 e *Vaticanus* 1354, e una versione epitomata, tramandataci nella *Bibliotheca* del patriarca Fozio (nell'ed. Habrich i frammenti sono affiancati, in visione sinottica, all'epitome foziana). Non ci interessano direttamente, in questa sede, i problemi sollevati da questa circostanza: se il nome Δραματικῶν, sotto il quale Fozio presenta il proprio compendio, sia un vero e proprio titolo, e se Fozio attingesse a una redazione già epitomata del romanzo, dato che il suo riassunto si ferma al libro XVI (l'ultima frase del compendio suona infatti: "Di questo si tratta nel sedicesimo

Di se stesso lo scrittore asserisce di essere babilonese e di avere appreso l'arte magica, ma di avere avuto anche istruzione greca [μαθεῖν δὲ καὶ τὴν 'Ελληνικὴν παιδείαν] e di essere fiorito ai tempi di Soemo [ἐπὶ Σοαίμου], figlio di Achemenide figlio di Arsace, che era re per discendenza regale e pur tuttavia fece parte del senato romano [τῆς συγκλήτου βουλῆς τῆς ἐν 'Ρώμῃ] e fu console e poi nuovamente re della Grande Armenia. Dice dunque di essere fiorito [ἀκμάσαι] ai tempi di costui. Precisa che imperatore dei Romani era Antonino ['Ρωμαίων βασιλεύειν 'Αντωνῖνον]; e quando Antonino, dice, mandò l'imperatore Vero e il fratello, che era anche suo genero, a combattere contro Vologese re dei Parti, egli predisse la futura guerra e il suo esito [προείποι καὶ τὸν πόλεμον ὅτι γενήσεται, καὶ ὅποι τελευτήσοι]. Dice che Vologese fuggì al di là dell'Eufrate e del Tigri e che la terra dei Parti divenne soggetta ai Romani[6].

Giamblico visse dunque e fiorì sotto Antonino Pio (138-161 d.C., l'"Antonino" imperatore dei Romani che menziona egli stesso) e sotto Marco Aurelio (161-180)[7]. Antonino Pio mandò effettivamente Lucio Vero e Marco Aurelio –genero del Pio perché ne aveva sposato la figlia Anna Galeria Faustina– a combattere contro il partico Vologese III (147-191 d.C.), che dovette cedere a Roma la Mesopotamia nel 165. Soemo –re fedele a Roma, che infatti era senatore, come ricorda Giamblico stesso– fu posto sul trono armeno durante l'occupazione romana dell'Armenia, iniziata nel 163, e confermato alla fine della guerra armena, e quindi nel 166, da Lucio Vero, fratello di Marco Aurelio e associato con lui all'impero[8]. Che il regno di Marco Aurelio sia lo sfondo cronologico del romanzo di Giamblico rivela anche un particolare del cap. 21: Garmo, "re di Babilonia" (βασιλεὺς Βαβυλῶνος) come dice Giamblico al cap. 2, non dava il soldo ai mercenari alani, i quali si rivoltarono contro l'esercito di Garmo stesso e lo vinsero. Gli Alani di fatto nel 166 d.C. tentarono, insieme con altre popolazioni, di invadere l'Impero Romano sulla

libro", Iambl. 22), mentre originariamente il romanzo constava di 39 libri, come attesta la Suda (II 603, 18, s.v. 'Ιάμβλιχος): 'Ροδάνους καὶ Σινωνίδος ἔρως ἐν βιβλίοις λθ'. M. CROISET, *Histoire de la Littérature grecque*, Paris 1938, 790 n. 3 sostenne che Fozio avesse effettivamente riassunto l'opera completa, e che la discrepanza fra 16 o 39 libri possa essere attribuita alla rimarchevole fortuna del romanzo stesso, che ne fece circolare più edizioni, ciascuna con una differente suddivisione in libri. Cfr. R. NUTI, "Nota a Giamblico, *Le storie babilonesi*", in *Il romanzo classico*, cit., 253.

[6] Impiego la traduzione di NUTI, "Giamblico, *Le storie babilonesi*", 259-260.

[7] Vedremo poi che secondo una annotazione anonima egli ricevette una formazione babilonese in età tardo traianea o adrianea. Quanto alla notizia della Suda (II 603, 18, s.v. 'Ιάμβλιχος) che egli ἀπὸ δούλων ἦν, non trova riscontro in Fozio né altrove.

[8] Cfr. S. MAZZARINO, *L'Impero Romano*, I, Bari 1991[5], 335-339.

riva sinistra del Danubio[9]; è noto peraltro che durante il regno di Marco Aurelio la minaccia barbarica fu particolarmente sentita; le terribili guerre marcomanniche contribuirono non poco a seminare ansia nell'impero[10]. In base, dunque, a questo accenno agli Alani e soprattutto in base alla conoscenza dell'esito della guerra partica dimostrata da Giamblico e alla sua asserzione di essere vissuto sotto Soemo, il *terminus post quem* per la redazione del romanzo sembra il 166, sotto l'impero di Marco Aurelio[11].

In questo periodo il Cristianesimo, ormai ampiamente diffuso nell'Impero romano, divenne oggetto di particolare attenzione e, evidentemente, di preoccupazione fino ai vertici dell'impero. Già con Antonino Pio il problema cristiano si impose con evidenza, come si evince dal rescritto di Antonino al *koinòn* d'Asia[12]. Il regno di Marco Aurelio vide poi la prima persecuzione contro i Cristiani condotta tramite la procedura della ricerca d'ufficio[13]. Probabilmente nata a causa della confusione fra Cristianesimo e Montanismo[14],

---

[9] MAZZARINO, *L'Impero*, 340.

[10] Sulla situazione di tensione psicologica suscitata da queste guerre cfr. ad es. E.R. DODDS, *Pagan and Christian in an age of anxiety*, Cambridge 1965; M. SORDI, *I Cristiani e l'Impero Romano*, Milano 1984, 64-66.

[11] Nei capp. 20-22 la menzione del re di Siria ci riporta cronologicamente a prima del 106, quando con l'occupazione di Damasco cessarono di esservi regoli in Siria. Ma i *Babyloniakà* non sono un romanzo storico; basti pensare alla chiusa (c. 22) in cui Rodane diventa re di Babilonia o alla figura di Garmo, anch'egli re di Babilonia (c. 2 e *passim*).

[12] L'apologista Melitone (*apud* Eus. *Hist. eccl.* IV 26, 10) testimonia che in realtà Antonino Pio si occupò dei Cristiani in vari rescritti, ai Tessalonicesi, agli Ateniesi e a tutti i Greci, raccomandando di "non innovare nulla sui Cristiani", evidentemente rispetto alla normativa precedente, stabilita dapprima da Traiano nel celebre rescritto a Plinio (Plin. *Ep.*X 97), poi da Adriano nel rescritto a Minucio Fundano (Iust. *I Apol.* 68; Eus. *Hist. eccl.* IV 9); Eus. *Hist. eccl.* IV 13 riporta inoltre il testo del rescritto al *koinòn* d'Asia, che vieta la ricerca d'ufficio nei confronti dei Cristiani: cfr. SORDI, *I Cristiani*, 76-79.

[13] Le persecuzioni precedenti, di Nerone e di Domiziano, non prevedevano infatti la ricerca d'ufficio, ma si basavano sulla denuncia privata sporta di volta in volta contro un Cristiano. Cfr. SORDI, *I Cristiani*, 79-85. Diversamente oggi G. JOSSA, *I Cristiani e l'Impero Romano. Da Tiberio a Marco Aurelio*, Roma 2000, Studi Superiori 386, part. 144: ma se ne veda la confutazione nella mia recensione di prossima uscita su *Aevum* 2001.

[14] Marco Aurelio considerava lo spirito dei Cristiani "spirito di pura opposizione" (ψιλὴ παράταξις, M. Aur. XI 3) ed era molto preoccupato, insieme con il suo portavoce Celso, che esso nuocesse all'impero, specie in un momento di crisi nei confronti dei nemici esterni quale quello che stava vivendo sotto Marco. In effetti il Montanismo fu un movimento ereticale cristiano che, fra i vari tratti caratterizzanti, aveva quello della ribellione sia alla gerarchia ecclesiastica sia al potere politico imperiale, e quello della brama di martirio, quasi della sua spettacolarizzazione. Cfr. K. ALAND, *Bemerkungen zum Montanismus und zur frühchristlichen Eschatologie. Kirchengeschichtliche Entwürfe*, Gütersloh 1960; M. SORDI, "Le polemiche intorno al Cristianesimo nel II secolo e la loro influenza sugli sviluppi della politica imperiale verso la Chiesa", *RSCI* 16, 1962, 1-28; Ead., *Il Cristianesimo e Roma*, Bologna 1965, 467-468; *I Cristiani e l'Impero Romano*, Milano 1984, 81-83; A. STROBEL, *Das heilige Land*

questa persecuzione si estese per tutto l'Impero, comprese le zone orientali, dove anzi ebbe maggiore virulenza, dato che atteggiamenti montanisti erano quivi maggiormente diffusi: in particolare la Frigia può essere considerata l'epicentro di questo movimento spirituale. Frigio era Quinto, che nel 155, secondo la testimonianza del *Martyrium Polycarpi*, presenta un atteggiamento tipicamente montanista[15]; frigie erano le piccole città di Pepuza e Timio, che Montano presentava come la nuova Gerusalemme; ancora in Frigia gli ultimi strascichi di Montanismo sopravvissero fino all'epoca di Teodosio, che provvide a reprimerli. Non per nulla in effetti fu in Asia che si tennero concilii dell'episcopato contro il Montanismo e prevalentemente in Asia sorsero le apologie, per lo più dovute ad autori antimontanisti, dirette a Marco Aurelio nel

der Montanisten, Berlin 1980; W. ALAND, "Montano, Montanismo", in *Diz. Patristico e di Antichità cristiane*, Casale Monf. 1983, 2299-2301; W.H.C. FREND, "Montanism. Research and Problems", *RSLR*, 1989, 521-537; R.M. BRAGG, "Theological Implications of the Montanist Movement", in *Gli imperatori Severi. Storia Archeologia Religione*, a c. di E. Dal Covolo-G. Rinaldi, Roma 1999, Biblioteca di Studi Religiosi 138, 243-250; I. RAMELLI, "Κατὰ ψιλὴν παράταξιν (M. Aur. XI 3): Montanismo e Impero romano nel giudizio di Marco Aurelio", in *Fazioni e congiure nel mondo antico*, Milano 1999, CISA 25, 81-97; M. SORDI-I. RAMELLI, "Il Montanismo", in *La profezia*, Bologna 2000, Parola Spirito e Vita. Quaderni di lettura biblica 41, 201-216.

[15] Il *Martyrium Polycarpi* si presenta come una lettera della Chiesa di Smirne alla Chiesa di Filomelo, databile al 155 d.C. e conservataci sia in forma indipendente sia integralmente in Eus. *Hist. eccl* IV 15. Il documento è importante ai fini della datazione della nascita del Montanismo, che altrove Eusebio fissa diversamente (*Chron. a. Abr.* 2187 = XI di Marco Aurelio, oppure 2188 = XII per la versione armena). Epifanio (*Pan.* 48, 1) conferma la data del *Martyrium*, ponendo la nascita del Montanismo "intorno al XIX anno di Antonino il Pio, dopo Adriano", ossia intorno al 155. Le due notizie, da un lato quella di Eusebio, dall'altra quella di Epifanio e del *Mart. Polycarpi*, non sono però necessariamente in contraddizione: trattandosi di un movimento spirituale, sembra difficile stabilirne una data d'inizio precisa: Eusebio si riferisce al momento in cui Montano diede inizio all'eresia, nel senso che egli diede voce a sentimenti già diffusi nella sua zona di predicazione, prima di tutto la Frigia: istanze e atteggiamenti montanisti possono però essere stati presenti anche prima, come suggerisce il caso di Quinto, così come si ebbero strascichi di Montanismo ancora molti secoli dopo la morte di Montano. Cfr. M. SIMONETTI, "Alcune osservazioni sul martirio di Policarpo", *GIF* 9, 1956, 332 sgg.; M. SORDI, "La data del martirio di Policarpo e Pionio", *RSCI* 15, 1961, 284-285; T.D. BARNES, "The Chronology of Montanism", *JThS* 21, 1970, 403-408; M. SORDI, in *RSCI* 44, 1990, 220-221: rec. a S. RONCHEY, *Indagine sul martirio di san Policarpo*, Roma 1990: la Sordi ribadisce la datazione alla metà del II secolo circa, di contro alla proposta di post-datazione da parte della Ronchey: oggi la datazione alta è condivisa anche da K. WALDNER, "Gewalt und Warheit: zur Repräsentation öffentlicher Bestrafung in der kaiserzeitlchen Literatur", in *The Ancient Novel in Context. Proceedings of the Third International Conference on the Ancient Novel (Groningen, 25-30 July 2000)*, edd. M. Zimmerman-S. Panayotakis-W. Keulen, in corso di pubblicazione. Ringrazio molto la prof. Katharina Waldner per avere discusso con me questo punto.

176-177[16]. Sembra senz'altro possibile, anzi probabile, data la portata della persecuzione, la sua sistematicità, la sua durata e il numero dei martiri, che anche un autore come Giamblico ne fosse al corrente.

La collocazione geografica del romanziere e del suo romanzo si situa in terra siro-babilonese. In verità una lunga annotazione in margine all'epitome di Fozio, cap. I[17], riferisce, rifacendosi a suo dire proprio alle dichiarazioni di Giamblico stesso nel romanzo, che "questo Giamblico era Siriaco [Σύρος] da parte di padre e di madre", Siriaco "di quelli autoctoni [αὐτοχθόνων], che conosceva la lingua siriaca [Σύραν] e viveva secondo i costumi siriaci, finché un istitutore babilonese prese a seguirlo, come afferma egli stesso [ὡς αὐτός φησι], e gli insegnò invece la lingua, i costumi e le storie [λόγους] babilonesi: e una di queste storie, afferma, è anche quella che sta scrivendo. Dice poi che il Babilonese fu catturato nell'occasione in cui Traiano fece irruzione in Babilonia [Τραϊανὸς εἰσέβαλεν εἰς Βαβυλωνίαν], e che venne venduto a un Siriaco [...] e che questi era sapiente della sapienza barbara [σοφὸν τὴν βάρβαρον σοφίαν], anche perché quando viveva in patria era stato uno degli scribi del re. Dunque questo Giamblico, che conosceva la sua lingua patria, il siriaco, imparò anche la babilonese; dopo di che, dice, apprese anche la greca e prese ad usarla [τὴν Ἑλληνά φησιν ἀσκῆσαι καὶ χρῆσιν λαβεῖν], tanto da divenire un bravo retore [ὡς ἀγαθὸς ῥήτωρ γένοιτο]". Dunque Giamblico, secondo questo resoconto che si dice derivato dagli stessi *Babyloniakà* e che recentemente è stato accolto dall'orientalista Javier Teixidor[18], era colto di tre culture e tre lingue e la sua formazione babilonese avvenne in età traianea o adrianea: il suo istitutore, un Caldeo, lo formò probabilmente dopo essere stato trasferito sotto Traiano, nel 115 o nel 116, come schiavo di guerra dalla Babilonia alla Siria, dove viveva Giamblico. Circa l'istruzione "caldaica" di Giamblico, relativa cioè alla sapienza e alla magia babilonese, che trova un riflesso anche nel romanzo, essa era diffusa tanto nelle regioni attigue all'Eufrate quanto nella cultura siriaca, che la accolse senza riserve[19]. La notizia relativa alla bravura del romanziere nella retorica greca trova pieno riscontro, come s'è visto, nell'apprezzamento iniziale di Fozio. Anche la storiografia orientale in lingua greca fornisce un contesto al romanzo

---

[16] Le apologie sono di Melitone di Sardi, Apollinare di Gerapoli, Milziade e Atenagora di Atene. Cfr. SORDI, *I Cristiani*, 73 con bibl.; M. SIMONETTI, *Letteratura cristiana antica greca e latina*, Milano 1988³, 85-87.

[17] Cfr. l'edizione HABRICH, cit., 2 con testo e bibliografia (traduzione mia).

[18] J. TEIXIDOR, *Bardesane d'Édesse. La première philosophie syriaque*, Paris 1992, 69.

[19] Cfr. H. LEWY, *Chaldaean Oracles and Theurgy. Mysticism, Magic and Platonism in the Later Roman Empire*, nuova ed. a c. di M. TARDIEU, Paris 1978, 427-428.

di Giamblico[20].

Conformemente all'origine e alla cultura di Giamblico, i *Babyloniakà* sono ambientati in terra siro-babilonese. Come è noto, infatti, il romanzo è incentrato sulle peripezie affrontate da Rodane e Sinonide, una giovane coppia di sposi, per sfuggire alle insidie di Garmo, il vedovo re di Babilonia che vorrebbe sposare la medesima Sinonide; alla fine Rodane riesce a sconfiggere Garmo in guerra, a riprendersi Sinonide e a divenire egli stesso re di Babilonia. Significativo è che nella trama compaiano, quali figli di una sacerdotessa di Afrodite (cap. 8), Eufrate, Tigri e Mesopotamia, somiglianti il primo e l'ultima rispettivamente a Rodane e a Sinonide. Giamblico dice anche di se stesso di essere babilonese, benché in possesso pure di una formazione greca. V'è chi ha messo in dubbio la provenienza babilonese di Giamblico, considerandola una finzione volta a dare credito al proprio racconto e facendo di Giamblico un autore di origine siriaca[21]. Babilonia, appena ad Est dell'Eufrate, in Mesopotamia, si trovava del resto molto vicina alla Siria e a piccoli stati cuscinetto fra Roma e i Parti, di cultura siriaca, quali l'Osroene, con Edessa e Carre, fra l'alto corso dell'Eufrate e il Tigri, o l'Adiabene, con Arbela, ad Est del Tigri, nell'antica Assiria.

Anche la collocazione geografica di Giamblico, che si situa, come abbiamo illustrato, tra Siria e Babilonia, depone a favore di una eventuale conoscenza del Cristianesimo. Nella II metà del II secolo erano infatti Stati almeno parzialmente cristianizzati sia la Siria, sia l'Osroene e l'Adiabene, una regione mesopotamica ubicata proprio nell'antica area babilonese. Circa la Siria[22], è noto che già dal I secolo il Cristianesimo vi si era diffuso. Infatti, il battesimo di Paolo avvenne ad opera di Anania, un Giudeo-cristiano di Damasco di Siria (*At* 9, 10 sgg. e 22, 12), dove evidentemente il Cristianesimo era giunto subito, nei primi anni 30 e per la precisione prima del 34, anno della conversione di Saulo; il secondo soggiorno di Paolo a Damasco fu poi fruttuoso, al punto che i Giudei del luogo, irritati per il moltiplicarsi delle conversioni, minacciarono Paolo di morte[23]. Anche Antiochia di Siria era una città di antichissima e autorevole tradizione cristiana: un proselito di Antiochia, Nicola, recatosi a Gerusalemme e convertito, divenne uno dei sette diaconi, gli

---

[20] Cfr. L. TROIANI, "Storiografia orientale di lingua greca", in *Il perdono cristiano e altri studi sul Cristianesimo delle origini*, Brescia 1999, part. 126.

[21] Ad es. NUTI, "Nota", 263.

[22] Per una sintesi sulle origini del Cristianesimo in Siria si veda ad es. J. LEIPOLDT, "Frühes Christentum im Orient (bis 451), I, Syrien", in *Handbuch der Orientalistik*, I, VIII, 2, *Religion*, Leiden-Köln 1961, 3-17.

[23] Per la data e per le origini del Cristianesimo a Damasco, forse legato ad un gruppo esseno, cfr. M.F. BASLEZ, *Saint Paul*, tr. it. *Paolo di Tarso, l'Apostolo delle genti*, Torino 1993, 50-52; 73-74. Il secondo passaggio di Paolo a Damasco, quello che si concluse con la calata dalle mura dentro una cesta, si situa nel 37 (*ibid.* 51).

esponenti di punta del "gruppo ellenistico" dal quale giunse ad Antiochia il Cristianesimo[24]; Barnaba e Paolo, incaricati dai Presbiteri di Gerusalemme, nei primi anni Quaranta predicarono ad Antiochia non solo nelle sinagoghe, ma anche fra il pubblico romanizzato e Paolo farà di questa città –patria di Luca evangelista– la base per i suoi successivi viaggi, che inclusero reiteratamente la Siria: in quegli anni, ad Antiochia, venne coniato il nome *Christiani*, Χριστιανοί (*At* 11, 26)[25]. Ma anche in ambiente pagano, per la precisione da parte di uno stoico siriaco di Samosata, verso la fine del I secolo sembra ben noto il fatto cristiano. Mara bar Serapion infatti, un Siriaco dotato di cultura filosofica, specialmente stoica, scriveva poco dopo il 73 una lettera al figlio studente: il documento compare in un manoscritto conservato al *British Museum* (BM Add. 14658), databile al VI-VII secolo [26]; il dibattito critico sul testo si è affievolito da tempo[27] e solo recentemente è stato ripreso da qualche voce isolata[28]. In questa lettera Mara menziona "il re saggio degli Ebrei" [*mlk' hkm' d-yhwdy'*], ucciso da questi ultimi, i quali per punizione divina erano stati presto cacciati dal loro regno; quanto al re saggio, egli "vive ancora, grazie alle nuove leggi [sir. *nmws'*, derivato dal gr. νόμος] che ha promulgato"[29]: il giudizio sul re saggio messo a morte dai Giudei si presenta in termini analoghi

---

[24] BASLEZ, *Paolo*, 77.

[25] Il suffisso *-ianus* rivela una coniazione latina, probabilmente dovuta ai funzionari latinofoni dell'ambiente romano di Antiochia. Sulla missione di Paolo e di Barnaba ad Antiochia, per circa un anno, e su Antiochia base delle missioni successive: BASLEZ, *Paolo*, 76-80, 83,149.

[26] Il codice contiene anche il *Liber Legum Regionum* attribuito a Bardesane, l'*Apologia* di Melitone, gli *Hypomnemata* di Ambrogio e una versione siriaca dell'*Apologia* di Giustino. Fa notare Kathleen E. McVey che si tratta di opere che uniscono tutte temi filosofico-letterari dell'ellenismo con spunti cristiani ("A Fresh Look at the Letter of Mara Bar Sarapion to his Son", in *V Symposium Syriacum, Leuven 1988*, ed. R. LAVENANT, Roma 1990, Orientalia Christiana Analecta 236, 257-272).

[27] Mi baso sull'ed. siriaca di W. CURETON, *Spicilegium Syriacum*, London 1855, 45-49; Cureton, *ibid.* xiv-xv, attribuiva la lettera al cristiano padre di Serapione, futuro vescovo di Antiochia, datandola alla seconda metà del II secolo; F. SCHULTHESS, "Der Brief des Mara bar Sarapion", *Zeitschr. d. Deutsch. Morgenl. Gesellsch.* 51, 1897, 381-391, part. 382 n. 1, fa di Mara uno Stoico non cristiano ma simpatizzante per il Cristianesimo e data la lettera al massimo alla fine del III secolo. Cfr. F. ALTHEIM, *Weltgeschichte Asiens im griechischen Zeitalter*, II, Halle am Salle 1948, pp. 146-47; H.J.W. DRIJVERS, "Hatra, Palmyra und Edessa: die Städte der syrisch-mesopotamischen Wüste in politischer, kulturgeschichtlicher und religionsgeschichtlicher Beleuchtung", in *ANRW* II 8, Berlin 1977, 801-906, part. 887; MC VEY, *A Fresh Look*, 57-258; si veda il mio "Stoicismo e Cristianesimo in area siriaca nella seconda metò del I secolo d.C.", in corso di pubblicazione su *Sileno*.

[28] Mi riferisco al già citato articolo della McVey e al lavoro di J. BLINZLER, *Der Prozess Iesu*, Regensburg 1960³, tr. it. *Il processo di Gesù*, Brescia 1966, 43-48, delle cui argomentazioni la McVey non sembra al corrente.

[29] Per la data: BLINZLER, *Der Prozess*, 43-48; MAZZARINO, *L'Impero romano*, II, 887.

a quanto si legge nel pressoché contemporaneo e ben noto *Testimonium Flavianum*[30]. Sempre in area siriaca, Taziano, discepolo di Giustino martire, era attivo nella seconda metà del II secolo, proprio quando venivano composti i *Babyloniakà*, e scriveva fra il 160 e il 170 il suo *Diatessaron*, un'armonia evangelica destinata alle comunità cristiane orientali che conobbe un'enorme fortuna nelle zone di lingua siro-aramaica[31]. Quanto all'Osroene, se è molto probabile che il sovrano Abgar IX, agli inizi del III secolo, fosse cristiano[32], forse però il Cristianesimo era presente anche prima nel suo regno. I *Chronica Edessena* attestano comunque con molta chiarezza la presenza di una chiesa dei Cristiani a Edessa ai primi del III sec., con il consenso del sovrano[33]. Al tempo di Commodo (180-192) è inoltre attestata una sinodo di vescovi dell'Osroene e dell'Adiabene[34], la quale rivela una Chiesa organizzata che doveva risalire almeno a diversi decenni prima. Un esponente della cultura cristiana siriaca di capitale importanza nell'Edessa della fine del II secolo, al tempo dunque dei *Babyloniakà*, è poi Bardesane, intellettuale cristiano di tendenze non ortodosse,

---

[30] Flavio Giuseppe, come è noto, parla di Gesù Cristo nel suo famoso quanto controverso *Testimonium* (*Ant. Iud.* XVIII 3, 3), laddove lo presenta come "uomo saggio [σοφός]" e ne ricorda la morte ad opera dei capi ebraici, la Resurrezione e i seguaci. Di recente sul *Testimonium* cfr. S. MASON, *Josephus and the New Testament*, Peabody 1992, 163-175; A. VINCENT CERNUDA, "El testimonio flaviano, alarde de solapada ironía", *Estudios Bíblicos* 55, 1997, 355-385 e 479-508, soprattutto per lo *status quaestionis*, mentre le conclusioni appaiono talora opinabili, e L. TROIANI, "Il Giudeo di Celso", in *Il perdono cristiano*, 76-94, part. 82-83: eventualmente cfr. il mio "Alcune osservazioni circa il *Testimonium Flavianum*", *Sileno* 24, 1998, 219-235.

[31] Efrem, una delle maggiori figure della patrologia siriaca, nel IV secolo commenterà ancora quest'opera di Taziano: cfr. I. ORTIZ DE URBINA, "Le origini del Cristianesimo in Edessa", *Gregorianum* 15, 1934, 82-91, part. 90; E.R. HAYES, *L'école d'Édesse*, Paris 1930, 45-46, 59; su Taziano ad es. I. ORTIZ DE URBINA, *Patrologia Syriaca*, Romae 1958, 33 sgg.; B. ALTANER, *Patrologie*, Freiburg 1955, 57-58; M. ELZE, *Tatian und seine Theologie*, Göttingen 1960; PETERSEN, *The* Diatessaron *and Ephraem Syrus as Sources of Romanos the Melodist*, in *Corpus Scriptorum Christianorum Orientalium*, Subsidia 4, Louvain 1985, con bibl. 20-50.

[32] S. MAZZARINO, "La democratizzazione della cultura nel Basso Impero", in *Congrès International de Sciences Historiques*, XI, *Stockholm, août 1960*, a c. di J.N. Bakhuizen van den Brink, Louvain 1961, 35-55.

[33] Databili al VI secolo, i *Chronica Edessena* attingono con fedeltà a documenti molto precedenti, nel nostro caso addirittura contemporanei agli eventi narrati: l'episodio che ci interessa riguarda l'alluvione che colpì Edessa nel 202 ca. ed è stato registrato da due notai edesseni che furono presenti ai fatti. Le acque fecero "irruzione nella zona aperta ai fedeli dell'edificio sacro dei Cristiani" (ed. E. GUIDI, *Chronica Edessena: Chronica Minora, Corpus Scriptorum Christianorum Orientalium, Syri*, I.t, Louvain 1955, 2 r. 4). Se dunque c'era una chiesa a Edessa, registrata nei documenti ufficiali, è chiaro che questo avveniva con il consenso regale e che doveva essere presente già da qualche tempo. Si veda il mio "Edessa e i Romani tra Augusto e i Severi. Aspetti del regno di Abgar V e di Abgar IX", *Aevum* 73, 1999, 107-143.

[34] Mansi I 727-728.

che fu confutato come eretico da scrittori successivi come Efrem (specialmente negli *Hymni contra Haereses* e nelle *Prose Refutations*) e fu incluso nelle in resoconti eresiologici di autori come Teodoro Bar Konai e Mosè Bar Kepha, e pensatore poliedrico, che forse per la sua competenza anche nelle dottrine caldaiche –note pure a Giamblico– fu detto da Gerolamo *vir Babylonius* (*adv. Iovin.* II 14): Teixidor suppone che il padre di Bardesane fosse un Caldeo, esperto nella cultura babilonese[35]. Bardesane conobbe alla corte di Abgar IX un altro intellettuale cristiano che in età severiana rivestì a Edessa l'alta carica di istruttore del figlio del re, Ma'nu: Sesto Giulio Africano, poi autore dei *Kestoì* dedicati a Severo Alessandro. È in quest'opera che Giulio afferma di avere conosciuto a Edessa Bardesane, di cui assistette ad una formidabile prova di abilità con l'arco (I 20)[36]. Ancora, l'epitafio di Abercio (216 d.C. ca) dimostra che al tempo del viaggio di Abercio, verso la fine del II secolo, nella Siria e al di là dell'Eufrate, in Mesopotamia, era ampiamente diffuso il Cristianesimo[37]. Del resto, già fra i Giudei convenuti a Gerusalemme a Pentecoste dell'anno 30 erano anche dei Babilonesi e fra questi vi erano stati dei convertiti (*At* 2, 9)[38]. Anche per la vicina regione dell'Adiabene, sul Tigri, il *Chronicon* di Arbela, benché oggetto di discussione nel recente dibattito della critica, lascia supporre un'origine precoce del Cristianesimo[39], che forse va addirittura ricondotta alla conversione di Izates, figlio di Elena e re dell'Adiabene prima della metà del

[35] TEIXIDOR, *Bardesane*, 68. Cenni bibliografici su Bardesane nel capitolo su Longo Sofista.

[36] T. RAMPOLDI, "I *Kestoì* di Giulio Africano e l'imperatore Severo Alessandro", in *ANRW*, II, 34, 2, Berlin-New York 1997, 2451-2470.

[37] L'epitafio è cristiano, forse dell'omonimo vescovo di Gerapoli in Frigia, antimontanista, del II sec. (Eus. *Hist. Eccl.* V 16, 3) di cui ci rimane una *Vita Abercii* (TH. NISSEN, *Sti Abercii Vita*, Leipzig 1912, Texte und Untersuchungen zur Geschichte der altchristlichen Literatur), stando alla quale egli, durante il suo viaggio in Oriente, avrebbe incontrato Bardesane, che era alla testa di una delegazione inviata per riceverlo: alla storicità dell'incontro crede TEIXIDOR, *Bardesane*, 70; cfr. H. GRÉGOIRE, "Bardesane et Abertius", *Byzantion* 25-27 (1955-57), 363-368; DRIJVERS, *Bardaisan*, 170-171. Secondo l'epitafio, Abercio visitò "la Siria con tutte le sue città, Nisibi", quindi attraversò l'Eufrate, e dovunque trovò confratelli nella fede (πάντη δ' ἔσχον συνομήμους, *Epit.* rr. 10-12). Cfr. W.H. CALDER, "The Epitaph of Avircius Marcellus", *JRS* 29, 1939, 1-4; H. STRATHMANN-TH. CLAUSER, "Aberkios", in *Rellexikon für Antike und Christentum*, I, Stuttgart 1950, 12-17; J. QUASTEN, *Patrology*, I, Utrecht 1950, 171-173; MAZZARINO, *La democratizzazione*, 35-55; ORTIZ DE URBINA, "Le origini del Cristianesimo", 82-85. Si veda il mio "L'Epitafio di Abercio: uno *status quaestionis* e alcune osservazioni", *Aevum* 74, 2000, 101-206.

[38] Nell'elenco sono citati espressamente οἱ κατοικοῦντες τὴν Μεσοποταμίαν. *At* 2, 40 testimonia poi che fra costoro, dopo il discorso di Pietro, credettero e furono battezzati circa tremila.

[39] Rinvio per tutto a *Die Chronik von Arbela*, hrsg. von P. KAWERAU, Lovanii 1985, *Corpus Scriptorum Christianorum Orientalium*, Scriptores Syri, 199, con bibliografia. Spero di vedere pubblicato un mio studio storico e una traduzione italiana commentata del documento.

I secolo[40]. Una fonte altamente attendibile sulla diffusione del Cristianesimo in Oriente all'epoca di Giamblico è infine il *Liber Legum Regionum* del già ricordato filosofo cristiano siriaco Bardesane o della sua scuola, che attesta la presenza di Cristiani in Partia, in Giudea, fra i Geli e i Kušan, in Persia, nella Media, a Edessa e a Hathra (20 Cur.)[41].

L'interesse di Giamblico per i fatti contemporanei traspare da diversi passi del suo romanzo, come si accennava. Anzi, egli è il primo autore, fra quelli analizzati, che includa nella sua opera un lungo *excursus* autobiografico[42] (Iambl. 10), nel quale presenta, come si diceva, notizie circostanziate –a quanto si arguisce dall'epitome– e preziose per lo studioso, relative ai tempi e ai luoghi in cui visse. Questo interesse favorisce la supposizione di una conoscenza, da parte di Giamblico, dei Cristiani, che ai tempi di Marco Aurelio, come abbiamo visto, dovettero attirare l'attenzione su di sé. In questo periodo, inoltre, è probabile che anche il pubblico al quale Giamblico si rivolgeva potesse essere a conoscenza del Cristianesimo e in grado di cogliere in un romanzo eventuali allusioni ad esso.

Indubbia risulta anche l'attenzione di Giamblico per il mondo religioso. Egli inserisce nelle vicende del suo romanzo anche una sosta presso il tempio di Afrodite dell'isola formata dal Tigri e dall'Eufrate che le scorrono ai lati (ὁ Εὐφράτης καὶ ὁ Τίγρις περιρρέοντες αὐτὴν ποιοῦσι νησῖδα, Iambl. 8): il ricorso alla dèa si rende necessario per curare una grave ferita di Sinonide (cfr. cap. 7). Giamblico approfitta dell'andamento diegetico per inserire nel corso della narrazione un'ampia digressione (cap. 8) sul tempio della divinità

---

[40] Secondo Flavio Giuseppe (*Ant. Iud.* XX 2, 4 sgg.) nei primi anni del regno di Claudio Izates e sua madre Elena regina dell'Adiabene vennero convertiti da un Anania; così si chiamava anche il discepolo cristiano di Damasco grazie al quale Paolo ricuperò la vista e ricevette il battesimo (*At* 9, 10 sgg. e 22, 12). Alcuni particolari di questa conversione lasciano supporre che i due fossero divenuti cristiani (secondo la tradizione accolta da Mosè di Corene, *Patmut'iwn Hayoc'* [*Storia della Grande Armenia*] II 35); soprattutto, lascia pensare l'opposizione di Elena e di Anania alla circoncisione di Izates (*Ant. Iud.* XX 2, 4-5), se si tiene presente che analoghe questioni erano discusse in quegli anni in seno al Cristianesimo e furono definite dal cosiddetto "Concilio di Gerusalemme" del 49 (*At* 15). Cfr. F. HAASE, *Alchristliche Kirchengeschichte nach orientalischen Quellen*, Stuttgart 1925, 86; S. MAZZARINO, *Il pensiero storico classico*, II 2, Bari 1974, 104; SORDI, *I primi rapporti*, 83 n. 70; L.H. SCHIFFMAN, "The Conversion of the Royal House of Adiabene in Josephus and Rabbinic Sources", in *Josephus, Judaism and Christianity*, ed. L.H. Feldman-G. Hata, Detroit 1987, 81-94; opinabile M. FRENSCHKOWSKI, "Iranische Königslegende in der Adiabene zur Vorgeschichte von Josephus *Antiquitates* XX 17, 33", *Zeitschr. Deutsch. Morgenl. Ges.* 140, 1990, 213-233.

[41] Il riferimento è sempre al testo siriaco dell'ed. CURETON, *Spicilegium*.

[42] Tale, infatti, non si può chiamare la laconica indicazione di Caritone in apertura del suo romanzo (Char. I, 1, 1); quanto a Senofonte, abbiamo visto che egli non parla di sé e che non siamo sicuri neppure del suo nome (cfr. qui *supra*, cap. II).

in cui si praticava l'oniromanzia[43] e sulla sua sacerdotessa e i figli di lei; egli parla anche dei popoli particolarmente devoti ad Afrodite e dei loro miti (cap. 9). Giamblico si diffonde inoltre nella trattazione della magia, che a un autore di cultura "caldaica" e "babilonese" doveva interessare particolarmente (cap. 10). Egli stesso asserisce in effetti, come si accennava, di avere appreso l'arte magica –vedremo a suo tempo come i Cristiani stessi furono accusati di magia–, ma tiene a precisare di avere ricevuto anche una istruzione greca (*ibid.*), la quale Fozio poteva rilevare soprattutto nella capacità retorica del romanziere (cap. 1). L'interesse, dunque, per la vita religiosa non esclude, ma anzi favorisce, l'eventuale attenzione di Giamblico anche verso il Cristianesimo. Di un certo rilievo sono in quest'ottica le scelte lessicali presenti in due frammenti tratti dalla Suda e collocabili verso la fine di Iambl. 7: il fr. 33 (Suda II 90, 11, s.v. Διήκει) mette a fuoco il tema del "credere" (probabilmente è Soreco[44] ad affermare: ἀλλὰ πιστεύω· πάνυ γάρ σου κλέος ἐπ' ἀρετῇ διήκει)[45].

Significativa in via preliminare può essere altresì la fortuna che il romanzo godette nell'Alto Medioevo cristiano, fino al secolo X, come attestano le numerose citazioni della *Suda*[46]. In mancanza dell'epitome di Fozio, i *Babyloniakà* per noi sarebbero pressoché perduti, ad eccezione di qualche frammento. Il giudizio di Fozio sul romanzo di Giamblico aiuta a comprendere l'ottica con cui venivano valutati i romanzi ai tempi del patriarca: Giamblico dal punto di vista della moralità del racconto viene posto a mezzo fra il disinvolto Achille Tazio e il castigato Eliodoro; gli viene riconosciuto pregio stilistico e retorico (Iambl. 1)[47].

[43] Su cui si vedano D. DEL CORNO, "Ricerche sull'onirocritica greca", *RIL*, Classe di Lettere, 96, 1962, 334-366; M.J. HIDALGO DE LA VEGA, "Los oráculos y los sueños-visiones como vehículos de salvación en las novelas greco-romanas", in *Héroes, semidioses y daimones. Primer encuentro-coloquio de ARYS. Jarandilla de la Vera. Diciembre de 1989*, edd. J. Alvar-C. Blánquez-C.G. Wagner, Madrid 1990, 175-204; P.C. MILLER, *Dreams in Late Antiquity. Studies in the Imagination of a Culture*, Princeton 1994; A. MAC ALISTER, *Dreams and Suicide. The Greek Novel from Antiquity to the Byzantine Empire*, London-New York 1996; V.L. KENAAN, "The Place of Dreams in Apuleius' *Metamorphoses*", in *The Ancient Novel in Context*, cit., in corso di pubblicazione.

[44] Secondo A. Adler: cfr. l'ed. HABRICH, cit., 25.

[45] Il fr. 34 (Suda II 569, 9, s.v. Ἠ μήν) è un giuramento sugli dei sovrani e una promessa di salvezza: ὄμνυμι τοὺς βασιλείους θεούς· ἦ μὴν ἐγὼ ὑμᾶς σώσω.

[46] I numerosi frammenti del lessico sono raccolti, nella citata ed. HABRICH, a fronte dell'epitome foziana, come ricordavamo.

[47] "Venne letto il dramma di Giamblico che narra immaginarie storie d'amore. Le illustra compiacendosi di oscenità [αἰσχρολογία] meno di Achille Tazio, ma le presenta con maggior impudenza di Eliodoro di Fenicia", che, come vedremo, erano entrambi considerati vescovi. "Questi tre autori, proponendosi un medesimo scopo, raccontano vicende amorose, ma Eliodoro con linguaggio più austero e castigato [σεμνότερόν τε καὶ εὐφημότερον], mentre lo è meno quello di Giamblico; Achille poi fa eccessivo uso di turpitudini e sconcezze [αἰσχρῶς

Anche nel romanzo di Giamblico, trattandosi di due sposi, Sinonide e Rodane, insidiati e travagliati da mille peripezie, il valore della castità e della fedeltà coniugale è messo a fuoco, come nei romanzi che abbiamo analizzato in precedenza. Ma questo è un elemento che in fondo non sorprende, anche se, dato il legame del romanzo di Giamblico con gli ambienti orientali, e in particolare siriaci e babilonesi, non si possono escludere eventuali influssi di ambienti gnostici e proto-manichei[48]; mi sembra che comunque manchi un indizio sicuro per potersi pronunciare in tal senso. Un dato che invece colpisce in modo particolare è il moltiplicarsi nei *Babyloniakà* delle scene di crocifissione mancata e di morte apparente, sulle quali abbiamo avuto modo di appuntare l'attenzione sia nel romanzo di Caritone che in quello di Senofonte. Purtroppo non è più possibile accedere al testo completo e dall'epitome non si possono ricavare dati preziosi come quelli lessicali –quello che si desume dai frammenti è ben poco–, né è ormai dato di seguire ogni scena nel suo preciso svolgersi. Una volta fatto presente questo grave limite, vorrei ugualmente ricordare in breve le scene in questione.

Nel cap. 2 del riassunto di Fozio è narrato il primo episodio dei *Babyloniakà*: Garmo, re di Babilonia, vedovo invaghitosi di Sinonide, di fronte al rifiuto di lei la fa incatenare con una catena d'oro, mentre fa porre in croce Rodane (ἐπὶ σταυροῦ ἀναρτώμενος) dagli eunuchi Saca e Dama. Per intervento di Sinonide, tuttavia, Rodane viene fatto scendere dalla croce [ἐκεῖθεν καθαιρεῖται]; quindi entrambi gli sposi fuggono, egli la croce (τὸν σταυρόν), ella le nozze aborrite. Sono evidenti le somiglianze con la vicenda

---

δὲ καὶ ἀναιδῶς] [...] Giamblico, per quanto si riferisce ai pregi dello stile, del comporre e del disporre la materia del racconto, doveva dimostrare la sua valentìa di retore e la sua efficacia in argomenti più seri [σπουδαῖα] e non in cose frivole e inventate" (tr. NUTI, "Giamblico", 235).

[48] Sulla παρθενεία e sull'ἐγκράτεια in ambiente gnostico-manicheo ma anche cristiano ortodosso cfr. F.S. PERICOLI RIDOLFINI, "Il salterio manicheo e la gnosi giudaico-cristiana", in *Le origini dello Gnosticismo: Colloquio di Messina 13-18 aprile 1966*, testi e discussioni pubblicati a c. di U. Bianchi, Leiden 1967, 597-603, part. 599-600. La bibliografia su Mani ed il Manicheismo in questi anni è andata sempre più accrescendosi: mi limito qui a segnalare alcuni studi tra i più recenti e cospicui: AA.VV., "Miscellanea J.P. Asmussen", Acta Iranica 28, 1988; *Manichaica Selecta. Studies Presented to Professor Julien Ries*, edd. S. Giversen-A. van Tongerloo, Lovanii 1991; A. BÖHLIG-C. MARKSCHIES, *Gnosis und Manichäismus. Forschungen und Studien zu Texten von Valentin und Mani sowie zu den Bibliotheken von Nag Hammadi und Medinet Madi*, Berlin 1994, con bibl. 225-242; *The Manichaean ΝΟΥΣ. Proceedings of the International Symposium Organized in Louvain 31 July-3 August 1991*, ed. by A. VAN TONGERLOO-J. VAN OORT, Lovanii 1995, Manichaean Studies 2; E. YAMAUCHI, "Adaptation and Assimilation in Asia", *Stulos Theological Journal* 4, 2, 1996, 103-126 con bibl.; J.C. REEVES, *Heralds of That Good Realm, Syro-Mesopotamian Gnosis and Jewish Traditions*, Leiden-New York-Köln 1996, Nag Hammadi and Manichaean Studies 41, con puntuale bibliografia; *Atti del III Congresso Internazionale di studi sul Manicheismo e Oriente cristiano antico*, edd. L. CIRILLO-A. VAN TONGERLOO, Lovanii-Neapoli 1997.

della crocifissione di Cherea in Caritone, meno forti con quella di Abrocome in Senofonte. Una seconda scena di crocifissione non riuscita ai danni di Rodane è narrata poi ai capp. 21- 22, gli ultimi dell'epitome, che quasi in *Ringkomposition* chiudono il romanzo. Anche questa scena ha profondi riscontri con quella di Caritone. Anche qui infatti il protagonista, Rodane, è crocifisso insieme con un altro, Soreco (cap. 21), anzi la crocifissione mancata si sdoppia ancora: dapprima, si narra di Soreco che sta per essere crocifisso e viene liberato dagli Alani, che egli condurrà in guerra contro Garmo. Quindi, lo svolgimento diegetico fa un passo indietro, per ricordare che insieme con Soreco, consegnato per essere crocifisso (ἀνασταυρωθῆναι), "anche Rodane veniva nuovamente condotto e appeso alla croce di prima [ἐπὶ τὸν πρότερον σταυρόν... ἀνεσταυροῦτο] da Garmo in persona, incoronato e danzante. E Garmo, ubriaco e danzante intorno alla croce con le sue flautiste, gioiva ed era tutto contento" (cap. 21). A questa scena si riferiscono tre frammenti: il fr. 86 (codd. Laurentianus 57, 12; Vaticanus 1354) viene pronunciato da Soreco, rivolto a Sinonide e a Rodane, oppure, più probabilmente, da Rodane, una volta caduto in potere del re Garmo, o ancora –forse è l'ipotesi migliore in assoluto– si tratta di un commento di Giamblico alla libertà di Rodane, che pure si trova nelle mani di Garmo: θανάτου καταφρονήσας ἄνθρωπος δεσπότην οὐκ ἔχει[49]. Il commento è di sapore stoicheggiante, e questo non sorprende, dato che il pensiero stoico era presente in Siria fino dalla seconda metà del I secolo d.C., ad esempio con Musonio Rufo, che era nelle regioni siriache negli anni Sessanta, e Mara bar Serapion, che vi era invece negli anni Settanta. Un simile commento non si trova nelle scene parallele di crocifissione che abbiamo visto nei romanzi precedenti e sembra dovuto ad una riflessione di Giamblico, che vuole conferire la massima dignità al suo personaggio, anche nell'umiliazione della crocifissione. Il fr. 87 (Suda II 386, 10, s.v. Ἐπιτεμόμενος) è pronunciato da Rodane rivolto a Garmo[50]: κέλευσόν με ἀποθνσήκειν ἐπιτεμόμενος τοῦ σταυροῦ τὴν περίοδον. Il fr. 88 (Suda II 683, 22, s.v. Θανατιᾶν) si riferisce a Garmo e a Rodane: Οὕτως ἄγαν αὐτοῖς συμβεβήκει τὸν μὲν φονᾶν, τὸν δὲ θανατιᾶν. Ma anche questa volta Rodane scende inaspettatamente dalla croce e, come Cherea, lo fa malvolentieri, perché, credendosi tradito dalla sua sposa, preferirebbe morire: "Mentre accadeva questo, Saca manda una lettera a Garmo che Sinonide è sposata al re di Siria [...]; e Rodane, da lassù [ἄνωθεν, *sc.* dalla croce], ne era lieto, mentre Garmo si preparava a uccidersi. Ma, trattenendosi, fa discendere dalla croce Rodane suo malgrado [κατάγει Ῥωδάνην ἄκοντα τοῦ σταυροῦ] –perché avrebbe preferito morire–, lo adorna delle insegne di generale e lo manda a

[49]La prima ipotesi è di Rohde e di U. Schneider-Menzel; la seconda è di Habrich. Si veda l'apparato dell'edizione cit. dello stesso HABRICH, 67-69.

[50] Secondo diversi critici a partire da Hercher: cfr. l'edizione HABRICH, cit., 69.

condurre quella guerra che combatteva contro il re di Siria" (cap. 22)[51]. Anche il prosieguo del racconto, con la guerra combattuta e vinta da Rodane, offre molti punti di convergenza con le vicende da condottiero di Cherea. Dunque le crocifissioni mancate diventano in Giamblico addirittura tre e tutte sembrano ispirarsi alla scena madre della crocifissione di Cherea in Caritone, pur aggiungendo, come abbiamo notato, particolari originali di un certo interesse.

Anche le scene di morte apparente, che richiamano immediatamente alla memoria le analoghe scene di Calliroe in Caritone e di Anzia in Senofonte, si moltiplicano decisamente in Giamblico. La prima scena rappresenta già una novità rispetto a quelle analizzate nei capitoli precedenti, poiché riguarda entrambi gli sposi: al cap. 3, costretti dalla fame, Rodane e Sinonide mangiano del miele avvelenato che li fa cadere come morti (πίπτουσι ... ὡσεὶ νεκροί), cosicché i soldati che passano loro accanto lungo la via li credono effettivamente morti (νεκρούς τινας ὡς ἀληθῶς ὑπολαμβάνοντες) e li ricoprono di offerte funebri, quali vesti e cibo, che gettano loro addosso come su cadaveri (ὡς ἐπὶ νεκροῖς) (cap. 4). Ridestatisi e risorti (ἀναστάντες) da una morte apparente, dopo una serie di altri fatti accidentali i due sposi fingono, questa volta deliberatamente, di essere due morti, ombre di persone uccise da un brigante (εἴδωλα τῶν ἀπὸ τοῦ λῃστοῦ ἀναιρεθέντων): grazie al pallore (ὠχρότης), alla magrezza (λεπτότης) e alla voce fioca (ἀτονία τῆς φωνῆς) essi riescono a convincere i soldati di avere di fronte l'apparizione di due defunti (cap. 5). Il terzo episodio di morte apparente si sdoppia: dapprima è presentato il funerale di una fanciulla creduta morta e per questo condotta alla tomba (κόρην ἐπὶ ταφὴν ἀγομένην), ma che poi risulta viva (ἔμπνουν, cap. 6); quindi si narra come il sepolcro della fanciulla, ricco di vesti, cibi e bevande, viene lasciato vuoto (κενὸς ὁ τῆς κόρης τάφος) ed è così occupato da Sinonide e da Rodane, che vi banchettano e vi si pongono a dormire (καθεύδουσιν). I soldati che la notte precedente erano stati raggirati dai due sposi, i quali avevano fatto credere loro di essere due ombre, vengono nuovamente tratti in inganno –con una ennesima procedura iterativa– dal vedere la coppia dei dormienti nel sepolcro (ἐνιδόντες αὐτοὺς ἐγκειμένους μὲν τῷ τάφῳ): per la seconda volta credono di vedere dei cadaveri (ἔδοξαν νεκροὺς ὁρᾶν), nonostante la perplessità suscitata dalle orme che conducono alla tomba (*ibid.*) e che farebbero pensare ad una rianimazione dei cadaveri stessi. Anche di questa scena abbiamo dalla Suda qualche frammento interessante (frr. 24-27)[52] : il fr. 24 ci mostra l'arrivo dei soldati davanti all'ingresso del sepolcro: εὗρον δὲ τὴν θύραν τοῦ μνήματος ἀραιῶς ἐπικειμένην, e il fr. 25 narra il rinvenimento dei due corpi abbracciati

[51] Tr. NUTI, *Giamblico*, 265.

[52] Per i riferimenti ai rispettivi passi della Suda rinvio per brevità alla cit. ed. HABRICH, 21.

all'interno, nell'arca: ὁρῶσιν ἐν τῇ λάρνακι σώματα ἀλλήλοιν περικείμενα. Il fr. 26, di cui è incerta la collocazione prima o dopo il 25, espone lo sbigottimento dei soldati: οἱ δὲ ἀνακλῖναι μὲν τὴν θύραν οὐκ ἐτόλμησαν οὐδ' εἴσω παρελθεῖν ἴσχυσαν–si noti ancora l'insistenza sul motivo della porta del sepolcro–, mentre l'ultimo frammento che ci interessa, il 27, presenta un uso babilonese che Giamblico mostra di conoscere: οὐκ ἔξεστι γὰρ Βαβυλωνίοις ἀωρίᾳ τάφον ὑπερβῆναι.

Si situa a questo punto anche un'altra reminiscenza degli analoghi episodi di Caritone e di Senofonte: la menzione della τυμβωρυχία, che abbiamo visto quanta importanza possa rivestire ai fini del nostro discorso. Qui però ci si trova di fronte alla variante dell'attribuzione alla protagonista, Sinonide, del reato. Infatti al cap. 7 Sinonide viene arrestata con l'accusa di spoliazione di sepolcro (συλλαμβάνεται ὡς τάφον συλήσασα), anche se la pena non ha luogo perché il giudizio viene differito e affidato alle competenze del tribunale di Soreco. La proliferazione degli episodi di catalessi e di morti sfiorate si nota anche alla fine del cap. 7, dove i due sposi, convinti di bere un veleno onde sottrarsi definitivamente a Garmo, bevono invece un sonnifero che li fa immergere in un profondo sonno, durante il quale sono condotti dallo stesso Garmo. Risvegliatasi, Sinonide si trafigge con la spada e guarirà soltanto nel tempio di Afrodite sull'isola tra il Tigri e l'Eufrate. L'ultimo caso di morte apparente si situa al cap. 18, dove in base a una serie di equivoci Rodane crede morta la sposa e sta per uccidersi quando lo avvisano che Sinonide vive. Interessante appare infine il caso di Tigri, il giovane morto anzitempo la cui madre "crede per effetto di magia che esso sia divenuto un eroe" (cap. 9). Anzi, quando la donna vede Rodane, lo crede senz'altro il suo Tigri resuscitato e Rodane ne approfitta per farsi beffe dei creduloni, stando al giuoco (cap. 11): "Morto dunque il ragazzo, come abbiamo detto, a causa del roseto, Rodane passa nell'isola insieme con Sinonide ed ecco che, vedendo Rodane, la madre grida che il figlio morto è risuscitato e che lo accompagna, venendo dall'Ade, Core: Rodane finge che sia proprio così e si fa beffe della dabbenaggine degli isolani". Questo episodio sembra significativo riguardo all'atteggiamento polemico di Giamblico nei confronti della risurrezione e di quanti vi credono e richiama alla memoria sotto questo aspetto sia il racconto petroniano della *Matrona di Efeso*, dove ci si fa beffe di chi crede all'apparente animazione di un defunto[53], sia la narrazione di Caritone relativa al rinvenimento della tomba di Calliroe vuota e alla fede dimostrata da Cherea verso l'assunzione in cielo della sposa[54].

Vorrei ricordare anche un episodio del romanzo di Giamblico che, se

[53] Ci soffermeremo a suo luogo su questo racconto (cfr. *infra*, nel capitolo 8 dedicato a Petronio), che cronologicamente è anteriore a quello di Giamblico di circa un secolo.

[54] Per cui si veda qui *supra*, cap. I.

non presenta certo echi cristiani, tuttavia offre notevoli analogie con una celebre storia veterotestamentaria ed aiuta a comprendere il *milieu* culturale in cui si muove il nostro romanziere; abbiamo visto d'altra parte che anche in Senofonte Efesio un episodio può essere accostato ad una narrazione dell'Antico Testamento, per la precisione del ciclo di Giuseppe[55]. Al cap. 15 dell'epitome di Giamblico è infatti narrato: "Fanno sosta in casa di un uomo ricco, ma scostumato, di nome Setapo, che si innamora di Sinonide e la tenta [πειρᾷ]: ella finge di ricambiarlo [ἀντερᾶν ὑποκρίνεται], e in quella stessa notte, all'inizio del loro amore [κατ' αὐτὴν τὴν νύκτα καὶ τὴν ἀρχὴν τοῦ ἔρωτος], uccide con un colpo di spada [ἀναιρεῖ ξίφει] Setapo ubriaco [μεθυσθέντα]". Il passo di Senofonte di cui ho parlato presentava analogie anche con luoghi della letteratura classica pagana quali il mito di Sisifo, oltre che con la storia di Giuseppe; Senofonte ha anzi un altro episodio in cui Anzia uccide il brigante egiziano Anchialo innamorato di lei (IV 5)[56]; qui invece appaiono spiccati i parallelismi soltanto con l'episodio veterotestamentario di Giuditta e Oloferne (*Gdt* 12-13): per salvare la sua città dall'assedio di Oloferne, generale di Nabucodonosor, l'eroina finge di abbandonarsi alla gioia del banchetto e dell'amore di Oloferne, senonché, quando questi è ebbro dopo il pasto (*Gdt* 12, 10: ἔπιεν οἶνον πολὺν σφόδρα), di notte (*Gdt* 13, 1: ὀψία ἐγένετο), lo trafigge con un colpo di scimitarra (*Gdt* 13, 7-8: καθεῖλεν τὸν ἀκινάκην αὐτοῦ [*sc.* di Oloferne] καὶ [...] ἐδράξατο τῆς κόμης τῆς κεφαλῆς αὐτοῦ [...] καὶ ἐπάταξεν εἰς τὸν τράχηλον αὐτοῦ δὶς [...] καὶ ἀφεῖλεν τὴν κεφαλὴν αὐτοῦ ἀπ' αὐτοῦ). Minori riscontri sembra presentare la storia, comunque sempre veterotestamentaria, di Giaele e di Sisara (*Gdc* 4, 17-24; 5, 24-27), secondo cui la donna offre ospitalità al condottiero sconfitto dagli Ebrei e fuggitivo, gli dà latte da bere e, quando questi cade addormentato, lo uccide trapassandogli la tempia con un picchetto della propria tenda.

Gli elementi finora enucleati sono ben lungi dal poter fornire prove in favore non dico di una volontà di alludere al fatto cristiano da parte dell'autore dei *Babyloniakà*, ma neppure di una sua conoscenza del Cristianesimo: si tratta solo di qualche indizio da cui non mi sento di trarre conclusioni affrettate. Vorrei comunque, alla fine di questo discorso, richiamare l'attenzione sul tema della τυμβωρυχία in Giamblico. Già in Caritone e in Petronio esso è presente, forse perché era particolarmente vivo all'epoca, tanto da essere probabilmente

[55] Si veda qui *supra*, cap. II.

[56] È vero che pure Anchialo viene ucciso da Anzia con un colpo di spada, tuttavia le circostanze sono diverse, in quanto egli tenta di usarle violenza ed ella lo uccide: non v'è l'ambientazione del banchetto, né la finzione della donna di "stare al giuoco".

tema di un editto imperiale[57], ma si noti che perdurava anche al tempo di Giamblico, verso la fine del II secolo, come dimostra Tertulliano, il quale poco dopo, verso il 200 (probabilmente tra il 199 e il 200[58]), sente il bisogno di confutare ancora questa imputazione anticristiana nata in ambiente giudaico: *sed ad tertium diem [...] nihil in sepulcro repertum est praeter exuvias sepulturae. Nihilominus tamen primores, quorum intererat et scelus*[59] *divulgare et populum vectigalem et famularem sibi a fide revocare, subreptum a discipulis iactitaverunt* (*Apol.* 21, 22). Questo bisogno non ci sarebbe stato se l'accusa –che Tertulliano non avrebbe avuto alcun interesse a rivangare– non fosse stata viva all'epoca sua, che è molto vicina a quella di Giamblico. Una polemica più generica potrebbe forse essere implicita nelle numerose scene di morte apparente, di apparente resurrezione e di crocifissioni da cui il protagonista esce vivo. Croce e resurrezione, dunque, sembrerebbero due elementi specifici sui quali, come abbiamo visto e come vedremo, si focalizza l'attenzione dei romanzieri tanto da farne dei veri e propri *topoi* romanzeschi, e proprio a partire dal tardo I secolo, senza che sia possibile trovare soddisfacenti fonti letterarie per questa topica[60]. Può essere un caso –ma non necessariamente, suppongo– che queste siano anche le due componenti essenziali del fatto cristiano e quelle che meglio si prestavano ad una eventuale parodia.

In effetti può essere interessante osservare che proprio al tempo di Giamblico questi medesimi elementi erano al centro delle polemiche anticristiane. Illuminante, oltre al celebre graffito del Palatino raffigurante un crocifisso dalla testa d'asino e databile alla fine del II secolo o ai primi del III, mi sembra l'insistita presenza di questi due temi nella polemica di Celso, che

---

[57] Si ricordi quanto dicevamo al cap. I sull' Editto di Nazareth; riprenderemo il discorso parlando della novella della *Matrona di Efeso* in Petronio.

[58] Per questa data e non per il 197 cfr. M. SORDI, *Il Cristianesimo e Roma*, Bologna 1965, pp. 474-476 (propone il 202); oggi C. MINELLI, "La data dell'*Apologeticum* di Tertulliano", *Aevum* 74, 2000, 187-189 (propone il 199-200, accettato dalla stessa Sordi).

[59] La scelta lessicale di Tertulliano di chiamare *scelus* la τυμβωρυχία, rivela secondo la Sordi (in E. GRZYBEK-M. SORDI, "L'Edit de Nazareth et la politique de Néron à l'égard des Chrétiens", *ZPE* 120, 1998, 279-291, part. 288-291) la conoscenza da parte dell'apologeta dell'editto neroniano che puniva questa colpa con la morte.

[60] F. LÉTOUBLON, *Les lieux communs du roman. Stéréotypes grecs d'aventure et d'amour*, Leiden-New York-Köln 1993 Mnemosyne Suppl. 123, 78-79 cita quali ascendenti greci classici per la discesa nella tomba-caverna soltanto l'*Antigone* di Sofocle e Danae, che però sono piuttosto lontani dalla topica romanzesca della morte apparente cui segue una "risurrezione" e se l'hanno ispirata lo hanno fatto in modo molto indiretto; anche a 185 sgg., dove torna la problematica della morte apparente e della risurrezione, non si trovano eventuali modelli della letteratura precedente. Nulla poi è suggerito circa il tema della croce cui il protagonista sopravvive.

scrive probabilmente nel 178 e che ironizza fortemente su entrambi[61]. Celso insiste a più riprese sull'ignominia della croce, ad es. *ap.* Orig. *C. Cels.* II 31a: "un uomo arrestato in modo sommamente disonorevole [ἀτιμότατα] e crocifisso [ἀποτυμπανισθέντα][62]"; *ibid.* II 39: "fu punito e subì un tale supplizio! [ἐκολάσθη καὶ τοιαῦτα ὑπέμεινε]". Celso contesta poi con ancora maggiore vigore la resurrezione di Gesù, tacciando i Cristiani di credulità e accusandoli di adorare un uomo morto: un'intera sezione della sua opera (*ibid.* II 54-70) è dedicata precisamente alla confutazione della risurrezione di Gesù, laddove il polemista pagano sostiene che non basta che Gesù abbia predetto "che una volta morto sarebbe risorto [ἀποθανὼν ἀναστήσεται]": bisogna verificare se, "morto davvero [ἀληθῶς ἀποθανών], sia mai risorto con il corpo stesso [ἀνέστη αὐτῷ σώματι]". I casi sono insomma due: o Gesù non è morto davvero e la sua era una morte apparente, oppure è morto e non è corporalmente risorto, e le presunte apparizioni successive sono solo prodotti di fantasie malate: "da vivo non riuscì a soccorrere se stesso; una volta morto [νεκρός] invece resuscitò [ἀνέστη] e mostrò i segni della passione e le mani, come erano trafitte: ma questo chi lo vide? Una donna indemoniata, qualcun altro della medesima setta di maghi o portato alle visioni per una sua disposizione e pieno di fantasie [...] o piuttosto qualcuno che con questo miracolo volle colpire gli altri e con questa impostura volle offrire spunto ad altri imbroglioni. [...] Dopo la sua morte, Gesù provocò un'apparizione delle ferite ricevute sulla croce [φαντασίαν... τῶν ἐπὶ σταυρὸν τραυμάτων], senza essere veramente presente egli stesso ferito [ἀληθῶς τοιοῦτος ὢν τραυματίας]" (II 55 e 61). Celso prosegue che Gesù avrebbe dovuto o scomparire all'improvviso dalla croce (II 68), oppure mostrarsi a tutti dopo la resurrezione (II 63; 70b). E in III 22 ribadisce: "Gesù una volta morto fu visto solo dai membri della sua propria confraternita [...] e per di più come un fantasma [σκιάν]". Per Celso insomma i Cristiani adorano un uomo morto: ἁλόντα καὶ ἀποθανόντα θρησκεύοντας (III 34b); νεκρὸν σέβοντες (VII 68); se parlano di resurrezione, è dunque perché hanno frainteso la reincarnazione: μετενσωματώσεως παρακούσαντες τὰ περὶ ἀναστάσεως (VII 32).

Non ritengo quindi impossibile che un'eco di queste polemiche contemporanee possa eventualmente cogliersi anche nei nostri romanzi.

---

[61] In CELSO, *Contro i Cristiani*, intr. di G. BAGET BOZZO, tr. e note di S. RIZZO, Milano 1989, 57 è riprodotta l'immagine. Per il testo di Celso che cito subito dopo mi baso sull'ed. R. BADER, *Der Alethes Logos der Kelsos*, Stuttgart-Berlin 1940. Sulla polemica di Celso contro i Cristiani mi limito a segnalare F. RUGGIERO, "Celso, il *Discorso Vero* e la confutazione della dottrina cristiana", in Eiusd. *La follia dei Cristiani. Su un aspetto della reazione pagana tra I e V secolo*, prefazione di M. Simonetti, Milano 1992, 149-160.

[62] L'ἀποτυμπανισμός è un antico supplizio (cfr. Lis. XII 56; Dem. 126; 383; Plut. *Mor.* 1049), in uso ad es. presso i Persiani, dai caratteri molto simili alla crocifissione, prevedendo anch'esso che il condannato fosse fissato a un palo conficcato nel terreno e lasciato ivi esposto, talora dopo avere subito strazianti percosse: Celso pone in luce l'ignominia e la crudeltà dell'esecuzione.

4
Achille Tazio

Proseguendo nell'analisi dei romanzi greci secondo uno schema cronologico, nonostante tutti i problemi sollevati dalla cronologia, sia assoluta che relativa, dei romanzi stessi, vorrei prendere in esame l'opera di Achille Tazio, *Leucippe e Clitofonte*[1]. Sebbene le fonti antiche, dalla Suda a Fozio e alle altre, non lascino supporre nulla di preciso riguardo alla datazione del romanzo, tuttavia, in base alle date sempre più alte dei papiri di Achille (soprattutto il cosiddetto papiro milanese, che risale alla metà del II secolo)[2], è probabile che il nucleo del romanzo vada posto appunto nel II secolo, fatte salve possibili aggiunte posteriori[3]. Anche da indizi interni al romanzo non sembra possibile precisare ulteriormente la collocazione cronologica di *Leucippe e Clitofonte*. In ogni caso, accettando sia pure con prudenza la datazione suddetta, possiamo considerare l'opera di Achille Tazio non molto posteriore a quella di Giamblico.

Le notizie relative all'autore sono poche e non troppo sicure: non si ricavano dal testo e sono tutte dovute a testimonianze tarde. La Suda, che per altro chiama Achille "Stazio" e che ci dà notizia dei suoi interessi enci-

---

[1] Opera relativamente poco studiata e apprezzata dai critici contemporanei: cfr. B.P. REARDON, *Courants littéraires grecques du IIe et IIIe siècles après J.-C.*, Paris 1971, Annales Litt. Univ. de Nantes 3, 359-366; T. HÄGG, *The Novel in Antiquity*, tr. ingl. Oxford 1983, 41-54. È un rilievo di Graham Anderson nello *status quaestionis* su Achille Tazio: G. ANDERSON, "Perspectives on Achilles Tatius", in *ANRW*, II, 34, 3, Berlin-New York 1997, 2278-2299, part. 2279.

[2] Sulla datazione di Achille cfr. F. ALTHEIM, *Literatur und Gesellschaft im ausgehenden Altertum*, Halle 1948, 121-124; *contra* K. PLEPELITS (ed., tr. & comm.), *Achilleus Tatios: Leukippe und Kleitophon*, Stuttgart 1980, 8-16; ANDERSON, "Perspectives", 2292. Sui papiri di Achille cfr. lo studio di F. CONCA, *RIL, Classe di Lettere*, 103, 1969, 649-677, le introduzioni di PLEPELITS, *Achilleus Tatios*, cit., e Y. YAMANOLAKIS (ed., tr. & comm.), *Achilleus Tatios*, Athenai 1990, e la sintesi aggiornata di ANDERSON, *ibid.* 2295-2296. L'edizione più aggiornata dal punto di vista papirologico è quella di J.-P. GARNAUD (ed., tr. & comm.), *Achilles Tatius d'Alexandrie. Le roman de Leucippé et Clitophon*, Paris 1991, che tiene conto del materiale cosiddetto "Robinson-Cologne": cfr. la recensione positiva di G. ANDERSON in *CR* 42, 1992, 439.

[3] Q. CATAUDELLA, *Il romanzo classico*, Roma 1958, xix, xxii; Id., "Nota ad Achille Tazio. Leucippe e Clitofonte", in *Il romanzo classico*, 356.

clopedici[4], fa del romanziere un alessandrino, anche se si è potuto supporre che la notizia derivi dalla celebre descrizione di Alessandria, nei suoi caratteri urbanistici e nella popolazione, e che si trova in apertura del V libro (V 1-3)[5] e che sembra effettivamente denotare una ammirazione e una conoscenza anche approfondita della città da parte del romanziere[6]. Anche la notizia di Tommaso Magistro, che chiama Achille "retore", potrebbe essere ricavata semplicemente dalla parte notevole che ha la retorica nella sua opera, specialmente nell'ultima sezione del romanzo[7].

Ma la notizia per noi più interessante, per quanto assai discussa, che si trova nella Suda è quella secondo la quale Achille Tazio fu un cristiano: anzi, addirittura un vescovo[8]. Mi sembra opportuno presentare il breve lemma (a 4695):

> 'Αχιλλεὺς Στάτιος, 'Αλεξανδρεύς, ὁ γράψας τὰ κατὰ Λευκίππην καὶ Κλειτοφῶντα, καὶ ἄλλα ἐρωτικὰ ἐν βιβλίοις η'

---

[4] Achille avrebbe composto un trattato sulla sfera, vari lavori di interesse etimologico e una sorta di *de viris illustribus*.

[5] "Entrato per la cosiddetta porta del Sole, subito mi veniva incontro la sfolgorante bellezza della città e mi riempì gli occhi di godimento. Una fila diritta di colonne si levava da entrambi i lati dalla porta del Sole alla porta della Luna [...] Nel mezzo delle colonne si stende la piana della città. Molte vie attraversano questa piana, e frequente il movimento che vi si svolge. Spintomi innanzi nella città per pochi stadi, giunsi alla località che prende il nome da Alessandro: e da qui vidi un'altra città, la cui bellezza era divisa in questo modo. Quanto era lungo un ordine di colonne disposte in linea retta, altrettanto era lungo un altro ordine di colonne disposte in senso trasversale. Io dividevo i miei sguardi fra tutte le strade, e non mi saziavo di ammirarle e non riuscivo a vederne interamente la bellezza. [...] Vidi due cose nuove e straordinarie, la gara tra la grandezza e la bellezza, e la contesa tra il numero degli abitanti e la città, che si risolveva con la vittoria di entrambi: giacché l'una, la città, era più grande di un continente, e l'altro più numeroso di un'intera nazione. E se guardavo la città, non credevo che una popolazione potesse riempirla, se guardavo la popolazione, mi meravigliavo che una città potesse contenerla [...] Ricorreva anche in quei giorni, per mia buona sorte, la festa del grande dio che gli Elleni chiamano Zeus e gli Egiziani Serapide. Vi era, tra l'altro, anche una processione con fiaccole accese: e anche a questo magnifico spettacolo assistetti. Era sera, e il sole era tramontato e non c'era affatto notte, ma un altro sole era sorto, che sminuzzava la sua luce in tante piccole luci: allora infatti vidi la città contendere per la palma della bellezza con il cielo. Ammirai anche lo Zeus Milichio e il tempio di Zeus Uranio" (tr. CATAUDELLA, cit., 444-445, come di seguito, salvo diversa indicazione).

[6] CATAUDELLA, *Nota*, 355 accetta in linea di principio le testimonianze antiche su Achille Tazio.

[7] CATAUDELLA, *Nota*, 356.

[2] Giustamente CATAUDELLA, *Nota*, 355, rifiuta l'argomento per cui la notizia della Suda sarebbe inattendibile per la sola ragione che anche di Eliodoro dice che fu cristiano e vescovo di Tricca e che dunque si dovrebbe pensare a un mero doppione. Certo non abbiamo elementi sufficienti per asserire con certezza che la notizia della Suda corrisponde a verità, tuttavia non penso che ve ne siano neppure per escludere *a priori* la veridicità della Suda in merito.

Γέγονεν ἔσχατον χριστιανὸς καὶ ἐπίσκοπος. Ἔγραψε δὲ περὶ σφαίρας καὶ ἐτυμολογίας, καὶ ἱστορίαν σύμμικτον, πολλῶν καὶ μεγάλων καὶ θαυμασίων ἀνδρῶν μνημονεύουσαν. Ὁ δὲ λόγος αὐτοῦ κατὰ πάντα ὅμοιος τοῖς ἐρωτικοῖς.

Dopo avere composto il romanzo, di spirito pagano, si sarebbe convertito e si sarebbe rivolto a scrivere opere di ispirazione più prettamente cristiana. Certo, il giudizio di Fozio (cod. 94 73b) sull'eccessiva libertà che si prende Achille nella sua narrazione, fino alla sconcezza, a differenza dello stile più castigato di Eliodoro, che sarebbe stato anch'egli sia romanziere sia vescovo[9], ha il suo peso, ma non contrasta con l'ipotesi di una stesura precedente all'eventuale conversione o comunque all'eventuale episcopato di Achille. Del resto, nonostante la giusta diffidenza degli studiosi nei confronti della supposta carica episcopale sia di Achille Tazio sia, come vedremo, di Eliodoro[10], la notizia in sé non ha nulla di anacronistico o di inaccettabile, se si considera che nell'avanzato II secolo, data di probabile composizione del romanzo di Achille, come s'è detto, Alessandria era uno dei maggiori centri della cristianità e l'episcopato vi era saldamente organizzato, come testimonia ad esempio la notizia di Gerolamo (*Vir. Ill.* 36; *Ep.* 70, 4), cui accennammo nel cap. II, relativa all'invio di Panteno in India ad opera di Demetrio, vescovo di Alessandria[11]. Sulla diffusione del Cristianesimo in Egitto e ad Alessandria abbiamo già parlato[12]; qui potremmo ricordare ancora una notizia che ci riguarda più da vicino, in particolare per la prima metà del II secolo: una

---

[9] "[Giamblico] illustra [le sue storie] compiacendosi di oscenità meno di Achille Tazio, ma le presenta con maggior impudenza di Eliodoro di Fenicia. Questi tre autori, proponendosi un medesimo scopo, raccontano vicende amorose, ma Eliodoro con linguaggio più austero e castigato, mentre lo è meno quello di Giamblico; Achille poi fa eccessivo uso di turpitudini e sconcezze" (Iambl. 1). Ha messo recentemente a fuoco alcuni esempi di particolare audacia narrativa e linguistica derivati probabilmente dalla poesia giambica arcaica G. ZANETTO, "Archaic Iambos and Greek Novel: a Possible Connection", in *The Ancient Novel in Context. Proceedings of the Third International Conference on the Ancient Novel (Groningen, 25-30 July 2000)*, edd. M. Zimmerman-S. Panayotakis-W. Keulen, in corso di pubblicazione.

[10] Cfr. ad es. F. LÉTOUBLON, *Les lieux communs du roman. Stéréotypes grecs d'aventure et d'amour*, Leiden-New York-Köln 1993, Mnemosyne Suppl. 123, 29 con bibl.: le notizie sono in contrasto con la mancanza di riferimenti espliciti al Cristianesimo nel romanzo greco antico.

[11] *Vir. Ill.* 36: *Pantaenus, Stoicae sectae philosophus, iuxta quamdam veterem in Alexandria consuetudinem, ubi a Marco evangelista semper ecclesiastici fuere doctores, tantae prudentiae et eruditionis tam in scripturis divinis, quam in saeculari litteratura fuit, ut in Indiam* [...] *a Demetrio Alexandriae episcopo mitteretur*; *Ep.* 70, 7: *Pantaenus, Stoicae sectae philosophus, ob precipuae eruditionis gloriam a Demetrio Alexandriae episcopo missus est Indiam.*

[12] Rinvio a quanto dicevamo al cap. II.

comunità giudeo-cristiana ad Alessandria si serviva del cosiddetto "Vangelo degli Ebrei" e una ellenistico-cristiana impiegava il "Vangelo degli Egizi"[13]; soprattutto, proprio dall'Egitto dei primi decenni del II sec., come è noto, proviene il papiro giovanneo databile al tempo di Adriano (117-138), il cui rinvenimento ha peraltro segnato una tappa memorabile nella questione della datazione dei Vangeli[14]. La Alessandria del II sec. è al centro delle grandi controversie dottrinali legate al sorgere di eresie come la Gnosi di Basilide e di Valentino; sarà la terra dell'Arianesimo ma anche di Clemente (II *ex.*-III *in.*) e poi di Atanasio[15].

Sono stati inoltre già notati dagli studiosi alcuni elementi che almeno in linea teorica potrebbero forse deporre a favore di un eventuale Cristianesimo di Achille[16]. Innanzitutto, le dottrine filosofiche che fanno da sfondo al romanzo sono di natura evidentemente neoplatonica e mistica[17]: ora, proprio nel II secolo il Neoplatonismo aveva incominciato a sposarsi con il Cristianesimo in una feconda sinergia; basti pensare ad esempio al pensiero dell'apologista Giustino[18] o, poco dopo, alla fondazione della scuola catechetica di Alessandria da parte di Panteno, al quale succedette Clemente Alessandrino, o ancora al medioplatonico e neopitagorico Numenio di Apamea, che risiedette a lungo in Alessandria e che conosceva bene sia il Giudaismo che il Cristianesimo. Come anche negli altri romanzi analizzati finora, ma qui probabilmente con particolare messa a fuoco e tematizzazione, la "morale" che si ricava dalla narrazione risiede senz'altro nell'elogio della castità, il che non sfuggì a Fozio –proprio colui che ebbe a criticare il turpiloquio di Achille, se però è lui e non Leone il Filosofo[19]–, il quale in un epigramma dell'*Anthologia Palatina* (IX 203, ΦΩΤΙΟΥ, οἱ δὲ ΛΕΟΝΤΟΣ) lodava questa esaltazione della castità da parte del romanziere, accanto alla straordinarietà delle tre "risurrezioni" di

[13] Cfr. J. LEIPOLDT, "Frühes Christentum im Orient (bis 451), II, Aegypten", in *Handbuch der Orientalistik*, I, VIII, 2, *Religion*, Leiden-Köln 1961, 19-42, part. 18.

[14] LEIPOLDT, *Aegypten*, 18.

[15] LEIPOLDT, *Aegypten*, 18-19.

[16] Particolarmente favorevole all'ipotesi del cristianesimo di Achille Tazio appare CATAUDELLA, "Nota", 355-356, del quale riprendo alcune osservazioni.

[17] Sul platonismo del romanzo di Achille: ANDERSON, *Perspectives*, 2280, anche se non pregiudica la destinazione dell'opera a un pubblico relativamente "basso" e "ampio": *ibid.* 2284.

[18] Per una breve trattazione incentrata proprio su questo tema rinvio all'introduzione e alle note di Giuseppe Girgenti in Giustino, *Apologie*, a c. di G. GIRGENTI, Milano 1995, part. 7-30.

[19] Se effettivamente l'epigramma è di Fozio –poiché per alcuni si tratta invece di Leone il filosofo–, si toglie anche valore all'argomento avverso della critica da parte di Fozio stesso al carattere eccessivamente sboccato e spregiudicato del romanzo.

Leucippe[20]. È noto infatti che anche il romanzo di Leucippe e di Clitofonte, del quale già da tempo sono state poste in luce profonde affinità con quello di Senofonte Efesio[21], è fondato sull'innamoramento dei due giovani, sulla loro promessa di fedeltà reciproca e su una serie di peripezie marine e terrestri –morti apparenti, rapimenti, costrizioni in schiavitù, battaglie, fraintendimenti ed equivoci, fra cui anche l'unione di Clitofonte con la supposta vedova efesina Melite–, al termine delle quali avviene finalmente il matrimonio fra i due[22]. Il tutto è fra l'altro costellato di digressioni, riflessioni, *ekphraseis*, spiegazioni di svariati fenomeni, processi e stati d'animo che rallentano l'azione[23], narrata peraltro, a differenza di quanto accadeva nei romanzi visti prima d'ora, dal protagonista stesso in prima persona[24]. Nell'ottica, dunque, dell'esaltazione

[20] Ἔρωτα πικρόν, ἀλλὰ σώφρονα βίον
ὁ Κλειτοφῶντος ὥσπερ ἐμφαίνει λόγος,
ὁ Λευκίππης δὲ σωφρονέστατος βίος
ἅπαντας ἐξίστησι· πῶς τετυμμένη;
κεκαρμένη τε καὶ καταχρειωμένη
τὸ δὲ μέγιστον, τρὶς θανοῦσ' ἐκαρτέρει·
εἴπερ δὲ καὶ σὺ σωφρονεῖν θέλεις, φίλος,
μὴ τὴν πάρεργον τῆς γραφῆς σκόπτει θέαν,
τὴν τοῦ λόγου δὲ πρῶτα συνδρομὴν μάθε·
νυμφοστολεῖν γὰρ τοὺς ποθοῦντας ἐμφρόνως.

[21] Cfr. ANDERSON, *Perspectives*, 2279 n. 4 e 2294 n. 61: Graham Anderson si ripropone di tornare sull'argomento dei rapporti effettivi fra Achille e Senofonte, con l'intento di dimostrare che per alcuni episodi entrambi i romanzieri abbiano attinto a una fonte comune. Cfr. anche M.M. LAPLACE, "Achille Tatius, Leucippé et Clitophon des fables au roman de formation", in M.M. HOFMANN (ed.), *Groningen Colloquia on the Novel*, IV, 1991, 37-56.

[22] Analisi e commento della struttura in D. SEDELMEIER, "Studien zu Achilleus Tatios", *WSt* 72, 1959, 113-143, part. 113-131; T. HÄGG, *Narrative Technique in Ancient Greek Romances. Studies on Chariton, Xenophon Ephesius, and Achilles Tatius*, Stockholm 1971, 291-305; REARDON, *Courants littéraires*, 360 sgg.

[23] Sulle digressioni mitologiche C. DELHAY, "Achille Tatius Fabuliste?", *Pallas* 36, 1990, 117-131; E. MIGNOGNA, "Europa o Selene? Achille Tazio e Mosco o il ritorno dell''inversione'?", *Maia* 45, 1993, 177-183; sulle *ekphraseis* descrittive ROMMEL, *Die naturwissenschaftlich-paradoxographischen Exkurse bei Philostratos, Achilles Tatios und Heliodoros*, Stuttgart 1923; S. BARTSCH, *Decoding the Ancient Novel. The Reader and the Role of Description in Heliodorus and Achilles Tatius*, Princeton 1989.

[24] Cfr. B.E. PERRY, *The Ancient Romances: a Literary-Historical Account on their Origins*, Berkeley (Ca.) 1967, 118; G. MOST, "The Stranger's Stratagem: Self-Disclosure and Self-Sufficiency in Greek Culture", *JHS* 109, 1989, 114-133, part. 119 e soprattutto, di recente, B.P. REARDON, "Achilles Tatius and the Ego-Narrative", in J.R MORGAN-R. STONEMAN (edd.), *Greek Fiction. The Greek Novel in Context*, London-New York 1994, 80-96.

della castità[25], se Clitofonte si rivela meno eroico della sua promessa sposa, cedendo alle lusinghe di Melite[26] benché ormai sappia che Leucippe è ancora in vita, Leucippe è fedelissima al suo impegno. Particolare rilievo assumono in merito la lettera che Leucippe invia a Clitofonte (V 18), nella quale ella ricorda all'amato tutte le gravi sofferenze da lei affrontate pur di conservare la sua purezza e la sua fedeltà a lui e che commuove profondamente Clitofonte soprattutto per la menzione delle torture e della flagellazione subite da Leucippe[27], e, ancor più, la scena in cui Leucippe dichiara di essere pronta a sottoporsi ad ogni genere di atrocità, pur di non venir meno al suo impegno morale. Il passo che ci interessa è alla fine del libro VII: al cap. 20 Leucippe si rivolge a Tersandro in questi termini: "Se vuoi tiranneggiarmi, sono disposta anch'io a essere tiranneggiata, purché non mi si faccia violenza", e dice a Sostene: "Fammi da testimone di come mi comporto dinnanzi ai maltrattamenti, giacché tu me ne hai inflitti anche più gravi di questi". E al cap. 21 esorta Tersandro:

> Fa' portare gli strumenti di tortura. Porti la ruota: ecco le mani, ve le stenda. Porti anche le fruste: ecco il dorso, lo batta. Porti il fuoco: ecco il corpo, lo bruci. Porti il ferro: ecco il collo, lo sgozzi. Assistete a questo nuovo

---

[25] Nonostante che il romanzo non sia precisamente castigato, come abbiamo visto: lo notarono gli antichi e lo hanno studiato variamente i moderni: cfr. F. WILHELM, "Zu Achilles Tatius", *RhM* 57, 1902, 55-75; G. ANDERSON, *Eros Sophistes. Ancient Novelists at Play*, Chico, Ca., 1982, 23-26; A. SCARCELLA, "Affari di cuore: Achille Tazio e l'erotologia greca dell'età (alto)imperiale", in *Studi di filologia classica in onore di Giusto Monaco*, IV, Palermo 1991, 455-470; ANDERSON, "Perspectives", 2295-2298.

[26] A V 27 infatti Clitofonte cede a Melite benché sappia che la sua promessa sposa è viva, ma lo fa passivamente, più per pietà che per soddisfazione personale. Achille esalta invece tutte le volte che Clitofonte ha resistito a Melite (si veda il resoconto di quest'ultima a V 25). Analisi della figura di Melite: L. CRESCI, "La figura di Melite in Achille Tazio", *A&R* 23, 1988, 74-82.

[27] "Leucippe a Clitofonte [...] Tutto quello che io ho sofferto per te, tu lo sai [...] Per te abbandonai mia madre e scelsi la vita raminga, per te ho conosciuto il naufragio e ho sopportato la cattura da parte dei predoni; per te sono stata vittima sacrificata e offerta espiatoria e sono morta due volte; per te sono stata venduta e legata con catene di ferro e ho portato la vanga e ho scavato la terra e sono stata flagellata, perché quello che tu sei diventato per un'altra donna io diventassi per un altro uomo? Ciò non sia mai: ma io ho sempre resistito dinnanzi alle situazioni più difficili; tu, senza essere stato venduto né essere stato flagellato, prendi moglie. Se tutto quello che io ho sofferto per te merita qualche gratitudine, prega tua moglie di rimandarmi a casa, come mi ha promesso [...] Sta' sano e goditi le nuove nozze: io, che ti scrivo queste cose, sono ancora vergine" (cap. 18). Cap. 19: "Quando giunsi al punto in cui parlava delle flagellazioni e delle torture che Sostene [che voleva farla sua] le aveva inflitto, piangevo come se vedessi addirittura le sue torture. [...] E specialmente arrossivo, quando giunsi al punto in cui mi rinfacciava le nozze, come se fossi colto in flagrante adulterio". Cap. 20, Clitofonte scrive a Leucippe: "Sappi che io ti ho imitata nel conservare la verginità, se verginità c'è anche negli uomini".

spettacolo di lotta: dinanzi a tutte le torture una sola donna combatte e trionfa di tutto. E poi, tu chiami adultero Clitofonte, mentre tu stesso sei un adultero? E non temi, dimmi, la tua Artemide, ma tenti di fare violenza a una vergine nella città della dea vergine? Regina, dov'è il tuo arco?

E all'incredulità di Tersandro verso lo stato di παρθένος di Leucippe, ella continua la sua proclamazione di fedeltà al suo impegno e di libertà:

Sì certo, vergine anche dopo Sostene: infatti, domandalo a Sostene: costui è stato per me un vero predone: quelli furono più moderati di voi e nessuno di essi tentò, come voi, di farmi violenza. Se voi fate cose simili, questa è la vera banda di pirati. Non vi vergognate dunque di fare quello che non osarono fare i predoni? Non ti accorgi che mi fai un encomio maggiore con questa tua svergognatezza: e qualcuno dirà anche, se ora nella tua follia mi ucciderai: 'Leucippe vergine dopo i banditi, vergine anche dopo Cherea, vergine anche dopo Sostene'. Ma questo è poco: ecco l'encomio maggiore: 'vergine anche dopo Tersandro, colui che più di tutti fu dissoluto, anche più dei predoni: non potendo violentarla, arrivò ad ucciderla'. Armati ora, prendi ormai contro di me le fruste, la ruota, il fuoco, il ferro! Combatta insieme con te anche il tuo consigliere Sostene. Io, nuda e sola e donna, ho una sola arma, la libertà, che né dalle percosse può essere spezzata, né dal ferro amputata, né dal fuoco bruciata. Non l'abbandonerò mai, io! E se mi vorrai gettare alle fiamme, non troverai fuoco così caldo che valga a farmi separare da essa!

In questo passo, oltre che in diversi altri ancora che esaltano con sorprendente insistenza la fermezza di Leucippe nel mantenimento della sua purezza[28] e che attestano la castità dei due sposi a mezzo di una prova pubblica

---

[28] Ad es. in VIII 5 è proprio Clitofonte ad elogiare la sua promessa sposa per aver subito ogni patimento pur di mantenersi casta: "'Queste sono –dissi– le avventure mie, e quelle di Leucippe sono più notevoli delle mie. È stata venduta, ha servito come schiava, ha scavato la terra, è stata privata della bellezza della chioma: tu vedi com'è rasa' [...] Quando giunsi alla parte che si riferiva ai rapporti con Tersandro e con Sostene, esaltavo più del mio il suo comportamento, volendo, col farlo in diversa maniera, farle cosa gradita, mentre ci udiva suo padre: come avesse sopportato ogni maltrattamento del corpo ed ogni ignominia, tranne una, e per non subire questa, avesse affrontato tutte le altre: 'ed è rimasta, babbo, tale fino a questo giorno, quale era quando tu la mandasti via da Bisanzio, perché venisse da noi. E non appartiene a me questa lode, che dopo aver preso la fuga, mi astenni da quello che era lo scopo per cui ero fuggito, ma a lei appartiene la lode, che anche in mezzo ai predoni è rimasta vergine, e ha trionfato del grande predone, dico Tersandro [...] Dopoché fummo partiti, diventammo fratelli nei nostri rapporti. Se vi è verginità negli uomini, io questa verginità ho mantenuto nei rapporti con Leucippe fino a questo momento; quanto a lei, essa già da tempo amava il tempio di

e spettacolare[29], si può supporre operante non solo un generico, per quanto ben lodevole, eroismo nel perseguimento della fedeltà ad ogni costo, ma forse anche una profonda ammirazione verso il martirio. Ricordiamo che il II secolo vide numerosi episodi di martirio, che coinvolsero anche vergini cristiane, dovuti in parte a persecuzioni decise dall'imperatore, come nel caso di quella di Marco Aurelio negli anni '70, che fu estesa a tutto l'Impero e che previde, per la prima volta nella legislazione anticristiana, la ricerca d'ufficio. Anzi, mi sembra importante rammentare che in quel torno di tempo era particolarmente vivo –e dibattuto anche all'interno della Chiesa, a partire dalla lettera che narra il martirio di S. Policarpo– il problema del martirio, a causa degli eccessi dovuti ai Montanisti, che proprio dalla metà del II secolo videro una notevole espansione e che propugnavano la morte violenta del martiri come unico mezzo per la salvezza dell'anima[30]. È d'altronde probabile che anche Achille Tazio, se non cristiano egli stesso, fosse almeno al corrente dei martirii subiti dai Cristiani, i quali conobbero proporzioni veramente ragguardevoli, suscitarono peraltro una vasta eco nella letteratura del II secolo e per conseguenza potevano ben essere noti al pubblico, relativamente ampio e diversificato, del romanzo[31] (che ebbe un rimarchevole successo, a giudicare dai papiri rinvenuti, i quali superano per numero quelli di qualsiasi altro romanziere antico)[32]. Si pensi

---

Artemide'".

[29] A VIII 14 Leucippe esce trionfatrice dalla prova dell'antro di Pan, donde le vergini soltanto potevano sperare di uscire sane e salve, ed anzi accompagnate da una musica dilettevole: "Si cominciò a sentire una musica armoniosa, e si diceva che mai si era sentita più sonora, e subito vedemmo aperte le porte. Come uscì fuori Leucippe, tutto il popolo lanciò un urlo di gioia e vituperavano Tersandro: quanto a me, io non potrei dire con parole che cosa provassi in quel momento". Subito dopo incontriamo la prova della Stige, dove Melite viene immersa secondo il rito con una tavoletta legata al collo in cui protesta la propria assenza di rapporti illegittimi con Clitofonte: poiché l'acqua non sale a coprire la tavoletta, è segno che Melite ha detto il vero e che anche Clitofonte si è serbato fedele a Leucippe.

[30] Indicativi sono ad es. i passi di Tert. *Adv. Marc.* III 40; *De cor.* 1; *De fuga*, 9. Sul martirio cristiano nei primi tre secoli mi limito ad indicare H.A.M. HOPPENBROUWERS, *Recherches sur la terminologie du martyre de Tertullien à Lactance*, Nijmegen 1961; G. LOMIENTO, "Ἀθλητὴς τῆς εὐσεβείας", *VetChr* 1, 1964, 113-128; W. FREND, *Martyrdom and Persecution in the Early Church*, Oxford 1965; R. LANE FOX, *Pagans and Christians in the Mediterranean World from the Second Century A.D. to the Conversion of Constantine*, London 1988², 437 sgg.; G. FIRPO, "La morte per la legge di Dio in 4 *Mac* e nell'esperienza giudaico-cristiana", in *Dulce et decorum est pro patria mori. La morte in combattimento nell'antichità*, a c. di M. Sordi, Milano 1990, CISA 16, 261-279 con bibl.; S. XERES, "La bella morte del Cristiano. La metafora agonistica in Paolo e nei primi Atti dei Martiri", *ibid.*, 281-293.

[31] Su cui cfr. E. BOWIE, "The Greek Novel", in *Cambridge History of Classical Literature*, I, 1985, 683-699, part. 694; che contesta la diffusa opinione di un pubblico prevalentemente femminile; Id., "The Readership of Greek Novels in the Ancient World", in J. TATUM-G. VERNAZZA (edd.), *The Search for the Ancient Novel. A Selection of Papers from the 1989 ICAN Conference*, Baltimore 1993, 436 sgg.; ANDERSON, "Perspectives", 2295.

[32] Cfr. ANDERSON, *Perspectives*, 2295.

infatti a testimonianze di autori pagani le quali, pur da punti di vista differenti e con diverse valutazioni, rivelano tutte una forte impressione di fronte al martirio cristiano: mi riferisco ai celebri passi di Epitteto (*Diss.* IV 7)[33], di Plinio (*Ep.* X 96, 3)[34], di Marco Aurelio (XI 3), di Celso (VIII 49; 54 e *passim*)[35], o di Galeno, quest'ultimo anzi decisamente ammirato di fronte alla fortezza d'animo dei martiri. Se infatti da un lato Galeno critica l'irrazionalismo dei Giudei e dei Cristiani (*Puls. diff.* II 4; III 3; fr. 5 Walzer), dall'altro lato tuttavia apprezza profondamente e innegabilmente l'alta moralità dei Cristiani, la loro temperanza e ammira il loro coraggio nell'affrontare la morte (fr. 6

---

[33] Il giudizio di Epitteto sui Cristiani, che egli chiama "Galilei" come secoli dopo farà Giuliano l'Apostata (cfr. il suo *Contra Galilaeos*) è discusso: parlando dell'atteggiamento da tenere nei confronti della morte, il filosofo dice: "è forse possibile che uno si comporti così in questi casi per pura follia [μανία], o che i Galilei lo facciano per abitudine [ἔθος], e che invece per mezzo di una dimostrazione razionale [ὑπὸ λόγου δὲ καὶ ἀποδείξεως] nessuno sia in grado di apprendere che Dio è autore di ogni cosa, quanto è nell'universo e l'intero universo stesso?". Nonostante il parere di alcuni studiosi, qui il filosofo non sembra disprezzare l'ἔθος dei Cristiani e, se è vero che egli lo diversifica dal λόγος, tuttavia lo differenzia anche dalla μανία: in ogni caso non si può negare che Epitteto sia rimasto impressionato dal martirio cristiano. Cfr. P. DE LABRIOLLE, *La réaction païenne*, Paris 1934, 45 sgg.; F. MARTINAZZOLI, Paratexeis. *Testimonianze stoiche sul Cristianesimo*, Firenze 1953, 17 sgg.; M. SORDI, "Le polemiche intorno al Cristianesimo nel II secolo e la loro influenza sugli sviluppi della politica imperiale verso la Chiesa", *RSCI* 16, 1962, 1-28, part. 6-7; G. JOSSA, *I Cristiani e l'Impero romano*, Napoli 1991, 109-113; eiusd. *Il Cristianesimo antico*, Roma 1997, 77-79.

[34] Non è il caso di presentare qui la complessa problematica legata alla nota lettera di Plinio a Traiano: certo ne risulta che Plinio dovette affrontare in prima persona il problema del martirio cristiano, dato che in base alla legislazione vigente, come dice egli stesso, dovette mandare a morte i *perseverantes* e fu profondamente colpito dai caratteri di *pertinacia* e di *inflexibilis obstinatio* che egli rinvenne nei Cristiani (part. §§ 2-4), affetti a suo avviso da una *superstitio prava, immodica* (§ 8). Plinio dunque non ammirava i Cristiani, ma non ne voleva nemmeno la strage: ed è per questo che decise di scrivere a Traiano. Cfr. M. SORDI, "I rescritti di Traiano e di Adriano sui Cristiani", *RSCI* 14, 1960, 344-370, part. 345-349; E.J. BICKERMAN, "Trajan, Hadrian and the Christians", *RFIC* 96, 1968, rist. in *Studies in Jewish and Christian History*, III, Leiden 1986, part.155; L. TROIANI, "A proposito del perdono cristiano", in *Il perdono cristiano e altri studi sul Cristianesimo delle origini*, Brescia 1999, 95-109, part. 97.

[35] Marco Aurelio presenta i Cristiani come sovversivi dell'ordine costituito, che si gettano a precipizio nel martirio "per puro spirito di opposizione" e con atteggiamenti talora di spettacolarità: alla probabile confusione del Montanismo con il Cristianesimo *tout-court* da parte di Marco Aurelio abbiamo accennato nel cap. precedente. Quanto a Celso portavoce di Marco Aurelio e caduto anch'egli in questa confusione, nonché fortemente impressionato dallo spirito di martirio dei Cristiani, rinvio a SORDI, "Le polemiche", 17, con cui concorda S. RIZZO, in *Celso. Discorso della Verità contro i Cristiani*, Milano 1989, 262-263; oggi cfr. anche AA.VV., *Discorsi di verità. Paganesimo, Giudaismo e Cristianesimo a confronto nel* Contro Celso *di Origene. Atti del II Convegno del gruppo italiano di ricerca su Origene e la tradizione alessandrina*, Roma 1998; L. TROIANI, *Il Giudeo di Celso*, in *Il perdono cristiano*, cit., 76-94, che conviene sulla datazione al 178-180; LANE FOX, *Pagans and Christians*, 482-483.

Walzer)[36]. All'epoca di Achille Tazio, insomma, i martirii dei Cristiani erano lungi dal passare inosservati da parte pagana ed anzi nel mondo intellettuale pagano greco e romano si può cogliere una riflessione, diversificata e approfondita, proprio sul fenomeno del martirio cristiano.

Anche un piccolo particolare in Achille, sempre connesso intimamente con il motivo così centrale della castità, può forse risultare interessante nella nostra ottica: Clitofonte afferma per ben due volte nel romanzo, in due occasioni distinte ma significativamente ricorrendo alla medesima espressione, di avere mantenuto la propria verginità, "se vi è verginità anche negli uomini" (V 20; VIII 5). Se nel mondo classico il valore della verginità, e soprattutto quella maschile, era poco sentito al di fuori di ambiti molto ristretti, il mondo cristiano fece fin dalle sue origini dei vergini e delle vergini, senza distinzione, una categoria di riguardo all'interno della Chiesa: lettere apocrife di Clemente Romano sono indirizzate a vergini uomini e donne e nell'*Ep.* 49 Gerolamo sostiene che, essendo entrambi vergini, Gesù Cristo e Maria hanno consacrato il paradigma della verginità rispettivamente per gli uomini e per le donne; non solo, ma, ciò che si accosta maggiormente al caso del nostro romanzo, fu il Cristianesimo ad esaltare la figura del *virginius*, l'uomo che arriva vergine al matrimonio, come risulta chiaro dagli epitafi latini cristiani che lodano in più casi un uomo in quanto appunto *virginius* e Galeno, quando a Roma incontrò dei Cristiani, rimase stupito dalla loro volontà di continenza, irreperibile invece nel mondo pagano a lui più noto (15 Walzer)[37]. Gli apologisti rendono una

[36] R. WALZER, *Galen on Jews and Christians*, Oxford Univ. Press, London 1949, part. 13-16 e 37-74; SORDI, *Le polemiche*, part. 8-9.

[37] LANE FOX, *Pagans and Christians*, 354-360 e in generale 336-374, dove si pone in luce l'originalità della posizione cristiana rispetto alla pagana, in cui, a parte alcuni culti orientali e alcune sette filosofiche, il valore della verginità non era apprezzato in sé; la posizione cristiana appare accostabile più ad ascendenti giudaici che non pagani. A 362 in particolare Lane ricorda che, se le vergini pagane al servizio, ad es., della Diana di Efeso potrebbero far istituire un legame con la consacrazione monastica cristiana, tuttavia queste fanciulle pagane non erano votate ad una verginità perpetua, per la vita, come del resto non lo erano neppure le Vestali romane, e quindi "it is quite implausible that Christians deliberately copied the practice of pagan cults which themselves they considered demonic". Quanto all'altra possibile fonte pagana, la filosofia, "was no more of an 'origin': the forst teachings on virginity emerged from Christians who had had no close contact with its schools". Dunque "perhaps at an unreflecting level, the first Gentile Christians may have accepted that virginity belonged to the holiest life because they knew the connection already. However, their explicit arguments and their conscious motivation were based *on another ground*" (*ibid.*, corsivo mio). Ancora a 367 Lane ribadisce che "unlike pagans, Christians did aspire to virginity for life" e a 373 una differenza fondamentale tra la verginità pagana e la cristiana è indicata nel fatto che "above all, virginity was urged on men as well as women, on married couples and individuals alike [...] in its origin, motivation and practice, this esteem for virginity was something entirely new. It owed nothing to pagan example [...] it became a distinguishing feature of Christian life". A 348 Lane cita proprio il romanzo di *Leucippe e Clitofonte* come testimonianza sulla dedicazione di vergini al servizio di una divinità nel mondo pagano e a 350 nota che "In the Greek novel ...the stress on the heroine's virginity

testimonianza preziosa in merito alla diffusione della categoria dei vergini nella Chiesa, a partire da Giustino, che nella prima Apologia, composta sotto Antonino Pio a cui è dedicata e dunque verso la metà del II secolo, attesta che a quell'epoca vi erano uomini e donne di settant'anni che fin da fanciulli si erano consacrati alla verginità: essi erano nati verso l'80 d.C. e permettono di affermare con sicurezza che già entro il 100 la scelta della verginità era intenzionalmente praticata nella Chiesa (Iust. *I Apol.* 15, 6: καὶ πολλοί τινες καὶ πολλαὶ ἑξηκοντοῦται καὶ ἑβδομηκοντοῦται οἳ ἐκ παίδων ἐμαθετεύθησαν τῷ Χριστῷ, ἄφθοροι διαμένουσι· καὶ εὔχομαι κατὰ πᾶν γένος ἀνθρώπων τοιούτους δεῖξαι; cfr. *ibid.* 29)[38]. Ma anche altri apologisti, da Aristide ad Atenagora, da Teofilo di Antiochia a Minucio Felice, insistono sulla castità cristiana; basti ricordare ancora in questa sede Tertulliano, non ancora montanista: *nos ab isto eventu diligentissima et fidelissima castitas sepsit [...] quidam multo securiores totam vim huius erroris virgine continentia depellunt, senes pueri* (*Apol.* 9). È un dato di fatto, e mi sembra opportuno richiamarlo con forza, che nel romanzo classico la topica dell'esaltazione della verginità, tanto insistita qui in Achille Tazio, cominci a diffondersi proprio contemporaneamente alla prima diffusione del Cristianesimo. Anche Gareth Schmeling in effetti si domanda, assai recentemente e con buoni motivi, come mai, "mentre nel mondo pre-cristiano l'unione tra un uomo e una donna è considerata soltanto come uno dei molti appetiti umani e non come inerente alla principale virtù dell'esistenza umana, c'è [nel romanzo classico] una tale enfasi, completamente sproporzionata rispetto alla letteratura antica precedente, a proposito della conservazione della verginità?"[39]. Questo motivo, in effetti, mi sembra meritare una riflessione

becomes more emphatic in the plots of the two fictions which are probably the latest, neither being written before ca. 200".

[38] 29: "Noi, al contrario, o non ci sposiamo fin dall'inizio, se non per allevare i figli, oppure, rinunciando al matrimonio, osserviamo una castità completa [τέλεον ἐνεκρατευόμεθα]. Già uno dei nostri, per convincervi che la libera unione non è compresa nei nostri misteri, aveva consegnato ad Alessandria un libretto al prefetto Felice per chiedergli il permesso di farsi asportare i testicoli dal medico: i medici del luogo dicevano infatti che non si poteva fare senza l'autorizzazione del prefetto. E, poiché Felice si rifiutò assolutamente di sottoscrivere, il giovane perseverò comunque nella castità, in pace con la sua coscienza e sostenuto dai suoi fratelli nella fede [ἐφ' ἑαυτοῦ μείνας ὁ νεανίσκος ἠρκέσθη τῇ ἑαυτοῦ καὶ τῶν ὁμογνωμόνων συνειδήσει]. Non ci sembra fuori luogo, per contrasto, ricordare qui Antinoo, vissuto anch'egli recentemente, che tutti, per paura, si affrettano a venerare come un dio, pur sapendo perfettamente chi era e da dove veniva" (tr. G. Girgenti).

[39] G. SCHMELING, "Myths of Person and Place: the Search for a Model for the Ancient Greek Novel", in *The Ancient Novel in Context*, cit., in corso di pubblicazione. Si vedano sul tema anche l'analisi di P. BROWN, *The Body and Society. Men, Women, and Sexual Renunciation in Early Christianity*, New York 1988, e le annotazioni di K. HAYNES, "Power of the Prude: Configurations of the Feminine in the Greek Novel", in *The Ancient Novel in*

approfondita nell'ottica del discorso, che accennavamo già in sede introduttiva, sulla comune temperie spirituale che talora il romanzo rivela rispetto al mondo cristiano contemporaneo, e che per molti versi presenta novità importanti in confronto con il mondo classico. Il tema della verginità, in questa prospettiva, è senz'altro uno di quelli che colpiscono maggiormente e che fanno pensare.

D'altra parte, è noto che l'analisi dei romanzi di Achille Tazio e di Eliodoro ha portato Bowersock a ipotizzare un influsso della narrativa agiografica cristiana sui romanzieri stessi, a loro volta ispiratori della tarda storiografia, e che Hedrick ha potuto confrontare alcuni moduli narrativi di Achille, da un lato, e del Vangelo di Marco, dall'altro[40].

Nel romanzo di Achille, un personaggio particolarmente interessante ai fini del nostro discorso appare poi il sacerdote di Artemide, e segnatamente a VIII 9, laddove in tribunale egli prende le difese di Clitofonte contro Tersandro[41]. Il sacerdote è presentato come "non privo di qualità oratorie, ed esercitato in particolar modo nello studio delle commedie di Aristofane". La sua orazione giudiziaria incomincia così: "Insultare così sfrenatamente alla presenza della dea [*sc.* Artemide] coloro che sono vissuti virtuosamente è proprio di una bocca impura" e prosegue con la descrizione della vergognosa condotta di Tersandro, a partire dalla prima giovinezza. Quindi egli passa alla presentazione della propria condotta morigerata[42] e all'autoapologia per avere appoggiato un innocente perseguitato quale Clitofonte:

> 'Hai liberato -dice- un uomo condannato a morte'. E per questo egli [*sc.* Tersandro] ha manifestato un terribile sdegno, chiamandomi tiranno, e con

---

Context, cit.

[40]G. BOWERSOCK, *Fiction as History: Nero to Julian*, Berkeley 1994; C. HEDRICK, "Conceiving the Narrative: Colours in Achilles Tatius and the Gospel of Mark", in *Ancient Fiction and Early Christian Narrative*, edd. R.F. Hock-J.B. Chance-J. Bradley-J. Perkins, Atlanta 1998, Society of Biblical Literature, Symposium Series Number 6, 177-179. Si è soffermata sul tema anche K. CHEW, "The Representation of Violence in the Greek Novel and Martyr Accounts", in *The Ancient Novel in Context*, cit., in corso di pubblicazione, la quale nota che "chastity is the single most outstanding characteristic of novel protagonists and is also of vital importance to the integrity of female martyrs" e nota come il gr. σωφροσύνη dall'idea di morigeratezza in generale passi in età imperiale, sia nei romanzi classici sia nella Patristica cristiana, a significare, in modo molto più specifico, "continenza" come "castità".

[41] Sulle orazioni giudiziarie che occupano l'ultima parte del romanzo di Achille cfr. ad es. C. SEGAL, "The Trials at the End of Achilles Tatius' *Clitophon and Leucippe*: Doublets and Complementaries", *SIFC*, 2^ serie, 3, 1984, 83-91.

[42] "Egli non ha avuto ritegno di insultare così maleducatamente alla vostra presenza colui che da voi è stato insignito dell'onore del sacerdozio, ma se io fossi vissuto altrove e non presso di voi, ci sarebbe stato bisogno in tal caso che io vi parlassi di me e della mia vita, ma poiché voi sapete con me quanto lontana sia la mia vita dalle maligne calunnie di costui, io verrò a parlarvi delle accuse di cui sono stato oggetto".

gli altri appellativi che con accenti tragici ha usato contro di me. Ma tiranno non è chi libera coloro che sono stati vittima di denunce calunniose, ma colui che vuole mandare a morte, senza una sentenza del Consiglio del popolo, coloro che non hanno fatto nulla di male. In base a quali leggi, dimmi, avete rinchiuso per la prima volta in carcere questo giovane forestiero? Quale presidente lo condannò? Quale tribunale ordinò che quel giovane fosse incatenato? Ammettiamo pure che egli sia colpevole di tutte le cose che ha detto, ma prima sia giudicato, sia convinto con prove, avendo la possibilità di difendersi. Sia la legge, la quale ha potere sovrano su te e su tutti, a metterlo in catene.

Il sacerdote prosegue con le accuse a Tersandro, che pretende di porsi sopra la legge da privato cittadino qual è, e dimostra l'impossibilità che Clitofonte abbia ucciso Leucippe, lì presente, quindi ritorce contro Tersandro le accuse: "Di due omicidi piuttosto sei responsabile tu, poiché l'una hai ucciso con le parole, e l'altro hai voluto uccidere coi fatti [...] Ma Artemide, la grande dea, ha salvato entrambi, strappando l'una dalle mani di Sostene, l'altro dalle tue". Tratteggiato effettivamente con una notevole simpatia dall'autore, il sacerdote di Artemide[43] sembra dotato di tratti corrispondenti al sacerdote cristiano: d'altra parte, nell'avanzato II secolo il presbiterato, come del resto anche l'episcopato, era una realtà ben organizzata e capillarmente presente nella struttura ecclesiastica cristiana e, sotto un altro aspetto, lo sviluppo dell'oratoria cristiana aveva ormai raggiunto un livello considerevole[44].

Anche alcuni aspetti del protagonista Clitofonte possono rivelarsi di un certo peso in quest'ottica, come la sua non-violenza. È rimasto celebre il resoconto che Clitofonte fa del suo scontro con il marito della falsa vedova Melite, Tersandro, ritornato inaspettatamente e capitato proprio al banchetto

---

[43] È stato addirittura accostato a Giovanni Crisostomo da Quintino CATAUDELLA, "Nota", 356. In ogni caso, lo stesso Cataudella sostiene che, anche dubitando di tale identificazione, del resto anche a mio avviso molto incerta –e che fra l'altro presuppone almeno la parte del romanzo interessata composta ben oltre il II secolo–, il sacerdote di Artemide presenta tratti che lo accostano al sacerdote cristiano in generale.

[44] Fra i numerosissimi lavori che si potrebbero citare sul presbiterato e sull'episcopato cfr. G. DIX, *Le ministère dans l'Eglise ancienne*, Neuchâtel 1955; J. COLSON, *Les fonctions ecclésiales aux premiers siècles*, Paris 1956; J. DAUVILLIER, "Aux origines de l'Episcopat et du Sacerdoce", *EspVie* 84, 1974, 97-103; 193-202; 209-215; C.J. BOTHA, "The Offices in the Early Church History", *Neotestamentica* 10, 1976, 110-123; LANE FOX, *Pagans and Christians*, 493 sgg. Per lo sviluppo dell'oratoria cristiana si veda A. CAMERON, *Christianity and the Rhetoric of Empire: The Development of Christian Discourse*, Berkeley 1991; R. MERKT, *Maximus I. von Turin. Die Verkündigung eines Bischofs der frühen Reichskirche im zeitgeschichtlichen, gesellschaftlichen und liturgischen Kontext*, Leiden-New York-Köln 1997, Supplements to Vigiliae Christianae, Formerly Philosophia Patrum, Texts and Studies of Early Christian Life and Language 40, 5-39.

della sua legittima sposa con Clitofonte stesso: "quando fummo esausti, egli di battermi, io di sopportare con filosofia... [ἐπεὶ δὲ ἔκαμεν, ὁ μὲν τύπτων, ἐγὼ δὲ φιλοσοφῶν]"[45]: è senz'altro vero che si tratta di una battuta da commedia, come da più parti è stato notato, tuttavia è anche vero che Clitofonte ne esce come l'immagine della non-violenza, e deliberata, frutto di riflessione (significativo appare l'impiego di φιλοσοφῶν), tanto più che egli stesso dichiara in seguito di non essersi ribellato perché "sospettava che ci fosse qualcosa di male [ὑποπτεύσας δέ τι κακὸν εἶναι]" (V 23).

Abbiamo inoltre accennato a come alcuni caratteri –particolarmente significativi per la nostra questione– della novella petroniana della *Matrona di Efeso* ritornino in un romanziere greco contemporaneo di Petronio, Caritone[46]. Anche in Achille Tazio sembra operante il modello di questa *fabula Milesia*. E non solo per il modulo narrativo adottato della prima persona, dell'io narrante, ma anche per determinate situazioni, che danno precisamente l'impressione di essere ispirate alla *fabula* della *Matrona di Efeso*: Melite di Efeso è anch'essa una vedova efesina che, credendo morto il proprio sposo, si consola con il giovane Clitofonte, il quale la sposa perché crede che Leucippe sia morta; inoltre, come nella novella petroniana c'era la morte –vera– e la "resurrezione" apparente di un defunto grazie alla sostituzione del cadavere trafugato con quello del marito della vedova, così anche in Achille Tazio, con una variazione speculare e duplicativa, troviamo il tema della morte –apparente– e della "resurrezione" del marito di Melite, da un lato, e, dall'altro lato, di Leucippe. Certo per esigenze di intreccio questo capovolgimento era necessario: l'episodio non poteva certamente concludersi con nozze durature fra Melite e Clitofonte, poiché Clitofonte è legato a Leucippe come Melite al suo primo sposo, e sia quest'ultimo sia Leucippe ritornano in scena per far valere i loro rispettivi diritti[47].

Già da queste poche vicende che abbiamo accennato, si vede come in Achille Tazio accada con le scene di morte apparente e di resurrezione quello che abbiamo visto succedere in Giamblico, pressoché contemporaneo. Queste scene ammirate da Fozio nel suo epigramma, infatti, le quali ci interessano in

[45] Tersandro "fissandomi e gridando: 'Questo è il ganzo!' mi salta addosso e mi avventa sulla guancia un manrovescio furibondo, quindi, afferratomi per i capelli, mi getta al suolo, e piombandomi sopra, mi colpisce selvaggiamente. Io, come se mi trovassi alla celebrazione di un mistero, nulla sapevo, né chi fosse quell'uomo, né perché mi battesse, ma sospettando che ci fosse qualche cosa di male, temevo di reagire, pur essendo nelle condizioni di farlo. Quando fummo stanchi, lui di battermi e io di pazientare, mi alzo e gli dico: 'Chi sei, buon uomo? E perché mi hai così conciato?' Ma egli, adiratosi ancora di più perché avevo parlato, mi colpisce di nuovo e fa portare corde e ceppi. Mi legano allora, e mi conducono in una stanzetta" (V 23).

[46] Cfr. qui *supra*, cap. I.

[47] L'episodio di Melite è stato studiato da L. CRESCI, "La figura di Melite in Achille Tazio", *A&R* 23, 1988, 74-82.

particolar modo e che nei romanzi di Caritone di Afrodisia[48] e di Senfonte Efesio sono numericamente assai limitate, si moltiplicano sorprendentemente in Giamblico –a quanto possiamo desumere dall'epitome foziana[49]– e in Achille, dove si sdoppiano, si intrecciano, si complicano e si fanno anche più spettacolari[50]. Nel romanzo *Leucippe e Clitofonte* il primo episodio appare particolarmente raccapricciante: a III 15 i predoni, che avevano rapito Leucippe reduce da un naufragio insieme con Clitofonte, la sacrificano su un altare improvvisato di fango con una tomba appresso e si cibano delle sue viscere: ma quando Clitofonte sta per uccidersi di spada per il dispiacere (III 16-17)[51], sopraggiungono due figure che il giovane scambia per due predoni, al che egli si ferma per lasciarsi uccidere da loro, evidentemente preferendo una morte subìta da altri al suicidio: "mi trattenni allora, pensando che fossero dei predoni, allo scopo di lasciarmi uccidere da loro" (III 17). Si noti per inciso che questa può essere debolezza da parte del protagonista, ma può anche essere una conseguenza della valutazione negativa del suicidio –che invece nel pensiero pagano giungeva ad essere esaltato e finanche teorizzato, basti pensare allo Stoicismo[52]–, quale fra l'altro era propugnata con vigore dal pensiero cristiano[53]. Invece i due si rivelano amici: sono Satiro e Menelao, che gli annuncia l'incredibile: "Leucippe ora ti resusciterà [ἀναβιώσεται]" (*ibid.*), e per tutta prova percuote la tomba[54], dalla quale esce la voce di Leucippe e, quindi, la fanciulla stessa "resuscitata", dapprima recante ancora i segni del

---

[48] Discussione della tesi per cui Caritone sarebbe normativo rispetto ai romanzi successivi in ANDERSON, "Perspectives", 2293-2294, con confutazione delle tesi del Perry al riguardo.

[49] Si veda qui *supra*, cap. III.

[50] Topica dello *Scheintod* nel romanzo antico: LÉTOUBLON, *Les lieux communs*, 185-188.

[51] È celebre il lamento di Clitofonte, giudicato da ANDERSON, *Perspectives*, 2296 un *infamous pun*: νῦν δὲ ἡ τῶν σπλάγχνων σου ταφὴ λῃστῶν γέγονε τροφή.

[52] Per la teorizzazione stoica del suicidio si veda P. VEYNE, *Sénèque. Entretiens, Lettres à Lucilius*, Paris 1993, tr. it. *Seneca*, Bologna 1999, 58, 129-130 e *passim*. È vero però che, anche in ambito stoico, una tragedia come l' *Hercules Furens* di Seneca si conclude con il rifiuto del suicidio (cfr. F. CAVIGLIA, *Il furore di Ercole*, Roma 1979, 35-36, 83 e *passim*. Per la riflessione sul suicidio nel mondo classico anche in ambito extra-filosofico: E.P. GARRISON, "Attitudes towards Suicide in Ancient Greece", *TAPhA* 121, 1991, 1-34; più in generale dal mondo greco al mondo moderno A. HOOFF, *From Autothanasia to Suicide*, London 1990.

[53] Per la topica del suicidio –quasi sempre solo tentato– nel romanzo antico rinvio alla monografia di S. MAC ALISTER, *Dreams and Suicides. The Greek Novel from Antiquity to the Byzantine Empire*, London-New York 1996. Questo tema topico è probabilmente un'eredità del teatro greco: A. KATSOURIS, "The Suicide Motif in Ancient Drama", *Dioniso* 47, 1976, 5-26.

[54] Come si può notare, il tema della morte apparente si declina qui e si intreccia con quello della discesa nella tomba-caverna che a partire da Caritone, come abbiamo visto nel cap. I, ha tanta fortuna nel romanzo greco: cfr. LÉTOUBLON, *Les lieux communs*, 74-80.

sacrificio (lo squarcio nel ventre), poi reintegrata nella sua perfezione corporale (III 17-18). Solo al cap. 19 Menelao narra a Clitofonte come ha raggirato i ladroni e come ha fatto credere loro di avere sacrificato Leucippe, mentre il pugnale era di tipo retrattile, come quelli impiegati nelle finzioni teatrali, e alla fanciulla era stato applicato sul ventre un sacco con interiora fittizie. Ancora un'osservazione incidentale: la scena di Leucippe "resuscitata" che compare corporalmente a Clitofonte con ancora i segni della sua "morte" violenta e da lui si lascia toccare[55] non può non richiamare alla memoria del lettore cristiano la scena evangelica di Gesù risorto che, recando ancora i segni della crocifissione, compare nel cenacolo agli Undici fra cui Tommaso, invitandolo a toccare i segni del supplizio lasciati sul suo corpo (*Gv* 20, 24-29)[56].

Nel libro IV (cap. 17) c'è un episodio, per così dire, alleviato di morte apparente che in luogo del motivo della morte presenta quello del sonno: Leucippe deve passare attraverso il sonno profondo procuratole da un filtro soporifero per guarire da una forma di pazzia causata da un filtro precedente, finché finalmente rinviene e torna alla salute, pronunciando per primo il nome di Clitofonte. Ma non molto appresso ecco ritorna il tema della morte apparente: in V 7-8 Clitofonte crede di assistere di nuovo all'uccisione violenta dell'amata, allorché dei predoni, irritati per essere stati inseguiti, "pongono dritta sulla coperta della nave la ragazza [che avevano appena rapito e che Clitofonte crede Leucippe], con le mani legate dietro il dorso, e uno di essi, dopo aver gridato a gran voce: 'Ecco il premio del vostro inseguimento!', le taglia la testa, e il resto del corpo lo butta nel mare". Clitofonte, recuperato almeno il corpo della fanciulla, si dispera a lungo su di esso per l'empietà subìta, e la dice "morta davvero di duplice morte, divisa tra la terra e il mare". Dopo aver dato sepoltura a "Leucippe" ed essersi curato, sebbene malvolentieri, Clitofonte viene a sapere di una lettera spedita dal padre di Leucippe al proprio padre, con cui Leucippe viene promessa in isposa a lui stesso, Clitofonte. Ed egli moltiplica i lamenti, poiché crede che ella sia morta: "Proprio questo

[55] Ach. Tat. II 17: "Egli [*sc.* Menelao] scoperchiava intanto la tomba e Leucippe allora si levava dal basso, uno spettacolo spaventoso, o dèi!, e da far accapponare la pelle. Squarciato tutto era il suo ventre, e vuoto delle interiora: cadutami sopra, mi abbraccia e ci stringemmo, ambedue cademmo a terra".

[56] "Tommaso, uno dei Dodici, chiamato Didimo, non era con loro quando venne Gesù. Gli dissero allora gli altri discepoli: 'abbiamo visto il Signore!' Ma egli disse loro: 'Se non vedo nelle sue mani il segno dei chiodi [τὸν τύπον τῶν ἥλων] e non metto la mia mano nel suo costato, non crederò'. Otto giorni dopo i discepoli erano di nuovo in casa e c'era con loro anche Tommaso. Venne Gesù a porte chiuse, si fermò in mezzo a loro e disse: 'pace a voi!' Poi disse a Tommaso: metti qua il tuo dito e guarda le mie mani; stendi la tua mano e mettila nel mio costato, e non essere più incredulo, ma credente!' Rispose Tommaso: 'Mio Signore e mio Dio!' Gesù gli disse: 'Perché mi hai veduto, hai creduto: beati quelli che pur non avendo visto crederanno!'" (tr. da A. MERK-G. BARBAGLIO, *Nuovo Testamento greco e italiano*, Bologna 1990, *ad l.*).

momento ha scelto Sostrato per darmi Leucippe, e mi viene dato l'annuncio delle nozze in mezzo alla guerra [...] Dopo la morte le nozze, dopo il lamento funebre il canto dell'imeneo. Quale sposa mi dà la Fortuna, che neppur morta essa mi è data per intero?" (V 11). Questa illusione dura a lungo, tanto che nel frattempo Clitofonte sposa Melite, la –supposta– vedova di Efeso, con la quale tuttavia cerca di rimandare il più possibile la consumazione del matrimonio; se non che, al cap. 17, Leucippe ritorna in scena come serva di Melite, acquistata dal suo amministratore presso i predoni che l'avevano prigioniera: con una lettera si fa riconoscere da Clitofonte e gli protesta la propria fedeltà. Anche Clitofonte, dapprima incredulo ("Sei venuto dall'Ade a portarmi questa lettera? O che cosa vuol dire tutto questo? Leucippe è di nuovo resuscitata? [ἀνεβίω]") le assicura la propria, malgrado le apparenze. E qui è operante di certo, ed anzi è molto insistita, come dicevamo, l'istanza della castità coniugale. Leucippe afferma con orgoglio di aver preferito subire percosse e oltraggi pur di serbarsi pura[57].

Un'ultima scena di morte apparente e di "resurrezione" di Leucippe si trova nel l. VII: Clitofonte apprende da un compagno di prigionia –poiché è in carcere in attesa di essere giudicato per adulterio con Melite– dell'assassinio di Leucippe per mandato di Melite, anche se il narratore non sa dirgli come la ragazza sia perita e che cosa l'omicida abbia fatto del cadavere (VII 3- 4); al lamento di Clitofonte ("Ahimè, Leucippe, quante volte mi sei morta! [...] Debbo piangerti sempre, poiché le tue morti si susseguono l'una all'altra? Ma in tutte le morti precedenti la Fortuna si burlò di me; questa non è più una burla della Fortuna. Come mi sei morta, Leucippe? In quelle false morti io avevo un piccolo conforto: la prima volta, il tuo corpo intero, la seconda, il tuo tronco [...] ma ora sei morta di duplice morte, del corpo e dell'anima", VII 5) seguono i conforti profetici di Clinia: "Chi sa –mi diceva– se di nuovo tornerà in vita? Forse non è morta più di una volta? Forse non è resuscitata [ἀνεβίω] più di una volta? Perché vuoi morire così precipitosamente? Questo puoi farlo con comodo, quando ti sarai accertato della sua morte" (VII 6).

Abbiamo già ricordato, inoltre, che il *topos* della morte apparente e della resurrezione è applicato non soltanto alla protagonista femminile, per la quale è comunque prevalente ed insistito[58], ma anche al marito della "vedova" Melite di Efeso: abbiamo veduto come Tersandro infatti, creduto morto in mare, ritorni inaspettatamente. Vorrei osservare qui che anche nel caso di Tersandro,

---

[57]LÉTOUBLON, *Les lieux communs*, 189 sgg. e 219-220 analizzando la topica della castità nel romanzo greco, nota che Leucippe e Clitofonte e Cariclea e Teagene sono le coppie per le quali questo motivo è maggiormente insistito. Si osservi che sono le coppie protagoniste rispettivamente dei romanzi di Achille Tazio e di Eliodoro, gli unici romanzieri greci dei quali la tradizione ci dica che furono anche vescovi cristiani. Vi ritorneremo trattando di Eliodoro.

[58] La molteplicità delle morti di Leucippe è rilevata, anche in rapporto al numero di morti apparenti negli altri romanzi greci, da Françoise Létoublon (*Les lieux communs*, 74-75).

come più volte per Leucippe, si parla proprio di "resurrezione". In particolare, ciò accade nel resoconto di Clinia in tribunale a VII 9: "Melite aveva concepito una passione d'amore per questo giovane e si era parlato anche di nozze, prima che fosse resuscitato questo [ἀνεβίω, *sc.* Tersandro], che era morto in mare".

È interessante del lessico di Achille l'impiego costante del verbo ἀναβιόω in riferimento alla "risurrezione", evidentemente intesa come un "tornare di nuovo in vita". È altresì doveroso far notare che il verbo il quale nel NT si esprime la Resurrezione è ἀνίστημι, da cui ἀνάστασις. Lo stesso concetto del "tornare di nuovo alla vita" dopo la morte si ritrova anche in Antonio Diogene, sul quale, poiché non gli dedico un capitolo a sé in questa sede, vorrei aprire ora un breve *excursus*: cronologicamente egli sembra un autore anteriore ad Achille e collocabile tra il I ed il II secolo d.C.: secondo Fozio (*Bibl.* Cod. 166), che ci ha lasciato l'epitome del suo perduto romanzo in 24 libri *Le meraviglie di là da Tule*, egli sarebbe la fonte di Luciano per la sua *Storia Vera* e delle *Metamorfosi* attribuite a Lucio di Patre[59]. In favore di una tale collocazione cronologica depongono secondo il Nuti l'interesse per il Neopitagorismo e la semplicità dello stile, di cui ci parla Fozio e che si colloca nella rinascita dell'Atticismo. La trama è molto ricca; come è noto, si tratta dell'arcade Dinia che, messosi in viaggio con il figlio Democare per desiderio di sapere, si reca in varî luoghi, Ponto, Caspio, Ircania, Tanai, Oceano, fino a Tule –dove incontra i giovani fratelli tirii Mantinia e Dercillide–, più a Nord e poi giunge, vecchio, a Tiro, dove incontra Cymba che da parte degli Arcadi gli reca l'invito a tornare a casa: Dinia narra a Cymba tutte le sue peregrinazioni e quelle di Mantinia e di Dercillide, perseguitati dal malvagio sacerdote egiziano Paapis, a Rodi, Creta, tra i Tirreni, i Cimmeri, gli Iberi, i Celti, gli Asturi, in Sicilia, nella Magna Grecia, in Tracia. Il racconto non insiste su elementi erotici, ma sembra interessato maggiormente alla magia, al misticismo e alla fantasia, nonché all'insegnamento morale, che lo stesso Fozio alla fine del suo riassunto sintetizza così: "uno, che l'autore conduce l'ingiusto a pagare comunque il fio, anche se sembra che la faccia franca infinite volte; l'altro, che si dimostra come molti innocenti, giunti vicino ad un grande pericolo, spesso si salvano inaspettatamente". Anche in Antonio Diogene il tema della morte e della risurrezione sembra destare particolare interesse e ricorrere di frequente: l'ancella Mirtò infatti (§ 3 del riassunto foziano) "aveva lasciato questa vita e poi era tornata dagli inferi, istruendo la sua padrona", che era Dercillide. Anche quest'ultima vide tra i Cimmerii il mondo dell'oltretomba e poi tornò dall'Ade (§§ 3-4). Inoltre, per una colpa verso i loro genitori in cui erano incorsi senza

[59] Si veda R. NUTI, "Nota a *Le meraviglie di là da Tule*", in *Il Romanzo Classico*, a c. di Q. CATAUDELLA, Firenze 1958, 17-19. Discussa è l'attribuzione, proposta per la prima volta dal Gallavotti nel 1931, di un frammento di papiro egiziano del Nomos Arsinoites (cfr. *ibid.* 17).

volerlo, i due fratelli sono puniti in modo singolare: "avrebbero dovuto alternare la vita alla morte e di notte sarebbero vissuti, di giorno invece sarebbero morti" (§ 6); "Paapis [...] raggiunse Dercillide nell'isola e le mise addosso il malanno per cui doveva morire durante il giorno e risorgere [ἀναβιόω, lo stesso verbo impiegato da Achille Tazio] al sopraggiungere della notte". La morte apparente fonte di malintesi ed inganni compare appunto a proposito di Dercillide, il cui innamorato Truscano, dopo aver ucciso Paapis, si uccise egli stesso perché vide che "Dercillide giaceva simile a morta" (§ 7); Antonio narrava quindi subito dopo "la loro sepoltura e il loro venir fuori dalla tomba" (*ibid.*), secondo un modulo che abbiamo trovato di frequente; infine i due giovani sono liberati (§ 8) dal maleficio di Paapis. Anche i genitori dei due fratelli sono protagonisti di un caso di morte apparente: i loro figli infatti, "seguendo le istruzioni di Paapis, li avevano fatti ammalare nella convinzione di operare per il loro bene e li avevano fatti restare come morti per lungo tempo; [...] Dercillide e Mantinia si affrettarono a ritornare alla loro patria per restituire ai genitori la vita e la salute" (§ 8). Infatti al § 9 troviamo Dercillide e Mantinia felici e contenti: avevano svegliato i genitori dal lungo sonno, o piuttosto dalla morte".

Come in Caritone, in Senofonte e in Giamblico, anche in Achille Tazio si trova poi il *topos* della condanna a morte scampata *in extremis* dal protagonista, ma qui per la prima volta non si parla esplicitamente di crocifissione, anzi non si precisa affatto la modalità dell'esecuzione capitale, che peraltro in VIII 8 parrebbe l'avvelenamento con la cicuta[60], e quello a cui, propriamente, Clitofonte sfugge è soltanto la fase preliminare ("istruttoria") della tortura, grazie all'intervento di quell'interessante personaggio che è il sacerdote di Artemide, di cui abbiamo già parlato. In VII 12, infatti, Clitofonte viene condannato per omicidio: egli si è auto-accusato dell'uccisione di Leucippe, crimine che non ha mai commesso, per essere ucciso in quanto crede morta la sua donna e, ancora una volta, preferisce farsi uccidere piuttosto che uccidersi egli stesso[61]. Narra dunque Achille: "il presidente della giuria [...] deliberò [...] di condannare me a morte in base alla legge, la quale stabilisce tale pena per colui che si sia riconosciuto da sé reo di omicidio [...] e infine che io, come già condannato, fossi sottoposto a tortura per accertare se Melite era complice dell'omicidio. Ero stato già legato e, sollevato, ero sospeso ai lacci, e alcuni portavano delle sferze, altri il fuoco e la ruota [...], quando si vide

[60] Tersandro infatti, nella sua requisitoria in tribunale contro Clitofonte, afferma: "Voi udite come avete decretato e il mio atto d'accusa intorno a costui: avete deciso di mettere a morte Clitofonte. Ebbene, dov'è il carnefice? Lo prenda e se lo porti via con sé. Dàgli ormai la cicuta".

[61] VII 7: "Per questo mi sono accusato da me stesso, perché mi mandiate dalla mia amata, giacché ora non sopporto di vivere, poiché mi sono macchiato del delitto di assassinio, e amo ancora colei che ho ucciso"; Clinia a VII 8 smentisce: "ha mentito, addossandosi la colpa dei veri assassini".

avvicinarsi il sacerdote di Artemide, incoronato di alloro. Questo è il segnale che è arrivato un corteo di forestieri per offrire un sacrificio alla dea: quando una cosa simile accade, si deve sospendere ogni condanna per tanti giorni quanti ne occorrono perché i partecipanti al corteo compiano il sacrifizio"[62].

Glen Bowersock inoltre –anche se, a mio avviso, sulla base di somiglianze non troppo significative– ha sostenuto un influsso evangelico su Achille Tazio (II 2), nel racconto dell'introduzione del vino da parte di Dioniso a Tiro: prima, tutti ivi bevevano acqua, ma in risposta all'ospitalità di un pastore Dioniso gli offerse una coppa di vino rosso, che a dire del pastore sembrava "acqua tinta di rosso", "dolce sangue" che non sgorga dalla terra, al che Dioniso rispose solennemente: τοῦτό ἐστιν ὀπώρας ὕδωρ, τοῦτό ἐστιν αἷμα βότρυος, prendendo un grappolo d'uva dalla vigna, schiacciandolo e facendone sgorgare il succo. Già Jack Winkler aveva sostenuto che "If the resemblance of Dionysius's words and gesture to the Christian eucharistic rite is not accidental, it must surely be interpreted as parody": Bowersock nota che difficilmente il parallelismo potrebbe essere accidentale, data la somiglianza linguistica e la solennità del dono divino dato agli uomini: la ripetuta formula τοῦτό ἐστιν è identica a quella evangelica, ad esempio in *Mc* 26, 26 e 28: τοῦτό ἐστιν τὸ σῶμά μου, τοῦτό ἐστιν τὸ αἷμά μου[63]. Occorre tuttavia osservare che la locuzione deittica "questo è..." appare tutto sommato comune e quindi il raffronto non troppo stringente.

Vorrei infine ricordare un indizio a mio parere interessante: una sezione del romanzo *Leucippe e Clitofonte*, a quanto afferma uno specialista di Bardesane come Alberto Camplani[64], dipende dall'opera *Sull'India* di Bardesane –oggi purtroppo pressoché interamente perduta– alla quale attinse anche Gerolamo, *Adv. Iovinian.* II 14. Bardesane, un versatile intellettuale siriaco dotato anche di cultura greca sul quale ritorneremo con maggiore ampiezza nei capitoli successivi, vissuto nella seconda metà del II secolo e ai primi del III (★ 154 d.C.; † 222) e quindi probabilmente contemporaneo di Achille Tazio, era senza dubbio un Cristiano e questo emerge con chiarezza

---

[62] Quasi in appendice, vorrei osservare che in chiusura del libro III Achille Tazio presenta il mito della Fenice, un tema topico della letteratura paradossografica, di cui i Cristiani fecero un simbolo della resurrezione di Cristo: basti ricordare il *de ave Fenice* di Lattanzio. Ma Achille non accoglie la versione del mito che più si prestava a questo reimpiego in chiave di *praeparatio evangelica* e secondo cui la Fenice rinascerebbe dalle proprie ceneri: egli parla solo del figlio della Fenice, che costruisce al genitore morto un profumato sepolcro e che lo trasporta lungo il Nilo dall'Etiopia all'Egitto, dove i sacerdoti del Sole seppelliscono il volatile defunto.

[63] J. WINKLER in B.P. REARDON, *Collected Ancent Greek Novels*, Berkeley-Los Angeles 1989, 192 n. 25; BOWERSOCK, *Fiction as History*, 125-126.

[64] A. CAMPLANI, "Rivisitando Bardesane. Note sulle fonti siriache del Bardesanismo e sulla sua collocazione storico-religiosa", *Cristianesimo nella Storia*, 19, 1998, 519-596, part. 522 n. 6.

dalle sue opere, purtroppo giunteci in condizioni di estrema frammentarietà, tranne il cosiddetto *Liber Legum Regionum*, che però è probabilmente della sua scuola[65]. Bardesane attinse le sue notizie sull'India (Stob. *Anthol.* I 3, 56) ad ambasciatori indiani recatisi presso l'imperatore Elagabalo († 222). Achille dunque con ogni probabilità poteva attingere all'opera di un autore cristiano (l'opera era scritta in greco: Bardesane era infatti bilingue) e, in tal caso, difficilmente Achille Tazio avrà ignorato il Cristianesimo di Bardesane.

In conclusione, quanto si è finora osservato non consente di sostenere con sicurezza che Achille Tazio abbia conosciuto i Cristiani, anche se questo è probabile, né che abbia inteso alludere a loro in qualche modo, e neppure, invero, ci permette di confermare la notizia foziana relativa alla sua carica episcopale. Tuttavia l'insieme degli indizi raccolti mi sembra tale da mettere in discussione una aprioristica negazione di ogni legame tra il romanzo di Achille Tazio e la realtà del Cristianesimo, del resto ormai diffuso al tempo della stesura del romanzo ed oggetto di provvedimenti estesi a tutto l'Impero.

[65]Fornirò la dovuta bibliografia su Bardesane nel capitolo successivo dedicato a Longo Sofista. Lo stesso Camplani, *Rivisitando Bardesane, cit.*, ha recentemente posto in luce con chiarezza gli elementi di cristianesimo presenti nel *Liber legum regionum*, di contro ad una inveterata tendenza ipercritica che voleva che il *Liber* non offrisse testimonianze del Cristianesimo del nostro Siriaco.

5
Longo Sofista

Gli studiosi generalmente concordano sulla datazione dei *Ποιμενικά* –o *Λεσβιακά*, secondo un ramo della tradizione manoscritta[1]– di Longo, a cui venne attribuito l'appellativo di "Sofista" dallo Jungermann nel 1605[2], alla seconda metà del II secolo d.C., al più tardi ai primi del III secolo. Difficilmente sembra di potere indicare con una qualche sicurezza un arco cronologico più definito, nonostante non siano mancati tentativi in tale senso[3]. In particolare, l'argomento della dipendenza da Longo delle lettere di Alcifrone risulta molto debole, data l'incertezza cronologica che grava a sua volta anche su Alcifrone e il dubbio che questi debba avere avuto necessariamente Longo come modello[4]. L'accostamento di temi del romanzo di Longo con la pittura muraria

---

[1] M. PHILIPPIDES, "A Note on Longus' *Lesbiaka*", *CW* 71, 1977-78, 460-461, accorda la preferenza al secondo titolo, geograficamente connotato e attestato nel colofone del cod. *Florentinus Laur. Conv. Supp.* 627 (già siglato con A, oggi con F), mentre gli altri studiosi preferiscono generalmente il primo, presente nei sovrascritti del medesimo *Florentinus* e dell'altro importante ms. della tradizione di Longo, il cod. *Vat. Gr.* 1348: per i problemi di critica testuale con aggiornata bibliografia rinvio a J.R. MORGAN, "Longus, *Daphnis and Chloe*. A Bibliographical Survey, 1950-1995", in *ANRW* II 34, 3, Berlin-New York 1997, 2208-2276, part. 2224-2229, verso il quale non nascondo il mio debito. Rinvio anche al recente R. HUNTER, "Longus, Daphnis and Chloe", in *The Novel in the Ancient World*, ed. G. SCHMELING, Leiden 1996, 351-386; J.R. MORGAN (ed.), *Longus: Daphnis and Chloe*, Warminster, Wiltshire 1997.

[2] Cfr. G. BALBONI, "Nota a Longo, *Le avventure pastorali di Dafni e Cloe*", in *Il romanzo classico*, a c. di Q. CATAUDELLA, Roma 1958, 527-530; per una breve giustificazione dell'epiteto 527-528. L'autore fa notare anche quanto fosse appropriato il titolo dato al romanzo da Annibal Caro: "Amori pastorali di Dafni e di Cloe" (529).

[3] Si è cercato ad es. di fondarsi sulla condizione degli schiavi e sul grado della loro sottomissione ai padroni presupposto dal romanzo (G. DALMEYDA, "Longus et Alciphron", in *Mélanges G. Glotz*, I, Paris 1932, 277-287, part. 285-286), oppure sul valore della dracma quale parrebbe risultare dal testo di Longo (H. DÖRRIE, *GGA* 198, 1938, 348 sgg.). Scettico sul valore di queste argomentazioni MORGAN, *Longus*, 2229. Tra il II e il III sec. colloca il romanzo anche J.M. EDMONDS, *Daphnis and Chloe by Longus*, Cambridge-London 1955, *Introduction*, vii-xxi.

[4] La tesi, già sostenuta da H. REICH, *De Alciphronis Longique aetate*, Diss. Königsberg 1894, fu ripresa da F. GARIN, "Sui romanzi greci", *SIFC* 17, 1909, 423-460: uno dei motivi della fallacia di questo tipo di argomentazioni è che non si può essere sicuri della direzione dell'eventuale influsso: in questo caso, DALMEYDA, "Longus", 285-286 ipotizza un

post-pompeiana del tardo II secolo, sebbene significativo, non contribuisce in ogni caso a definire con maggiore precisione la data dei *Poimenikà*, mentre porterebbe a una data abbastanza determinata, prima del 180, la derivazione da Longo di un passo di Luciano (*Ver. hist.* II 5) che descrive le isole dei Beati, se solo essa apparisse meno discutibile[5]. Recentemente sono stati confutati come troppo forzati e opinabili anche altri due tentativi di indicare un periodo definito per la composizione del romanzo di Longo: l'uno, di Herrmann, che identifica Longo con Velio Longo vissuto sotto Adriano (117-138 d.C.), e l'altro di Di Virgilio, che considera l'opera un criptato attacco all'imperatore Massimino il Trace (235-238 d.C.)[6]. Parrebbe dunque prudente assumere come ipotesi di lavoro una data compresa fra gli estremi appena indicati, dal pieno II secolo ai primi decenni del III[7].

Quanto alla collocazione geografica di Longo, anch'essa secondo i più recenti studi non va data per scontata, come spesso si è fatto[8], indicando in Lesbo, teatro delle vicende del romanzo, anche la patria dell'autore e ipotizzando una pur possibile appartenenza di Longo alla *gens* dei *Pompeii Longi*, effettivamente attestata da fonti epigrafiche a Mitilene[9].

Naturalmente questa della ubicazione geografica è una questione legata al problema di quanto della realtà storica che circondava l'autore si rifletta nel suo lavoro letterario. È noto a tale proposito che Longo, solo fra tutti i romanzieri greci, apre la sua narrazione con un proemio in cui espone la provenienza e gli scopi della sua opera e che per questo suo carattere programmatico, che incide sull'interpretazione globale del romanzo, tale proemio è stato molto discusso: si è da più parti analizzata e interpretata in modi differenti la sua ispirazione tucididea (in part. da Thuc. I 22); si è supposta la rispondenza dell'*ekphrasis* iniziale con oggetti artistici che effettivamente si

---

influsso di Longo su Alcifone; al contrario, E. ROHDE, *Der griechische Roman und seine Vorläufer*, Leipzig 1914³, 534, sostiene che fu invece Longo a ispirarsi ad Alcifrone.

[5] Argomento iconografico: O. WEINREICH, *Der griechische Liebesroman*, Zürich 1962, part. 18-19; seguito da M.C. MITTELSTADT, *Longus and the Greek Love Romance*, Diss. Stanford 1964, 5 sgg.; Eiusd. "Longus: *Daphnis and Chloe* and Roman Narrative Painting", *Latomus* 26, 1967, 752-761. Dipendenza di Luciano da Longo: H. BERNSDORFF, "Longos und Lukian (zu *Verae Historiae* 2, 5)", *WS* 106, 1993, 35-44, contestato da MORGAN, *Longus*, 2230 n. 36.

[6] L. HERRMANN, "Velius Longus auteur de *Daphnis et Chloé*", *Latomus* 40, 1981, 378-383; R. DI VIRGILIO, "La narrativa greca d'amore: *Dafni e Cloe* di Longo", *Atti Acc. Naz. Lincei, Cl. Scienze Morali, Storiche e Filologiche*, ser. VIII, 32, 4, 1991, 302-345, confutati da MORGAN, *Longus*, 2230-2231.

[7] Per un panorama letterario si veda G. ANDERSON, *The Second Sophistic: a Cultural Phaenomenon in the Roman Empire*, London-New York 1993.

[8] Lo stesso BALBONI, "Nota", 527 dà voce a questa diffusa convinzione.

[9] C. CICHORIUS, *Römische Studien*, Leipzig 1922, 323.

potevano trovare nel mondo antico, ma anche con il modulo ecfrastico parimenti presente in apertura del romanzo di Achille Tazio, che offre anche altri spunti paralleli con il proemio di Longo, di cui l'autore si serve per collocare la sua opera in uno spazio reale e per porsi direttamente in rapporto con essa, e che forse fa da *pendant* oppositivo al prologo dell'*Ars Amandi* ovidiana[10]. Si è posto l'accento sul concetto chiave di τέρψις, che emerge nel proemio e che potrebbe condizionare l'intera lettura del romanzo, oppure su certe affinità concettuali con il pensiero stoico, in particolare con l'idea di φαντασία[11]. Come si vede, una serie di interpretazioni disparate: e non ho citato se non alcune di esse.

Ancora più controverso appare un problema strettamente collegato a questo, come accennavamo: quanto ci sia del mondo reale e contemporaneo di Longo nel suo romanzo e in che misura Longo abbia voluto, se pure lo volle, che la sua opera riflettesse in qualche modo la realtà storica. Data l'indicazione esplicita di Lesbo come scenario della vicenda e di Mitilene in particolare come la città a duecento stadi dalla quale è situata la tenuta del signore di cui il padre adottivo di Dafni è servitore[12], si è indagato per trovare eventuali riscontri fra

---

[10]Per le notazioni tucididee: G. VALLEY, *Über den Sprachgebrauch des Longus*, Diss. Uppsala 1926; P. TURNER, "Daphnis and Chloe: an Interpretation", *G&R* 7 , 1960, 117-123; H.H.O. CHALK, "Eros and the Lesbian Pastoral of Longos", *JHS* 80, 1960, 32-51, rist. in *Beiträge zum griechischen Liebesroman*, ed. H. GÄRTNER, Hildesheim *et al.* 1984, Olms Studien 20, 388-407; e in *Theokrit und die griechische Bukolik*, ed. B. EFFE, Darmstadt 1983, Wege der Forschung 580, 402-438; H. WOUTERS, "Longus' *Daphnis en Chloë*. Het prooemion en de ingelaste verhalen", *HznMTL* 45, 1991, 213-242; Eiusd. "*Daphnis et Chloé*: le prooemium et les histoires enchâssées, à la lumière de la critique récente", *LEC* 62, 1994, 131-167; D. TESKE, *Der Roman des Longus als Werk der Kunst*, Münster 1991, Orbis Antiquus 32. Leggono il riferimento a Tucidide come critico R.L. HUNTER, *A Study on Daphnis and Chloe*, Cambridge 1983, Cambridge Classical Studies, 38-52 e T.A. PANDIRY, "The Art of Pastoral Play", *Ramus* 14, 1985, 116-141. Per l'*ecphrasis* A. BILLAULT, "Approche du problème de l'ἔκφρασις dans les romans grecs", *BAGB* 1979, 1991-1204; A. BILLAULT, "L'inspiration des ἐκφράσεις d'œuvres d'art chez les romanciers grecs", "Rhetorica" 8, 1990, 153-160. Paralleli con Achille Tazio: M. PHILIPPIDES, "A Note on Longus' *Lesbiaka*", *CW* 71, 1977-78, 460-461; D. MAEDER, "Au seuil des romans grecs: effets de réel et effets de création", *GCN* 4, 1991, 1-33, part. 16-22; con Ovidio: DI VIRGILIO, *La narrativa greca d'amore*, 302-345.

[11] Sulla *terpsis* B.D. MACQUEEN, *Myth, Rhetoric and Fiction. A Reading of Longus'* Daphnis and Chloe, Lincoln-London 1990, 15 sgg. Sull'interpretazione del romanzo di Longo come un'esemplificazione della dottrina stoica C. IMBERT, "Stoic Logic and Alexandrian Poetics", in *Doubt and Dogmatism: Studies in Hellenistic Epistemology*, edd. M. Schofield-M. Burnyeat-J. Barnes, Oxford 1980, 182-216. Per un articolato panorama sulle varie interpretazioni del proemio di Longo cfr. MORGAN, "Longus", 2235-2238.

[12] Long. I 1: "Mitilene è città di Lesbo, grande e bella. Poiché il mare vi si insinua, è tagliata da canali e adorna di ponti in marmo candido e levigato. [...] A circa duecento stadi dall'abitato, c'era la tenuta di un ricco signore, un magnifico possedimento: monti ricchi di selvaggina, campi feraci di grano, poggi coperti di vigneti, pascoli ricchi di greggi. E il mare batteva un'ampia distesa di spiaggia coperta di soffice rena. [2] In questa tenuta, menando al

la descrizione di Longo e l'isola reale: gli studiosi appaiono discordi sulla quantità e sulla qualità di tali riscontri, i quali vengono minimizzati da Scarcella, che ritiene la Lesbo di Longo una costruzione puramente letteraria, mentre vengono enfatizzati da Mason, che anzi impiega le indicazioni delle distanze fornite da Longo nel romanzo per cercare di localizzare le vicende entro l'isola, anche se l'ubicazione da lui proposta contrasta con altre, come quelle di Green e di Bowie[13]. Anche dal punto di vista dei rapporti sociali e delle condizioni di vita che emergono dal romanzo, c'è chi ha negato a Longo qualsiasi storicità, chi si è mantenuto su posizioni più equilibrate, insistendo piuttosto sul valore morale che la campagna riveste per Longo, in quanto l'opposto assiologico della città corrotta, e chi invece ha sostenuto che Longo rifletta con una certa accuratezza la vita dei pastori non transumanti dell'epoca e del luogo[14]. Se dunque i rapporti di dipendenza di Longo dalla tradizione letteraria precedente e soprattutto dalla poesia bucolica e della figura di Dafni

---

pascolo il gregge, un capraio, di nome Lamone, trovò un bambinello...".

[13] A.M. SCARCELLA, *La Lesbo di Longo Sofista*, Roma 1968, rist. in Eiusd. *Romanzo e romanzieri*, Napoli 1993, 285-312; Eiusd. "Realtà e letteratura nel paesaggio sociale ed economico di Longo sofista", *Maia* 22, 1970, 103-131; Eiusd. "Il mare, le fonti, i fiumi: l'altra faccia della geografia ideale dei romanzi erotici greci", *Euphrosyne* 16 (1988), 257-270, part. 263-265, rist. in Eiusd. *Romanzo e romanzieri*, 109-132. H.J. MASON, "Longus and the Topography of Lesbos", *TAPhA* 109, 1979, 149-163; Eiusd. "The Literature of Classical Lesbos and the Fiction of Stratis Myrivilis", *CML* 9, 1989, 347-357; Eiusd. "Romance in a Limestone Landscape", *CPh* 90, 3, 1995, 263-266; P. GREEN, "Longus, Antiphon and the Topography of Lesbos", *JHS* 102, 1982, 210-214 contesta l'ubicazione nell'area nord-orientale di Lesbo, presso l'odierna Agios Stephanos, ed ipotizza quella sul Golfo di Kalloni, nella costa meridionale dell'isola; E.L. BOWIE, "Theocritus' Seventh Idyll, Philetas and Longus", *CQ* 35, 1985, 67-91, mostra come in certi casi anche il Golfo di Kalloni non si adatta al testo di Longo, per proporre una terza ambientazione nella zona nord-orientale di Lesbo, presso l'odierna Mystegnà, avvertendo però che Longo indica le distanze in maniera imprecisa .

[14] Tra i primi: A.M. SCARCELLA, "Realtà e letteratura nel paesaggio sociale ed economico di Longo Sofista", Maia 22, 1970, 103-131; Eiusd. "La donna nel romanzo di Longo Sofista", *GIF* 24, 1972, 63-84, rist. in Eiusd. *Romanzo e romanzieri*, Napoli 1993, 313-328; Longus, *Pastorales (Daphnis et Chloe)*, texte établi et traduit par J.-R. VIEILLEFOND, Paris 1987 (Collection des Universités de France), clxxiv sgg. Tra i secondi: C. MIRALLES, "Πενία y κῆπος. Sobre algunos ideales de vida humana en la antigüedad tardia", *BIEH* 7, 1973, 79-99; O. LONGO, "Paesaggio di Longo Sofista", *QS* 4 , 1978, 99-120 = Eiusd. *La storia, la terra, gli uomini. Saggi sulla civiltà greca*, Venezia 1987, 47-61; DI VIRGILIO, *La narrativa greca d'amore*, 302-345; S. SAÏD, "La société rurale dans le roman grec, ou la campagne vue de la ville", in *Sociétés urbaines, sociétés rurales dans l'Asie Mineure et la Syrie hellénistiques et romaines*, ed. E. Frézouls, Strasbourg 1987, Université des Sciences Humaines de Strasbourg, Contributions et Travaux de l'Institut d'Histoire Romaine 4, 149-171. Per il realismo di Longo si è pronunciato invece H. KLOFT, "Imagination und Realität. Überlegungen zur Wirtschaftsstruktur des Romans *Daphnis und Chloe*", *GCN* 2, 1989, 45-61. Propende per vedere poco di storico in Longo MORGAN, "Longus", 2245-2247.

sono stati studiati giungendo a conclusioni abbastanza unanimi[15], la questione della storicità e del realismo del romanzo di Longo sembra ancora destinata a rimanere aperta.

La trama del romanzo è semplice; in parte risente degli schemi tipici del romanzo greco e sovente risalenti alla Commedia Nuova, quali esposizione di neonati, assalti di briganti, rapimenti, accuse e difese, presagi e interventi miracolosi, nonché la chiusura stessa sul matrimonio dei protagonisti. In parte si ritrovano anche in Longo gli elementi tipici della tradizione bucolica, a partire dal nome scelto per il protagonista, Dafni. Le vicende sono note: due bambini di condizione sociale elevata vengono abbandonati dai rispettivi genitori a due anni di distanza l'uno dall'altra e raccolti l'uno da un capraio, l'altra da un pecoraio, che impongono loro i nomi di Dafni e di Cloe e, ispirati da un sogno, li avviano alla professione di pastori, l'uno di capre, l'altra di pecore. L'attenzione è tutta appuntata sul lento processo psicologico della scoperta dell'amore reciproco da parte dei due giovani, che si fa strada attraverso la semplicità, la vera e propria *naïveté* dei protagonisti, e le peripezie hanno molto minore spazio rispetto agli altri romanzi greci; esse si riducono infatti a una scorreria di pirati, al rapimento di Cloe da parte dei Metimnesi, alla liberazione della giovinetta ad opera di Pan e ad alcune insidie di pretendenti disdegnati. Come accennavamo, la conclusione è classica: i giovani ritrovano i loro veri genitori e si sposano.

Sulla base si questa narrazione sono stati proposti molti e diversi schemi della struttura del romanzo e molte analisi della tecnica narrativa di Longo, alcune che pongono in luce il valore delle antitesi, altre delle ripetizioni, altre ancora che offrono una lettura tendente ad enucleare una costruzione geometrica del tessuto narrativo[16]. In genere è riconosciuta dai critici un'istanza di fondo, che, come accennavamo, è sottesa all'intero romanzo: quella di recuperare un'originaria purezza sentita come ormai perduta.

Dal quadro che abbiamo cercato di tracciare brevemente in precedenza emerge che l'epoca in cui probabilmente Longo scrisse è quella antonina o severiana. Per una descrizione della diffusione del Cristianesimo in età antonina e soprattutto per la persecuzione di Marco Aurelio rinvio ai precedenti capitoli; poiché però è probabile anche una collocazione in età severiana, mi sembra opportuno tratteggiare brevemente la situazione storica del Cristianesimo ed il suo rapporto con l'Impero sotto i Severi, che si caratterizza

---

[15] MORGAN, "Longus", 2247-2250 con ampio ed aggiornato *status quaestionis*.

[16] A partire da quella di O. SCHISSEL VON FLESCHENBERG, "Die Technik des Bildeinsatzes", *Philologus* 72, 1913, 83-114, con la sua suddivisione del racconto in dodici episodi tripartiti, le varie interpretazioni strutturali, che peraltro non ci riguardano qui troppo direttamente, sono illustrate da MORGAN, "Longus", 2260-2263, cui rinvio senz'altro.

in termini di "tolleranza di fatto"[17]. Tra Marco Aurelio ed i Severi si colloca, come è noto, il regno di Commodo, durante il quale i Cristiani godettero di relativa pace: Marcia, concubina dell'imperatore secondo il diritto romano e dotata di tutti i privilegi di un'Augusta tranne la fiaccola nuziale (Herodian. I 16, 4), era secondo Ippolito φιλόθεος, probabilmente catecumena, e nel 189 riuscì a ottenere dallo sposo per il vescovo romano Vittore la liberazione dei Cristiani precedentemente deportati in Sardegna (Hippolyt. *Philosoph.* IX 12, 10). Sotto Commodo il Cristianesimo aveva raggiunto il Senato, contando un rappresentante nel senatore e martire Apollonio; sotto il medesimo principato il futuro papa Callisto amministrò una banca per conto del suo antico padrone Carpoforo, mentre Clemente ad Alessandria poteva insegnare tranquillamente nel *Didaskaleion*[18]. Dal vescovo di Roma Zefirino (199-217), al tempo di Settimio Severo e di Giulia Domna, fu affidata poi a Callisto l'amministrazione dei luoghi di culto di proprietà della Chiesa romana, e in particolare del cimitero che ospiterà la cripta dei Papi. Probabilmente proprio a Caracalla[19] il

[17] Ho impiegato un'espressione di M. SORDI, *I Cristiani e l'Impero Romano*, Milano 1983, 87-103, accettata da S. PEREA YÉBENES, *Entre Occidente y Oriente. Temas de Historia romana: Aspectos religiosos*, Madrid 2001, 342; cfr. anche G. ZECCHINI, *Il pensiero politico romano*, Roma 1997, 115-124. Da più di vent'anni si occupa del Cristianesimo in età severiana il prof. don Enrico dal Covolo, i cui studî sono un punto di riferimento per chi si occupi della questione. Entro la sua vasta produzione, mi limito a segnalare alcune pubblicazioni più recenti e inerenti alla presente panoramica: E. DAL COVOLO, *I Severi e il Cristianesimo. Ricerche sull'ambiente storico-istituzionale delle origini cristiane tra il II e il III secolo*, Roma 1989; Eiusd. "La religione a Roma tra antico e nuovo: l'età dei Severi", *Rivista di Storia e Letteratura religiosa* 30, 1994, 237-246; Eiusd. *Chiesa società politica. Aree di "laicità" nel Cristianesimo delle origini*, Roma 1994, part. 112-124; Eiusd. "I Severi precursori di Costantino? Per una 'messa a punto' delle ricerche sui Severi e il Cristianesimo", *Augustinianum* 35, 1995, 605-622; Eiusd. "I Severi e il Cristianesimo. Dieci anni dopo", in *Gli imperatori Severi. Storia Archeologia Religione*, a c. di E. DAL COVOLO-G. RINALDI, Roma 1997, Biblioteca di Scienze Religiose 138, 187-196; Eiusd. "I rapporti fra la Chiesa e l'Impero nel secolo di Eusebio", in *Eusebio di Vercelli e il suo tempo*, Roma 1997, Biblioteca di scienze religiose 133, 79-92; Eiusd. "I Severi e il Cristianesimo. Un decennio di ricerche (1986-1996)", *Anuario de Historia de la Iglesia* 8, 1999, 43-51, con ulteriore bibliografia. Ringrazio il padre dal Covolo per avermi fatto omaggio di alcuni dei suoi lavori.

[18] M. SORDI, "I rapporti fra il Cristianesimo e l'Impero dai Severi a Gallieno", in *ANRW*, II, 23, 1, Berlin-New York 1979, 340-374; *Il Cristianesimo*, 193 sgg.; *I Cristiani*, 83-84; E. DAL COVOLO, *I Severi e il Cristianesimo*, cit.; C. LETTA, "La dinastia dei Severi", in *Storia di Roma*, II, 2, Torino 1991, 639-700.

[19] Caracalla e la sua politica verso il Cristianesimo: D. KIENAST, *Römische Kaisertabelle. Grundzüge einer römischen Kaiserchronologie*, Darmstadt 1996², 162-165; E. DAL COVOLO, "La *Constitutio Antoniniana* e lo sviluppo dell'Impero e della Chiesa nell'età dei Severi", *Augustinianum* 37, 1997, 303-309; Eiusd. *I Severi e il Cristianesimo. Un decennio di ricerche*, 45-46, che non condivide l'opinione di chi considera la cosiddetta *Constitutio Antoniniana* del 212 come rispondente a intenti anticristiani: cfr. anche A. BARZANÒ, *Il Cristianesimo nelle leggi di Roma imperiale*, Milano 1996, Letture Cristiane del Primo Millennio, part. 42 n. 56.

cristiano Bardesane dedicava –se però è suo e non della sua scuola, come oggi i siriacisti e gli orientalisti tendono a ritenere– il *Liber Legum Regionum*[20]. Soltanto presunta sembra in effetti la persecuzione anticristiana di Settimio Severo[21], e in genere nell'età severiana eminenti appaiono le personalità della cultura cristiana in contatto stretto con gli imperatori: oltre al già ricordato Bardesane, dedicatario del suo dialogo ad un imperatore, sono da citare anche Origene, Sex. Giulio Africano[22], Ippolito[23]. Quest'ultimo dedicò un trattato sulla

---

[20] Su Bardesane F. HAASE, *Zur Bardesanischen Gnosis*, Leipzig 1910, Texte und Untersuchungen 34, 4; G. LEVI DELLA VIDA, "Bardesane e il *Dialogo delle leggi dei paesi*", *Riv. trimestrale di Studi Filos. e Relig.* 1, 1920, 399-430; Eiusd. *Il dialogo delle leggi dei paesi*, Roma 1921, Scrittori cristiani antichi 3; F. HAASE, "Neue Bardesanesstudien", *OrChr* 22-24 1922-24, 129-140; B. REHM, "Bardesanes in den Ps.Clementinen", *Philologus* 93, 1938, 218-47; L. TONDELLI, *Mani, rapporti con Bardesane*, Milano 1932; H.H. SCHAEDER, "Bardesanes von Edessa in der Überlieferung der griechischen und der syrischen Kirche", Zeitschr. f. Kirchengesch. 51, 1932, 21-74; R. CERFAUX, "Bardesanes", in *RAC* I, Stuttgart 1950, 1180-1188; A. RÜCKER, "Die Literatur des Altsyrischen Christentum", in *Handbuch der Orientalistik*, III, 1, 2, Leiden-Köln 1953, 171-172; H.J.W. DRIJVERS, *Bardaišan of Edessa*, Assen 1966; M. MAZZA, *Lotte sociali e restaurazione autoritaria nel III secolo d.C.*, Bari 1973, 496-499; G. LEVI DELLA VIDA, *Pitagora, Bardesane e altri studi siriaci*, a c. di R. CONTINI, Roma 1989; J. TEIXIDOR, *Bardesane d'Édesse: la première philosophie syriaque*, Paris 1992 con la rec. di S.C. MIMOUNI, *RÉJ*, 151, 1992, 371-374; G. ZECCHINI, *Il pensiero politico romano*, Roma 1997, 120; A. CAMPLANI, "Note bardesanitiche", *Miscellanea Marciana* 13, 1997, 11-43; Eiusd. "Rivisitando Bardesane", *Cristianesimo nella Storia* 19, 1998, 519-596; S.K. ROSS, *Roman Edessa 114-242 C.E.*, London 1998.

[21] M. SORDI, *I Cristiani e l'Impero Romano*, Milano 1983, 87-94; E. DAL COVOLO, "202 dopo Cristo: una persecuzione per editto?", *Salesianum* 48, 1986, 363-369; A. BARZANÒ, *Il Cristianesimo nelle leggi*, 38-41; 132-133; *contra* G. JOSSA, *Il Cristianesimo antico. Dalle origini al Concilio di Nicea*, Roma 1997, Studî Superiori NIS 317, 152; A. WYPUSTEK, "Magic, Montanism, Perpetua, and the Severian Persecution", *VC* 51, 1997, 276-297.

[22] Su Origene, nella sterminata bibliografia, mi limito a segnalare M. BORRET, *Origène. Contre Celse*, I-IV, Paris 1967-76; K. PICHLER, *Streit um das Christentum*, Frankfurt 1980; U. BERNER, *Origenes*, Darmstadt 1981; H. CROUZEL, *Origène*, Paris 1985. Su Giulio: T. RAMPOLDI, "Sesto Giulio Africano e Alessandro Severo", *RIL, Classe di Lettere*, 115, 1981, 73- 8 4 ed ora Ead., "I Κεστοί di Giulio Africano e l'imperatore Severo Alessandro", in *ANRW* II 34, 3, Berlin-New York 1997, 2451-2470 con bibliografia. Giulio primo cronografo cristiano: O. ANDREI, "L'esamerone cosmico e le *Chronographiae* di Giulio Africano", in *La narrativa cristiana antica: codici narrativi, strutture formali, schemi retorici*, Roma 1995, Studia Eph. Augustinianum 50, 169-183; Ead., "La formazione di un modulo storiografico cristiano: dall'esamerone cosmico alle *Chronographiae* di Giulio Africano", *Aevum* 69, 1995, 147-170.

[23] Su Ippolito AA.VV., *Ricerche su Ippolito*, Roma 1977, Studia Ephemeridis Augustinianum 13; *Nuove ricerche su Ippolito*, Roma 1989, Studia Ephemeridis Augustinianum 30, con distinzione fra l'Ippolito siriaco del *Commento a Daniele* e quello romano della *Cronaca*; V. SAXER, "Hippolyte (Saint)", in *Dict. d'Hist. et Géogr. Ecclesiastiques*, 24, Paris 1990, 627-635; C. SCHOLTEN, "Hippolytus II (von Rom)", in *RAC* 15, Stuttgart 1990, 492-551; M. SIMONETTI, *Studi sulla Cristologia del II e III secolo*, Roma 1993, 71 sgg.; H.R. DROBNER, *Lehrbuch der Patrologie*, Freiburg-Basel-Wien 1994, 99-103; C. MORESCHINI-E. NORELLI, *Storia della Letteratura cristiana antica greca e latina*, I, Brescia 1995, 338-356; M.

risurrezione all'imperatrice Giulia Mamea[24], madre di Alessandro Severo, la quale nutriva profondo interesse per la filosofia origeniana (Eus. *Hist. eccl.* VI 21, 3-4: "ritenne molto importante di essere onorata dalla visita" di Origene) ed è chiamata "piissima" da Eusebio (εὐσεβεστάτη, *ibid.*: Oros. VII 18, 7 la considera cristiana senz'altro). Quanto a Giulio Africano, che fu alla corte del cristiano re Abgar IX di Edessa dove lo conobbe Bardesane, dedicò i suoi *Kestoì* ad Alessandro Severo, per conto del quale egli fondò pure la biblioteca del Pantheon, presso le terme che Alessandro aveva completato nel 227. Quivi, secondo varî specialisti dell'età severiana, era collocata una statua, detta poi "statua di Ippolito" e posta all'ingresso della Biblioteca Apostolica Vaticana, che in origine rappresentava però probabilmente una filosofa epicurea assisa in trono[25]: su questa statua, dietro il trono, è stilata una lista di opere –forse il catalogo dei lavori contenuti nella più vicina *capsa libraria*–, fra cui il *Computo pasquale*, trascritto in posizione evidente: è dunque significativo che iscrizioni cristiane fossero "incise su una statua pagana ed esposte [...] in un luogo frequentato dalle *élites* culturali cristiane e pagane", in quanto ciò verrebbe a "certificare che il reciproco scambio tra le due culture era esperienza ormai ordinaria nella temperie spirituale severiana"[26]. Addirittura, secondo la *Historia Augusta*[27], *Vita Heliogab.* 3,4, Eliogabalo avrebbe voluto trasferire i simboli del

---

SIMONETTI, "Tra Noeto, Ippolito e Melitone", *Riv. di Storia e Lett. religiosa* 31, 1995, 393-414; J.P. BOUHOT, "L'auteur romain des *Philosophumena* et l'écrivain Hippolyte", *Ecclesia Orans* 13, 1996, 137-164; A.G. MARTIMORT, "Encore Hippolyte et la *Tradition Apostolique* (II)", *Bull. Littérat. Ecclesiast.* 97, 1996, 275-287; A. WHEALEY, "Hippolytus' Lost *De universo* and *De resurrectione*: Some New Hypothesis", *VC* 50, 1996, 244-256.

[24] KIENAST, *Römische Kaisertabelle*, 180.

[25] La statua della filosofa, forse Temista di Lampsaco, sembra essere stata completata con le gambe e i piedi di un'altra statua, anch'essa del II secolo, e poi restaurata nel 1551 da Pirro Ligorio con un torso e una testa maschili sotto il nome di "statua d'Ippolito". Si vedano E. PRINZIVALLI, "Ippolito (statua di)", in *Dizionario Patristico e di Antichità Cristiane*, II, Casale Monferrato 1984, 1798-1800; C. D'ONOFRIO, *Un popolo di statue racconta. Storie fatti leggende della città di Roma antica medievale e moderna*, Roma 1990, Collana di Studi e Testi per la storia della città di Roma 10, 94-101; E. PRINZIVALLI. "Ippolito", in G. BOSIO-E. DAL COVOLO-M. MARITANO, *Introduzione ai Padri della Chiesa. Secoli II e III*, Torino 1996[3], Strumenti della Corona Patrum 2, 42-64. il luogo di ubicazione originaria della statua è stato individuato dalla Guarducci nella zona del Pantheon: M. GUARDUCCI, *San Pietro e Sant'Ippolito. Storia di statue famose in Vaticano*, Roma 1991, 113-148.

[26] Cit. da DAL COVOLO, *I Severi e il Cristianesimo. Un decennio di ricerche*, 49. Cfr. Eiusd. "Fonti epigrafiche del II-III secolo per uno studio dei rapporti fra gli imperatori Severi e il Cristianesimo", *Studia Patavina* 35, 1988, 123-132 circa la menzione di Alessandro Severo nel *Computo Pasquale* e la sua importanza.

[27] Negli ultimi decennî si è vivacizzato il dibattito sulla datazione e sull'attribuzione della *Historia Augusta:* mi limito a indicare in questa sede alcune opere recenti e complete di bibliografia: W. MERTEN, *Stellenbibliographie zur* Historia Augusta, *II: Septimius Severus-Alexander Severus*, Bonn 1986; G. ZECCHINI, *Ricerche di storiografia latina tardoantica*, Roma 1993, 39-49; *Historiae Augustae Colloquium Parisinus*, cit.; H.A. *Colloquium Genevense*

Giudaismo e del Cristianesimo nel nuovo tempio solare da lui fatto erigere sul Palatino[28] e Severo Alessandro avrebbe venerato nel suo larario Cristo, Abramo, Orfeo ed Apollonio di Tiana[29], oltre ad avere espresso in più modi il suo atteggiamento favorevole verso il Cristianesimo (*Hist. Aug.*, *vit. Alex.* 22, 4; 29, 2; 43, 6-7; 45, 6; 49, 6; 51, 7); ma già sulla cristianizzazione della corte di Settimio Severo, alla cui età risale la cappella di Dura Europos, ovvero la prima chiesa cristiana in senso proprio, testimoniano Eusebio (*Hist. eccl.* VI 28) ed Orosio (VII 19, 2)[30]. Di fatto l'età severiana[31] segnò un periodo di fioritura

---

1991, Bari 1993; H.A. *Colloquium Maceratense 1992*, Bari 1995; H.A. *Colloquium Barcinonense 1993*, Bari 1996. Gli ultimi due *Colloquia* si sono tenuti rispettivamente a Ginevra, nel 1998, e a Perugia nel 2000. Cfr. anche DAL COVOLO, *I Severi e il Cristianesimo. Un decennio*, 50-51.

[28] Sulla politica religiosa di Elagabalo nel contesto di quella severiana SORDI, *I Cristiani*, 97-98; M. FREY, *Untersuchungen zur Religion und zur Religionspolitik des Kaisers Elagabal*, Stuttgart 1989, recensito da B.M. COMUCCI BISCARDI, *Gnomon*, 64, 1992, 459-461; R. TURCAN, "Héliogabale précurseur de Constantin?", *BAGB*, 1, 1988, 38-52; E. DAL COVOLO, *Antonino Elagabalo e i Cristiani. Genesi e sviluppo di una tradizione storiografica*, Leuven 1989, Studia Patristica 19; R. TURCAN, *Eliogabalo e il culto solare*, tr. it. di E. ROVIDA, Genova 1991; L. CRACCO RUGGINI, "Elagabalo, Costantino e i "culti siriaci" nella *Historia Augusta*", in *Historiae Augustae Colloquium Parisinum MCMXC*, Macerata 1991, Historiae Augustae Colloquia Nova Series, 1, 123-146; E. DAL COVOLO, "La religione a Roma tra antico e nuovo: l'età dei Severi", *Riv. di St. e Lett. religiosa* 30, 1994, 237-246; Id., *I Severi e il Cristianesimo. Un decennio di ricerche*, part. 46.

[29] Celebre filosofo e taumaturgo cappadoce del I sec. d.C., di cui Filostrato scrisse la biografia su invito dell'imperatrice Giulia Domna; cfr. W. Speyer, "Zum Bild des Apollonios von Tyana bei Heiden und Christen, *Jahrbuch für Antike und Christentum*, 17, 1974, 47-63; D. Del Corno, "Lo scritto di Filostrato su Apollonio Tianeo e la tradizione della narrativa", in *La struttura della fabulazione antica. Istituto di Filologia Classica e Medievale*, 54, Genova 1979, 65-87; M. Dzielska, *Apollonius of Tiana in Legend and History*, Roma 1986, 19-50; M.J. Hidalgo de la Vega, "Apolonio de Tiana: ¿Mago o hombre divino?", in *II Congreso Peninsular de Historia Antigua*, Coimbra 1991, 193-216; Eiusd. "La función de los milagros en la sociedad romana imperial", in *Homenaje al Profesor Abilio Barbero*, ed. M.I. Loring, Madrid 1997, 331-348.

[30] Alessandro avrebbe voluto erigere un tempio a Gesù Cristo, accogliendolo fra gli dèi del *pantheon* romano, come già avrebbe avuto intenzione di fare Adriano; avrebbe ammirato la *probatio* dei sacerdoti cristiani al punto di additarla ad esempio della designazione dei governatori di provincia e dei magistrati e avrebbe favorito con un rescritto l'istanza dei Cristiani di Roma che in una contesa con i *popinarii* rivendicavano il possesso di un luogo per farne una chiesa –la motivazione addotta da Alessandro sarebbe stata: *ut quemadmodum illic deus colatur*–; infine, avrebbe apprezzato il precetto evangelico "non fare agli altri quanto non vorresti fosse fatto a te" al punto da farlo iscrivere in luoghi pubblici. Sulla valutazione di queste notizie si vedano SORDI, *I Cristiani*, 98-99; E. DAL COVOLO, "La politica religiosa di Alessandro Severo. Per una valutazione dei rapporti fra l'ultimo dei Severi e i Cristiani", *Salesianum* 49, 1987, 359-375; C. BERTRAND DAGENBACH, *Alexandre Sévère et l'*Histoire Auguste, Bruxelles 1990, Collection Latomus 208; M. CESA, "La *Vita Alexandri* nella *Historia Augusta*", QUCC, n.s. 42, 1992, 149-153; S. ANGIOLANI, "Alessandro Severo e i Cristiani nell'*Historia Augusta*", *Annali della Fac. di Lettere e Fil.dell'Univ. di Macerata* 27, 1994, 9-31. DAL

del Cristianesimo grazie alla "tolleranza di fatto" mantenuta dall'Impero romano –nonostante sporadiche persecuzioni locali– verso la Chiesa. Anzi, poco dopo l'età severiana, Filippo l'Arabo, salito al trono nel 244 come successore di Gordiano III, era forse egli stesso un cristiano, il primo imperatore romano cristiano, e lo stesso Origene che visitò Giulia Mamea fu in contatto epistolare anche con Filippo e con sua moglie[32].

L'interesse di Longo per il mondo religioso, il senso in cui tale interesse vada interpretato e le modalità in cui si declina sono da tempo al centro di un vivace dibattito. Già nel prologo emerge con chiarezza il tema della dedicazione religiosa, come ha messo in luce Kussl[33], ed anche nei tre miti di metamorfosi che si inseriscono nei primi tre libri del romanzo, in luoghi *grosso modo* corrispondenti (quello della colomba ad I 27; quello di Pan e Siringa a II 34 e quello di Eco a III 23), sono stati ravvisati talora significati religiosi; è interessante a tal proposito notare che Longo si discosta in maniera rilevante dalle sue fonti, Ovidio (*Met.* I 689-712 per Siringa; III 356-401 per Eco; XIII 640-674 per la colomba) ed Achille Tazio (VIII 6, 7-11 per Siringa), nel fornire la propria versione di ciascun mito, evidentemente con l'intento di adattarlo al meglio in vista dell'inserimento nel proprio romanzo; in particolare, Billault ha posto in luce come nel mito di Siringa Longo abbia minimizzato gli elementi erotici e fantastici della leggenda presenti nei suoi modelli[34].

Per portare un esempio molto specifico tratto dal corpo del romanzo,

---

COVOLO, "I Severi e il Cristianesimo. Un decennio", 49-50 n. 32, rivaluta l'attendibilità delle notizie della *Historia Augusta* di contro ad A. BRENT, *Hippolytus and the Roman Church in the Third Century. Communities in Tension before the Emergence of a Monarch-Bishop*, Leiden-New York-Köln 1995, Supplements to *Vigiliae Christianae* 31, argomentando a mio parere con ragione che il filocristianesimo dei Severi è attestato anche da altre fonti oltre che dalla *Historia Augusta*, come aveva già fatto notare M. SIMONETTI, "Una nuova proposta su Ippolito", *Augustinianum* 36, 1996, 13-46.

[31]Oggi studi importanti sull'età severiana in *Gli imperatori Severi. Storia archeologia religione*, a c. di E. dal Covolo-G. Rinaldi, Roma 1999, Biblioteca di Scienze Religiose 138. In particolare si veda il già cit. DAL COVOLO, *I Severi e il Cristianesimo. Dieci anni dopo, ibid.*, 187-196.

[32] Rinvio per questo alla trattazione di SORDI, *I Cristiani*, 105 sgg. e a R. LANE FOX, *Pagans and Christians in the Mediterranean World from the Second Century A.D. to the Conversion of Constantine*, London 1988², 453-454. Cfr. Dionys. *ap.* Eus. *Hist. eccl.* VI 41, 9 e VII 10, 3.

[33] R. KUSSL, *Longo's* Daphnis und Chloe *als Griechischelektüre in der 11. Jahrgangsstufe*, in N. HOLZBERG, ed., Amor Ludens. *Liebeselegie und Liebesroman im Lektürenunterricht*, Bamberg 1992, Auxilia 30, 76-127, part. 94-96.

[34] Lascia intendere notevoli scostamenti dai modelli J. STOCKER, *Beobachtungen zur Darstellungsweise des Longos*, Ph. D. Innsbruck 1984, 256-270; su Siringa A. BILLAULT, "Le mythe de la syrinx dans *Daphnis et Chloé*", *Recherches sur l'imaginaire* 10, 1983, 16-26. Una sezione del lavoro di MORGAN, "Longus", 2238-2241 è dedicata all'analisi e alla valutazione delle varie interpretazioni dei tre miti nella critica più recente: rinvio pertanto a questo lavoro.

la teofania di Pan con il suo intervento salvifico di Long. II 25-29 è stata collegata ad una iscrizione votiva di ringraziamento per scampato naufragio proveniente dal tempio di Pan di Redesiyeh in Egitto. In entrambi i casi secondo Meillier si può rilevare la medesima disposizione d'animo dell'essere umano beneficato dal dio, che lo libera da una situazione senza scampo e che offre la certezza della presenza divina[35]. Si tratta di un contributo inteso a confermare che il mondo religioso di Longo è il medesimo della vita reale, della fede quotidiana negli dèi.

L'interpretazione religiosa del romanzo di Longo e della sua ambientazione pastorale risale almeno a G. Rohde, che vi trovò una seria espressione del potere divino della natura[36], collegato, attraverso il suo simbolismo, con il culto misterico, ed è stata sviluppata da Merkelbach, da Chalk e, benché solo parzialmente, da Mittelstadt e da Christie[37]. Mittelstadt, infatti, considera il romanzo espressione di un semplice culto della natura, in cui Eros è la divinità che agisce sia nel mondo degli affetti umani sia al contempo nell'intera natura, e Christie nota che, rispetto agli altri romanzi, quello di Longo non presenta diverse divinità, ma soltanto Eros come figura divina centrale e onnipotente, alla cui importanza è probabilmente da ricondursi anche un altro carattere distintivo del romanzo, ossia la sostituzione del *topos* dell'amore a prima vista con la descrizione del graduale innamoramento dei due giovani protagonisti. Queste visioni divergono non poco da quelle dei seguaci di E. Rohde, che hanno insistito sull'ambientazione pastorale come una semplice risposta al desiderio di evasione da parte del pubblico urbano, o da quella di Berti, la quale ha insistito tra l'altro sul forte influsso della Commedia Nuova sul romanzo di Longo proprio per confutare le interpretazioni di Merkelbach e di Chalk[38].

---

[35] C. MEILLIER, "L'épiphanie de Pan au livre II de *Daphnis et Chloé*", *REG* 88, 1975, 121-132.

[36] Analizza oggi il tema della natura in Longo, ritenuta "genuinely present in the novel", A. BILLAULT, "La nature dans *Daphnis et Chloé*", *REG* 109, 1996, 506-526.

[37] G. ROHDE, "Longus und die Bukolik", *RhM* 86, 1937, 23-49; R. MERKELBACH, "*Daphnis and Chloe.* Roman und Mysterium", *Antaios*, 1, 1959, 47-60 = Eiusd. *Roman und Mysterium in der Antike*, München-Berlin 1962, 192-224; H.H.O. CHALK, "Eros and the Lesbian Pastoral of Longos", *JHS* 80, 1960, 32-51, rist. in *Beiträge zum griechischen Liebesroman*, ed. H. GÄRTNER, Hildesheim *et al.* 1984, Olms Studien 20, 388-407; e in *Theokrit und die griechische Bukolik*, ed. B. EFFE, Darmstadt 1983, Wege der Forschung 580, 402-438; MITTELSTADT, *Longus and the Romance*, *passim.* Sull'apparato divino del romanzo cfr. F.C. CHRISTIE, *Longus and the Development of the Pastoral Tradition*, Philol. Dissert. Harvard 1972 (riassunto in *HSCPh* 77, 1973, 246-248), part. 1-45.

[38] ROHDE, *Der griechische Roman*, 541 sgg.; fra chi si allinea con la sua interpretazione oggi: B. EFFE, "Longos. Zur Funktionsgeschichte der Bukolik in der römischen Kaiserzeit", *Hermes* 110, 1982, 65-84; B. EFFE-G. BINDER, *Die antike Bukolik*, München-Zürich 1989, Artemis Einführungen, 48-56; con maggiore problematicità B.D. MACQUEEN,

Merkelbach riprese l'interpretazione del romanzo in chiave misterica proposta già da Kerényi –secondo il quale l'intera struttura narrativa del romanzo antico trova un parallelo nella storia di Iside e di Osiride, anche se in un secondo momento lo studioso smussò la propria posizione, negando che si possa parlare dell'opera in termini di "testo misterico"[39]– e propose di considerare il romanzo in ogni parte del suo svolgimento come una allegoria del mito sotteso ai culti misterici. In particolare, quello di Longo sarebbe un'allegoria dei misteri dionisiaci, diffusi in tutto il mondo romano e presenti anche a Lesbo, dove il nostro romanzo, come dicemmo, è ambientato. Il contesto rustico si spiegherebbe con la supposizione che i cittadini iniziati ai culti dionisiaci avrebbero immaginato e recitato un ritorno alla favolosa età dell'oro, in campagna; la drammatizzazione rituale avrebbe previsto anche un'immedesimazione degli iniziati con pastori e satiri. Così i protagonisti del romanzo, Dafni e Cloe, sarebbero in realtà due iniziati, anzi il personaggio letterario di Dafni, presente ad esempio anche in Teocrito, sarebbe stato fin dall'inizio legato al culto dionisiaco, come confermano Simon e Wojaczek sulla base di indagini rispettivamente iconografiche e letterarie: il secondo asserisce che Longo ha scelto Dafni come protagonista del suo romanzo proprio perché già intimamente legato al mondo misterico[40]. Tutti i particolari del racconto poi, secondo Merkelbach, dai luoghi agli intervalli di tempo a determinati oggetti come l'edera o i delfini, sarebbero sempre simboli dionisiaci; in particolare i pirati, motivo topico della trama romanzesca antica, come abbiamo visto più volte, sarebbero un rinvio ai pirati tirreni di cui parla l'omerico *Inno a Dioniso*. L'esposizione stessa dei protagonisti da bambini richiamerebbe inoltre la pratica dionisiaca dell'esposizione simbolica e dell'adozione dei futuri iniziati.

Chalk ha insistito da parte sua sulla assoluta centralità di Eros, notando che però nel pensiero orfico e dionisiaco esso era identificato con Dioniso stesso, onnipresente nella natura e nell'amore umano. In tal modo l'interpretazione del romanzo viene ricondotta, sia pure per altra via, alla linea misterico-dionisiaca di Merkelbach, anche se con minore volontà di ricondurre ogni particolare ad un'allegoria dionisiaca. Anche per questo l'interpretazione proposta dallo studioso ha potuto riscuotere il favore di vari critici, quali Reardon, Bompaire ed il commentatore di Longo Schönberger, o ancora

---

*Myth, Rhetoric and Fiction: a Reading of Longus'*Daphnis and Chloe, Lincoln, Neb.-London 1990, 160 sgg.. M. BERTI, *Sulla interpretazione mistica del romanzo di Longo*, *SCO* 16, 1967, 343-358.

[39] K. KERÉNYI, *Die griechisch-orientalische Romanliteratur in religionsgeschichtlicher Beleuchtung*, Tübingen 1927; Eiusd., *Der antike Roman. Einführung und Textauswahl*, Darmstadt 1971, Libelli 315, 11-29.

[40] E. SIMON, "Dionysischer Sarkophag in Princeton", *MDAI(R)*, 69, 1962, 136-158; G. WOJACZEK, *Daphnis. Untersuchungen zur griechischen Bukolik*, Meisenheim am Glan 1969, Beiträgen zur klassischen Philologie 34, 5-21.

Heiserman che legge il romanzo in chiave orfica, identificando Eros con Pan e Dioniso, ma ribadendo anche con convinzione che non siamo in presenza di un'allegoria religiosa, bensì innanzitutto di un'opera d'arte: su un terreno simile si pone G.B. MacQueen, sostenendo che Longo ha deliberatamente evocato il simbolismo dell'iniziazione ai misteri, ma non come un fine –come sosteneva Merkelbach–, bensì come un mezzo, tanto da prenderne anche le distanze ironicamente[41]. Diverse voci si sono levate a contrastare la lettura del romanzo proposta da Merkelbach e sentita come troppo forzata e univoca; anche la sovrapposizione di Eros e Dioniso è comunque stata oggetto di contestazione[42], per quanto da più parti si sia riconosciuta la centralità di Eros nella trama e il posto di riguardo che gli va conferito nell'interpretazione del racconto[43].

Anche la scoperta di motivi platonici nel romanzo è significativa dell'interesse di Longo verso il religioso, soprattutto in relazione all'amore platonico; inoltre recentemente Gill ha interpretato in senso filosofico numerosi elementi del romanzo, non solo in riferimento al Platonismo, ma anche allo Stoicismo e in particolare alla teoria della οἰκείωσις. Scarcella, pur senza condividere l'impostazione di Merkelbach, ha recentemente raccolto i numerosi riferimenti a Dioniso nel romanzo e ha posto altresì in rilievo in un'analisi della struttura narrativa del romanzo l'assenza di ogni mediazione esterna negli

---

[41] B.D. MACQUEEN, "Religious Symbolism in Longus' *Daphnis and Chloe*", in *The Ancient Novel in Context. Proceedings of the Third International Conference on the Ancient Novel (Groningen, 25-30 July 2000)*, edd. M. Zimmerman-S. Panayotakis-W. Keulen, in pubblicazione.

[42] MORGAN, "Longus", 2258 presenta i riferimenti e sembra schierarsi a sua volta a favore di questa equilibrata interpretazione di Chalk; A. HEISERMAN, *The Novel before the Novel. Essays and Discussions about the Beginnings of Prose Fiction in the West*, Chicago-London 1977, 130 -145; per la critica a Merkelbach si vedano soprattutto R. TURCAN, "Le roman 'initiatique': à propos d'un livre récent", *RHR* 163, 1963, 149-199; Eiusd. "Βίος βουκολικός ou les mystères de Lesbos", *GCA* 241, 1989, 169-192; A. GEYER, "Roman und Mysterienritual", *Würzburger Jahrb. für Altertumswiss.* 3, 1977, 179-196; D. TESKE, *Der Roman des Longus als Werk der Kunst*, Münster 1991, Orbis Antiquus 32; C. GARCÍA GUAL, "L'initiation de Daphnis et Chloé", in *L'initiation. Actes du Colloque International de Montpellier, 11-14 avril 1991*, ed. A. Moreau, I, Montpellier 1992, Univ. Paul Valéry. Séminaire d'étude des mentalités antiques, publications de la recherche, 157-166, secondo cui l'iniziazione dei due giovani è soltanto d'amore e non religiosa, il che implicherebbe invece una dimensione collettiva. Sostiene contro Chalk che Eros e Dioniso siano intenzionalmente mantenuti del tutto distinti fino alla fine del romanzo da Longo BERTI, "Sulla interpretazione mistica", 343-358.

[43] Oltre a Mittelstadt e Heisermann, su cui torneremo, cfr. TURNER, *Daphnis*, 117-123; CHRISTIE, *Longus and the Development*, part. 46-130, che inserisce Eros nella problematica del contrasto natura-cultura, una tematica sviluppata in rapporto a Longo dal citato TESKE, *Der Roman des Longos*, che ne fa la dialettica principale del romanzo, e da F. ZEITLIN, "The Poetics of *Erōs*: Nature, Art and Imitation in Longus' *Daphnis and Chloe*", in D.M. HALPERIN-J.J. WINKLER-F. ZEITLIN (edd.), *Before Sexuality. The Construction of Erotic Experience in the Ancient Greek World*, Princeton 1990, 417- 464, che di nuovo pone Eros al centro dell'attenzione in una complessa e articolata analisi del romanzo.

avvenimenti –ad esempio, di ogni intervento di qualcuno che sopraggiunge improvvisamente, così comune invece negli altri romanzi– con l'unica eccezione precisamente per l'intervento divino[44]. Infine, nell'interpretazione "comica" dei *Poimenikà* come sorta di parodia riduttiva e ridicolizzata delle trame romanzesche usuali proposta da Anderson, condivisa da Bretzigheimer e parzialmente da Reardon e avversata da Stanzel, anche l'elemento divino nel romanzo è considerato ridotto e comicizzato, in funzione di una serie di scherzose ambivalenze[45].

Vale la pena di ricordare che proprio Stanzel, ricuperando un'ottica meno "comica" sul romanzo, ribadisce il profondo valore che anche in Longo assume la virtù della castità –sottoposta invece a comica relativizzazione per Anderson e Bretzigheimer–, la quale abbiamo già ampiamente incontrato e posto in luce nei romanzi greci analizzati precedentemente.

A conclusione di questa breve rassegna delle varie esegesi del romanzo di Longo proposte dai critici, circa l'interpretazione misterica dei pastori e del mondo pastorale vorrei ricordare brevemente lo sviluppo della simbologia pastorale sia nel mondo pagano sia in quello cristiano[46]. Se nell'antico Oriente e nell'Egitto sovente il pastore è simbolo della divinità o del sovrano, nel mondo greco in Omero la rappresentazione del re come ποιμὴν λαῶν è ampiamente attestata, sia nell'*Iliade* (44 volte) sia nell'*Odissea* (12 volte).

---

[44] W.E. FOREHAND, "Symbolic Gardens in Longus' *Daphnis and Chloe*", *Eranos* 74, 1976, 103-112; MACQUEEN, "Myth, Rhetoric and Fiction", 168-174; CH. GILL, "Daphnis and Chloe as 'Philosophy'", in *The Ancient Novel in Context*, cit., in corso di pubblicazione; sulla teoria stoica della οἰκείωσις si veda R. RADICE, Oikeiosis. *Ricerche sul fondamento del pensiero stoico e sulla sua genesi*, introduzione di G. Reale, Milano 2000, Temi metafisici e problemi del pensiero antico, Studi e testi 77. A.M. SCARCELLA, "Morfologia e ideologia dionisiaca nel romanzo greco d'amore", *QIFP* 3, 1985, *Filosofia della natura e pensiero religioso*, 11-23, rist. in Eiusd. *Romanzo e romanzieri*, Napoli 1993, 133-144. Interessante mi pare specialmente la tesi di MACQUEEN, *ibid.*, part. 98-113, e oggi nel cit. *Religious Symbolism*, il quale sposta l'asse interpretativo del romanzo a chiave misterica che era stato di Merkelbach notando che l'antica dialettica fra mito e retorica e la crisi della cultura greca trova nel romanzo una risposta che non è identica, ma è parallela a quella fornita dai culti misterici.

[45] G. ANDERSON, *Eros Sophistes. Ancient Novelists at Play*, Chico 1982, American Classical Studies 9, 41-49; G. BRETZIGHEIMER, "Die Komik in Longo's Hirtenroman *Daphnis und Chloe*", *Gymnasium* 95, 1988, 515-555; B.P. REARDON, "*Mythos* ou *logos*: Longus' Lesbian pastorals", in *The Search for the Ancient Novel*, ed. J. Tatum, Baltimore 1994, 135-147 accetta l'importanza dell'ironia in Longo; K.H. STANZEL, "Frühlingserwachen auf dem Lande. Zur erotischen Entwicklung im Hirtenroman des Longos", *WJA*, n.F., 17, 1991, 153-175 non condivide la lettura comica dei precedenti interpreti perché offre una diversa risposta ai loro interrogativi, in quanto ritiene quello di Longo un "romanzo di formazione".

[46] Per un orientamento generale in tal senso rinvio a J. ENGEMANN, art. "Hirt", in *Reallexikon für Antike und Christentum*, XV, Stuttgart 1991, 578-607 e a J. JEREMIAS, Ποιμήν, in *Theol. Wörterbuch d. N. Test.*, VI, 1959, 484-498. Si veda anche A. PROVOOST, *Iconologisch Onderzoek van de laat-antieke Herdersvortellungen*, I-II, Leuven 1976.

Successivamente "pastore" è attestato come appellativo dei capi militari (in Esiodo, Eschilo, Sofocle ed Euripide) e dei capi di Stato, come in Platone; Teocrito è poi modello di rappresentazione bucolica; in ambito iconografico, Ermes è sovente rappresentato come pastore, ma la figura maschile che reca una pecora o un altro animale domestico sulle spalle è talora identificabile con un portatore di offerte sacrificali[47]. Nel mondo latino, con Virgilio, seguito da Calpurnio Siculo, il motivo pastorale si sovrappone con quello dell'età dell'oro, il cui ritorno è oggetto di speranza, in un sorprendente parallelismo con l'identificazione giudaica del Messia, la cui venuta è parimenti oggetto di speranza e che è portatore di una nuova età, con il pastore d'Israele[48]. Dal punto di vista mitico e misterico, nel mondo pagano sia Attis sia Orfeo sia Mitra sono talora rappresentati come pastori: in particolare per Orfeo vi sono attestazioni iconografiche, soprattutto rilievi su sarcofagi, del tardo III secolo, che lo rappresentano in un contesto chiaramente bucolico, probabilmente in riferimento alla sua capacità di ammansire le fiere. Di specifico interesse in ordine alla nostra problematica appare in merito la ripetuta assimilazione tra Orfeo e Gesù Cristo nella letteratura cristiana antica, nonché la coincidenza cronologica del romanzo di Longo con l'infittirsi delle testimonianze iconografiche del tema pastorale, databili al 180-190, 220 ed entro la metà del III secolo[49]. Anche un'iscrizione pressoché contemporanea al romanzo, il cosiddetto *Epitaphium Aberci*, databile con ogni probabilità verso la fine del II secolo d.C. o ai primi anni del III[50], è imperniata sulla simbologia pastorale e

---

[47] R. KEYDELL, art. "Theokritos, 1", in *Kleine Pauly*, V, 1975, 709-711, N. HIMMELMANN, *Über Hirt-Genre in der antiken Kunst*, Düsseldorf 1980, Abhandlungen Düsseldorf 65, 63-75.

[48] Per Virgilio e l'età dell'oro R. KETTEMANN, *Bukolik und Georgik*, Heidelberg 1967, Heidelberg Forschungen 19, 17 e 76 sgg.; HIMMELMANN, *Hirt-Genre*, 18 sgg; B. GATZ, *Weltalter, Goldene Zeit un sinnverwandte Vorstellungen*, 1967, 114-143. Per il mondo giudaico e il pastore come Messia rinvio a J.A. SOGGIN, "r'h", in *Theol. Wört. d. Alt. Testam,* II, 793; ENGEMANN, "Hirt", 586 -589: nell'Antico testamento quello del pastore è anche attributo del Dio di Israele e dei re d'Israele, ma soprattutto è quello del re messianico davidico.

[49] Su Attis si veda M.J. VERMASEREN, *The Legend of Attis in Greek and Roman Art*, Leiden 1966, part. 13-21; W.N. SCHUMACHER, *Hirt und 'Guter Hirt'*, "Römisch. Quartalschrift Suppl." 34, 1977, part. 224-230. Sulla similitudine tra Orfeo e Cristo: R.A. SKERIS, *Musical Imagery in the Ecclesiastical Writers of the First Three Centuries*, Altötting1976, 146-156. Per Mitra si veda R. MERKELBACH, *Mithra,* 1984, p. 97 sgg.; ENGEMANN, *Hirt*, 581-586.

[50] Della sterminata bibliografia mi limito a richiamare i lavori più recenti: H. STRATHMANN-TH.. KLAUSER, s.v. "Aberkios", in *Reallexikon für Antike und Christentum*, I, Stuttgart 1950, 12-17; M. GUARDUCCI, *Epigrafia greca*, I, Roma 1978, 377-386 con bibliografia; G. KRETSCHMAR, "Erfahrung der Kirche. Beobachtungen zur Aberkios-Inschrift", in *Communio Sanctorum. Mélanges offerts à Jean-Jacques von Allmen*, Université de Neuchâtel, Faculté de Théologie, Neuchâtel 1982, 73-85; nuova ed. commentata dell'epigrafe con bibl. in W. WISCHMEYER, "Die Aberkiosinschrift als Grabepigramm", *JAC*, 23, 1980, 22-

ha dato origine a interpretazioni analoghe in senso misterico dell'immagine del pastore puro (ποιμὴν ἁγνός) che vi compare e del quale Abercio si dice discepolo: οὔνομ'<'Αβέρκιος ὢν ὁ> μαθητὴς ποιμένος ἁγνοῦ, / [ὃς βόσκει προβάτων ἀγέλας ὄρεσιν πεδίοις τε, / ὀφθαλμοὺς ὃς ἔχει μεγάλους πάντῃ καθορῶντας. / οὗτος γάρ μ'ἐδίδαξεν ... γράμματα πιστά,] / εἰς 'Ρώμη[ν ὃς ἔπεμψεν] ἐμέν... (vv. 3 sgg.). In particolare, alcuni critici in passato hanno identificato il pastore con Attis, in base ai riscontri simbolici cui accennavamo, ma oggi questo tipo di esegesi è stato –a quanto sembra, definitivamente– superato dalla lettura cristiana, avvalorata dal convergere di una cospicua serie di elementi in tale senso, dell'intero epitafio, probabilmente commissionato dal vescovo Abercio di Gerapoli in Frigia. In base a questa lettura cristiana il ποιμὴν ἁγνός è senz'altro Gesù Cristo, che già dai Vangeli si presenta come il Buon Pastore (*Gv* 10, 1-18, part. v. 11: ἐγώ εἰμι ὁ ποιμὴν ὁ καλός; cfr. anche *Mt* 18, 12-14 e *Lc* 15, 4-7 con la parabola del buon pastore e della pecorella smarrita), con un'immagine ricca di echi messianici veterotestamentari[51]. In effetti le attestazioni iconografiche ed epigrafiche di Cristo come pastore sono frequenti e il tema si trova ampiamente sviluppato nella letteratura patristica, dal *Pastore di Erma* a Clemente Alessandrino (*Paed.* III 101, 3), a Tertulliano (*Pud.* 7; 10; 12 sgg), che per altro testimonia dell'esistenza di rappresentazioni di Gesù Cristo-pastore su vetri di calici che effettivamente sono stati rinvenuti, ad Eusebio; *grosso modo* contemporanee a Longo sono poi le rappresentazioni del tardo II e III secolo nelle catacombe romane, sui sarcofagi, di Gesù Cristo come pastore[52].

47; Eiusd. "Aberkios-Inschrift", in *Lexikon für Theologie und Kirche*, I, Freiburg 1993², 46- 47; D. MAZZOLENI, "L'epigrafia cristiana al tempo dei Severi", in *Gli imperatori Severi. Storia archeologia religione*, a c. di E. dal Covolo-G. Rinaldi, Roma 1999, Biblioteca di Scienze Religiose 138, 273-284, part. 273; da ultimo si veda eventualmente il mio "L'Epitafio di Abercio: uno *status quaestionis* e alcune osservazioni", *Aevum* 74, 2000, 191-207.

[51] *Mich* 5, 1-3: profezia che da Betlemme sarebbe uscito un pastore destinato a pascere il popolo d'Israele, ripresa in *Mt* 2, 6; *Zc* 13, 7: profezia delle percosse al pastore e della dispersione delle pecore ripresa in *Mt* 26, 31 e *Mc* 14, 27; *Sal* 2, 9: profezia del pastore che ποιμανεῖ αὐτοὺς ἐν ῥάβδῳ σιδηρᾷ, ripresa in *Apc* 2, 27; 19, 15. Asserzione di Gesù in *Gv* 10, 11 e 14 sgg. di essere il "buon pastore": A.J. SIMONIS, *Die Hirtrede im Johannes-Evangelium*, Roma 1967.

[52] In questa sede mi limito a rinviare all'opera, classica ormai, di A. GRABAR, *Le vie della creazione nell'iconografia cristiana. Antichità e Medioevo*, Di fronte e attraverso 499, ed. it. Milano 1999², che fornisce indicazioni bibliografiche; H. KEMPF, *Christus der Hirt. Ursprung und Deutung einer altchristlichen Symbolgestalt*, Roma 1942; ENGEMANN, "Hirt", 590 sgg. Sulle testimonianze letterarie si veda E. DASSMANN, *Sündervergebung durch Taufe. Buße und Martyrerfürbitte in den Zeugnissen frühchristlicher Frömmigkeit und Kunst*, Münster 1973, Münst. Beitr. Theol. 36, 327-340; sul *Pastore di Erma* in particolare cfr. A. HILHORST, "Hermas", in *Reallexikon für Antike und Christentum*, XIV, Stuttgart 1989, 682-701. Sui vasi d'oro paleocristiani con Cristo come pastore di cui parla anche Tertulliano (*Pud.* 7, 1 [*Corpus Christianorum, series Latina*, II 1292]: *a parabolis licebit incipias, ubi est ovis perdita a Domino*

Un ultimo rilievo vorrei dedicare ad un ulteriore parallelismo con la cultura cristiana: anche il tema dell'insegnamento offerto dagli animali, che si riscontra nel romanzo di Longo, come ha messo in luce Epstein con dovizia[53], e che per altro è tipico nella cultura classica –basti pensare alla tradizione favolistica di Esopo–, si trova sviluppato anche in quella cristiana, a partire dagli inviti evangelici di Gesù ai suoi ad essere come serpenti o volpi o colombe[54].

Ma vorrei ora soffermarmi su alcuni aspetti ed alcuni punti specifici del romanzo. Un passo forse non adeguatamente valorizzato dai critici mi sembra quello conclusivo del proemio. Il proemio stesso nel suo insieme, invece, è stato oggetto, come ricordavamo, di approfondita analisi da parte degli studiosi. Quivi Longo, dopo avere esposto l'occasione della sua narrazione, ovvero la descrizione di un quadro che rappresenta tutte le vicende le quali il romanziere si accinge a narrare, facendo dell'opera sua un'unica, prolungata ἔκφρασις di quattro libri, presenta le divinità alle quali il romanzo stesso è dedicato, Eros, le Ninfe e Pan, nonché lo scopo dell'opera. Queste medesime divinità ricompaiono alla fine dell'opera, allorché Dafni e Cloe si sono ormai sposati: a IV 39 leggiamo infatti che i due vissero "venerando come dèi le Ninfe e Pan ed Eros" (θεοὺς σέβοντες Νύμφας καὶ Πᾶνα καὶ Ἔρωτα) e che "ornarono la grotta [*sc.* delle Ninfe], vi consacrarono statue e vi eressero un altare ad Eros pastore e a Pan diedero un tempio da abitare, in luogo del pino, chiamandolo 'Pan Soldato'" (βωμὸν εἵσαντο Ποιμένος Ἔρωτος καὶ τῷ Πανὶ ἔδοσαν ἀντὶ τῆς πίτυος οἰκεῖν νεών, Πᾶνα Στρατιώτην ὀνομάσαντες).

Non sarà fuori luogo a questo punto un breve *excursus* sulla presenza degli dèi nel romanzo. La devozione dei protagonisti verso le Ninfe, Pan ed Eros si ritrova nell'intero corso del romanzo stesso, a partire dalla scena iniziale del ritrovamento di Cloe in una grotta sacra alle

---

requisita et humeris eius revecta. Procedant ipsae picturae calicum vestrorum...; *ibid.* 10, 12 [*ibid.* p. 1301]. *Pastorem quem in calice dipingis*) si veda F. ZANCHI ROPPO, *Vetri paleocristiani a figure d'oro conservati in Italia*, Bologna 1969, fig. 31. Sulle rappresentazioni catacombali: G. OTRANTO, "Tra letteratura e iconografia. Note sul Buon Pastore e sull'Orante nell'arte cristiana antica (II-III sec.)", *VetChr* 26, 1989, 69-87.

[53] S.J. EPSTEIN, *Man and Animal in Ancient Greek Pastoral*, Phil. Dissert. Berkeley 1992, 108-192, studiando gli animali in Longo ne sottolinea l'importanza nell'economia del romanzo e mostra come essi, grazie alle loro funzioni nel mito, possano anche avvicinare gli uomini agli dèi e rivestire pertanto una valenza in certo modo religiosa.

[54] Per la valenza paradigmatica, morale e simbolica, degli animali nel mondo antico mi limito a segnalare: la raccolta *Pisciculi. Festschrift für J. Dölger*, *AChrErgBd* 1, 1939: entro la miscellanea, J. WIESENER, "Zum Hirtsch in der Frühzeit", 309-319; D. FORSTNER, "Liturgische Symbole", *Bibel und Liturgie* 23, 1955-56, 26-32; 59-61; B. KÖTTING, "Tier und Heiligtum", in *Mullus. Festschrift für Th. Klauser*, *JACErgBd* 1, 1964, 209-214.

Ninfe (I 3) e dall'offerta votiva della zampogna di Dorcone, dopo la sua morte, in quella stessa grotta, dove avviene anche la prima epifania della bellezza di Cloe agli occhi di Dafni (I 32); a Pan è devoto Fileta, il musico pastore (II 3), che racconta la teofania di Eros, come fanciullo più vecchio di Crono, ed ammaestra i due ragazzi (II 4-7). Su Pan e sulla Ninfe giura Fileta in veste di giudice al processo contro Dafni intentato dai Metimnesi; per le Ninfe Cloe scongiura invano i suoi rapitori di lasciarla libera, ma essi si fanno beffe delle statue delle dèe (i "sacri simulacri" di II 21), davanti a cui Dafni lamenta la perdita dell'amata (II 22). Le Ninfe gli compaiono in sogno e gli rivelano che Cloe sta a cuore più a loro che a lui stesso e gli promettono che Pan ed Eros provvederanno a salvare la fanciulla: Dafni allora prega le Ninfe e Pan e fa ferventi voti (II 23-24), a cui tiene dietro il miracoloso intervento di Pan che libera Cloe, dichiarando di agire anche in nome delle Ninfe e di Eros (II 25-28); le Ninfe e Pan sono i destinatari delle offerte di ringraziamento successive, sia da parte dei giovani, sia di Fileta (II 29-32). Su Pan verte anche il mito di Siringa, raccontato di lì a poco dal medesimo Fileta (II 34) e mimato dai due fanciulli (II 37), prima che essi venerino Pan e le Ninfe e che dedichino a Pan la vecchia zampogna di Dafni (II 38): ricordiamo che Pan e Piti cantava la fanciulla trasformata in colomba nel mito narrato da Dafni ad I 27. Pan e le Ninfe sono le divinità alle quali rispettivamente Dafni e Cloe giurano, l'uno, di voler avere in comune la vita con l'amata, l'altra di voler avere in comune con l'amato sia la vita sia la morte; Cloe inoltre pretende che Dafni giuri sulle capre, poiché sa che Pan è un dio che non punirebbe mai un'eventuale infedeltà di Dafni (II 39): in IV 28, quando Dafni teme di non potere più sposare Cloe, che gli è stata rapita, protesta scorato che vani sono stati i suoi giuramenti su Pan e sulle Ninfe. Le Ninfe e Pan pregano i giovani quando l'inverno li tiene separati (III 4); Eros si muove a pietà di Dafni in III 6 e Cloe giura sulle Ninfe in III 10, come Lamone giurerà su Pan e sulle Ninfe in IV 18. Nella seconda primavera, la prima azione compiuta dai due ragazzi è la venerazione alla grotta delle Ninfe e al pino di Pan; in nome di queste stesse divinità Licenio prega Dafni di aiutarla (III 16) e le Ninfe sono protagoniste nel mito di Eco, narrato da Dafni a III 23; sono invocate dallo stesso Dafni quando teme che Cloe vada in isposa a un altro e gli appaiono, rassicurandolo e promettendogli l'assistenza loro e quella di "un altro dio", sicuramente Eros (III 27). Lamone, il padre adottivo di Dafni, prega Pan e le Ninfe di ricompensare i genitori di Cloe per la loro disponibilità al matrimonio fra i due giovani (III 31) e nel suo giardino ha una rappresentazione di Pan in una scena di vendemmia all'interno di un tempietto sacro a Dioniso (IV 3-4). Anche Dionisofane, il padrone di Lamone e vero padre di Dafni, è devoto a quelli che esplicitamente Longo dice "gli dèi che presiedono all'agricoltura", Demetra, Dioniso, Pan e le Ninfe (IV 13). A questi dèi Dafni, scoperta la sua vera identità, offre in dono gli strumenti del mestiere di capraio: a Dioniso la bisaccia e la pelle, a Pan la zampogna e la tibia obliqua, alle Ninfe il vincastro e i secchi di latte (IV 26).

Gli unici altri dèi menzionati, per altro una sola volta, e non da pastori –si noti– ma da signori, dai genitori di Dafni, sono "Zeus signore", invocato dal padre, e le "amiche Parche", dalla madre (IV 21), allorché essi scoprono che il loro figlio esposto anni prima si è salvato ed è Dafni: a "Zeus salvatore" (Ζεὺς Σωτήρ) i genitori sacrificano subito dopo, evidentemente in ringraziamento per avere salvato l'infante esposto (IV 25). Il fratello di Dafni, Astilo, anch'egli un signore, giura invece sulle Ninfe, come un uomo agreste, rassicurando Dafni stesso, perché evidentemente vuole acquistare credito presso di lui invocando divinità alle quali il pastorello è particolarmente devoto (IV 22).

Si noti che le divinità cui Longo offre il suo lavoro nel proemio e che gli sposi poi venerano sono pressoché anche le uniche divinità pagane, insieme con Dioniso (menzionato a II 1; III 9-10; IV 3 come dio della vendemmia), che vi compaiono e possono tutte essere considerate semplici personificazioni di forze ed entità naturali: Eros, le Ninfe e Pan[55], e Dioniso rappresentano rispettivamente l'amore, il mondo boschivo ed agreste, il vino e la vendemmia. Anzi c'è anche nei confronti di questi dèi una certa presa di distanza, come nell'affermazione esplicita che si tratta di simulacri e null'altro in II 21, o nel rilievo sulla lascivia di Pan in II 39; scherzosamente Longo anche a III 9 dice che Dafni per poco non adorò i genitori di Cloe anziché Dioniso, per la gioia di essere stato invitato da loro al sacrificio. E altrettanto scherzosamente Longo commenta così l'ingenuità di Cloe, che si è fatta giurare fedeltà da Dafni sulle capre: "da ragazzetta quale era, ella credeva e andava dicendo che le capre e le pecore erano gli dèi dei pastori di capre e di pecore" (II 39). È significativo che i Cristiani, rifiutando la mitologia pagana, si siano mostrati invece molto meno categorici con le personificazioni di entità naturali o astratte, come quelle che compaiono qui nel romanzo od anche –per portare qualche esempio dal mondo latino– *Fides, Pietas, Roma* e simili. Un Cristiano contemporaneo di Longo, in particolare, Sesto Giulio Africano, che abbiamo già avuto occasione di ricordare precedentemente, ha mantenuto nei suoi *Kestoì* precisamente questo tipo di divinità, mettendo invece in ridicolo le favole mitologiche sugli altri dèi maggiori[56].

Ma ritorniamo al prologo, che, come dicevamo, è stato ampiamente studiato, benché si sia forse tralasciato di dare la debita importanza alla sua parte finale. Longo prosegue dunque nel suo prologo dicendo che con questo romanzo egli vuole giovare sia a chi non è ancora innamorato, perché apprenda che cosa sia l'amore, sia a chi già ha amato, perché richiami alla memoria il suo amore, sia a chi è innamorato, perché si consoli nei suoi travagli con la lettura di quelli altrui: l'autore giustifica questo fine dell'opera considerando l'estensione universale del potere dell'amore, che agisce su tutti[57]. Ma è l'ultima

[55] Sulla rappresentazione di Pan in Longo cfr. anche LANE FOX, *Pagans and Christians*, 131.

[56] RAMPOLDI, "Giulio Africano", 73-84; Ead., "I *Κεστοί* di Giulio Africano", 2451-2470.

[57] "Altre scene poi v'erano e tutte d'amore, ch'io vidi ammirato al punto che mi prese vaghezza di riprodurre il quadro in un romanzo; [...] misi insieme quattro libri, sacro dono votivo ad Eros, alle Ninfe e a Pane, e gradito possesso ad ogni uomo [τέτταρας βιβλίους ἐχεπονησάμην, ἀνάθημα μὲν Ἔρωτι καὶ Νύμφαις καὶ Πανί, κτῆμα δὲ τερπνὸν

frase ad apparire rivelatrice: "Quanto a noi, Dio ci conceda di vivere casti, limitandoci a scrivere le avventure altrui" [Ἡμῖν δὲ ὁ θεὸς παράσχοι σωφρονοῦσι τὰ τῶν ἄλλων γράφειν]. Se dunque tutto il romanzo è programmaticamente nel segno di Eros, se ad esso i due giovinetti fin dall'inizio sono consegnati in virtù di un sogno (I 7)[58], l'autore però prende personalmente le distanze da questa forza e si appella a "Dio" perché lo preservi dai suoi effetti, implicitamente contraddicendo l'asserzione appena precedente sull'onnipotenza di Eros e istituendo un'opposizione tra il potere dell'amore, personificato in Eros, e "Dio", il quale egli si attende che sia in grado di superare questo potere. Anche i protagonisti dei *Poimenikà* di Longo, in ogni caso, non sono alieni alla tematica della castità, che abbiamo visto operante con tanto vigore anche nelle opere precedentemente analizzate: a II 39 infatti sono esposti, come accennavamo, i giuramenti di fedeltà reciproca dei due giovani; Dafni giura che non vivrà nemmeno un giorno senza Cloe, Cloe anzi giura di volere in comune con Dafni non solo la vita, ma anche la morte. Poi Cloe si fa giurare da Dafni che, se ella lo tradirà, egli la ucciderà ed egli giura che, anzi, in tal caso egli ucciderà se stesso.

Nel romanzo di Longo non si trovano le scene di morte apparente e risurrezione o di crocifissione che abbiamo visto nei romanzi precedentemente analizzati, sulle quali abbiamo focalizzato l'attenzione e che stranamente prendono a comparire proprio agli inizi dell'era cristiana. Il cosiddetto *Romanzo di Nino* in effetti, che appare cronologicamente collocabile nel secolo precedente tale era, non presenta nessuna di queste scene, anche se purtroppo questa constatazione è fortemente limitata dalle condizioni frammentarie in cui ci è giunto il romanzo[59]; pertanto, non potendosi affermare nulla sulle parti perdute, non è possibile attribuire a questo rilievo un valore argomentativo. Per quanto concerne Longo, invece, l'assenza di scene di "crocifissione a lieto fine"

πᾶσιν ἀνθρώποις], rimedio insieme agli infermi, conforto agli afflitti, richiamo di memorie a chi avesse già amato, ammaestramento a chi fosse ancora inesperto d'amore. Giacché all'amore nessuno è mai sfuggito né sfuggirà, finché ci sarà la bellezza e occhi per vederla": tr. BALBONI, cit., 533.

[58] "Quando il maschietto aveva già quindici anni e la bambina tredici, Driante e Lamone ebbero in sogno, nella medesima notte, press'a poco questa visione. Parve loro che le Ninfe dell'antro, dove c'era la sorgente e dove Driante aveva trovato la piccola abbandonata, consegnassero Dafni e Cloe ad un fanciullo molto altero e bello, che aveva ali agli omeri e teneva un piccolo arco e minuscole frecce in mano. Questo fanciullo toccò con uno dei suoi strali tutt'e due i ragazzi e ordinò che, da allora in poi, fossero ambedue pastori, l'uno di capre, e l'altra di pecore [...] comunicatisi il sogno e offerti [...] i dovuti sacrifici al giovinetto alato (il nome, infatti, non lo conoscevano), inviarono i due fanciulli con i greggi al pascolo" (tr. BALBONI, cit., 535-536).

[59] Per il *Romanzo di Nino* basti in questa sede il rinvio a: C. RUIZ MONTERO, "La novela de Nino y los comienzos del género", in *Las letras griegas bajo el Imperio*, edd. M. Brioso-F.J. González Ponce, Sevilla 1996,135-150.

quali quelle degli altri romanzi forse va attribuita alla cura nell'evitare dettagli cruenti e alla dimensione pastorale del racconto, che non prevede l'istituzione di processi e condanne. Nel romanzo di Longo sono effettivamente presenti scene di scampato pericolo, ma non propriamente di "resurrezione". Abbiamo visto infatti che non manca un'incursione di pirati, i quali, mentre uccidono Dorcone, catturano Dafni, che però riesce a scampare sia ai pirati sia al naufragio in cui i suoi aguzzini periscono (I 28-31). Poco oltre (II 12 sgg.) si presenta un episodio parallelo, ma con sviluppi più articolati: quello dei Metimnesi, che, vedendosi distrutti gli ormeggi dalla capre di Dafni e le navi alla deriva, prendono a picchiare Dafni stesso, finché non si decide di istituire un processo sotto il giudizio di Fileta, che dichiara Dafni innocente; i Metimnesi, che tentano di sequestrare il pastorello, vengono cacciati e, tornati in patria, decidono di far guerra ai Mitilenesi. Questa volta è Cloe ad essere rapita in un'incursione (II 20) e miracolosamente salvata dall'intervento di Pan, preannunziato dalle Ninfe e coadiuvato da Eros (II 23 sgg.). In III 1-3, poi, si conclude la guerra fra Mitilene e Metimna. Un altro rapimento di Cloe, questa volta da parte del bifolco Lampi (IV 28), si risolve subito nel salvataggio della fanciulla da parte di Gnatone (IV 29). Nessun episodio di morte apparente con altrettanto apparente "resurrezione", dunque, propriamente.

Nel romanzo di Longo però, a dire il vero, la "resurrezione" compare in due casi, in diverso contesto, e segnatamente nel ciclo stagionale della rinascita della natura ogni primavera e nel risveglio del protagonista dopo uno svenimento. In III 4 infatti Longo descrive la malinconia dei due innamorati durante l'inverno e la loro attesa della primavera: "aspettavano il ritorno della primavera, come una risurrezione [παλιγγενεσίαν] dalla morte alla vita". In II 30 Dafni rivede Cloe dopo la cattura da parte dei Metimnesi e la liberazione miracolosa ad opera di Pan: "gettò le braccia attorno a Cloe e cadde svenuto. Richiamato in vita a fatica dai baci di Cloe e dal calore dei suoi abbracci, ritornò al solito faggio...". Se si guarda alla scelta lessicale di Longo, si tratta in un caso di παλιγγενεσία, nell'altro caso di ἀναβίωσις –quest'ultima è, come si nota, la stessa scelta lessicale operata da Achille Tazio nelle varie "scene di resurrezione" che abbiamo visto nel suo romanzo.

A proposito di aspetti più strettamente linguistici del romanzo di Longo, vorrei infine ricordare che sono stati recentemente posti in rilievo alcuni interessanti parallelismi verbali tra un'espressione di Longo ed altre che occorrono in autori giudaici e cristiani: in particolare ποικίλον τι χρῆμα ἦν καὶ ἀθήρατον (Long. II 4, 3), possibile citazione di un trimetro giambico perduto, può essere accostato ad un passo di Filone (*de post. Caini*, 18) e ad uno di Clemente Alessandrino (*Strom.* II 2, 5, 3)[60].

---

[60] Come nota O. SCHÖNBERGER, "Spiegelungen eines alten Verses?", *RhM* 19, 1976, 95-96.

Gli indizi linguistici hanno tanto maggiore interesse in quanto la lingua di Longo appare particolarmente curata, con un vocabolario attentamente scelto, pur non essendo in se stesso poetico: secondo Zanetto, uno dei coautori del *Lessico dei Romanzieri greci*, Longo dal punto di vista linguistico si mantiene su una posizione mediana fra la piana semplicità di Caritone e di Sefonte e la ricercatezza a volte, per così dire, quasi barocca di Achille Tazio e di Eliodoro. Egli scrive in attico e persegue una certa purezza grammaticale, talora elevando il tono con allusioni letterarie, talaltra inserendo espressioni colloquiali oppure metaforiche[61].

In conclusione, il romanzo di Longo risale a un'epoca in cui il Cristianesimo, come ho cercato di illustrare precedentemente in un breve *excursus* storico-culturale, era una realtà diffusa e radicata nell'Impero, aveva raggiunto anche le classi sociali più elevate e godeva, almeno in età severiana, di una "tolleranza di fatto" voluta direttamente dagli imperatori, ai quali erano vicine diverse eminenti personalità intellettuali cristiane, da Origene a Ippolito a Sex. Giulio Africano. Sia il romanziere, dunque, sia il suo pubblico avevano probabilmente conoscenza del Cristianesimo. Il mondo religioso che emerge dal romanzo è simile a quello di Giulio Africano, popolato com'è da poche divinità pagane e affatto minori; discussa è l'interpretazione misterica dell'ambientazione pastorale, che può essere anch'essa accostata, come ricordavo, ad una coeva testimonianza oggi accettata dalla critica pressoché all'unanimità come cristiana: il cosiddetto *Epitafio di Abercio*. Alcuni passi presentano indizî linguistici di un certo interesse, anche se l'indagine condotta finora non permette, io credo, allo studioso prudente di affermare nulla di definitivo.

---

[61] G. ZANETTO, "La lingua dei romanzieri greci", GIF 42, 1990, 233-242. Dello stesso studioso si veda oggi "Textual Criticism of Longus and *Lessico dei Romanzieri Greci*", in *Groningen Colloquia on the Novel* VII, Groningen 1996, ed. H. Hofmann, 19-32. Sulla cura e la scelta del vocabolario HUNTER, "A Study", 87-98; sulla non-poeticità VELLEY, *Sprachgebrauch, passim*: però si tenga presente il giudizio di L. CASTIGLIONI, "Stile e testo del romanzo pastorale di Longo", *RIL* 61, 1928, 203-223, approfondito e confermato da M.C. MITTELSTADT, *Longus and the Greek Love Romance*, Ph. Diss. Stanford 1964, part. 167-180; Eiusd. "Love, Eros and Poetic Art in Longus", in Fons perennis. *Saggi critici di filologia classica raccolti in onore del Prof. Vittorio D'Agostino*, Torino 1971, 305-332: secondo questi due studiosi, Longo tenta di riprodurre uno stile poetico pur attraverso la prosa.

6
Eliodoro

È difficile collocare con sicurezza gli *Aἰθιοπικά*[1] di Eliodoro in un periodo cronologico ristretto e definito. Generalmente si pone Eliodoro nel III secolo, preferibilmente al principio, in base a una serie di indizî offerti dal romanzo stesso, ovvero in base alla temperie culturale dell'età severiana[2], al culto di Helios, alle dottrine neopitagoriche, all'influsso di Filostrato, che scrisse la sua biografia di Apollonio di Tiana per esortazione di Giulia Domna, la quale proveniva da Emesa come Eliodoro e apparteneva alla famiglia imperiale dei Severi. Vedremo che sembra effettivamente trattarsi della contestualizzazione storica più probabile. È stata proposta in particolare l'identificazione del nostro romanziere con il sofista Eliodoro morto nel 240 e ricordato da Filostrato, *Vit. soph.* II 32. Rohde[3] collocava Eliodoro un poco più tardi, sotto Aureliano (270-275 d.C.), il quale riconquistò la Siria sottraendola alla regina Zenobia, vedova di Odenato, sconfitta nel 273 proprio a Emesa (Herodian. V 3; *Hist. Aug.*, *vita Aureliani*, 25), e favorì la rinascita del culto solare di Emesa[4]. Anche G.W. Bowersock pensa a una data verso la fine del III secolo o più avanti in base agli indizi forniti dalla descrizione di quello che sembrerebbe il regno di Axum in Etiopia, già posti in evidenza da C. Conti

---

[1] Come è noto, il romanzo è denominato dall'autore stesso, alla fine dell'opera, come τὸ σύνταγμα τῶν περὶ Θεαγένην καὶ Χαρίκλειαν Αἰθιοπικῶν (Heliod. Hemes. X 41), anche se la Suda, secondo l'uso che abbiamo visto nel caso del romanzo di Calliroe, intitola quello di Eliodoro con il nome dell'eroina, ἡ Χαρίκλεια (Suid. *s.v.* ὑπερκύπτω).

[2] F. ALTHEIM, *Helios und Heliodorus von Emesa*, 1942. Un recente studio di insieme su Eliodoro, cui rinvio, è M. FUSILLO (tr. Th. Heinze), "Heliodoros, 8", in *Der neue Pauly*, V, Stuttgart-Weimar 1998, 289-291. Anche R. LANE FOX, *Pagans and Christians in the Mediterranean World from the Second Century A.D. to the Conversion of Constantine*, London 1988², 137-138 preferisce la datazione al 220ca., che rispetto a quella nel IV secolo "is preferable, suggesting that the book may be connected with the literary sophist Heliodorus the 'Arab', who pleaded in the presence of the Emperor Caracalla and lived to an old age in Rome".

[3] E. ROHDE, *Der griechische Roman und seine Vorläufer*, Leipzig 1914², I, 496-497.

[4] Su cui si veda ad es. LANE FOX, *Pagans and Christians,* 593.

Rossini[5]. È stata proposta pure la postdatazione degli *Αἰθιοπικά* all'età di Teodosio, alla fine del IV secolo, sulla base di somiglianze tra l'episodio di Siene narrato nel IX libro del romanzo e l'assedio di Nisibi del 350 da parte di Giuliano, quale egli stesso lo riferisce in *Or.* I e III[6]: ne riparleremo trattando della questione dell'eventuale identificazione del romanziere con l'omonimo vescovo di Tricca. Quanto invece a un'altra possibile identificazione di Eliodoro, quella con l'omonimo sofista siriaco di età adrianea che fu padre dell'Avidio Cassio usurpatore del trono di Marco Aurelio, nessuna fonte ascrive a questo sofista una qualche *Historia Aethiopica* e pertanto, pur ammettendo che l'*argumentum ex silentio* non è mai cogente in senso assoluto, qualsiasi ipotesi parrebbe destinata a rimanere non verificabile. Una volta offerto brevemente lo *status quaestionis* della critica, stimerei opportuno tornare a prendere in esame le fonti certe che ci permettano una contestualizzazione di Eliodoro e della sua opera che sia abbastanza sicura. Non sappiamo nulla di certo in effetti del romanziere stesso, all'infuori della testimonianza interna presente alla fine dell'opera, in cui Eliodoro si dichiara Fenicio, cittadino di Emesa, appartenente "alla stirpe di Helios", una famiglia consacrata al culto del Sole: τοιόνδε πέρας ἔσχε τὸ σύνταγμα τῶν περὶ Θεαγένην καὶ Χαρίκλειαν Αἰθιοπικῶν, ὃ συνέταξεν ἀνὴρ Φοῖνιξ 'Εμισηνός, τῶν ἀφ' 'Ηλίου γένος, Θεοδοσίου παῖς 'Ηλιόδωρος (X 41). Credo che queste notizie, per quanto scarne, illuminino tuttavia già in buona misura il contesto culturale in cui porre il romanzo e il suo autore. Il nome stesso del romanziere, "dono di Helios", è eloquente e conferma l'altro dato dell'appartenenza di Eliodoro alla "stirpe del Sole", della quale certamente faceva parte anche il padre, Teodosio: per questo il nome di quest'ultimo ha un significato analogo a quello del figlio, dato che il dio a cui si riferisce è identificabile ancora una volta con il Sole. Se dunque Eliodoro si dimostra di stirpe siro-fenicia profondamente legata al culto del Sole, anche la sua città, la siriaca Emesa (gr. Ἔμεσα, gr. biz. Χέμψ, lt. *Hemesa*, sir. *hhemss*, "la pingue"), l'odierna Hhomss, situata ad Est dell'Oronte e capitale della provincia *Phoenicia Libanesia*, era legata in modo particolare al culto del Sole. Emesa in effetti rivestì notevole importanza soprattutto in età severiana, quando fu colonia romana[7] e allorché, all'inizio del III secolo, regnò Elagabalo: non a caso

[5] C. CONTI ROSSINI, "Meroe ed Aksum nel romanzo di Eliodoro", *Rivista degli Studi Orientali*, 8, 1919-1920, 233-239; G.W. BOWERSOCK, *Fiction as History. Nero to Julian*, Berkeley-Los Angeles 1994, 50-51.

[6] M. VAN DER WALK, "Remarques sur la date des *Éthiopiques*", *Mnemosyne* 9, 1941, 97-100; T. SZEPESSY, "Die Neudatierung des Heliodoros und die Belagerung von Nisibis", in *Acta XII Eirene* 1975, 279-287.

[7] *Sed et Emesenae civitati Phoenici imperator noster ius coloniae dedit* (*Digesto*, LXV 1, 4).

egli era devoto del Sole e sommo sacerdote del tempio del Sole di Emesa, dove si era recato insieme con la famiglia da un'altra città siriaca, Antiochia[8].

Questa prima contestualizzazione culturale è resa possibile dalla diretta dichiarazione di Eliodoro nel suo romanzo. Quanto alle testimonianze esterne relative ad Eliodoro, la più antica è quella di Socrate (V sec.) ed apporta elementi ulteriori e degni di attenzione: lo storico ecclesiastico dice che il nostro romanziere fu vescovo di Tricca, città della Tessaglia sul fiume Leteo, e iniziatore del costume del celibato ecclesiastico: in gioventù egli avrebbe scritto il romanzo *Αἰθιοπικά*. Da Socrate o da una fonte comune dipendono Fozio e Niceforo Callisto, le cui testimonianze sono pertanto poco rilevanti, salvo che Niceforo aggiunge la notizia secondo la quale il sinodo tessalo avrebbe esortato Eliodoro a distruggere il romanzo, considerato poco formativo per i giovani, oppure ad abdicare, ed Eliodoro avrebbe preferito rinunciare all'episcopato: δι' ἃ [πονήματα ἐρωτικὰ] καὶ τὴν ἐπισκοπὴν ἀφῃρέθη. Ἐπειδὴ γὰρ πολλοῖς τῶν νέων κινδυνεύειν ἐκεῖθεν ἐπῄει, ἡ ἐγχώριος προσέταττε σύνοδος ἢ τὰς βίβλους ἀφανίζειν καὶ πυρὶ δαπανᾶν [...] ἢ μὴ χρῆναι ἱερᾶσθαι τοιαῦτα συνθέμενον. Τὸν δὲ μᾶλλον ἑλέσθαι τὴν ἱεροσύνην λιπεῖν ἢ ἐκ μέσου τιθέναι τὸ σύγγραμμα· ὃ καὶ ἐγένετο (Niceph. Call. *Hist. eccl.* XII 34).

Se quest'ultima notizia di Niceforo appare poco probabile e incline all'aneddotica –specialmente se si tiene conto dell'impegno dimostrato nell'episcopato da Eliodoro, che rese cogente per la sua diocesi il vincolo del celibato ecclesiastico–, mi sembra invece che si possa considerare con maggiore attenzione la testimonianza di Socrate, forse troppo affrettatamente accantonata nella convinzione che, siccome il romanzo di Eliodoro è stato giustamente considerato il più casto dei romanzi d'amore greci, questo abbia indotto ad attribuirlo erroneamente a Eliodoro vescovo di Tricca. Credo che di tale testimonianza si imponga a questo punto un'analisi critica. Se infatti per Achille Tazio l'identificazione con un vescovo è presente solo nella Suda, fonte tarda della piena età bizantina, per Eliodoro invece la nostra prima fonte è molto più antica e degna di maggior attenzione. Socrate dunque nella sua *Historia ecclesiastica*, V 22, 50-51[9] sta parlando delle usanze delle varie Chiese e scrive un passo, che ritengo opportuno presentare per esteso:

Ἔγνων δὲ ἐγὼ καὶ ἕτερον ἔθος ἐν Θεσσαλίᾳ γενόμενον· κληρικὸς ἐκεῖ ἢν νόμῳ γαμήσας πρὶν κληρικὸς γένηται, μετὰ τὸ

[8] Culto del Sole nell'Impero romano del III secolo: LANE FOX, *Pagans and Christians*, 575.

[9] Edizione critica: *Sokrates. Kirchengeschichte*, hrsg. von G. CHR. HANSEN, mit Beiträgen von Manja Širinian, Berlin 1995, *GCS* N.F. 1, part. 300-302 per il passo su Eliodoro.

κληρικὸς γενέσθαι συγκαθευδήσας αὐτῇ, ἀποκήρυκτος[10] γίνεται, τῶν ἐν Ἀνατολῇ πάντων γνώμῃ ἀπεχομένων καὶ τῶν ἐπισκόπων, εἰ καὶ βούλοιντο, οὐ μὴν ἀνάγκῃ νόμου τοῦτο ποιούντων. Πολλοὶ γὰρ αὐτῶν ἐν τῷ καιρῷ τῆς ἐπισκοπῆς καὶ παῖδας ἐκ τῆς νομίμης γαμετῆς πεποιήκασι. Ἀλλὰ τοῦ μὲν ἐν Θεσσαλίᾳ ἔθους ἀρχηγὸς Ἡλιόδωρος, Τρίκκης τῆς ἐκεῖ γενόμενος ἐπίσκοπος, οὗ λέγεται ποιήματα εἶναι ἐρωτικὰ βιβλία ἃ νέως ὢν ἔταξε[11] καὶ Αἰθιοπικὰ προσηγόρευσε. Φυλάσσεται δὲ τοῦτο τὸ ἔθος ἐν Θεσσαλονίκῃ καὶ αὐτῇ Μακεδονίᾳ καὶ ὅλῃ τῇ Ἑλλάδι.

Si noti che Socrate qui lascia intendere di essere stato personalmente in Tessaglia e di avere ivi conosciuto gli usi locali e la tradizione su Eliodoro, eventualmente anche fissata *in loco* in liste episcopali. Lo conferma anche la frase immediatamente successiva a questo passo, dove Socrate si mostra bene a conoscenza di un altro costume della Chiesa tessalica, relativo alla Pasqua (Καὶ ἄλλον δὲ ἔθος ἐν Θεσσαλίᾳ οἶδα γινόμενον· ἐν ταῖς ἡμέραις τοῦ Πάσχα μόνον βαπτίζουσι); ancora subito dopo un altro uso tessalico è menzionato (Ἐν Ἑλλάδι δέ [...] καὶ Θεσσαλίᾳ, καὶ ἐν ταῖς λυχναψίαις εὐχάς...). In tal caso dunque, se ammettessimo una conoscenza diretta di fonti locali da parte di Socrate, il valore storico della notizia risulterebbe molto probabile. Sappiamo infatti che Socrate, di ambiente costantinopolitano, è uno storico che si documenta seriamente[12] e che se non scrive il vero lo fa o per involontario fraintendimento, o per forzare i fatti in una direzione che gli convenga. Ma in questo caso l'invenzione della notizia su Eliodoro, da un lato, in base al principio del *cui prodest?*, non servirebbe in nulla a Socrate e, d'altro canto, per quanto concerne un eventuale fraintendimento delle fonti, ci si dovrebbe interrogare innanzi tutto su quali fonti avesse avuto in mano lo storico ecclesiastico, relative ad Eliodoro. Socrate non può avere attinto ad Eusebio, che di Eliodoro non parla, e nemmeno

[10] Presso Niceforo Callisto, XII 4, si legge in luogo di ἀποκήρυκτος, "scomunicato", ἀπόκληρος, "privato della condizione clericale", ovvero ridotto allo stato laicale.

[11] Niceforo, *ibid.*, ha συνετάξατο. Per l'intero passo cfr. anche Mich. Syr., *GCS* 159.

[12] Sulle fonti di Socrate rinvio alla recente ed esauriente introduzione alla cit. ed. HANSEN, *Sokrates*, part. XLII-LX: egli si serve di Rufino, di Gelasio continuatori di Eusebio, di Eusebio stesso, soprattutto dalla *Vita Constantini* (fra l'altro Socrate cita la *Vita* proprio in V 22, poco prima del nostro passo, ai §§ 25-27), impiega documenti sinodali, liste episcopali (LIII; forse Socrate usa una lista episcopale di Tricca anche nel nostro caso), molti altri documenti e testimonianze, non ultime quelle orali, che hanno un ruolo importante nella ricostruzione storica di Socrate (esempi a LIII).

avrebbe egli potuto basarsi su Rufino, il traduttore-continuatore di Eusebio, di area latina e occidentale; data la parte cospicua rivestita dalle fonti orali nell'opera di Socrate, possiamo supporre che anche in questo caso Socrate si fondasse su una tradizione locale nemmeno troppo remota, oppure, come accennavo, su una fonte del genere delle liste episcopali che nelle varie diocesi registravano i vescovi succedutisi in cattedra e sovente i loro atti principali: l'istituzione del celibato ecclesiastico è un tipo di notizia effettivamente degna di rientrare in un documento simile. Sembra insomma storicamente fededegna la tradizione tessala –sia essa orale oppure scritta– alla quale attinge Socrate. Fra l'altro, la notizia che Eliodoro fosse vescovo di Tricca in Tessaglia non contrasta con la stirpe siro-fenicia e la nascita emesena dichiarate nel romanzo stesso e confermate da Fozio (*Bibl.* 94): il luogo di origine di un vescovo infatti non coincide necessariamente con la sua sede episcopale; si pensi ad esempio ad Ireneo, che, di origine asiatica e discepolo di Policarpo di Smirne, divenne vescovo di Lione nel 177 d.C.

Si pone naturalmente il problema se l'eventuale identificazione del romanziere con il vescovo di Tricca non debba fare abbassare la datazione del romanzo alla fine del IV secolo. In verità, l'arco cronologico abbracciato dal nostro storico ecclesiastico continuatore di Eusebio ci porterebbe al pieno IV secolo, in età post-costantiniana, quando fra l'altro le relazioni tra il Cristianesimo e l'impero erano ormai completamente rovesciate rispetto all'epoca pre-costantiniana[13]. Tuttavia vorrei fare osservare che, in primo luogo, Socrate non offre assolutamente una data precisa per il vescovo e che, in secondo luogo, nella sua opera non sono affatto rari i riferimenti ad eventi e personaggi decisamente precedenti rispetto al periodo "post-eusebiano" trattato dal nostro storico[14]. Credo quindi che, anche accettando eventualmente la notizia di Socrate e la conseguente identificazione del romanziere con il vescovo di Tricca, non si debba necessariamente datare Eliodoro alla fine del IV secolo, bensì si possa ugualmente ipotizzare che Eliodoro sia vissuto nel III secolo, in un'età di particolare fioritura dell'episcopato cattolico[15]. Oltre tutto, una collocazione del romanzo "pagano" del cristiano Eliodoro nella tarda età severiana si inserirebbe bene nella temperie culturale di quell'epoca, caratterizzata da una felice per quanto breve interazione tra cultura pagana e

---

[13] Nella sterminata bibliografia sui rapporti tra Cristianesimo e Roma nell'avanzato IV secolo mi limito a rinviare ai contributi raccolti ne *L'Impero Romano Cristiano. Problemi politici, religiosi, culturali*, a c. di M. SORDI, Roma 1991, e alla sezione dedicata all'età postcostantiniana di S. MAZZARINO, "Il Basso Impero", in *L'impero romano*, II, Bari 1991[5], 652-751.

[14] *Héliodore. Les Éthiopiques*, I, edd. R.M. RATTENBURY-T.W. LUMB, Paris 1960[2], xii-xiv.

[15] Panoramica in R. LANE FOX, *Bishops and Authority*, in *Pagans and Christians*, 493-545.

cultura cristiana, quale abbiamo cercato di delineare nei capitoli precedenti[16]. Anche per un'altra ragione, relativa alla religione e alla simbologia solare che tanta parte hanno nel romanzo e che ebbero certo anche nella vita di Eliodoro, "della stirpe del Sole", questo contesto cronologico si adatterebbe bene al romanzo: nel III secolo, a partire soprattutto dall'età severiana, il culto del Sole conobbe una straordinaria fioritura e anche il Cristianesimo accolse il *Sol invictus* nella sua simbologia come immagine di Cristo; dunque anche per un cristiano l'ideologia solare poteva essere accettabile e anzi divenire interessante[17]. La letteratura cristiana successiva accolse in effetti tranquillamente tutto l'apparato simbolico del Sole riferito a Cristo, come è evidente ad esempio in Massimo di Torino, che insiste a più riprese e con decisione sulla metafora del Sole per Cristo[18]. Il culto del Sole, infatti, meglio si prestava anche al ricupero in chiave cristiana piuttosto che non le divinità tradizionali della mitologia pagana, come Marte, Venere, Mercurio e altri. Anche un pagano convertito al Cristianesimo avrebbe potuto dirsi ancora, in fondo, "della stirpe di Helios".

Passando a considerare nello specifico i contenuti del romanzo, si nota subito che questo di Eliodoro è, tra i romanzi greci, il più intriso di senso religioso e nell'intreccio ha una sua profonda originalità la figura di Calasiris[19], sacerdote di Iside e devoto di Helios: la bellissima Cariclea è figlia dei sovrani etiopi, ma poiché è bianca, la madre, temendo di essere accusata di adulterio,

---

[16] La diffusione della cultura pagana anche tra gli esponenti del Cristianesimo è evidente verso la metà del III secolo –come risultato del rapporto tra la cultura pagana e quella cristiana in età severiana– nel caso di Pionio, martire smirneo discepolo spirituale di s. Policarpo, come pone in evidenza in una distesa analisi LANE FOX, *Pagans and Christians*, 460-492.

[17] Sabrina di Palma ha studiato a fondo il tema in una dissertazione riassunta in un recente volume sull'età severiana: S. DI PALMA, "Evoluzione dei culti solari a Roma. Il *Sol Invictus* da Settimio ad Alessandro Severo", in *Gli imperatori Severi. Storia archeologia religione*, a c. di E. dal Covolo-G. Rinaldi, Roma 1999, Biblioteca di Scienze Religiose 138, 333-336.

[18] A. MERKT, *Maximus I. von Turin. Die Verkündigung eines Bischofs der frühen Reichskirche im zeitgeschichtlichen, gesellschaftlichen und liturgischen Kontext*, Leiden-New York-Köln 1997, Supplements to Vigiliae Christianae, Formerly Philosophia Patrum, Texts and Studies of Early Christian Life and Language 40, 148, 177-181; 218-219. La festa di Aureliano del *sol invictus* era datata al 25 dicembre e proprio in relazione alla Natività Massimo identifica Cristo con il *sol iustitiae* che sorge. In virtù di questa simbologia la domenica, giorno del sole, è anche il giorno di Cristo, e anche la Pasqua può essere considerata come un secondo sorgere del Sole che è Cristo, tramontato il Venerdì Santo e risorto per un giorno perpetuo.

[19] M. EDSALL, *The Role and Characterization of the Priest in Ancient Novel*, Columbia University Dissert., New York 1996, ed. in *Dissertation Abstracts*, 1997; Eiusd. "Religious Narratives and Religious Themes in Heliodorus and Achilles Tatius", in *The Ancient Novel in Context. Proceedings of the Third International Conference on the Ancient Novel (Groningen, 25-30 July 2000)*, edd. M. Zimmerman-S. Panayotakis-W. Keulen, in corso di pubblicazione, che si concentra soprattutto sui racconti di miracoli e su cui torneremo.

la espone; ella viene però allevata da Caricle, sacerdote di Apollo, a Delfi. Durante i giuochi Pitici ella incontra l'avvenente tessalo Teagene e i due si innamorano. Su di loro, per ammonimento divino, prende a vegliare il sacerdote di Iside Calasiris, esule da Menfi, che li accompagna in Egitto; essi passano attraverso traversie quali una cattura da parte dei pirati e una da parte di briganti; poi il sacerdote muore a Menfi. Dopo le insidie di Arsace, sorella del Gran Re di Persia, contro Teagene e la sua persecuzione diretta a entrambi i giovani, che finalmente ad essa sfuggono, i due finiscono prigionieri del re d'Etiopia Idaspe, che dapprima li destina ad essere sacrificati, poi riconosce Cariclea e manda a compimento le sue nozze con Teagene. Come si vede, qui le nozze avvengono solo alla fine del romanzo, a somiglianza di quanto accade in Achille Tazio, mentre negli altri romanzi presi in esame (di Caritone, Senofonte Efesio, Giamblico) i due protagonisti si sposano già all'inizio del romanzo e prima di tutte le loro traversie. Dal punto di vista strutturale, il romanzo di Eliodoro ha un'architettura che è stata paragonata[20] a quella dell'*Odissea*, con un inizio *in medias res* e la lunga spiegazione dell'antefatto affidata al racconto di Calasiris che si protrae per quattro interi libri, per poi lasciare spazio al prosieguo degli eventi fino alla risoluzione finale.

L'interesse di Eliodoro verso il mondo religioso si comprende meglio alla luce della sua appartenenza a una famiglia dedita al culto di una divinità, da un lato, e dall'altro concorderebbe anche con l'eventuale futuro episcopato del nostro romanziere. La devozione al Sole, alla cui importanza per il nostro discorso accennavamo, nel romanzo è propria della regina di Etiopia madre di Cariclea, che, raccomandando a Calasiris di ricercarle la figlia esposta tanto tempo prima, gli fa giurare in nome di Helios il suo impegno (V 13: "Così disse e mi scongiurò di fare, e più volte mi costrinse a giurare in nome di Helios, giuramento che a nessun sapiente è lecito violare"). L'intervento divino è costantemente presente nel romanzo, nei numerosi sogni premonitori, nei miracoli –come la salvezza di Cariclea tra le fiamme, che vedremo– interpretati espressamente come segno della benevolenza degli dèi, nelle preghiere, nella spiegazione degli eventi. Ad esempio, in IX 8 l'improvvisa frana di un argine dà spunto a Eliodoro per commentare l'accaduto, trovandone delle cause plausibili: dopo avere fornito varie spiegazioni, suppone: "o forse potrà qualcuno attribuire il caso anche a intervento divino". La palese attenzione per il mondo religioso porta Eliodoro a interessarsi del pensiero teologico e misterico egiziano e in IX 9-10 egli osserva che gli Egiziani vedono nel Nilo "un dio, anzi il più potente degli dèi" e pensano al Nilo come sostanza umida e alla terra come sostanza secca: dall'unione delle due componenti scaturisce la vita. Ma prosegue: "tali dottrine sono diffuse in mezzo al popolo, ma agli

[20] A. ANGELINI, "Nota a Eliodoro, *Le Etiopiche*", in *Il romanzo classico*, a c. di Q. Cataudella, Roma 1958, 619-622, part. 622.

iniziati rivelano che la terra è Iside e il Nilo Osiride [...] uomini esperti, come io ritengo, di scienze fisiche e teologiche, non rivelano ai profani il significato recondito di certi simboli, bensì gliene danno nozione sotto forma di mito, mentre coloro che sono più addentro a questi misteri, nell'interno dei santuari, iniziano con maggiore chiarezza al lume splendente della verità. Gli dèi ci siano propizi per quanto abbiamo ora detto e, circondando di misterioso silenzio le cose più arcane, seguitiamo a raccontare..." Come si vede, gli dèi e i misteri pagani sono presenti in Eliodoro e fanno del suo romanzo un'opera che rientra senz'altro nella letteratura classica pagana, anche se qui non si tratta certo più dei miti pagani tradizionali.

Eliodoro piuttosto si dimostra un seguace delle dottrine platoniche: l'impiego stesso del mito per l'espressione di verità arcane rivela un'ascendenza platonica. Il suo è un romanzo filosofico e, benché non sia possibile ricostruire un sistema di pensiero organico dall'opera, tuttavia gli influssi neoplatonici sono molto forti, tanto che ancora molto di recente G. Sandy ha potuto presentare l'interpretazione neoplatonica dell'intera storia offerta da un "Filippo il filosofo" di orientamento spiccatamente platonico, e che J. Alvarez ha assimilato Cariclea, concepita dalla madre mentre guardava Andromeda, a un'idea platonica incarnata[21]; abbiamo già avuto occasione di osservare, fra l'altro, come già dai tempi di Plutarco e di Giustino il Platonismo presentasse profonde consonanze di pensiero con il Cristianesimo e potesse già, in qualche caso come appunto in Giustino Martire, sposarsi con esso. Soprattutto l'insistenza sulla verginità è stata considerata da Fusillo[22] come caratterizzata, in Eliodoro, da toni decisamente cristiani, specialmente per la sua sussistenza anche per gli uomini, a livello maschile. Potrebbe essere significativo in tale senso che il vescovo di Tricca, forse il nostro romanziere, fosse ricordato come l'iniziatore della norma del celibato ecclesiastico in Tessaglia. E d'altra parte non sembra un caso che il Platonismo sia stato, in parte dopo lo Stoicismo noto già a Paolo di Tarso, la prima dottrina filosofica sposata dal Cristianesimo: si pensi al citato Giustino martire, già a metà del II secolo, a Clemente Alessandrino, a Origene[23].

---

[21] G.N. SANDY, "A Neoplatonic Interpretation of Heliodorus' *Aithiopian Story*", in *The Ancient Novel in Context*, cit., in corso di pubblicazione: in un solo manoscritto degli *Ethiopikà* compare una trattazione ermeneutica sotto il titolo di: "Interpretazione della casta Cariclea espressa da Filippo il filosofo" che si rivela di marca decisamente neoplatonica in una serie di aspetti, debitamente illustrati dall'Autore, che pone in parallelismo i metodi esegetici di Filippo con quelli che fiorirono nel tardo Impero romano e in età bizantina sotto l'influsso di Porfirio, Giamblico, Proclo. J. ÁLVAREZ, "Utopian Themes in Three Greek Romances", *ibid.*

[22] FUSILLO, "Heliodoros", 290.

[23] Per Giustino e Clemente (nel cap. 2 dedicato a Senofonte Efesio) abbiamo già fornito ragguagli bibliografici; quanto al Platonismo di Origene, tra i numerosi studî mi limito a segnalare P. NAUTIN, *Lettres et écrivains chrétiens des IIe et IIIe siècles*, Paris1961; H.

Addentrandosi nell'analisi del tessuto narrativo, si nota in primo luogo che gli episodi di morte apparente si moltiplicano: il primo è quello di Cariclea, nel libro II, che si sdoppia: una prima volta, a II 2, Teagene lamenta la morte della stessa Cariclea, che crede perita nell'incendio dell'isola[24]: ma Cnemone, che ha messo la fanciulla al riparo dall'incendio in una grotta, ferma Teagene in procinto di uccidersi e gli dice: "Che significa tutto questo, Teagene? Perché piangi su costei, che è viva [τί τὴν οὖσαν θρηνεῖς;]? Cariclea è viva ed è in salvo [Ἔστι Χαρίκλεια καὶ σῴζεται]: non temere" (*ibid.*). Al primo momento Teagene non vuole credergli: "ai pazzi e ai bimbi devi dirlo, o Cnemone: m'hai perduto col sottrarmi alla morte più dolce", ma poi si avviano verso la grotta, dove dovevano trovare la fanciulla. Nel Vangelo di Giovanni sia due angeli nel sepolcro vuoto sia poi Gesù stesso risorto alla Maddalena domandano: "Perché piangi? [τί κλαίεις;]" (*Gv* 20, 13 e 15). Nel Vangelo di Luca le parole dell'Angelo alle pie donne al sepolcro suonano: "Perché cercate fra i morti colui che è vivo [τί ζητεῖτε τὸν ζῶντα μετὰ τῶν νεκρῶν]? Non è qui, è risorto [οὐκ ἔστιν ὧδε, ἀλλὰ ἠγέρθη]" (*Lc* 24, 5). Anche "non temere", espressione tipicamente neotestamentaria degli angeli che si rivolgono agli uomini[25], sebbene in forma lessicalmente differente rispetto a Eliodoro che ha θάρσει, è presente nella versione marciana e in quella mattaica dell'annuncio della risurrezione: "Non temete [μὴ ἐθαμβεῖσθε]. Voi cercate Gesù Nazareno, il crocifisso. È risorto, non è qui [ἠγέρθη, οὐκ ἔστιν ὧδε]. Ecco il luogo dove l'avevano deposto" (*Mc* 16, 6); "Non temete, voi [μὴ φοβεῖσθε ὑμεῖς]. So che cercate Gesù il crocifisso. Non è qui, è risorto [οὐκ ἔστιν ὧδε, ἠγέρθη], come aveva detto. Venite a vedere il luogo dove era deposto. Presto, andate a dire ai suoi discepoli: 'è resuscitato dai morti [ἠγέρθη] ed ora vi precede in Galilea, là lo vedrete'" (*Mt* 28, 6-7); poco dopo Gesù stesso, risorto, si rivolge alle pie donne ancora con "Non temete [μὴ φοβεῖσθε]" (*Mt* 28, 10).

CROUZEL, *Origène et la philosophie*, Paris 1962 e le raccolte di J. WHITTAKER, *Studies in Platonism and Patristic Thought*, London 1984, e degli *Origeniana Quinta*, ed. R.J. DALY, Leuven 1992.

[24] "Ch'io perda, oggi stesso, la vita! [...] Cariclea è morta: Teagene è perduto [...] non penserò più alla mia salvezza ora che tu, amatissima Cariclea, giaci, e, quel che è più triste, non hai lasciato la vita né per comune legge di natura, e nemmeno tra quelle braccia dove volevi spirare. Ma del fuoco, ahimè, fosti preda: simili fiaccole accese il destino in luogo di quelle nuziali...".

[25] Ad es. in *Lc* 2, 10, nella scena della Natività, l'Angelo dice ai pastori: "Non temete [μὴ φοβεῖσθε], ecco vi annuncio una grande gioia [...]: oggi vi è nato [...] un Salvatore, che è Cristo Signore"; in *Lc* 1, 13 l'Angelo esorta Zaccaria: "Non temere [μὴ φοβοῦ], Zaccaria, la tua preghiera è stata esaudita e tua moglie Elisabetta ti darà un figlio"; così Gabriele a Maria: "Non temere, Maria, poiché hai trovato grazia presso Dio: ecco concepirai un figlio" (*Lc* 1, 30).

Una seconda volta, entrati nella grotta i due uomini, la ragazza viene creduta morta da Cnemone, che in realtà vede Tisbe esanime: quest'ultima infatti in I 31 era stata uccisa per sbaglio da Tiamis, il quale pensava invece di uccidere Cariclea, che egli amava ma non poteva fare sua ("crudelmente colpita essa giacque, mandando l'estremo pietoso lamento: l'uomo tornò in fretta sui suoi passi, accostò la pietra della soglia, vi sparse sopra un pugno di polvere e tra le lacrime disse: 'Questi sono i doni nuziali che ricevi da noi!' "): inoltratosi infatti nella grotta, " 'Zeus!', esclamò, 'che è successo? Siamo perduti: hanno ucciso Cariclea' " (II 3) e Teagene che lo segue si abbandona ad un accorato lamento: "un unico bene mi restava, e anche questo è tolto: Cariclea è morta: vittima di mano nemica è stata l'amata mia, ben veggo, in difesa della sua virtù, per serbarsi pura per me [...] Non dubitare, Cariclea, hai un amante fedele: mi rivedrai fra poco: ecco per libagione spargerò su di te il sangue mio a te caro e quest'antro sarà nostro improvvisato sepolcro: ci sarà concesso almeno di essere uniti dopo la morte se anche il destino non ha voluto che lo fossimo in vita" (II 4). Teagene tenta di uccidersi, ma scopre che Cnemone gli ha preventivamente sottratto il pugnale, proprio per evitargli un gesto disperato (II 5). Ma la voce di Cariclea che chiama Teagene per nome ("dai recessi dell'antro [...] si fece udire una voce che chiamava Teagene") scioglie l'equivoco: se Teagene pensa che si tratti della voce della sua anima che si aggira ancora sulla terra[26], Cnemone riconosce la voce e ne deduce che Cariclea vive ancora, nonostante i dubbi di Teagene: "O dèi! – disse, – non è di Cariclea questa voce? O Teagene, a me sembra sia viva! Dai recessi dell'antro, proprio da quella parte dove so di averla lasciata, giunge la voce che mi colpisce l'orecchio! – Non ingannarmi troppe volte – disse Teagene – Inganno te e a mia volta rimango anch'io ingannato, – disse Cnemone – se scopriamo che è Cariclea la fanciulla qui distesa al suolo" (II 5). Infatti essi scoprono che la fanciulla morta è Tisbe e a V 6 avviene il ricongiungimento dei due innamorati, i quali per la soverchia gioia svengono e rischiano per poco di morire. Anche se il parallelismo non è cogente, si noti che, come Cariclea viene riconosciuta alla voce quando chiama Teagene per nome, così anche Gesù viene riconosciuto alla voce dalla Maddalena, quando la chiama per nome (*Gv* 20, 16: "le disse Gesù: 'Maria!'. Essa allora, voltatasi verso di lui, gli disse in ebraico: 'Rabbunì'").

In riferimento alla morte apparente di Cariclea, Cnemone a V 2 interroga Calasiris, impaziente di scoprire la verità: "Non posso dormire [...] non ce la fo a vivere, se non esco quanto prima e non mi do a scoprire l'errore in cui è incorso Nausicle, o com'è che soltanto presso gli Egiziani i morti risorgono?". Anche Cariclea si riferisce alla sua morte apparente quando,

---

[26] "Eccomi, anima dilettissima. Per certo, ti aggiri ancora sulla terra e non soffri di allontanarti dal bel corpo, donde a forza fosti cacciata; o forse, perché resta insepolto, ti respingono le ombre degli inferi" (II 5).

ancora a V 2, innalza un compianto sulle sue sventure: "Misera me, che pensavo di essere scampata alle mani dei banditi, di aver evitato la morte crudele che mi aspettavo, e ormai di poter condurre, insieme all'amor mio, un'esistenza [...] gradita [...] Fino al giorno passato, una caverna di briganti fu mio alloggio: voragine d'abisso, e che cos'altro, se non sepolcro, fu la mia dimora? Pure, anche queste sofferenze m'alleggeriva, standomi accanto, colui che fra tutti ho più caro: colà viva mi lamentò e, credendomi morta, mi pianse e, uccisa, fu in lutto". Nel libro V, cap. 33, è un altro episodio di morte apparente: narra infatti Calasiris: dopo l'aggressione dei predoni, "a giorno, vidi Teagene steso a terra simile a un morto e lei [*sc.* Cariclea] gli sedeva dappresso e piangeva e mostrava di volersi uccidere, ma ne era ritenuta da un filo di speranza che il giovane potesse forse anche sopravvivere".

Accanto all'interesse per il mondo religioso è presente nel romanzo anche quello per la magia. Calasiris e Cariclea assistono a un rito necromantico di una vecchia egiziana, profondamente disapprovando simili pratiche magiche (VI 14): "Cariclea pregava con insistenza Calasiris di avvicinarsi là, anche loro, e a domandar qualcosa di Teagene: ma egli ricusò, dicendo che anche assistere a un tale spettacolo era peccato [...] non s'addiceva a un sacerdote accostarsi o anche assistere a pratiche di questo genere" . Tanto più significativo appare il dichiarato rifiuto del sacerdote verso la magia in quanto ai Cristiani era rivolta sovente l'accusa di magia e lo stesso Gesù Cristo era considerato un mago: a partire dalla metà del II secolo e per i primi del III –l'epoca, quest'ultima, in cui probabilmente deve porsi il romanzo di Eliodoro– importanti testimonianze in questo senso sono quelle di Giustino (*I Apol.* 30, 1), di Celso (*ap.* Orig. *c. Cels.* I 6b e 68-71; II 49; VI 38-39) e di Tertulliano (*Apol.* 21, 17; 43, 1)[27].

Anche l'esaltazione della castità, quella femminile come quella maschile, che abbiamo già incontrato nella topica letteraria, torna con insistenza in Eliodoro. All'inizio del libro VII Arsace, la sorella del Re di Persia e moglie del satrapo maggiore Oroondate, vede nel tempio di Iside Tiamis, divenuto sacerdote in luogo del padre Calasiris, e lo provoca con occhiate che Tiamis però non raccoglie; Petosiris, fratello di Tiamis e geloso dei suoi successi, denuncia a Oroondate non solo le brame illecite di sua moglie, ma anche –mentendo– l'accondiscendenza di Tiamis. Oroondate costringe dunque il giovane perseguitato ingiustamente all'esilio e consacra sacerdote Petosiris (VII 2). La castità è un valore anche qui più volte esaltato, anche fra i due giovani stessi, che si promettono puri fino al matrimonio: fin dal I libro è questo un *Leitmotiv* sotteso a tutto il romanzo. Già in I 8 infatti Cariclea, in una preghiera

[27] L'accusa anticristiana di magia era nata in ambiente giudaico (ad es. Iust. *Triph.* 69, 7); i Giudei stessi erano sospettati di magia presso i pagani, come dimostra fra gli altri lo stesso Celso, *ap.* Orig. *c. Cels.* I 26a. Si vedano le ulteriori testimonianze raccolte da Stern (*Greek and Latin Authors on Jews and Judaism*, I, Jerusalem 1976, part. 52; 147; 212; 335; 465; 498-499).

rivolta ad Apollo, esclama: "se verrà la morte senza oltraggio, desiderabile fine è questa: ma se qualcuno volesse disonorarmi, quando nemmeno Teagene ha osato ancora toccarmi, con un laccio preverrò l'offesa, serbando intatto, come fo, il mio corpo e portando con me nella tomba la mia castità come un prezioso sudario".

In I 25 poi Cariclea, rivolgendosi a Teagene geloso della sua apparente condiscendenza verso Tiamis innamorato di lei, proclama con ancora maggiore risolutezza:

> Io non ricuso di soffrire e non c'è violenza che possa indurmi ad abbandonare la virtù: in una cosa sola so di non esser padrona di me: nella passione che fin da principio ho per te: ma è anche passione onesta: difatti, non cedendo a te come a un amante, ma con promesse che si fanno a un marito, allora con promesse mi affidai a te, ed ho vissuto fin qui serbandomi pura anche dal tuo contatto, respingendo sovente i tuoi tentativi e avendo sempre riguardo a quelle nozze, pattuite fra noi e confermate con ogni giuramento, se mai potessero celebrarsi legittimamente. Come dunque non sarebbe strano se tu credessi veramente che io anteponga un barbaro a un Greco e un brigante al mio diletto?.

In IV 18 è eloquente, di nuovo, la preghiera di Teagene a Calasiris: "Salva, o Calasiris, questi supplici in terra straniera e senza patria, allontanatisi da tutti perché, fra tutti, possano soltanto aversi l'un l'altro; salva le nostre persone, ormai alla mercé della sorte e preda d'un amor casto" e ancora più eloquenti appaiono le seguenti parole di Cariclea, pronunciate allorché Calasiris sta per lasciarli soli: "non ti lascerò andar via avanti che Teagene abbia giurato che adesso e, più ancora, in avvenire non avrà con me rapporti d'amore, se prima non avrò raggiunto la mia famiglia e la mia casa, oppure, se il destino non lo consente, avanti che io proprio voglia divenire la sua donna, o mai". Avviene come Cariclea desidera: una volta che Calasiris ha apprestato l'altare, "Teagene giurò, protestando tra l'altro che gli si faceva torto se, con la promessa del giuramento, gli era precluso di mostrare la lealtà del suo carattere, giacché ora non aveva più agio di far apparire spontaneo il suo buon volere [...] nondimeno giurò nel nome di Apollo Pitico, di Artemide, di Afrodite stessa e degli Amori, di fare appunto come Cariclea desiderava e gli imponeva" (IV 18). In conformità con questo giuramento agiscono Cariclea e Teagene quando si ritrovano nella caverna (V 4):

> Intanto Teagene e Cariclea erano rimasti soli nella caverna, apponendo a somma fortuna l'immane sciagura presente: difatti, trovandosi allora per la prima volta soli e senza nessuno che potesse molestarli, si saziarono, sicuri

del tutto, di abbracci e di baci. E insieme piombando nell'oblio più completo, si tennero per lunghissimo tempo stretti l'un l'altro come se fossero un solo corpo, appagandosi di un amore ancora puro e intatto, mescolando vicendevolmente umide e calde lacrime e scambiandosi soltanto casti baci; poiché Cariclea [...] controllava Teagene ricordandogli i giuramenti; ed egli senza fatica si raffrenava e facilmente sopportava la moderazione, in preda sì all'amore, ma pur sempre superiore alla voluttà[28].

Anche a V 11 Cariclea di fronte a Calasiris, il quale le fa presente che il suo padre adottivo Caricle ha deciso di darla in isposa ad Alcamene, protesta: "Prima la tomba che preparar le nozze con Alcamene, poiché o Teagene mi farà sua sposa, oppure il destino mi accoglierà nelle sue braccia". La castità nel giovane Teagene assurge a virtù eroica, provata dal martirio, allorché egli è sottoposto ad ogni sevizia per ordine di Arsace, innamorata di lui suo prigioniero e respinta perché Teagene vuole serbarsi casto alla futura sposa; abbiamo già veduto nei capitoli precedenti altri esempi di donne innamorate del protagonista del romanzo, respinte e tremendamente vendicative. In VIII 5 dunque Teagene viene torturato, ma invano: "egli era risoluto più di prima e più strenua resistenza opponeva a quelle prove, col corpo sfinito dalle sofferenze ma l'animo forte nei suoi virtuosi propositi, orgoglioso dinanzi alla fortuna e, al tempo stesso, esultante perché frammezzo a tante tribolazioni essa gli concedeva la grazia più conveniente, offrendogli l'occasione di dimostrare il proprio affetto e la propria fedeltà a Cariclea. Bastava che la fanciulla venisse a conoscer le sue sofferenze e si considerava al sommo della felicità; e senza posa chiamava Cariclea sua vita, sua luce e sua anima".

Un altro episodio molto interessante nella nostra ottica appare in VIII 8-11, laddove Cariclea è accusata da Arsace di aver voluto avvelenare la vecchia Cibele, nutrice e confidente di Arsace stessa, mentre era la vecchia che, per fare piacere ad Arsace, aveva progettato di uccidere Cariclea, salvo poi uno scambio di coppe che aveva provocato l'avvelenamento di Cibele anziché quello della fanciulla. Condotta immediatamente in catene, benché innocente, presso Arsace, per una sorta di udienza preliminare prima del processo ufficiale, ella è felice di poter morire, giacché, pur desiderando darsi la morte di sua propria mano nel timore che Teagene sia stato ucciso, si è trattenuta perché sapeva bene che il suicidio è un'empietà: "la sua coscienza, tranquilla, le

---

[28] La traduzione è quella di A. ANGELINI, in *Il romanzo classico*, cit., salvo minimi adattamenti o diversa indicazione. Sulla tematica della castità sponsale e sulle esortazioni a non trattare la moglie come fosse un'amante, insegnamento tipico della riflessione *de matrimonio* degli Stoici romani ma anche di Plutarco: L. Anneo Seneca, *Contro il matrimonio, ovvero perché all'uomo saggio non convenga prender moglie*, a c. di M. LENTANO, Bari 1999, soprattutto alle note di commento finali. Se ne veda eventualmente la mia recensione in *Aevum* 74, 2000, 369 -372.

permetteva di non preoccuparsi della calunnia e, d'altra parte, era contenta, se Teagene non viveva più, di morire e di risparmiarsi l'empietà dell'atto che aveva deciso di compiere contro se stessa, ora che erano altri ad eseguirlo" (VIII 8). Ella non si scompone neppure di fronte agli schiaffi che Arsace ordina le siano inflitti seduta stante per le sue parole, dopo di che è condotta via in catene, mentre Arsace è già certa che le verrà decretata la pena capitale ("Queste parole resero Arsace furibonda: ordinò che fosse schiaffeggiata e aggiunse: 'Così come sta, in catene, portate via questa maledetta'", VIII 9)[29]. L'indomani, durante il processo a suo carico intentatole da Arsace, Cariclea si addossa ben volentieri il reato non commesso ed è condannata dai giudici persiani al rogo. Dopo una preghiera al Sole, alla Terra e agli spiriti che vigilano sulla condotta degli uomini, in cui ella protesta di essere innocente –non davanti ai giudici umani, ma davanti alla divinità–, sale da sé sul rogo, ma miracolosamente le fiamme si ritirano da lei: "vi rimase ferma per lungo tempo illesa, e il fuoco, più che lambire il suo corpo, si spandeva all'intorno, senza recarle offesa, anzi, da qualunque parte Cariclea andasse, le fiamme arretravano [...] il fuoco di volta in volta arretrava e si sottraeva al suo accostamento [...] poteva dimorare in mezzo alle fiamme" (VIII 9). Questo è interpretato da tutti come un segno della benevolenza degli dèi e "Cariclea, credendo anche lei che fossero gli dèi a difenderla, decise di non mostrarsi ingrata verso la divinità, rifiutando quella grazia, e balzò fuori dal rogo; onde la popolazione [...] prese ad esaltare la grandezza degli dèi". Paralleli con prove di tal sorta nella letteratura giudeo-ellenistica quale si presenta nei libri dei *Maccabei* e di *Daniele* e in quella cristiana si trovano fra l'altro[30] nel celebre episodio dei tre giovani gettati nella fornace ardente da Nabucodonosor e uscitine illesi (*Dn* 3, 19-97): di essi è detto che "passeggiavano in mezzo alle fiamme" (περιεπάτουν ἐν μέσῳ τῆς φλογός, v. 24), come di Cariclea che "poteva dimorare in mezzo alle fiamme" (ἐν μέσῳ τῶν φλογῶν). Analogie cospicue sono riscontrabili con la tradizione cristiana del tentato martirio dell'evangelista Giovanni nell'olio bollente, avvenuto sotto a Roma sotto Domiziano e brevemente ricordato da Tertulliano nel *de praescriptione haereticorum*, 36, 2-3 (*in oleum igneum demersus nihil passus est*) e da Gerolamo (*in Matth.* III 20-23; *c. Iovin.* I 26). Come è noto, Glen Bowersock, di fronte a questa (Heliod. VIII 9, 13) e ad altre scene del romanzo classico, avanza l'ipotesi che siano

[29] Può essere del tutto casuale, ma forse può anche non esserlo, il riscontro con la celebre scena evangelica di Gesù che, processato di notte di fronte al Sinedrio, viene schiaffeggiato, considerato colpevole e poi portato via (*Mt* 26, 67; *Mc* 14, 65; soprattutto *Gv* 18, 22-24). Anche Cariclea è processata ancora l'indomani e condannata per un reato non commesso.

[30] I giovani dei *Maccabei* arsi insieme con la loro madre (*2 Mac* 7) non si salvarono in quel momento, bensì proclamarono la loro eterna salvezza futura, con la risurrezione; presenta un caso di immediata salvezza dai tormenti la storia di Daniele nella fossa dei leoni, dalla quale miracolosamente egli uscì vivo (*Dn* 6, 17-25).

stati i resoconti cristiani agiografici di miracoli, anche legati al martirio, come in questo caso, a influenzare e a ispirare i romanzieri nel loro genere letterario, che a sua volta avrebbe influito sulla storiografia tarda: egli cita ad esempio il *Matryrium Polycarpi*, 15, in cui si dice che le fiamme formavano una volta che circondava il corpo del martire, che non bruciava; in generale Bowersock crede che siano stati gli *Acta* cristiani a influire sui racconti pagani e non viceversa; anche Massimo Fusillo è possibilista riguardo a questo tipo di influsso sul romanzo, dato che questo genere letterario, nella sua interpretazione, deriva dalla disintegrazione di pressoché tutte le precedenti forme letterarie; di recente si è occupata di questa scena anche Margaret Edsall, per mostrarvi una serie di allusioni religiose a culti greci e orientali e per concludere che "The religious themes are part of Heliodorus'"[31].

Allora Arsace rivolge a Cariclea un'accusa ricorrente contro i Giudei, e poi, nel II e nel III secolo, contro i Cristiani[32]: "Non considerate dunque con un po' di assennatezza che questo fenomeno ci dà un'altra conferma che è una strega, con tali virtù di magia da resistere perfino alla potenza del fuoco?". I due giovani fidanzati, invece, riunitisi in carcere, discorrono sul significato del miracolo: "Presero a riflettere anche sul miracolo del rogo. E Teagene ne attribuiva la causa alla benignità degli dèi, i quali si erano sdegnati dell'ingiusta calunnia di Arsace e avevano preso pietà di Cariclea, innocente e perciò immeritevole del supplizio". Cariclea esprime dubbi circa questa interpretazione, che lascia una grave aporia riguardo alle dure prove cui gli dèi continuano a sottoporre i giovani (VIII 10), ma subito Teagene "la invitò a tacere e ad essere più rispettosa degli dèi e più controllata (VIII 11). Il miracolo si spiega immediatamente dopo con un sogno, improvvisamente ricordato dalla fanciulla, in cui è svelata la potenza di una pietra, la pantarbe, che Cariclea aveva addosso quando era salita sul rogo (VIII 11). In questo episodio, dopo una iniziale irresolutezza, Cariclea si dimostra fiduciosa nella divina provvidenza: interpretando un sogno di Teagene, che conteneva un vaticinio, dice: "A me sembra che questi vaticinii abbiano significato più favorevole di quanto tu non creda: la fanciulla potrei forse esser io, assieme alla quale ti si promette di metter piede in Etiopia, mia patria, sfuggito ad Arsace ossia alle

[31] G. W. BOWERSOCK, *Fiction as History: Nero to Julian*, Berkeley 1994, part. 139-142: a 139 in particolare egli esprime perplessità sull'idea che i romanzi abbiano influenzato gli *Atti degli Apostoli* (sostenuta da R.I. PERVO, *Profit With Delight: The Literary Framework of the Acts of the Apostles*, Philadelphia 1987), ritenendola "implausible for chronological reasons"; cfr. R.A. BURRIDGE, *What Are the Gospels? A Comparison with Graeco-Roman Biography*, Cambridge 1992, 245; M. FUSILLO, "Textual Patterns and Narrative Situation in the Greek Novels", in *Groningen Colloquia on the Novel*, I, 1988, 17-31; EDSALL, "Religious Narratives", cit.

[32] Abbiamo accennato poco fa a questa accusa e vi ritorneremo, nel capitolo 7 su Luciano.

catene d'Arsace. In che modo, a noi non è né palese né credibile, ma ne saranno capaci gli dèi e starà a cuore a coloro che ci hanno manifestato questo vaticinio [...] Coraggio – disse. – Nelle predizioni abbiamo un'altra pantarbe: confidando negli dèi, con maggiore letizia accoglieremo la nostra salvezza, o, se sarà necessario, più santamente sopporteremo quanto è da soffrire" (VIII 11). La fedeltà reciproca e la fiducia negli dèi è il tema che ritorna nei giuramenti dei due prigionieri: "Giuravano, in nome degli dèi e sulla fortuna presente, di rimanere fedeli l'uno all'amore dell'altro fino alla morte: così passavano quelle ore" (V 12). La giusta punizione di Arsace non si fa attendere: in VIII 15 i due apprendono che "Arsace è morta; s'è messa un laccio intorno al collo e s'è strangolata".

Accanto all'episodio di tentata seduzione del protagonista da parte di Arsace e della sua crudele vendetta sul ritroso Teagene, un altro caso di perfidia di donna innamorata sul diletto ritroso è narrato nel libro I e trova gli ascendenti letterari più noti in Giuseppe nel mondo ebraico e in Bellerofonte e Ippolito nel mondo greco. Si tratta dell'episodio di Cnemone, narrato da lui stesso a Cariclea e a Teagene in I 9-14: il padre di Cnemone Aristippo, rimasto vedovo con l'unico figlio, passò a seconde nozze con Demeneta, la quale si innamorò di Cnemone stesso: il mito a cui è ispirato il racconto è palese dalle parole pronunciate da Demeneta innamorata a Cnemone durante le Panatenee, mentre questa lo abbraccia al rientro a casa dell'amato: "O il mio giovane Ippolito!". La sera, mentre il padre cenava al Pritaneo, la donna venne da Cnemone, ma ne fu respinta. Allora Demeneta si mise a letto e finse di stare male: al ritorno di Aristippo, accusò Cnemone di averla presa a calci, lei gravida, nel ventre: ci sovviene per altro dell'analogo incidente di Cherea e Calliroe. Cnemone allora, senza udir ragioni da parte del figlio, lo fece percuotere duramente. Poi, con sviluppo inedito del mito, per una macchinazione di Demeneta e di Tisbe sua serva, fu indotto ad entrare nel talamo paterno, convinto di trovarvi la matrigna con un amante: per poco non uccise, invece, suo padre, che dormiva con la moglie. Così Cnemone fu processato dinnanzi al popolo ateniese e condannato all'esilio perpetuo.

In V 14, d'altro canto, nell'ametista offerta da Calasiris a Nausicle, c'è la raffigurazione del buon pastore: "Un ragazzetto badava alle pecore, ritto, per meglio vedere all'intorno, su una rupe non molto elevata, e regolava la pastura ai trilli del flauto obliquo, e le pecore pareva obbedissero e andavano a brucare a quel suono come a un richiamo [...] V'erano rappresentati anche saltellanti agnelli, dei quali un branco tentava di salir la rupe, altri formavano, petulanti, un bel cerchio attorno al pastore [...] altri ancora ruzzavano al brillante riflesso dell'ametista [...] i più grandicelli, fatti più audaci, sembravano volere perfino saltare al di là del cerchio; senonché n'erano ad arte impediti, poiché si trovavano, con la rupe, rinchiusi nel castone come entro un recinto". Nel cap. 15 Nausicle accetta la gemma con queste parole: "Accetto questa gemma, mandata dal cielo, convinto che mi viene, al solito, da Ermes, il migliore e più benigno tra i numi". Non dimentichiamo che, come abbiamo visto e documentato nel capitolo relativo a Longo, Gesù era assimilato iconograficamente a Ermes, e che la descrizione del pastore assomiglia alle pitture paleocristiane del Buon Pastore. Se ciò, naturalmente, non significa che Eliodoro intendesse rinviare, con questa sua descrizione, alla iconografia cristiana, tuttavia, per converso, i lettori cristiani non potevano non ricordarsi di tale iconografia scorrendo il passo.

In conclusione, se non possiamo dare per certa la notizia di Socrate, possiamo però dire che, in base alle analisi condotte finora, non v'è ragione per considerarla necessariamente falsa. Anzi, alla luce delle considerazioni esposte, si comprende forse meglio perché i Cristiani apprezzassero molto il romanzo di Eliodoro[33]: come ha recentemente posto in luce Alain Billault[34], questo, che fu il romanzo greco più celebre e più letto in età bizantina, è una delle fonti del romanzo di *Barlaam e Ioasaph,* una versione cristianizzata della leggenda di Buddha[35]. E non solo in età tardo-antica e nel Medioevo le *Etiopiche* ebbero successo: come è noto, Miguel de Cervantes tanto stimò questo romanzo che ne fece la base –nella struttura, nei personaggi, nelle sentenze– del suo romanzo cristiano *Trabajos de Persiles y Sigismunda*[36].

Appendice

Una menzione merita il contributo di Gianroberto Scarcia, *Storia di Josaphat senza Barlaam,* Soveria Mannelli (Catanzaro) 1998, Medioevo Romanzo e Orientale, Testi, 4. L'Autore revoca in dubbio l'origine indiana e buddhista della leggenda di Barlaam e Josaphat, diffusasi poi in

---

[33] FUSILLO, "Heliodoros", 291.

[34] A BILLAULT, "Une source de *Barlaam et Ioasaph*: les *Ethiopiques* d'Héliodore", in *The Ancient Novel in Context*, cit., in corso di stampa. Altri studi tra i più recenti in merito: P. BADENAS, "Metáfrasis en girgo vulgar de la *Historia de Barlaam y Josaphat*", in *Prosa y verso en griego medieval. International Congress Neograeca Medii Aevi*, III, Vitoria 1994, edd. J.M. Egea-J. Alonso, Amsterdam 1996, 59-73; E. KHINTBIDZE, "New Materials on the Origin of *Barlaam et Joasaph*", *Orientalia Christiana Periodica* 63, 1997, 491-501; S. KOTZABASSI, "Ein unbekanntes Fragment des *Barlaam und Joasaph*", *Byzantinische Zeitschrift* 92, 2, 1999, 471-473; G. SCARCIA, "Sull'origine di Joasaf", in *Medioevo romanzo e orientale, Colloqui, 4. Il viaggio dei testi*, III Colloquio Internazionale, Venezia, 10-13 ottobre 1996, ed. A. Pioletti, Venezia 1999, 381-392.

[34] Si veda l'*Appendice* al presente capitolo, qui in calce.

[35] W. BOELICH, "*Heliodorus Christianus.* Cervantes und der byzantinische Roman", in *Freundesgabe für E.R. Curtius*, Bern 1956, 103-124, part. 106.

modo vario ed esteso per tutto il mondo arabo-islamico. Dopo aver affrontato nel cap. I alcuni *Dilemmi introduttivi: oralità vs. scrittura o scrittura vs. oralità?* (5-10), in ottica metodologica e con riguardo alla trasmissione della cultura iranica, l'A. analizza *Le due versioni arabe del "Libro di Bûdhâsf e Bilhawar"* (cap. II, 11-16), di cui quella presentata in traduzione a 61-80, in appendice al volume, è inserita in un contesto genealogico relativo all'ultimo rappresentante della dinastia arsacidica ed è ambientato quindi nel III seecolo: l'ipotesi dell'origine buddhista della storia –per cui la versione greca di *Barlaam e Josaphat* sarebbe una cristianizzazione della vita del Buddha–, sostenuta dalla maggior parte degli studiosi sulla base dell'assimilazione di *Bûdhâsf* con *Bodhisattva*, è screditata dalla comparsa della lezione alternativa *Yûdhâsf* e dalla presenza al fianco di quest'ultimo non di Bilhawar bensì di Sham'ûn, il cui nome denuncia una chiara origine siriaca. È precisamente da una versione cristiana di area siriaca che, secondo l'Autore (cap. III, *L'ipotesi buddista*, 17-27), attraverso la mediazione centroasiatico-manichea, si sarebbe recepito il tema in area buddhista. Si affaccia quindi *L'ipotesi tomasea* (cap. IV, 25-27), già prospettata da Ke'ke'lidze sulla base della disputa che opponeva i metropoliti di Persia ed India a quello di Seleucia-Ctesifonte in età nestoriana: i primi, che aspiravano all'indipendenza, avrebbero soppresso la storia dell'apostolato di Tommaso, apostolo dei Siriaci, sostituendola con quella autoctona di Barlaam e Yodasaf (secondo la versione georgiana). Masing anzi suppose che dietro Barlaam si dovesse intravvedere lo stesso Tommaso, ricollegando la genesi del *Romanzo* agli *Acta Thomae* e l'Autore ricupera in parte questa tesi insieme con quella di Marr sull'origine siriaca del *Romanzo* (nel cap. V, *Lo Yûdhâsf/Bûdhâsf di Mas'ûdî e di Bîrûnî*, 29-33, e soprattutto nel VI, *Baralâhâ/Barlaam e il molteplice Tomaso*, 35-42), chiamando in causa (30) anche l'assimilazione di India ed Etiopia sotto il segno del "nero", diffusa in effetti nel mondo classico. Particolarmente suggestiva sembra la presenza, nel *Romanzo*, di Shem'ûn "sosia di Gesù" e di Baralâhâ, in siriaco "figlio di Dio" e quindi "doppio/gemello di Gesù", che richiamano fortemente il tema di Tommaso-Didimo, "gemello" di Gesù come è presentato nella saga apocrifa (36-37); interessanti inoltre appaiono i cospicui parallelismi riscontrati tra il viaggio di s. Barlaam fino al Monte Kasios e quello dei Magi fino a Betlemme (38-39). Nel VII ed ultimo capitolo, *Vêzhan - 'Iouzānēs - Yûdhâsf - Yodasaf - Josaphat?* (43-50), l'A. raccoglie le fila del discorso, proponendo l'ipotesi di una prima versione siriaca cristiana del *Romanzo*, ricca di echi tomistici e tradotta successivamente in medio-persiano, nonché quella di una rielaborazione in ambiente antiocheno di un segmento degli *Acta Thomae* arricchita di elementi romanzeschi greci e siriaci. Il testo presentato in versione italiana in appendice conserverebbe dunque ancora una versione siro-persiana meno nota e più vicina all'originale siriaco cristiano.

7
Luciano

Come è noto, se si eccettua il lemma della Suda, non abbiamo a disposizione altre fonti sull'esistenza storica di Luciano, all'infuori, naturalmente, della sua stessa opera[1]. Quanto alle notizie autobiografiche forniteci dal medesimo Luciano in vari punti dei suoi scritti, la loro attendibilità è stata talora posta in discussione dai critici[2], anche se non sembra ci siano argomenti veramente cogenti per rifiutarle interamente. D'altra parte, una delle poche testimonianze non controverse delle stesso Luciano, *Pseudologista*, 6-7, non è particolarmente illuminante[3]. In base, comunque, alle notizie di cui disponiamo, e che mi sembra pertinente richiamare qui in breve per una corretta contestualizzazione storica dell'autore e della sua opera, Luciano nacque a Samosata, capoluogo della Commagene, sull'alto Eufrate, intorno al 125: la sua area culturale di provenienza è dunque quella siriaca; egli stesso si dice Siro talora e siriaca era certamente la sua lingua madre: infatti nel *Bis accus.* 27 attesta di avere dovuto apprendere il greco a scuola. Vorrei fare osservare sin d'ora l'importanza della cultura d'origine di Luciano: come abbiamo già avuto occasione di dire, l'area siriaca conobbe una precoce diffusione del Cristianesimo, e in particolare fin dal I secolo è attestata la conoscenza del Cristianesimo nella Commagene, il cui re era vassallo dei Romani fino dal tempo di Antioco, sotto Tiberio (Tac. *Ann.* II 40, 2): per la precisione, proprio da Samosata, la città di Luciano, veniva lo Stoico siriaco Mara bar Serapion, di cui abbiamo già parlato e che verso la fine del I secolo in una lettera al figlio studente dimostra di essere a conoscenza di Gesù Cristo ("il re saggio dei

---

[1] G.W. BOWERSOCK, *Greek Sophists in the Roman Empire*, Oxford 1969, 114.

[2] Sul *Somnium*: J. BOMPAIRE, *Lucien écrivain. Imitation et création*, Paris 1958, 528-531; B. BALDWIN, *Studies in Lucian*, Toronto 1973, 13-14; G. ANDERSON, *Lucian: Theme and Variation in the Second Sophistic*, Leiden 1976, Mnemosyne Suppl. 41, 138; J.A. HALL, *Lucian's Satire*, New York 1981, 446-447 n. 26; C.P. JONES, *Culture and Society in Lucian*, Cambridge, Mass., 1986, 8-15; G. ANDERSON, "The *Pepaideumenos* in Action: Sophists and their Outlook in the Early Empire", in *ANRW*, II, 33, 1, Berlin-New York 1989, 79-208, part. 170-192.

[3] 7: ἐν δὲ τούτοις ἅπασι καὶ ὁ τὸν λόγον τόνδε συγγράψας ἦν...: G. ANDERSON, "Lucian: Tradition versus Reality", in *ANRW*, II, 34, 2, Berlin-New York 1994, 1422- 1447, part. 1423-1424.

Giudei" messo a morte da questi ultimi, duramente puniti per questo con la distruzione di Gerusalemme e con la diaspora) e dei suoi seguaci (per cui egli "vive ancora, grazie alle nuove leggi da lui promulgate"). Dunque già nella sua stessa città natale è probabile che anche Luciano fosse a conoscenza del Cristianesimo. Dopo avere tentato invano di avviarsi alla carriera artistica facendo lo scultore, si rivolse allo studio della retorica, come descrive egli stesso nel *Somnium*, dove afferma di avere avuto una apparizione simile a quella di Eracle al bivio, con la Scultura e la Retorica che se lo contendevano. Fu così che egli divenne un sofista di fama, attivo in Italia, in Grecia, in Gallia, poi di nuovo in Siria, soprattutto ad Antiochia, e ad Atene. Intorno ai quarant'anni si rivolse alla filosofia ed assunse una posizione più critica nei confronti della retorica, dando inizio alla sua migliore produzione letteraria. Successivamente si trasferì in Egitto, dove prese un buon impiego nella burocrazia imperiale e dove probabilmente morì intorno alla fine del secolo. L'*Alexander* presuppone infatti la morte di Marco Aurelio, avvenuta nel 180, che costituisce dunque un *terminus post quem*: non vi sono invece dati precisi per la data della morte di Luciano stesso[4].

Da molti decenni si discute sulla reale incidenza del mondo contemporaneo all'autore sull'opera di Luciano; oggi in generale si tende a rivalutare l'interesse di Luciano verso quanto lo circonda e a non assegnare un peso esclusivo all'elemento meramente "retorico" nei suoi scritti[5]. È stato detto in merito che, se si eccettuano il *Peregrinus* e l'*Alexander*, le opere di Luciano non lasciano supporre che i loro protagonisti debbano essere identificati con personaggi vissuti al tempo dell'autore[6]; non è dunque senza significato la circostanza che, come vedremo, il *Peregrinus* e l'*Alexander* siano precisamente le due opere di Luciano in cui è possibile trovare riferimenti, anche espliciti e consistenti, al Cristianesimo. Ciò in effetti non sorprende, trattandosi appunto di lavori in cui Luciano fa rientrare fatti e personaggi del suo tempo. Per dare uno sguardo alla critica in merito a questo problema –che possiamo schematizzare sotto la formula: "quanto vi sia di letterario e quanto di storico nelle opere di Luciano"–, la ricostruzione di Bompaire in particolare si basa esclusivamente sui debiti letterari di Luciano e lascia poco spazio all'interesse per Roma, per il mondo romano e per le realtà religiose emergenti del II sec. d.C.[7]. Questa visione è stata recentemente oggetto di critica e di revisione[8],

---

[4] Interessanti notazioni sulla biografia di Luciano, fra gli altri, in A. LESKY, *Geschichte der griechischen Literatur*, tr. it. *Storia della letteratura greca*, III, Milano 1987, 1033-1037.

[5] Fondamentale in questo senso è ANDERSON, *Lucian: Tradition*, 1422- 1447.

[6] C. ROBINSON, *Lucian and his Influence in Europe*, London 1979, 57.

[7] Sono posizioni sostenute nel già citato BOMPAIRE, *Lucien écrivain*, *passim*.

[8] Cfr. ANDERSON, "Lucian: Tradition", 1424-1425.

come pure sono stati corretti gli asserti di Turner secondo cui nell'opera di Luciano "references to the actual world around him are extremely rare [...] he never seems to throw in a detail drawn from his own observation of life"[9]. Naturalmente questa revisione concorda appieno con il riconoscimento dei cospicui riferimenti al Cristianesimo nell'opera lucianea, i quali non possono certo essere considerati meri *clichés* topici e che sembrano pertinenti più ad un contesto storico preciso che ad esigenze puramente retoriche. Vedremo che le consonanze riscontrabili con l'opera di Celso, a mio avviso cospicue, sembrano rafforzare ulteriormente questa tesi.

Se la critica odierna appare concorde nel rivalutare gli elementi storici contemporanei all'autore nell'opera di Luciano, essa si è opportunamente occupata anche del pubblico dello stesso prosatore, che appare vasto e vario, distribuito per ogni dove nell'impero. Come accennavamo, infatti, il nostro narratore, sul modello degli esponenti della Seconda Sofistica, è un poligrafo e un oratore itinerante che riscuote vasto successo dovunque vada, a Roma, in Asia Minore, in Gallia, a Samosata, ad Atene, in Egitto. Si noti che in tutti questi luoghi il Cristianesimo era particolarmente sviluppato al tempo di Luciano, entro l'età di Commodo, e soprattutto a Roma, dove era attivo nell'insegnamento il filosofo cristiano Giustino, in Asia Minore e in Egitto, ma anche in Gallia, dove a Lione già prima del 150 viveva una consistente comunità cristiana, destinata a lasciare di sé un perenne documento nel 177, negli *Acta Martyrum Lugdunensium*[10]. Non solo dunque egli poteva incontrare

---

[9] P. TURNER, *Lucian: Satirical Sketches*, Harmondsworth, Middlesex, 1961, 13-14: Graham Anderson osserva che bisognerebbe almeno sostituire a *never* una locuzione come *relatively rarely* ("Lucian: Tradition", 1425).

[10] È quello che suggerisce fra l'atro l'età del vescovo lionese Potino, più che nonagenario nel 177, l'anno in cui morirono i Martiri di Lione sotto Marco Aurelio, e in pessime condizioni di salute (Eus. *Hist. eccl.* V 1, 29-31): ciò fa supporre che egli fosse stato scelto quale vescovo parecchio tempo prima e lascia quindi intravvedere una costituzione della comunità sotto il suo episcopato forse verso il 150 se non ancor precedentemente, negli anni Trenta: Ὁ δὲ μακάριος Ποθεινός, ὁ τὴν διακονίαν τῆς ἐπισκοπῆς ἐν Λουγδούνῳ πεπιστευμένος, ὑπὲρ τὰ ἐνενήκοντα ἔτη τῆς ἡλικίας γεγονὼς καὶ πάνυ ἀσθενὴς τῷ σώματι, μόλις μὲν ἐμπνέων διὰ τὴν προκειμένην σωματικὴν ἀσθένειαν [...] μόγις ἐμπνέων ἐρρίφη ἐν τῇ εἱρκτῇ καὶ μετὰ δύο ἡμέρας ἀπέψυχεν. Il 150 è indicato dal É. DEMOUGEOT, *Gallia I*, in *Reallexikon für Antike und Christentum*, VIII, Stuttgart 1972, 882-927, part. col. 892. H. LECLERCQ, *Gallicane, église*, in *Dictionnaire d'archéologie chrétienne et de liturgie*, V, Paris 1924, 310-473, part. 330 ipotizza una nascita di Potino verso l'87 e l'organizzazione della Chiesa di Lione da parte sua verso il 132, al tempo del viaggio di Adriano. Cfr. P. WUILLEUMIER, *L'administration de la Lyonnaise sous le Haut-Empire*, Paris 1949; E. GRIFFE, *La Gaule chrétienne à l'époque romaine*, I, Paris 1964; II, Paris 1966; III, Paris 1965; P. KERESZTES, "The Massacre at Lugdunum in 177 A.D.", *Historia* 16, 1967, 75-86; M. SIMONETTI, "Alle origini di una cultura cristiana in Gallia", *MAL Quaderno* 158, 1973, 117-131; AA.VV., *Les Martyrs de Lyon. Colloque CNRS de Lyon*, Paris 1978; CH. PIETRI, "Gallia", in *Dizionario patristico e di antichità cristiane*, II, Casale Monf. 1983, 1419-1425; M.

facilmente, in quelle regioni, dei Cristiani –che per altro, come dicevamo, egli poteva ben aver conosciuto già nella sua città natale, Samosata–, ma poteva anche trovare un pubblico che, conoscendo i Cristiani stessi, fosse in grado di apprezzare i riferimenti a loro diretti contenuti nelle opere del Samosatense, diffuse in quei luoghi ed anche in Palestina. Quest'ultimo è il parere di Schwartz, che una trentina d'anni fa pose in luce alcune corrispondenze tra vari testi di Luciano e certi temi della letteratura giudaica edificante di epoca romana; sulla base di tali corrispondenze egli supponeva una diffusione di alcuni opuscoli almeno di Luciano nella Palestina del III secolo d.C.[11].

Prima di affrontare l'analisi dei passi in cui si possono riscontrare evidenti riferimenti al Cristianesimo, mi sembra opportuno un accenno all'atteggiamento intellettuale di Lucano di fronte alla cultura della sua epoca. È ben noto che egli non propugna una particolare corrente filosofica né sembra attenersi ad una fede specifica, ed anzi la sua penna mordace si scaglia egualmente contro i filosofi –esemplare in tal senso è la *Vendita di vite all'incanto*, in cui Ermes mette all'asta Pitagora, Diogene, Crisippo e Platone– contro i retori e contro i sedicenti profeti e fondatori di nuove religioni. Tra i filosofi, quelli più duramente colpiti sono comunque gli incoerenti: Luciano infatti critica aspramente coloro che, come Trasiclete nel dialogo *Timone o il misantropo*, 54-57, predica la frugalità e la temperanza, consigliando ai ricchi di distribuire ai poveri i proprî beni (*ibid.* 57), e poi adula gli stessi ricchi per poter permettersi banchetti e indecenze. Timone, che lo conosce bene, lo definisce ironicamente χρηστός (*ibid.* 55). L'aggettivo, che significa "buono, dabbene, virtuoso", era il medesimo giocando sul quale, anche qui con mordace sarcasmo, i pagani chiamavano i Cristiani sin dal I secolo, ritenendoli tutt'altro che buoni ed anzi colpevoli di numerosi *flagitia* quali ateismo, infanticidio, incesto, odio del genere umano, come attesta Tacito, *Ann.* XV 44: *quos per flagitia invisos vulgus Christianos appellabat [...] odio generis humani convicti sunt.* Nell'omonimo opuscolo Nigrino, filosofo egli stesso, attacca analogamente coloro che fan vista di filosofare e poi agiscono in modo ridicolo e indegno: τὸ δὲ καὶ τῶν φιλοσοφεῖν προσποιουμένων πολλῷ ἔτι τούτων γελοιοτέρα δρᾶν, τοῦτ' ἤδη τὸ δεινότατόν ἐστι (§ 24). Si noti che Nigrino è presentato da Luciano con ammirazione, non con ironica critica; Luciano lo ascolta con piacere, anzi non vorrebbe che egli finisse mai (§ 35), ed afferma che questi lo ha reso "da servo, libero; da povero, davvero ricco; da stolto e da sciocco, assennato" (§ 1): l'identificazione di questo Nigrino è

ALBERT, "Frankreich", in *Lexikon für Theologie und Kirche*, IV, Freiburg-Basel-Rom-Wien 1995², 11-27, part. 11-14; I. RAMELLI, "Alcune annotazioni sulle origini del Cristianesimo in Gallia", *Vetera Christianorum* 37, 2000, 69-86.

[11] J. SCHWARTZ, "Lucien de Samosate et certains écrits juifs", *RHPhR* 49, 1969, 135-140.

controversa; forse si tratta di una figura fittizia. Luciano stesso ci dice che era un filosofo platonico (Νιγρῖνον, τὸν Πλατωνικὸν φιλόσοφον, § 2; αὐτῇ φιλοσοφίᾳ καὶ Πλάτωνι καὶ ἀληθείᾳ προλαλῶ, § 18), che insegnava a Roma nel tempo in cui il Nostro si recò là (§ 2) e che veniva dalla Grecia, dove Luciano gli domanda se ha intenzione di tornare, anche se non riporta la risposta (§ 3). Luciano, che come si diceva venne a Roma verso gli anni Cinquanta del I secolo, poteva aver conosciuto là non solo l'eventuale platonico Nigrino, ma anche –e questi è senz'altro figura storica– il platonico e cristiano Giustino, di nazionalità palestinese e di educazione greca, che, giunto a Roma nel 148ca, vi rimase fino alla morte, avvenuta per decapitazione su denuncia del filosofo cinico Crescente (165 d.C.). Se dal *Nigrino* si deduce una certa ammirazione di Luciano verso il Platonismo, l'atteggiamento scanzonato del Nostro di fronte alle divinità del *pantheon* greco-romano tradizionale emerge con evidenza dai *Dialoghi degli dèi*, dai *Dialoghi degli dèi marini* e dal *Prometeo*. Anche i responsi oracolari delle divinità pagane sono denunciati da Luciano come imposture nel *Dialogo degli dèi* 16 tra Giunone e Latona, dove perfino l'oracolo di Apollo Delfico è detto ingannevole. Nel *Timone* egli attribuisce significativamente a Zeus una lamentela contro il ben noto ateismo di Anàssagora (μηδὲ ὅλως εἶναί τινας ἡμᾶς τοὺς θεούς, § 10). Ma è proprio lo stesso Timone che, impoveritosi da ricchissimo quale era, accusa Zeus di non essere giusto, di non punire i malfattori con la sua mitica folgore e di essere sordo e cieco di fronte alle ingiustizie (*Tim.* 1 sgg.): egli attesta indirettamente lo stato di decadenza della religione pagana dicendo che Zeus si è meritato in tal modo di non essere più adorato da nessuno, non ricevere più né sacrifici né corone (οὔτε θύοντος ἔτι σοι οὔτε στεφανοῦντος, *Tim.* 4). Timone alfine invita Zeus ad intervenire in suo favore, "altrimenti è vero quello che i Cretesi raccontano di te e della tua tomba" (*ibid.* 6). Nel *Nigrino* e nei *Dialoghi dei morti*, ma anche nel resto dell'opera lucianea, compaiono spesso pungenti osservazioni rivolte ai filosofi; tuttavia neppure ai retori è risparmiato qualche strale: emblematico è in questo senso, fra i tanti, il *Dialogo dei morti* 10, che getta una luce ironica sia sui filosofi sia sui retori, comparendovi fianco a fianco rappresentanti dell'una e dell'altra categoria, parimenti irrisi. L'impressione generale sembra dunque quella di un diffuso scetticismo.

La lettura dei *Dialoghi* ci può anche aiutare –al di là delle allusioni dirette al Cristianesimo che si trovano nell'opera lucianea e che analizzeremo fra poco– a comprendere quale fosse la posizione di Luciano di fronte a determinati temi che possono contribuire a definire meglio quale potesse essere l'attitudine di Luciano nei riguardi del Cristianesimo e delle sue dottrine. Ad esempio, a giudicare dal *Dialogo dei morti* 23 (*Protesilao, Plutone e Persefone*), Luciano sembra polemizzare contro la possibilità della risurrezione e ridicolizzare quanti vi credono. Luciano sembra altresì motteggiare la dottrina stoica dell'eroizzazione, che si trova lucidamente teorizzata nella tragedia

Hercules Oetaeus del *corpus* di Seneca, secondo cui la parte mortale del saggio soccombe, mentre quella immortale guadagna il cielo meritato grazie alla sua virtù (cfr. *Herc. Oet.* 1968: *paterna [sc. Iovis] astris, pars data est flammis tua [sc. Alcmenae]*)[12]. Ora, esattamente in un dialogo che ha per protagonista Ercole, in diverbio con Diogene, Luciano sembra attaccare questa concezione cui dà voce Ercole stesso: ὁπόσον μὲν γὰρ ᾿Αμφιτρύωνος ἐν τῷ ῾Ηρακλεῖ ἦν, τοῦτο τέθνηκε, [...] ὃ δὲ ἦν τοῦ Διός, ἐν οὐρανῷ σύνεστι τοῖς θεοῖς (*Dialoghi dei morti*, 16); Diogene chiama la dottrina della immortalità astrale degli eroi ψυχρολογία (*ibid.*). Analogamente nel *Dialogo dei morti* 4 un Cinico, questa volta Menippo, irride un eroe che sostiene di essere un composto di uomo e di Dio, il celebre Trofonio, di cui a Livadia si apriva una spelonca-santuario oracolare. Anche nel *Dialogo dei morti* 14, che ha per protagonisti Alessandro Magno e suo padre Filippo, Luciano si dimostra molto critico nei confronti della divinizzazione di un mortale quale Alessandro, denunciando le pretese divinizzanti del Macedone come folle presunzione e inganno sapientemente architettato. Nei *Dialoghi dei morti* in generale si avverte un'atmosfera desolata, fatta di ombre scheletrite e tutte uguali, senza eccezioni per particolari meriti e senza scampo. Ma anche nei *Dialoghi degli dèi* Luciano ridicolizza la credenza dell'assunzione in cielo degli eroi, specialmente nel *Dialogo* 13, dove compaiono Ercole ed Esculapio accanto a Giove, i quali, pur se raffigurati come assunti in cielo, vi tengono un comportamento indecente e si bisticciano per nulla. Ancora nel *Dialogo degli dèi* 4 viene posta in burla l'assunzione in cielo dei mortali, questa volta nella figura di Ganimede, protagonista di un divertente dibattito con Giove a proposito degli svantaggi della nuova condizione celeste del fanciullo. Dal punto di vista etico, Luciano denuncia la schiavitù cui sottopongono le ricchezze e i mali che da esse derivano, facendo dire a Timone che Pluto è la causa di tutte le sue disgrazie (*Tim.* 36). Se da questo punto di vista Luciano sembra in accordo con la morale cristiana, e in modo precipuo quando consiglia la distribuzione delle ricchezze ai poveri, come abbiamo visto, d'altra parte sembra prendere le distanze da una pratica che nei primi secoli del Cristianesimo sembra diffusa, quella delle nozze bianche: in *Tim.* 17 egli, tramite il personaggio di Pluto, biasima chi sposa legittimamente una vergine (ἐπ' ἀρότῳ παίδων γνησίων, *ibid.*, è la formula giuridica del matrimonio tra liberi) e poi, pur amandola, non l'accosta in perpetuo.

V'è anche un particolare molto insistito che mi sembra opportuno rilevare nel *Prometheus sive Caucasus*: la pena che secondo il mito doveva scontare Prometeo, affisso alle rupi caucasiche ed esposto a un avvoltoio che gli rodesse il fegato, è sempre descritta, diversamente dalle altre fonti

[12] Si veda eventualmente il mio "La Chiesa di Roma e la cultura pagana: echi cristiani nell'*Hercules Oetaeus*?", *Rivista di Storia della Chiesa in Italia*, 52, 1998, 11-31.

mitologiche precedenti, come una vera e propria crocifissione[13]. Questo dato potrebbe rivelarsi interessante anche alla luce dei rilievi condotti in precedenza sul *topos* della crocifissione nei romanzi, che compare a partire da Caritone e da Senofonte Efesio, pressoché contemporaneo rispetto a Luciano, e in àmbito latino è già presente in Petronio, nella novella della *Matrona di Efeso*, in cui non è forse esclusa qualche allusione al fatto cristiano, come vediamo nel capitolo 8 dedicato a Petronio. È bene dunque considerare il lessico della crocifissione nel *Prometheus* lucianeo, che ruota attorno al verbo σταυρόω, a proposito di cui non v'è dubbio che significhi "crocifiggere" e che, fra l'altro, è il medesimo ripetutamente usato in tutti i Vangeli per indicare la crocifissione di Gesù e nei romanzi greci citati per le false crocifissioni dei protagonisti. Prometeo, che ha creato gli uomini (detti πλάσματα αὐτοῦ al § 1) a somiglianza degli dèi (ἀναπλάσαι τὰς μορφὰς μὲν ἡμῖν αὐτοῖς [*sc.* θεοῖς] προσεοικότας, § 12; cfr. § 17: ἡμῖν [*sc.* θεοῖς] ἐοικότας) e per questo è punito, pur proclamandosi innocente (§ 3: οἷα πέπονθα ὁ κακοδαίμων οὐδὲν δεινὸν ἐργασάμενος) e risultando un benefattore ingiustamente crocifisso, si trova nella condizione di "appeso", designata al § 1 con κρεμάμενος, lo stesso verbo (κρεμάννυμι) impiegato anche nei Vangeli ad indicare i ladroni che pendono dalla croce accanto a Gesù (*Lc* 23, 39: κρεμασθέντων κακούργων). Ancora al § 1 ἀνεσταυρῶσθαι χρή è espressione riferita a Prometeo, di cui viene minuziosamente descritta da Efesto e da Ermete la procedura di crocifissione, con le braccia spalancate e fissate a due rupi e i piedi appoggiati a una sporgenza: ἀνεσταυρώσθω ἐκπετασθεὶς τὼ χεῖρε ἀπὸ τουτουὶ τοῦ κρημνοῦ πρὸς τὸν ἐναντίον [...] καὶ τῷ ποδὶ στενὴν ταύτην ὁ κρημνὸς ἔχει τὴν ἐπίβασιν, ὡς ἀκροποδητὶ μόγις ἑστάναι, καὶ ὅλως ἐπικαιρότατος ἂν ὁ σταυρὸς γένοιτο. Le mani di Prometeo, come risulta al § 2, sono sia legate alla rupe sia fissate con un chiodo battuto a martello: ὄρεγε τὴν δεξιάν· σὺ δέ, ὦ Ἥφαιστε, κατάκλειε καὶ προσήλου καὶ τὴν σφῦραν ἐρρωμένως κατάφερε. Ancora al § 4 Prometeo protesta che Zeus ha emesso un giudizio ingiusto crocifiggendolo (ὡς δικαίαν [in senso ironico] τὴν ψῆφον ἔθετο ἀνεσταυρῶσθαί με) e così al § 9 Prometeo biasima Zeus che ha pensato subito al supplizio della croce per così poco (δεσμὰ καὶ σταυροὺς καὶ Καύκασον ὅλον ἐπινοεῖν καὶ ἀετούς) e protesta che nessuno stimerebbe degno della croce (οὐκ [...] σταυροῦ ἂν τιμήσαιτο) un cuoco che avesse assaggiato qualche vivanda. Di nuovo al § 15 Prometeo si lamenta con gli dèi di essere stato messo in croce in cambio della sua opera che avrebbe dovuto essere, piuttosto che un delitto, un beneficio (ἀνεσταυρώκατέ με καὶ ταύτην μοι τὴν ἀμοιβὴν ἀποδεδώκατε τοῦ βουλεύματος). Le evidenti

[12] D. JIMÉNEZ BARIÑAGA, "Prometeo: estudio iconográfico", *Espacio, Tiempo y Forma, Serie II*, 12, 1999, 181-202.

analogie con la crocifissione ingiusta dell'innocente, e anzi benefattore, Gesù non sembrano sufficienti a provare che Luciano rivisitasse qui il mito inglobandovi allusioni al fondatore del Cristianesimo. Comunque, alla luce della certa conoscenza che Luciano aveva dei Cristiani (da lui considerati sprovveduti degni di derisione più che pericolosi malfattori) e della crocifissione di Gesù Cristo ("quell'uomo crocifisso in Palestina per il fatto di avere introdotto questa nuova religione", *Per.* 12), non sembra assurdo che nella reinterpretazione del mito di Prometeo da parte di Luciano sia operante almeno un ricordo di quella ingiusta crocifissione.

L'opera in cui, infatti, emerge con evidenza innegabile la conoscenza del Cristianesimo da parte di Luciano e la sua volontà di offrire una critica, in verità più scherzosa che acrimoniosa[14], dei suoi seguaci è senz'altro il *De morte Peregrini*, come già varî studiosi hanno posto in evidenza[15]. In *Peregr.* 11 Luciano descrive l'adesione di Peregrino al Cristianesimo in Palestina: "egli si impadronì della meravigliosa saggezza dei Cristiani [τὴν θαυμαστὴν σοφίαν τῶν Χριστιανῶν], allorché, in Palestina, si associò ai loro sacerdoti e ai loro scribi". Segue la descrizione dello straordinario successo riscosso da Peregrino presso la comunità cristiana, soprattutto per la sua apparente sapienza[16], e la menzione di Gesù Cristo: "Lo elessero [*sc.* Peregrino] loro capo, secondo soltanto a colui che veneravano ancora, quell'uomo crocifisso in Palestina per il fatto di aver introdotto fra gli uomini questa nuova religione"

---

[13] Luciano non è in verità uno strenuo difensore della religione pagana in opposizione al Cristianesimo: è noto il suo atteggiamento ironico nei confronti delle rappresentazioni tradizionali delle divinità pagane (*Dialogi deorum*) e l'affermazione che sono la speranza e il timore a fare recare gli uomini nei templi (*Alex.* 8), e la critica alle superstizioni irrazionali non è limitata al Cristianesimo (*Alexander, Peregrinus, Pseudomantis, Philopseudes*). Analoga è poi la critica rivolta ai filosofi contemporanei, specialmente gli Stoici e i Cinici –a petto della venerazione nutrita dal Nostro verso i filosofi antichi (*Vitarum auctio, Hermotimus, Symposium, Fugitivi, Charon, Iuppiter tragoedus, Piscator*)– e quella rivolta contro i retori (*Rhetorum praeceptor*).

[14] C. CURTI, "Luciano e i Cristiani", in *Miscellanea di studi di Letteratura cristiana antica*, Catania 1954, 86-109; V. DAUMER, *Lucien de Samosata et la secte chrétienne*, Paris 1957, Cahiers du Cercle Ernest Renan 13; E.R. DODDS, *Pagan and Christian in an age of anxiety*, Cambridge 1965, 59-63; 120-125; P. CARRARA (ed.), *I pagani di fronte al Cristianesimo. Testimonianze dei secoli I e II*, Firenze 1984, 101-111; F. RUGGIERO, *La follia dei Cristiani. Su un aspetto della reazione pagana tra I e V secolo*, pref. M. Simonetti, Milano 1992, 119-132.

[15] "E in un batter d'occhio –come poteva esser diversamente!– li fece tutti apparire come bambini: era lui il profeta, lui a presiedere alle celebrazioni liturgiche, lui il capo della sinagoga [il termine, come si nota, è giudaico, ma poteva ben designare anche le assemblee cristiane; del resto, la prima predicazione cristiana, a partire da quella paolina, si svolse innanzitutto nelle sinagoghe] e ogni cosa a un tempo. Spiegava e chiariva alcuni dei loro libri, molti altri li andava componendo lui stesso. Quelli lo stimavano come un dio e si servivano di lui come legislatore". Tr. RUGGIERO, *La follia*, 121 (e così di seguito, salvo diversa indicazione).

(si noti per inciso che il verbo è σταυρόω, lo stesso usato per Prometeo). Che il Cristianesimo fosse *superstitio illicita* e costituisse in quanto tale un motivo di condanna si evince chiaramente dalle successive parole di Luciano: "fu allora appunto che Proteo, catturato sotto tale imputazione, fu gettato in prigione". Luciano ricorda quindi in termini fortemente ironici e caricaturali lo stringersi della comunità cristiana attorno al recluso e la profusione anche di notevoli somme in favore di Peregrino Proteo[17]. Luciano deride la dabbenaggine dei Cristiani, pronti a spendere tutto ciò che hanno in favore di un ciarlatano: "È davvero incredibile la solerzia che mostrano ogni volta che una cosa del genere si divulga: in un attimo danno fondo a tutto. A favore di Peregrino, ad esempio, in occasione dell'arresto, vennero versate notevoli sostanze e così egli poté procurarsi una non piccola rendita". E la ragione di questo comportamento, e anche del disprezzo della morte, è individuata da Luciano, come pure da Celso (*ap.* Orig. *c. Cels.* VIII 49)[18], nella convinzione di essere immortali, convinzione che il filosofo Luciano considera una pia illusione: "Questi poveretti sono convinti di diventare assolutamente immortali e che vivranno per l'eternità. Ed è questa la ragione per cui disprezzano la morte e spontaneamente i più le si offrono". Si osservi dunque *en passant* che quest'ultimo rilievo di Luciano riecheggia quello di Marco Aurelio e di Celso e rientra nella problematica del Montanismo: la presentazione dei Cristiani come gente che spontaneamente va incontro alla morte, sia in Luciano nel *Peregrinus* sia in Marco Aurelio nell'Εἰς ἑαυτόν sia in Celso nell' 'Ἀληθὴς λόγος, può essere stata in effetti influenzata dal comportamento dei Montanisti. Ritornerò

[16] "Il fatto [*sc.* la reclusione] gli procurò una non piccola reputazione e lo avvantaggiò indubbiamente nella sua futura carriera di ciarlatano e di istrione, cose tutte di cui egli era amante. Quando dunque venne imprigionato, i Cristiani, reputando l'evento una sciagura, mossero cielo e terra nell'intento di strapparlo al carcere. Ma, dato che questo si dimostrò impossibile, egli fu fatto segno di grande cura, e non di tanto in tanto, ma con grande impegno. Fin dal primo mattino si potevano vedere anziane vedove e orfanelli in attesa davanti alla prigione, mentre i loro capi, corrotti i custodi, riuscirono perfino a passare la notte all'interno del carcere, insieme con lui. Qui dentro venivano serviti pasti variati e si dava lettura ad alta voce dei loro libri sacri; il nobile Peregrino –così infatti veniva già chiamato– ebbe presso di loro il nome di 'nuovo Socrate'. E non è tutto: dalle città dell'Asia vennero alcuni, inviati dai Cristiani a spese della comunità, per soccorrere, difendere e incoraggiare il nostro uomo".

[17] "Avete un comportamento quanto mai contraddittorio, avete un grande desiderio del corpo e sperate che esso risorgerà così com'è, ritenendo con ciò che il corpo costituisca per noi la cosa migliore e più preziosa, e in contrasto con tale sentimento lo gettate ai supplizi come cosa spregevole. Ma non val la pena di fare queste discussioni con chi segue questa persuasione e non sa staccarsi dal corpo: costoro infatti anche in tutte le altre espressioni sono gente materiale, impura e contro ogni ragionevolezza malata di faziosità". Tr. di S. RIZZO in Celso, *Contro i Cristiani*, intr. di G. Baget Bozzo, Milano 1989.

sulla questione più avanti per rilevare altre tracce, a mio avviso abbastanza consistenti, relative al Montanismo nell'episodio lucianeo di Peregrino[19].

L'episodio di *Peregr.* 11-13 si chiude con un impietoso ritratto dei Cristiani: "Il loro primo legislatore, inoltre, li ha persuasi di essere fra loro tutti fratelli, una volta che, passati per sempre alla nuova fede e rinnegate le divinità dei Greci, adorino proprio quel sofista [σοφιστής] crocifisso e vivano secondo la sua legge. Disprezzano poi ogni cosa egualmente e la considerano proprietà comune: idee, queste, che hanno però accolte senza alcuna base certa. Così, se capita fra loro un ciarlatano o un imbroglione abile a sfruttare la situazione, diverrà subito ricchissimo, facendosi beffe della loro semplicità". I Cristiani dunque sono degli sprovveduti; rivelativi sono a tal proposito i termini greci adoperati da Luciano: κακοδαίμων, "disgraziato", e ἰδιῶται ἄνθρωποι, "uomini sprovveduti". E rivelativo è anche il confronto fra la presentazione di Peregrino Proteo che fa Luciano, essenzialmente negativa, dalla quale emerge il ritratto di un ciarlatano privo di scrupoli, e le testimonianze di altri autori contemporanei, che non sembrano affatto ostili[20]. Luciano stesso ci testimonia, in primo luogo, che i contemporanei consideravano Peregrino come un "secondo Socrate" (*Peregr.* 12) o un "secondo Epitteto" (*Peregr.* 18). Aulo Gellio poi, che conobbe il filosofo personalmente quando soggiornò ad Atene, lo definisce *vir gravis et constans* (cfr. *NA* XII 11, 1-7): Gellio andava spesso a trovare Peregrino laddove viveva, *in quodam tugurio extra urbem*, dove lo sentiva parlare *utiliter et honeste*. Successivamente Ammiano Marcellino (XIX 1, 39) definisce Peregrino *philosophus clarus*, in accordo con altre fonti pagane, come Filostrato (*Vita Apollonii*, I 13), e con le fonti cristiane costituite dagli apologisti Taziano (*Oratio ad Graecos*, 25), Atenagora (*Legatio*, 27) e Tertulliano (*ad Martyras*, 4). Mi sembra interessante allora tracciare una breve panoramica sulla vita di Peregrino, quale risulta dal libello di Luciano.

Nato a Pario, sull'Ellesponto, ai primi del II secolo, ebbe a litigare in gioventù con il padre, tanto che alla morte di quest'ultimo fu sospettato di parricidio e costretto ad abbandonare Pario. Giunto in Palestina, egli si legò ai Cristiani e ne divenne membro influente e onorato, ma per Cristianesimo venne incarcerato. Liberato dal proconsole, tornò in patria dove si proclamò cinico: non perse per questo il sostegno dei Cristiani, che lo abbandonarono soltanto per l'infrazione di una norma alimentare non meglio specificata (*Peregr.* 16). Passò quindi in Egitto, presso il Cinico Agatogene, e poi in Italia, dove

---

[18] Sul Montanismo segnalo da ultimo R.M. BRAGG, "Theological Implications of the Montanist Movement", in *Gli imperatori Severi. Storia archeologia religione*, a c. di E. dal Covolo-G. Rinaldi, Roma 1999, Biblioteca di Scienze Religiose 138, 243-251 con bibl.; ulteriori indicazioni qui *infra*, n. 23.

[19] Sulla filosofia di Peregrino cfr. G. REALE, *Storia della filosofia antica*, IV, Milano 1981, 232-235. Sul raffronto tra fonti favorevoli e contrarie su Peregrino: RUGGIERO, *La follia*, 123.

Antonino Pio non ebbe ad ostacolarlo, dapprima, ma successivamente fu costretto ad esiliarlo perché Peregrino lo aveva addirittura ingiuriato. In Grecia, Peregrino non solo insultò Erode Attico, ma tentò anche di fomentare una rivolta contro l'autorità romana. La fine della sua vita fu spettacolare come il resto: nel 165 ad Olimpia, al cospetto del pubblico dei giuochi, si autoimmolò su un rogo, riscuotendo un enorme successo.

Luciano non è ostile ai Cinici in sé, anzi nella sua biografia del cinico Demonatte ritrae quest'ultimo in modo assolutamente positivo, facendone un modello; nei suoi *Dialoghi*, a più riprese compaiono illustri Cinici come Menippo e Diogene che talora sono presentati con un filo di ammirazione per la loro libertà (ad esempio nei *Dialoghi dei morti*, 22 Menippo è definito ἐλεύθερις ἀκριβῶς). Luciano è ostile propio a Peregrino, non in quanto Cinico[21], ma piuttosto per non avere saputo applicare in vita i precetti professati – un'accusa, questa, comune senz'altro anche a Seneca e, per altro verso, ai Cristiani[22]. Non è da escludersi che anche in Peregrino fossero vive istanze montaniste, che sembrano trapelare da vari indizi. Il motivo della rottura fra Peregrino e la comunità cristiana che lo aveva fino ad allora ospitato e sostenuto è una questione alimentare: egli fu sorpreso a mangiare cibi vietati, dice Luciano, e noi sappiamo che i Montanisti avevano abitudini alimentari molto severe, di cui ci testimonia un contemporaneo di Luciano, Ateneo: egli, che fu attivo letterariamente dal regno di Adriano fino a Commodo nella raccolta di materiale per i suoi *Deipnosofisti*, significativamente confonde –come probabilmente anche Celso[23]– i Cristiani ("quelli che hanno scoperto questa bella [χρηστήν] filosofia") con i Montanisti ed attribuisce a tutti i Cristiani pratiche che invece erano tipicamente montaniste, quali il digiuno fino al sorgere della sera (IV 156 a-b), la xerofagia (III 113 a-b) e forse anche un giuoco tipico della Tracia che comportava un alto rischio di morte in IV 155 a-f[24]. Anche altri indizî ci spingono a supporre la presenza del Montanismo dietro alle vicende di Peregrino: egli in Italia attacca Antonino Pio e in Grecia esorta la popolazione a una rivolta contro l'autorità romana: è noto che il Montanismo, oltre a contestare la gerarchia ecclesiastica, avversava duramente anche l'autorità politica costituita, tanto da apparire un grave pericolo per lo Stato (proprio per questo probabilmente Marco Aurelio si allarmò tanto di fronte ai

[20] H. M. HORNSBY, "The Cynicism of Peregrinus Proteus", *Hermathena* 48, 1933, 65-84.

[21] RUGGIERO, *La follia*, 127.

[22] SORDI, *I Cristiani*, 81.

[23] G. ZECCHINI, *La cultura storica in Ateneo*, Milano 1989, 18-19; mi permetterei di rinviare eventualmente anche al mio contributo "ΚΑΤΑ ΨΙΛΗΝ ΠΑΡΑΤΑΧΙΝ, Montanismo e impero romano nel giudizio di Marco Aurelio", in AA.VV., *Fazioni e congiure nel mondo antico*, Milano 1999, CISA 25, 81-97, part. 91.

Cristiani, da lui probabilmente identificati *tout-court* con i Montanisti, e scatenò una persecuzione con ricerca d'ufficio)[25]. L'ansia di ascesi tipica del Cinismo è uno dei tratti più marcati anche del Montanismo e, non ultimo, il suicidio spettacolare di Peregrino non solo può essere letto alla luce di una lunga tradizione filosofica, secondo quanto osserva R. Pack[26], e non solo assomiglia a quello dei Gimnosofisti[27], ma presenta chiari punti di contatto con quello dei Montanisti: la morte ricercata deliberatamente e spettacolare tanto criticata da Marco Aurelio[28]. Particolarmente rivelativi dell'atteggiamento montanista verso la morte, che viene appunto ricercata e spettacolarizzata, sono alcuni passi del Tertulliano ormai montanista dell'*Adversus Marcionem*, III 40, del *De corona*, 1, 4 o del *De fuga*, 9[29]. Questa interpretazione non sarebbe del tutto fuori luogo,

---

[24] Secondo l'ipotesi, ricordata poco fa, della Sordi.

[25] R. PACK, "The 'Volatilisation' of Peregrinus Proteus", *AJPh* 67, 1946, 334-345: al c. 33 Peregrino si propone di ἀναμιχθῆναι τῷ αἰθέρι, morendo come Eracle (R. HOLLAND, "Zur Typik der Himmelfahrt", *Arch. für Religionswiss.* 23, 1925, 207-220, part. 210); altri precedenti erano Empedocle e sovrani orientali come Sardanapalo, Semiramide e Amilcare, dei quali l'ultimo ricevette dopo la morte onori divini (PACK, "The 'Volatilisation'", 334). Peregrino fu detto dal discepolo Teagene assunto nel paradiso lunare teorizzato dalle correnti filosofiche medio- e neostoica, medioplatonica e neopitagorica. La maggior parte dei critici considera l'avvoltoio che secondo Luciano si sarebbe levato dal rogo di Peregrino come una parodia dell'aquila solitamente connessa con l'apoteosi degli imperatori, ma il Pack (336) lo contesta e sostiene che si accorda perfettamente con il contesto in quanto gli avvoltoi erano considerati visitatori da un altro mondo, e precisamente da quello lunare (un mondo che notoriamente ritorna in Luciano, sia pure in modo scherzoso). Cfr. G. WEICKER, *Der Seelenvogel in der alten Literatur und Kunst*, Leipzig 1902; F. CUMONT, "L'aigle funéraire des Syriens et l'apothéose des empereurs", *Rev. Hist. Relig.* 62, 1910, 119-163; cfr. Dio Cass. LVI 42; Herodian. IV 2, 11. La denominazione di "volatilizzazione" per la "cremazione" (cap. 30: ἑαυτοὺς ἐχαρεώσουσι; τοῦτο [...] τὴν καῦσιν καλοῦσι) implica un sostrato filosofico che risale addirittura ad Eraclito. Pack infine istituisce un rapporto stretto tra Peregrino Proteo e Apollonio di Tiana, la cui madre di lui incinta sognò Proteo, "il demone egiziano", che le annunziò che avrebbe dato alla luce lui stesso (Philostr. *Vita Apolloni*, I 4); analogamente Apollonio si volatilizzò in un tempio di Dictinna a Creta (*ibid.* 8, 30: κεράννυται ἠέρι κούφῳ): PACK, *ibid.*, 339-340.

[26] Il Brahmano Calano che si cremò al tempo di Alessandro è menzionato in *Peregr.* 25 (cfr. Cic. *Div.* I 23, 47; *Tusc.* II 22, 52; Plut. *Alex.* 67; Strabo XV 1, 64), e il gimnosofista Zarmanochegas si bruciò ad Atene alla presenza di Augusto (Strab. XV 1, 73; Dio Cass. LIV,9).

[27] Sui modelli di martirio nell'antichità J. PERKINS, "The Apocryphal Acts of the Apostles and the Early Christian Martyrdom", *Arethusa* 18, 1985, 211-230.

[28] Rispettivamente i tre passi suonano, nella mia traduzione: 1) "Come mai l'eroica martire Perpetua, nella rivelazione che ebbe del Paradiso ormai nel giorno della Passione, vide colà soltanto i suoi compagni nel martirio [*commartyres*], se non perché la spada che custodisce la porta del Paradiso non cede che a coloro che sono morti in Cristo e non in Adamo? Un tipo di morte nuovo per Dio e straordinario per Cristo dà adito ad una dimora differente e particolare. Riconosci dunque la differenza fra i pagani e i fedeli nella morte! Se vuoi morire per Dio, come ammonisce il Paraclito, non nei languori della febbre e del letto, ma nel martirio, se prenderai la tua croce e seguirai il Signore, come egli stesso ha comandato. La sola chiave del Paradiso è

qualora si tenga presente che Peregrino è stato appunto cristiano e che Luciano vive in un momento storico in cui il Montanismo stava toccando l'àpice della sua virulenza.

L'altro versante della polemica anticristiana nel *Peregrinus* riguarda la presunta stoltezza e dabbenaggine dei Cristiani: essi sono irrazionali, sprovveduti, diremmo: degli asini, e vedremo estesamente trattando di Apuleio quanto il tema dell'asino sia rilevante nelle polemiche intorno al Cristianesimo: del resto è stato attribuito tradizionalmente a Luciano, come diremo meglio sempre nel capitolo su Apuleio, il celebre romanzo *Lucio o l'asino*. È opportuno allora soffermarci brevemente su questo tema polemico, che si trova identico anche in Celso (*ap.* Orig. *c. Cels.* I 2 sgg. e *passim*) e che era diffuso nel II secolo, sin dai tempi di Giustino Martire –che forse Luciano poté conoscere a Roma–, il quale volle invece dare una veste filosofica al Cristianesimo, liberandolo dalle accuse di irrazionalità e presentandolo non già come superstizione di ignoranti, bensì come φιλοσοφία θεία. Esplicitamente infatti Giustino afferma, riferendosi alle tre Persone della Trinità: ὅ τι μετὰ λόγου τιμῶμεν, ἀποδείξομεν (*1 Apol.* 13, 3), e sostiene di volere fornire della dottrina cristiana e della crocifissione in particolare una spiegazione razionale: προσέχειν ὑμᾶς ἐξηγουμένων ἡμῶν προτρεπόμεθα (*1 Apol.* 13, 4): l'insistenza sulla spiegazione basata sul λόγος si comprende considerando che, come Giustino stesso testimonia, i Cristiani erano accusati ai suoi tempi di follia per l'adorazione di un uomo crocifisso: ἐνταῦθα γὰρ μανίαν ἡμῶν καταφαίνονται, δευτέραν χώραν μετὰ τὸν [...] θεὸν [...] ἀνθρώπῳ σταυρωθέντι διδόναι ἡμᾶς λέγοντες (*1 Apol.* 13, 4; del resto già Paolo di Tarso, come è noto, chiamava Cristo crocifisso "scandalo per i Giudei, stoltezza per i Gentili"). Le accuse di irrazionalità ai Cristiani continuano con Celso, che, dopo avere affermato l'origine barbarica, e non greca, della dottrina (βάρβαρον εἶναι τὸ δόγμα, *ap.* Orig. *C. Cels.* I 2)[30], secondo un motivo riflesso anche in Taziano (*Ad nat.* 30; 35) e Melitone (*ap.* Eus. *Hist. eccl.* IV 26, 7), dimostra che né l'etica cristiana né la polemica antiidolatrica costituiscono vere novità introdotte dal Cristianesimo (I 5) e afferma che la dottrina cristiana

---

il tuo sangue "; a proposito del soldato montanista che ha rifiutato la corona militare perché cristiano, Tertulliano biasima i suoi commilitoni cristiani, non montanisti, che erano stati i primi a rimproverarlo: "Ed ecco che si esprimono su questo cristiano dei pareri che non so se sono di veri Cristiani –poiché non sono diversi da quelli dei pagani–, che lo giudicano come un fanatico che si getta a precipizio, avido di morire [*abrupto et praecipiti et mori cupido*], lui che, interrogato sul suo atteggiamento, ha creato dei problemi intorno al nome cristiano"; "tutte le parole dello spirito esortano al martirio, non alla fuga [...]. Non preferiate morire nel letto, tra gli spasimi e i languori della febbre, ma nel martirio, perché sia glorificato Colui che ha sofferto per voi". Si veda eventualmente per il loro valore di testimonianze montaniste il mio cit. "Il giudizio di Marco Aurelio sui Cristiani".

[29] Origene storna subito l'accusa sul Giudaismo, levandola dal Cristianesimo e commentando: δηλονότι τὸν ἰουδαϊσμόν, οὐ χριστιανισμὸς ἤρτηται (*c. Cels.* I 2).

non si basa sulla razionalità ma sulla magia (I 6, 1); soprattutto in I 8-9 egli afferma la necessità di scegliere con ragione una dottrina: τῷ λόγῳ ἀκολουθοῦντας καὶ λογικῷ ὁδηγῷ παραδέχεσθαι δόγματα, motivando: "perché chi accoglie il pensiero altrui senza alcuna precauzione è sicuramente passibile di inganno. I Cristiani invece fanno proprio come quelli che, contro i principî della ragione, prestano fede [τοὺς ἀλόγως πιστεύοντας] ai sacerdoti questuanti di Cibele, agli indovini, ai vari Mitra e Sabazi, e al primo venuto [noto io: come a Peregrino Proteo in Luciano!], comprese le apparizioni di Ecate o di altra dèa o di altri demoni. Come infatti presso queste persone spesso degli uomini scellerati trovano facile terreno nella dabbenaggine di chi si lascia facilmente ingannare e le portano dove vogliono, così succede tra i Cristiani. Alcuni su ciò in cui credono non sono disposti né a rendere né a ricevere ragione [μηδὲ βουλομένους διδόναι ἢ λαμβάνειν λόγον περὶ ὧν πιστεύουσιν], ma si limitano a dire: 'Non indagare, ma abbi fede' [μὴ ἐξέταζε, ἀλλὰ πίστευσον] e: 'La tua fede ti salverà' [ἡ πίστις σου σώσει σε] e aggiungono: 'La sapienza [σοφία] nel mondo è un male, la stoltezza [μωρία] un bene' ". Analogamente in I 27 egli designa la dottrina dei Cristiani come οὐδαμῶς ἐν λόγοις δυνατόν. Celso insiste molto, ancora oltre, sull'accusa di fideismo: ἀξιούμενον εὐθέως πιστεύειν [...] κελεύει φθάσαντας πιστεύειν, ὅτι τοιόσδε ἐστὶν ὁ θεὸς καὶ υἱὸν ἔχει τοιόνδε καὶ οὗτος κατελθὼν ἐμοὶ διελέξατο (*ibid.* VI 7b-8); πρῶτον πίστευσον ὃν εἰσηγοῦμαί σοι, τοῦτον εἶναι υἱὸν θεοῦ [...] ταύτῃ καὶ μᾶλλον πίστευσον [...] πίστευσον, εἰ σωθῆναι θέλεις, ἢ ἄπιθι [...] τὴν ἐν ἀνθρώποις σοφίαν μωρίαν εἶναι παρὰ θεῷ (*ibid.* VII 10c-12). A questa pretesa di fede immediata Celso oppone quale esempio il λόγος ἀληθής (*ibid.* VI 9) di cui parla Platone nella *VII Lettera* (341 e) e che, come è noto, costituisce anche il titolo della sua opera. Ancora, Celso torna sulla medesima accusa in III 44; 49-50; 55, dilungandosi a mostrare come i Cristiani preferiscano predicare agli stolti piuttosto che ai saggi (ad esempio: μηδεὶς προσίτω πεπαιδευμένος, μηδεὶς σοφός, μηδεὶς φρόνιμος· κακὰ γὰρ ταῦτα [...] ἀλλ' εἴ τις ἀμαθής, εἴ τις ἀνόητος, εἴ τις ἀπαίδευτος, εἴ τις νήπιος θαρρῶν ἡκέτω, III 44), e in III 72-75, dove nuovamente pone in luce l'irragionevolezza delle dottrine cristiane, definite καταγέλαστα (III 73 a). Specialmente in III 59-65; 71 l'imputazione di irragionevolezza risulta perfino associata a quella di potenziale sovversione nei confronti dell'ordine costituito: infatti Celso qui tendenziosamente sostiene che non soltanto gli sciocchi, ma anche i peccatori e i delinquenti sono oggetto del proselitismo cristiano: ὅστις, φασίν, ἁμαρτωλός [...], ὅστις κακοδαίμων, τοῦτον ἡ βασιλεία τοῦ θεοῦ δέχεται. Τὸν ἁμαρτωλὸν ἄρα οὐ τοῦτον λέγετε τὸν ἄδικον καὶ κλέπτην καὶ τοιχώρυχον καὶ φαρμακέα καὶ ἱερόσυλον καὶ τυμβωρύχον [si ricordi che contro i Cristiani stessi vigeva l'accusa di τυμβωρυχία, di cui parliamo nei capitoli dedicati a Caritone e a Petronio]; Τίνας ἂν ἄλλους προκηρύττων λῃστὴς ἐκάλεσε; (III 59). I Cristiani sarebbero costretti a rivolgersi a gente di tal fatta, perché, a detta di Celso, non troverebbero nessun altro a cui rivolgersi: οἴεται δὲ [ὁ Κέλσος] ὅτι τοιαῦτα εἰς ἐπιτροπὴν τῶν ἁμαρτανόντων φαμὲν ὡς μηδένα ἄνδρα τῷ ὄντι χρηστὸν καὶ δίκαιον προσάγεσθαι δυνάμενοι καὶ ὅτι διὰ τοῦτο τοῖς ἀνοσιοτάτοις καὶ ἐξωλεστάτοις τὰς πύλας ἀνοίγομεν.

Dunque la critica di Celso al fideismo[31] e alla dabbenaggine dei Cristiani, pronti a seguire chiunque, ben concorda con quella di Luciano che nel *Peregrinus* irride appunto questa dabbenaggine di gente disposta a seguire "il primo venuto". Insieme con Celso, anche Luciano presenta una posizione diametralmente opposta a quella di Giustino. E questo è uno degli elementi di stretta corrispondenza tra Celso e Luciano; ne troveremo molti altri, particolarmente significativi.

Anche nell'*Alexander seu Pseudomantis* sono stati ravvisati echi anticristiani. Mi sembra significativo in merito che questa operetta sia dedicata a un Celso (*Alex.* 1: Κέλσε) che lo scoliaste identifica con il medesimo polemista anticristiano attaccato da Origene. Se critici come lo Harmon sospendono il giudizio, senza ammettere né escludere questa identificazione[32], credo che almeno due elementi possano deporre a suo favore, pur senza essere completamente determinanti. Da un lato, infatti, la cronologia dell'opera lucianea corrisponde pienamente a quella dell'attività di Celso, che scrive verso la fine degli anni Settanta del II secolo; in secondo luogo –ma è il dato più importante, poiché la coincidenza cronologica di per sé non è certo un argomento cogente– abbiamo visto nel corso della precedente analisi diverse convergenze di pensiero tra Luciano e Celso, e proprio in materia di polemica anticristiana. In particolare la confusione tra Cristianesimo e Montanismo in entrambi gli autori, la critica alla ricerca e alla spettacolarizzazione del martirio, l'attribuzione della prontezza dei Cristiani nell'affrontare la morte nella convinzione della resurrezione e l'avversione all'idea della risurrezione del corpo –si ricordi che Celso parlava della resurrezione come di un πλάσμα[33]

---

[30] Ancora viva in Giuliano l'Apostata, *ap.* Greg. Naz, *Or.* III 97: οὐδὲν ὑπὲρ τὸ Πίστευσον τῆς ὑμετέρας ἐστι σοφίας. Su questa e altre critiche anticristiane vive nelle polemiche del II secolo cfr. G. SFAMENI GASPARRO, *Origene e la tradizione origeniana in Occidente. Letture storico-religiose*, Roma 1998, part. cap. 8.

[31] Cfr. Lucian. IV, ed. A.M. HARMON, Harvard 1953, 174-175.

[32] Lo si evince dalla confutazione di Orig. *C. Cels.*, II 48: "Che egli [*sc.* Gesù] risuscitasse veramente i morti e che questa non è una finzione [πλάσμα] degli evangelisti, è dimostrato da questo, che, se fosse una finzione, di molti si sarebbe narrato che siano stati resuscitati: ma siccome non è una finzione, quelli di cui questo si narra possono essere annoverati facilmente".

e che d'altra parte il titolo di un'opera di Luciano è ' Ἀναβιοῦντες–, nonché la polemica contro la irrazionalità del Cristianesimo e la dabbenaggine dei Cristiani, che, come nel caso di Peregrino, si fidano acriticamente del primo venuto, le quali accomunano Luciano e Celso, mi sembrano tutti elementi di convergenza degni di attenzione. Inoltre si deve porre l'accento sulla circostanza che sia dedicata a Celso proprio un'operetta in cui sono espliciti i riferimenti al Cristianesimo, e in chiave decisamente polemica, per la precisione nei capp. 25 e 38.

Il protagonista dell'opera infatti, Alessandro di Abonuteico, è, come è noto, un ciarlatano che nel Ponto ha fondato una sua propria religione, la quale trova seguaci da ogni parte: soltanto i Cristiani e gli Epicurei non aderiscono, anzi rimangono ostili. Alessandro allora si vendica su di loro accusandoli di ateismo ed aizzando contro di loro il popolo: "Con l'andare a dire che il Ponto è tutto pieno di atei e di Cristiani, i quali osano proferire contro di lui gli insulti peggiori, egli ordina di cacciarli con lanci di pietra, sempre che vogliano avere propizio il dio [...] Se qualche ateo o cristiano o epicureo è venuto a spiare i riti, se ne vada, e lasci che i credenti negli dèi compiano i misteri, sotto la benedizione del cielo. Egli [*sc.* Alessandro] disse: 'Fuori i Cristiani!', e tutta la folla urlava: ' Fuori gli Epicurei!' "[34]. Diversi sono gli elementi ad notare in questi passi: innanzitutto, la collocazione geografica nel Ponto, al tempo di Luciano: si tratta di una regione infatti cristianizzata presto, già al principio del II secolo: si ricordi in proposito la celebre lettera di Plinio a Traiano (*ep.* X 96), che presuppone per la confinante Bitinia una cristianizzazione notevole già in età traianea, tanto da suscitare le preoccupazioni del governatore romano. È infatti noto che Plinio, incerto sulla procedura da seguire nei processi a carico dei Cristiani, domanda lumi al suo principe, affermando di essersi trovato dinnanzi a "molti" casi del genere, dato che il *crimen* era diffuso: §§ 4-5: *mox ipso tractatu, ut fieri solet, diffundente se crimine, plures species inciderunt. Propositus est libellus sine auctore m u l t o r u m nomina continens*; § 9: *visa enim mihi res digna consultatione, maxime propter periclitantium n u m e r u m, m u l t i enim omnis aetatis, omnis ordinis utriusque sexus etiam, vocantur in periculum et vocabuntur. Neque civitates tantum sed vicos etiam atque agros superstitionis istius contagio pervagata est; quae videtur sisti et corrigi posse*; ancora al § 10 Plinio parla di una *turba hominum.* Inequivocabilmente queste parole di Plinio attestano una consistente diffusione del Cristianesimo in Bitinia in età traianea[35].

---

[33] Tr. di L. TROIANI, "La religione nel mondo romano", in Eiusd. *Il perdono cristiano e altri scritti*, Brescia 1999, 179-217, part. 198.

[34] Cfr. R. TEJA, "Trajano y los cristianos", in *IMP. CAES. NERVA TRAIANUS AVG*, ed. J. GONZÁLEZ, Sevilla 1993, 187-204; J. SIAT, "La persécution des Chrétiens au debut de IIème siècle d'après la lettre de Pline le Jeune et la réponse de Trajan en 112", *LEC* 63, 1995, 161-170. Cfr. J. BEAUJEU, *La religion romaine à l'apogée de l'empire. I. La politique religieuse des*

In secondo luogo, è opportuno porre in luce l'accusa di ateismo rivolta in questi passi dell'*Alexander* ai Cristiani unitamente agli Epicurei. Sappiamo infatti che i Cristiani erano accusati, all'epoca di Luciano, di ateismo insieme con gli Epicurei, tanto che uno degli *slogan* pagani di polemica religiosa suonava: "a morte i Cristiani e gli Epicurei", poiché entrambi atei[36]. Ora, quello della critica anticristiana di ateismo è un tema ben presente e insistito nell'opera di Celso: se il destinatario dell'*Alexander* è il polemista pagano, è certamente stato ben scelto da Luciano e tale da trovarsi in perfetto accordo con le sue asserzioni. Certo, Luciano, a differenza di Celso, non scrive a titolo ufficiale né può essere in alcun modo considerato portavoce dell'imperatore; la sua prospettiva appare del tutto differente e la sua stessa polemica, come accennavamo, non è tanto acrimoniosa o preoccupata –come invece quella di Celso, che teme per le sorti dell'Impero a causa della presunta disaffezione dei Cristiani alla cosa pubblica e della altrettanto presunta mancanza di lealismo– quanto ironica. Credo che sia importante tener presente, infatti, che nell'*Alexander* gli "atei" cristiani ed epicurei non sono direttamente criticati dall'autore, come invece accade per la più gran parte dell'opera di Celso –tranne che per la sezione in cui, come è noto, Celso introduce un Giudeo ad accusare i Cristiani–, bensì sono attaccati da Alessandro perché non aderiscono alla sua nuova religione. Ora, Alessandro non è certamente un personaggio presentato positivamente, quale portavoce diretto delle opinioni dell'autore. È un ciarlatano, le cui opinioni religiose sembrano valere non più di quelle che egli contesta.

Infine, in *Philops.* 16 si è vista talora un'allusione a un Cristiano: parlando infatti di gente che libera dai demoni gli indemoniati, Luciano fa menzione di un Siriaco –ovvero, con ogni probabilità, di un personaggio di lingua aramaica– proveniente dalla Palestina, un "sofista" (σοφιστής, attributo che nel *Peregrinus* Luciano assegna anche a Gesù Cristo, come abbiamo visto) in grado di guarire gli epilettici e gli ossessi e ben noto a tutti (πάντες ἴσασι):

Antonins (96-192), Paris 1955; E. CIZEK, *L'époque de Trajan. Circonstances politiques et problèmes idéologiques*, Paris 1983; A. GIOVANNINI, "Pline et le délateurs de Domitien", in *Oppositions et résistence à l'empire d'Auguste à Trajan. Entretiens sur l'Antiquité Classique*, 33, Genève 1987, 219-248. Recentissimo e con ampia documentazione storica e critica su Traiano e la religione è S. MONTERO, *Trajano y la adivinación. Prodigios, oráculos y apocalíptica en el Imperio Romano (98-117 d.C.)*, Madrid 2000, Geriôn, Anejos, 4. Approfitto per ringraziare il prof. Santiago Montero per il gentile omaggio della sua opera.

[35] Oltre agli studî di Jossa, Sordi, Ruggiero e altri che nel corso del lavoro cito ripetutamente riguardo alla diffusione del Cristianesimo nei primi secoli dell'Impero, rinvio anche a W.H.C. FREND, *The Rise of Christianity*, London 1984; R. LANE FOX, *Pagans and Christians in the Mediterranean World from the Second Century AD to the Conversion of Constantine*, London-New York 1988.

τοὺς δαιμονῶντας ἀπαλλάττουσι τῶν δειμάτων οὕτω σαφῶς ἐξᾴδοντες τὰ φάσματα. Καὶ ταῦτα οὐκ ἐμὲ χρὴ λέγειν, ἀλλὰ πάντες ἴσασι τὸν Σύρον τὸν ἐκ τῆς Παλαιστίνης, τὸν ἐπὶ τούτῳ σοφιστήν, ὅσους παραλαβὼν καταπίπτοντας πρὸς τὴν σελήνην [...] ὅμως ἀνίστησι καὶ ἀποπέμπει ἀρτίους τὴν γνώμην, ἐπὶ μισθῷ μεγάλῳ ἀπαλλάξας τῶν δεινῶν.

Luciano prosegue nella descrizione dell'attività del guaritore fatta da Ione: "Quando egli sta di fronte ad essi mentre giacciono e dice: 'Donde sei venuto nel suo corpo?', il sofferente sta in silenzio, ma lo spirito risponde in greco o nella lingua di qualsiasi nazione straniera donde egli venga, dicendo come e quando sia entrato nell'uomo; quindi, scongiura lo spirito e, se esso non obbedisce, lo espelle. Invero, io ne vidi uno, nero e fumoso all'aspetto. –Non è nulla di straordinario per te, Ione, vedere questo tipo di spettacolo, quando perfino le 'forme' che insegna il padre della tua scuola, Platone, sono chiare per te, mentre risultano un difficile oggetto di visione per tutti noi, i cui occhi sono deboli". Lo scoliaste considera la descrizione di Ione come un riferimento a Gesù Cristo, ma sembra piuttosto che il personaggio aramaico in questione sia un contemporaneo di Luciano. Inoltre, se è vero che anche Gesù Cristo scacciava i demoni, era un parlante aramaico ed era certo ben noto, è però anche vero che egli non curava "per un grande compenso", come invece sembra il caso del guaritore citato qui da Luciano (ἐπὶ μισθῷ μεγάλῳ)[37]. Dunque è probabile che l'identificazione del personaggio citato da Luciano con Gesù Cristo vada esclusa. Luciano potrebbe forse, sì, riferirsi a un Cristiano, ma sulla sola base della provenienza siro-palestinese e dell'attività di esorcista non mi sembra che sia prudente affermarlo, anche perché, come opportunamente ricorda Harmon, gli esorcisti erano molto diffusi, e certamente non solo fra i Cristiani[38].

Dunque in Luciano i riferimenti al Cristianesimo sono certi ed evidenti e sembrano presentare cospicui elementi di convergenza con le polemiche anticristiane di Celso, al quale è probabile che Luciano dedicasse il suo *Alexander*. Sia Luciano sia Celso scrivono in un periodo in cui il Montanismo era

---

[36] Quanto alla qualifica del guaritore come σοφιστής, abbiamo visto che in effetti Luciano la attribuisce a Gesù in *Peregr.* 11-13; si può ricordare in merito che il celebre *Testimonium Flavianum* (Ios. *AI* XVIII 3, 3) designa Gesù come σοφὸς ἀνήρ, non diversamente dalla lettera siriaca di Mara bar Serapion –di cui abbiamo trattato nel capitolo su Giamblico– che lo dice "re saggio [*mlk' hkm'*] dei Giudei", e non propriamente "sofista". Per altro, se "sofista" è Gesù Cristo per Luciano, abbiamo anche visto come sia Luciano sia Celso considerino i Cristiani piuttosto come ignoranti, irrazionali e sprovveduti, e quindi non solo non "sapienti" (σοφοί), ma neppure "sofisti" (σοφισταί).

[37] Cfr. Lucian, III, ed. A.M. HARMON, Harvard 1967, 345.

all'àpice della sua diffusione e nel loro giudizio sui Cristiani sembrano influenzati entrambi dagli atteggiamenti dei Montanisti. La critica di Luciano verso i Cristiani, che egli forse ebbe a conoscere già nella sua città natale e poi molto probabilmente durante i suoi viaggi in zone di antica e radicata cristianizzazione, appare però più ironica che aspra, dato che egli li considera come sprovveduti e affetti da una superstizione irrazionale e che, se copre il Cristianesimo di ridicolo, non diversamente critica anche altre dottrine e altre pratiche di ciarlataneria. Le ripetute allusioni ironiche di Luciano appaiono particolarmente importanti perché, poco oltre la metà del II secolo, presuppongono una sicura conoscenza dei Cristiani e un indubbio interesse verso di essi non solo da parte dell'autore, ma anche da parte del suo ampio pubblico, che doveva essere in grado di cogliere prontamente i riferimenti al Cristianesimo e di ridere dei Cristiani. E ai fini del nostro discorso mi sembra molto importante notare che il pubblico di Luciano, nel II secolo, era probabilmente lo stesso di altri romanzieri: se questi romanzieri avessero fatto cenno al Cristianesimo nelle loro opere, il loro pubblico le avrebbe dunque sapute cogliere.

8
Petronio

Come è noto, quello dell'identità dell'autore del *Satyricon* e, per conseguenza, quello della datazione del romanzo sono problemi tuttora aperti. A quanto mi risulta, però, la grande maggioranza degli studiosi è ormai concorde nell'identificare l'autore del *Satyricon* con il Petronio tacitiano (*Caius Petronius*). Di lui sappiamo che fu proconsole in Bitinia e console nel cruciale anno 62 (l'anno della cosiddetta "svolta neroniana"), come ci attestano lo stesso Tacito (*Ann.* XVI 18, 2) e un'epigrafe ercolanea[1]; entrò a fare parte del cosiddetto "circolo neroniano" quale *arbiter elegantiae* e poi cadde in disgrazia presso Nerone per avere suscitato la gelosia di Tigellino, il quale lo accusò di aver partecipato alla congiura pisoniana. Petronio fu quindi costretto al suicidio, secondo il resoconto di Tacito (*Ann.* XVI 17-19): un suicidio notoriamente non certo da "martire stoico", e forse derivato da una biografia o da una raccolta di *exitus virorum illustrium* quali quelli di cui ci testimonia Plin. *Ep.* V 51; VIII 12, 4 (Tac. *Ann.* XVI 18)[2]. Le fonti di cui disponiamo per ricostruire la vita di Petronio sono notoriamente scarse: oltre ai ben noti passi del l. XVI degli *Annales* di Tacito, che forse attingeva a Cluvio Rufo le sue notizie, anche Plinio il Vecchio nella *Naturalis Historia* (ma con ogni probabilità egli avrà

---

[1] Pubblicata da G. PUGLIESE CARRATELLI, "Tabulae ceratae Herculanenses", *PP* 1, 1946, 373 sgg.; 3, 1948, 165 sgg. Cfr. W. ECK," Miscellanea Prosopographica", *ZPE* 42, 1981, 227-256; P. GINSBURG, "Nero's Consular Policy", *AJAH* 6, 1981, 57; P.A. GALLIVAN, "Some Comments on the *Fasti* for the Reign of Nero", *CQ* 24, 1974, 290. L'identificazione tra *Caius* e *Titus* fu proposta già, nel II vol. del suo capolavoro, da R. SYME, *Tacitus*, I-II, Oxford 1958.

[2] Buone sintesi sull'identità storica di Petronio sono, con ampia bibliografia, in K.F.C. ROSE, *The Date and the Author of the* Satyricon, Leiden 1971, Mnemosyne Suppl. 16; J.P. SULLIVAN, "Petronius' *Satyricon* and its Neronian Context", in *ANRW*, II, 32, 3, Berlin-New York 1985, 1666-1686; L. PEPE, "Petronio", in *Dizionario degli scrittori greci e latini*, ed. F. Della Corte, III, Milano 1987, 1605-1618. Per il periodo più recente, la consultazione degli atti dei *Neronia*, da un lato, e, soprattutto, del "Petronian Society Newsletter" dall'altro (pervenutomi fino al 2000 e dal prossimo anno sussunto in *Ancient Narrative*), insieme con gli atti delle varie conferenze internazionali periodiche sul romanzo antico, come i *Groningen Colloquia on the Novel*, e sull'età neroniana (i *Neronia*) mi confermano nella constatazione che oggi gli studiosi identificano concordemente l'autore del *Satyricon* con il Petronio tacitiano. Come è noto, il Marmorale spostava tra il II e il III secolo il *Satyricon*: E.V. MARMORALE, *La questione petroniana*, Bari 1948; Eiusd. "Petronio visse tra Commodo ed Elagabalo", *Giornale Italiano di Filologia* 2, 1949, 361-367.

trattato di Petronio anche nelle sue storie *a fine Aufidi Bassi*, fonte di Dione Cassio per l'età neroniana[3]) parla di un *T. Petronius* identificabile con il Nostro[4]. E anche Plutarco (*Mor.* 60 d-e) descrive Tito Petronio come uno che accusa Nerone di peccati opposti ai suoi effettivi, in particolare di grettezza e di spilorceria, mentre sappiamo che l'imperatore era piuttosto uno spendaccione.

Diversi *realia* nel romanzo in effetti sembrano confermare una collocazione neroniana dell'opera: non solo aspetti letterari[5], giuridici, storici e linguistici depongono in tale senso, ma anche menzioni di particolari personaggi come Apelle, un famoso cantante dell'età di Caligola (Suet. *Cal.* 33, 2; Dio LIX 5, 2; Phil. *Leg. ad Gaium* 203), che viene detto in auge allorché uno dei personaggi del romanzo era giovane; Menecrate, le cui canzoni sono citate da Trimalcione, fiorì effettivamente sotto Nerone (Suet. *Ner.* 30, 5); anche il gladiatore Petraite, di cui Trimalcione è un sostenitore, fiorì secondo le testimonianze archeologiche precisamente sotto Nerone[6]. Non sorprende quindi che soprattutto nella *Cena Trimalchionis* si sia potuta vedere una serie di allusioni a personaggi e fatti della corte neroniana[7]. Le fonti disponibili su Petronio ce lo dipingono come appartenente al cosiddetto "circolo neroniano": la ricostruzione operata dal Sullivan[8] suppone che al "circolo" di cui parla Tacito (*Ann.* XIV 16) per il 59 appartenessero autori come Lucano, introdottovi

[3] J. EDMONDSON, *Dio: the Julio-Claudians*, London, 1992, 31; M. GOWING, "Cassius Dio on the Reign of Nero", in *ANRW*, II, 34, 3, Berlin-New York 1997, 2563; M. SORDI, *Cassio Dione, Storia Romana (ll. LVII-LXIII)*, Milano, 1999, 18-23.

[4] *T. Petronius consularis moriturus invidia Neronis, ut mensam eius exheredaret, trullam myrrhinam HS CCC emptam fregit; sed Nero, ut par erat principem, vicit omnes HS IXI capidem unam parando, memoranda res tanti imperatorem patremque patriae bibisse!* (*Nat. Hist.* XXXVII 20: per ragioni tipografiche ho spostato sotto le lettere che indicano i numeri la linea che andrebbe sopra; dovrebbe invece leggersi *CCC* con una linea sopra e *X* con una linea sopra e due laterali); cfr. Tac. *Ann.* XVI 19; Plut. *De adulatore et amico*, 27.

[5] Paralleli con l'*Apocolocyntosis*, allusioni critiche alle *Epistulae ad Lucilium* di Seneca, riferimenti alla *Pharsalia* lucanea nel *Bellum civile* di Petronio sono citati da SULLIVAN, "Petronius' *Satyricon*", 1666; 1680-1683: l'autore individua tre modi in cui Petronio allude, criticandolo, a Seneca: il primo è la parodia diretta, un *pastiche* di prosa senecana; il secondo è il reimpiego di materiale filosofico senecano in contesto ridicolo; il terzo consiste nella ripresa di materiale senecano in senso differente.

[6] H.T. ROWELL, "The Gladiator Petraites and the Date of the *Satyricon*", *TAPhA* 89, 1958, 14 sgg. Bibliografia relativa agli altri *realia* citati in SULLIVAN, "Petronius' *Satyricon*", 1666.

[7] Ma con molto equilibrio SULLIVAN, "Petronius' *Satyricon*", 1669, respinge un'interpretazione basata sulla totale identificazione, ad es., di Trimalcione con Nerone: torneremo più avanti su queste considerazioni. Per ora basti ricordare che una nuova edizione critica della *Cena* è oggi disponibile in *Cena Trimalchionis. Petronius: a New Critical Edition* by J. an Öberg, Stockholm 1999, Acta Universitatis Stockholmiensis, Studia Latina Stockholmiensia 42.

[8] SULLIVAN, "Petronius' *Satyricon*", 1677-1679.

grazie allo zio Seneca e caduto definitivamente in disgrazia nel 65, e che Petronio stesso sia subentrato a Seneca come consigliere letterario e stilistico nel 62: Tacito in effetti (*Ann.* XVI 18-20) attesta che Petronio divenne *arbiter elegantiae* di Nerone dopo avere rivestito il consolato, ma abbiamo visto che è possibile datare epigraficamente il consolato di Petronio al 62 con una certa sicurezza, dunque Petronio affiancò Nerone come "consigliere di stile" dopo il 62, l'anno appunto del ritiro di Seneca e della predetta svolta. Il "circolo neroniano" tratteggiato da Tac. *Ann.* XVI 18-20, di cui fa sicuramente parte Petronio, potrebbe identificarsi con quello già menzionato di *Ann.* XIV 16.

Quanto ci rimane del romanzo stesso, pervenutoci notoriamente frammentario, fu probabilmente composto intorno al 64, se, come sembra, si può ravvisare in esso più di un'allusione al celebre incendio di Roma di quell'anno[9]. Petronio in tal caso non poteva non essere al corrente delle accuse rivolte ai Cristiani quali incendiarî e dei terribili supplizi ai quali essi furono sottoposti in quella occasione (Tac. *Ann.* XV 44).

Mi sembra dunque opportuno presentare brevemente alcuni cenni storici relativi alla presenza del Cristianesimo, dalle origini al tempo di Nerone, a Roma, dove, nella tarda età neroniana, scriveva Petronio[10]. Tertulliano afferma che a Roma già sotto Tiberio si ebbe notizia del Cristianesimo, grazie ad una relazione di Pilato –non identificabile con l'apocrifo a noi giunto– all'imperatore sui fatti di Palestina relativi a Gesù e ai suoi discepoli[11]: se, come

---

[9] B. BALDWIN, "Petronius and the Fire of Rome", *Maia* 28, 1976, 35-36.

[10] Mi limito a rinviare ad alcuni studî fondamentali, tra i più recenti, di M. SORDI, *I Cristiani e l'Impero romano*, Milano 1984 rist., part. 13-43; Eiusd. "La prima comunità cristiana di Roma e la corte di Claudio", in *Cristianesimo e istituzioni politiche. Da Augusto a Costantino*, a c. di E. Dal Covolo-R. Uglione, Roma 1996, Biblioteca di scienze religiose 117, 15-23; Eiusd.-E. GRZYBEK, "L'*Edit de Nazareth* et la politique de Néron à l'égard des Chrétiens", *ZPE* 120, 1998, 279-291; Eiusd. "L'ambiente storico-culturale greco-romano e la missione cristiana nel primo secolo", in *Il confronto tra le diverse culture nella Bibbia da Esdra a Paolo. XXXIV Settimana Biblica Nazionale*, a c. di R. Fabris, Ricerche Storico-bibliche 10, 1998, 217-229; Eiusd. "I rapporti personali di Seneca con i Cristiani", in *Seneca e i Cristiani*, Atti del Convegno Internazionale, Milano, Università Cattolica del S. Cuore, 11-13 ottobre 1999, a c. di A.P. Martina, in corso di pubblicazione; Eiusd. "I Cristiani e lo Stato", in *Costituzionalismo antico e moderno: valori, dottrine, regole*, Atti del Convegno promosso dall'Università di Roma "Tor Vergata" sotto l'Alto Patronato del Presidente della Repubblica, Villa Mondragone (Monteporzio Catone, Roma, 20-21 marzo 2000), a c. di A. D'Atena-E. Lanzillotta, in corso di pubblicazione.

[11] Tiberio avrebbe proposto in Senato, come di prammatica in queste procedure, la *consecratio* di Gesù Cristo, ovvero la sua assunzione nel novero degli dèi, ma i senatori avrebbero rifiutato di dare corso alla proposta imperiale, come era in effetti in loro potere in fatto di *consecrationes*, adducendo la ragione di non aver potuto fare personalmente la *probatio*, ossia di non avere personalmente esaminato le prove necessarie risultanti da un'istruttoria; il fatto non è datato da Tertulliano, ma viene collocato nel 35 d.C. da Eusebio nel suo *Chronicon*, a noi rimasto nella versione latina geronimiana (*Gallo et Noniano consulibus*), e anche dal *Chronicon Paschale*: *Tiberius ergo, cuius tempore nomen Christianum in saeculum introivit, adnuntiatum sibi ex Syria Palaestina quod illic veritatem ipsius divinitatis revelaverat, detulit ad Senatum cum*

sembra probabile[12], Tertulliano attingeva a Vitellio, anche la storicità del resoconto di cui sopra, unitamente a quella del veto posto da Tiberio alle accuse anticristiane, non sarebbe più passibile di dubbî[13]. Sotto Claudio è probabile che la celebre espulsione dei Giudei da Roma, nel 49, abbia riguardato appunto soltanto i Giudei e non anche i Cristiani. I collaboratori di Paolo, Aquila e Priscilla[14], che secondo *At* 18, 24 furono espulsi anch'essi da Roma in

---

praerogativa suffragii sui. Senatus, quia non ipse probaverat, respuit; Caesar in sententia mansit, conminatus periculum accusatoribus Christianorum. Consulite commentarios vestros, illic reperietis primum Neronem in hanc sectam cum maxime Romae orientem Caesariano gladio ferocisse (Tert. *Apol.* V 2).

[12] Recentemente Alessandro Galimberti ha richiamato l'attenzione sui *commentarii* di Lucio Vitellio, che, inviato dallo stesso Tiberio in Oriente nel 36 come plenipotenziario, destituì fra l'altro Caifa e mandò a Roma Pilato, come attesta Flavio Giuseppe (Ios. *Ant. Iud.* XVIII 89sgg.), sostituendolo con Marcello: A. GALIMBERTI, "I *commentarii* di Lucio Vitellio e la fonte romana del XVIII libro delle *Antichità Giudaiche* di Flavio Giuseppe", *Historia* 48, 2, 1999, 224-234. È notevole in merito che la tradizione siriaca confluita nella cosiddetta *Doctrina Addai* e quella armena di Movsēs Xorenac'i abbiano mantenuto memoria dell'intervento di Vitellio in Siria e dei suoi intenti probabilmente filocristiani: in un presunto scambio epistolare tra Abgar, il toparca di Edessa in Osroene, e Tiberio, all'invito del primo di punire i Giudei colpevoli dell'uccisione di Gesù Cristo, l'imperatore risponde di avere già provveduto a fare destituire Pilato e che, una volta libero dalle incombenze con gli Iberi, avrebbe pensato a ulteriori misure. Rinvio gli eventuali interessati al mio "Alcune osservazioni sulle origini del Cristianesimo nelle regioni ad Est dell'Eufrate", in *La diffusione dell'eredità classica nell'età tardoantica e medioevale. Il "Romanzo di Alessandro" e altri scritti*, Atti del Seminario Internazionale di Studi, Roma-Napoli 25-27 settembre 1997, a c. di R.B. Finazzi-A. Valvo, Alessandria 1998, 209-225: ma si veda già M. SORDI, "I primi rapporti fra lo Stato romano e il Cristianesimo", *RAL* 12, 1957, 81 sgg. Inoltre è degno di menzione che Marcello, il quale sostituì Pilato, rechi l'identico nome del senatore che, secondo gli *Atti di Pietro*, ospitò quest'ultimo a Roma. Nonostante l'inattendibilità storica di questo apocrifo del II secolo, la coincidenza onomastica non è del tutto trascurabile, data l'antichità delle leggende su cui si basano questi *Atti*.

[13] Essa sarebbe infatti fondata sulle testimonianze di un autore il quale era perfettamente al corrente della situazione palestinese, conobbe sia Pilato sia Tiberio e fu console ordinario accanto a Claudio nel 43. Preziosa diviene allora anche la notizia di Tertulliano secondo cui Tiberio avrebbe non revocato ufficialmente, ma di fatto reso inoperante, attraverso una sanzione posta agli accusatori dei Cristiani, la condanna degli stessi Cristiani implicita nel rifiuto della *consecratio* di Cristo da parte del Senato, equivalente infatti a una dichiarazione di *superstitio illicita*. Tiberio bloccò dunque le accuse anticristiane, che già da allora avrebbero potuto fare condannare i Cristiani: invece, continua Tertulliano, non vi fu alcuna persecuzione fino a Nerone. Grazie al veto posto da Tiberio nel 35, durante tutto il suo regno e durante quello, successivo, di Claudio, i Cristiani non vennero mai condannati in quanto tali da nessuna autorità romana.

[14] Su cui si vedano ad es. M.-F. BASLEZ, *Saint Paul*, Paris 1991, tr. it. *Paolo di Tarso. L'apostolo delle genti*, Torino 1993, 226 e 234; cfr. T. GARCÍA DE ORBISO, *Aquila e Priscilla*, in *Bibliotheca Sanctorum*, II, Roma 1962, 326-328; V. SAXER, s.v. "Prisca", in *Dizionario Patristico e di Antichità Cristiane*, II, Casale Monferrato 1983, 1204-1205; *Storia dei Santi e della santità cristiana*, I, *La schiera dei testimoni*, a c. di F. Chiovaro, tr. it. Milano 1991, 294. Argomenti in favore di un'espulsione solo dei Giudei e non anche dei Cristiani in M. SORDI,

quell'occasione, lo furono in quanto Giudei e non in quanto Cristiani. Anzi, secondo la tradizione, proprio agli inizî del regno di Claudio, nel 42, Pietro sarebbe giunto a Roma[15] e qui avrebbe predicato, non solo tra la folla ma anche al cospetto di alcuni *Caesariani* ed *equites* (Clem. Alex. *fr.* 9 Staehlin)[16]: quando gli fu richiesta una memoria scritta della sua predicazione, egli fece stendere a Marco, come si accennava, il suo vangelo, che dunque Petronio avrebbe anche potuto conoscere. E, a proposito di *equites*, non sembra allora casuale che il Teofilo al quale Luca dedica il suo vangelo rechi, come è noto, il titolo di κράτιστος, che equivale al latino *egregius* e che era l'appellativo ufficiale dei cavalieri romani (*Lc* 1, 4): ora, Teofilo era un Cristiano istruito nel messaggio evangelico, a cui Luca come è noto dedica il suo proprio vangelo, che si configura come un accurato resoconto storico, al dichiarato scopo di fargli constatare la verità degli insegnamenti già ricevuti[17]. Quanto ai

---

"L'espulsione degli Ebrei da Roma nel 49 d.C.", in CISA 21, 1995, 260 sgg.

[15] Imprigionato nel 41 da Erode Agrippa I –che, significativamente approfittando di una vacanza del potere romano, aveva fatto uccidere Giacomo Maggiore (*At* 12, 1-3)– e liberato, Pietro si recò secondo gli *Atti* εἰς ἕτερον τόπον, ossia, secondo la più antica tradizione, da Clemente Romano nell'*Epistula ad Corinthios* alla fine del I secolo a Papia di Gerapoli (I*ex.*-II*in.; ap.* Eus. *Hist. eccl.* II 15; III 39, 15), Ireneo (*adv. Haer.* III 1, 1; cfr. Eus. *Hist. eccl.* V 8, 3) e Clemente Alessandrino (II sec.; *ap.* Eus. *Hist. eccl.* II 15; VI 4, 6), a Roma.

[16] *Marcus, Petri sectator, praedicante Petro, evangelium palam coram quibusdam Caesarianis equitibus et multa Christi testimonia proferente, petitus ab his, ut possent quae dicebantur memoriae commendare, scripsit ex his, quae a Petro dicta sunt, evangelium, quod secundum Marcum vocitatur.* Papia *ap.* Eus. *Hist. eccl.* II 15 testimonia della stesura del Vangelo di Marco sotto Pietro a Roma ("dicono che Pietro, avendo conosciuto il fatto per rivelazione dello Spirito, godette dell'entusiasmo [προθυμίᾳ] di quegli uomini [*sc.* i Romani davanti a cui aveva predicato], e confermò lo scritto [*sc.* il Vangelo di Marco] facendolo leggere nelle chiese [κυριῶσαί τε τὴν γραφὴν εἰς ἔντευξιν ταῖς ἐκκλησίαις]"; *ap.* Eus. *Hist. eccl.* III 39, 15: "Marco, interprete [ἑρμηνευτής] di Pietro, scrisse con esattezza [ἀκριβῶς] le cose che ricordava , ma non in ordine, ciò che il Signore aveva detto e fatto. Egli infatti non aveva udito il Signore e non lo aveva seguito, ma più tardi, come ho detto, aveva accompagnato Pietro. Egli dava insegnamenti secondo i bisogni, ma non come se facesse una raccolta sistematica dei discorsi del Signore. Cosicché Marco non sbagliò neppure, avendo scritto alcune cose come le ricordava". Clem. Alex. *ap.* Eus. *Hist. eccl.* IV 4, 6: "Avendo Pietro proclamato pubblicamente [δημοσίᾳ] la Parola a Roma [...] i presenti, che erano molti [πολλοί], invitarono Marco, che lo accompagnava e che ricordava le cose che aveva detto, a metterle per iscritto. Egli lo fece e consegnò il Vangelo a quelli che lo chiedevano. Pietro, conosciuto il fatto, per ispirazione dello Spirito [πνευματικῶς, secondo la correzione proposta da Schwarz della lezione dei codd. προτρεπτικῶς], né lo impedì né lo appoggiò [μήτε κωλῦσαι μήτε προτρέψασθαι]". Ireneo (*adv. Haer.* III 1, 1; cfr. Eus. *Hist. eccl.* V 8, 3), dopo avere annotato che Matteo scrisse il suo Vangelo negli anni in cui Pietro e Paolo predicavano il Vangelo a Roma, ricorda che in seguito alla loro partenza (tale è il senso di ἔξοδος, che non significa "morte"), Marco, discepolo e interprete di Pietro (ἑρμηνευτής) pose per iscritto il vangelo predicato da quest'ultimo.

[17] *Lc* 1, 4: ἐπειδήπερ πολλοὶ ἐπεχείρησαν ἀνατάξασθαι διήγησιν περὶ τῶν πεπληροφορημένων ἐν ἡμῖν πραγμάτων, καθὼς παρέδοσαν ἡμῖν οἱ ἀπ' ἀρχῆς

Caesariani, avremo modo di ricordare ancora che nella *familia* di Narcisso, il liberto di Claudio, erano presenti dei Cristiani che Paolo saluta in *Rm* 16, 11. D'altra parte non sorprende che a Roma, dove "i principi della dinastia idumea erano di casa e dove Antonia, madre di Claudio, aveva patrocinato a più riprese gli interessi giudaici", il Cristianesimo potesse essere noto sotto Claudio in ambiente imperiale[18]. Il proconsole di Cipro negli anni tra il 46 e il 48[19], Sergio Paolo, mandò a chiamare spontaneamente Paolo e Barnaba e fu convertito da loro (*At* 13, 7 e 12)[20]. Da quel momento Paolo assunse tale nome, da Saulo qual era, e i *Sergii Pauli* divennero una delle più eminenti famiglie cristiane, legata nel II secolo con vincoli di parentela a un'altra famiglia cristiana, quella degli *Acilii Glabriones*[21]. Nel 51-52 Gallione, il fratello di Seneca, allora proconsole a Corinto, non volle processare né tanto meno condannare Paolo, che i Giudei gli avevano trascinato davanti, e anzi rimase indifferente di fronte alla punizione improvvisata dai "Greci" contro il capo della sinagoga (*At* 18, 12-18)[22]; analogamente a Efeso, durante il tumulto degli argentieri suscitato contro Paolo, il segretario del Consiglio, favorevole a Paolo stesso insieme con gli Asiarchi, ricordò non per nulla alla folla che i Romani li avrebbero puniti come sediziosi, se avessero persistito nell'agitazione, e invitò la gente a sciogliere

αὐτόπται καὶ ὑπηρέται γενόμενοι τοῦ λόγου, ἔδοξε κἀμοὶ παρηκολουθηκότι ἄνωθεν πᾶσιν ἀκριβῶς καθεξῆς σοι γράψαι, κράτιστε Θεόφιλε, ἵνα ἐπιγνῷς περὶ ὧν κατηχήθης λόγων τὴν ἀσφάλειαν.

[18] Cit. da SORDI, "La prima comunità cristiana", 21.

[19] Per la data si veda L. BOFFO, *Iscrizioni greche e latine per lo studio della Bibbia*, Brescia 1994, *ad l.*

[20] Προσκαλεσάμενος Βαρνάβαν καὶ Σαῦλον ἐπεζήτησεν ἀκοῦσαι τὸν λόγον τοῦ Θεοῦ [...] ὁ ἀνθύπατος ἐπίστευσεν, ἐκπλησσόμενος ἐπὶ τῇ διδαχῇ τοῦ Κυρίου.

[21] Oltre a SORDI, *I Cristiani*, 34-35; 195, cfr. anche Eiusd.-M.L. CAVIGIOLO, "Un'antica chiesa domestica", *RSCI* 25, 1971, 169 sgg.; Eiusd. "Sergia Paullina e il suo *collegium*", *RIL* 119, 1979, 14 sgg.. Sul mutamento di nome BASLEZ, *Paolo di Tarso*, 122 sgg.

[22] Gallione non lasciò neppure parlare Paolo a difesa dalle accuse mossegli dai Giudei: vv. 14-16: Μέλλοντος δὲ τοῦ Παύλου ἀνοίγειν τὸ στόμα, εἶπεν ὁ Γαλλίων πρὸς τοὺς Ἰουδαίους· εἰ μὲν ἦν ἀδίκημά τι ἢ ῥᾳδιούργημα πονηρόν, ὦ Ἰουδαῖοι, κατὰ λόγον ἂν ἀνεσχόμην ὑμῶν. Εἰ δὲ ζητήματά ἐστιν περὶ λόγου καὶ ὀνομάτων καὶ νόμου τοῦ καθ᾽ὑμᾶς, ὄψεσθε αὐτοί· κριτὴς γὰρ ἐγὼ τούτων οὐ βούλομαι εἶναι. Καὶ ἀπήλασεν αὐτοὺς ἀπὸ τοῦ βήματος. Ἐπιλαβόμενοι δὲ πάντες οἱ Ἕλληνες Σωσθένην τὸν ἀρχισυνάγωγον ἔτυπτον ἔμπροσθεν τοῦ βήματος. Καὶ οὐδὲν τούτων τῷ Γαλλίωνι ἔμελεν. Su Gallione si veda oggi L. TROIANI, "Anneo Gallione e le comunità ebraiche", in *Gli Annei. Una famiglia nella storia e nella cultura di Roma imperiale*, Milano-Pavia, 2-6 maggio 2000, a c. di E. Gabba-A.Grilli-I. Gualandri-G. Mazzoli, in corso di pubblicazione.

l'adunanza (*At* 19, 23-40)[23]. Un simile atteggiamento protettivo nei confronti di Paolo si rivela perfino in occasione del suo arresto, che secondo la cronologia della Sordi, basata su validi argomenti, va datato nel 54[24] e che avvenne a Gerusalemme onde sottrarre Paolo al linciaggio della folla: Paolo fu processato dinnanzi al procuratore di Giudea Antonio Felice e al suo successore Porzio Festo, coadiuvato da Agrippa II e da sua sorella Berenice, e fu dichiarato innocente (*At* 26, 92). Se venne inviato a Roma fu soltanto perché si era appellato a Cesare. È indicativo dell'iniziale atteggiamento non ostile di Nerone verso i Cristiani l'assoluzione di Paolo nel suo primo processo, che avvenne nel 58[25], forse dinnanzi al prefetto del pretorio Afranio Burro, forse dinnanzi al prefetto urbano o forse anche davanti a Nerone stesso, al quale Paolo si era appellato. Quello che è certo è che al tempo della sua prima prigionia romana, durata dal 56 al 58, sempre secondo la cronologia della Sordi, Paolo poté predicare liberamente presso i pretoriani, come attesta egli stesso affermando che il Cristianesimo era noto ἐν ὅλῳ τῷ πραιτωρίῳ (*Phil* 1, 13): è precisamente alla fine di questa medesima lettera che Paolo invia ai Filippesi i saluti dei Cristiani della casa di Cesare (οἱ ἐκ τῆς Καίσαρος οἰκίας, *Phil* 4, 22). La libertà di predicazione lasciata a Paolo nel pretorio è dichiarata con soddisfazione anche alla fine degli *Atti degli Apostoli* (28, 31), dove si dice che Paolo poté diffondere il Vangelo μετὰ πάσης παρρησίας ἀκωλύτως.

Ancora nel 57 in effetti, nel primo periodo del regno di Nerone, non vi era traccia di persecuzioni anticristiane. Anzi, Nerone fece processare la nobildonna Pomponia Grecina appositamente dal marito Aulo Plauzio –che aveva conquistato la Britannia per conto di Claudio e aveva meritato un'ovazione per questo–, ripristinando l'antica istituzione giuridica del tribunale familiare, evidentemente per lasciare a Plauzio l'opportunità di assolvere la moglie, come infatti accadde. Ora, Pomponia era, secondo

---

[23] Gli Asiarchi, che erano capi della provincia d'Asia, erano amici di Paolo: v. 31: τινὲς δὲ καὶ τῶν ᾿Ασιαρχῶν, ὄντες αὐτῷ φίλοι... Questa è la fine del discorso del cancelliere efesino: ἠγάγετε γὰρ τοὺς ἄνδρας τούτους οὔτε ἱεροσύλους οὔτε βλασφημοῦντας τὴν θεὸν ἡμῶν. Εἰ μὲν οὖν Δημήτριος καὶ οἱ σὺν αὐτῷ τεχνῖται ἔχουσι πρός τινα λόγον, ἀγοραῖοι ἄγονται καὶ ἀνθύπατοί εἰσι, ἐγκαλείτωσαν ἀλλήλοις ... καὶ γὰρ κινδυνεύομεν ἐγκαλεῖσθαι στάσεως περὶ τῆς σήμερον, μηδενὸς αἰτίου ὑπάρχοντος, περὶ οὗ οὐ δυνησόμεθα ἀποδοῦναι λόγον περὶ τῆς συστροφῆς ταύτης. Καὶ ταῦτα εἰπὼν ἀπέλυσεν τὴν ἐκκλησίαν (vv. 37-40).

[24] "Sui primi rapporti dell'autorità romana con il Cristianesimo", *SR* 8, 1960, 401 sgg.; G. RINALDI, "Procurator Felix", *RivB* 39, 1991, 452 sgg.: il biennio di cui parlano gli *Atti* (24, 27) va riferito al tempo in cui Antonio Felice fu governatore della Giudea: poiché vi giunse nel 52, come attesta Ios. *Ant. Iud.* XX 137, e poiché sappiamo che alla fine del suo mandato fu accusato dai Giudei e liberato grazie all'intervento di Pallante, il quale cadde in disgrazia al principio del 55 (Tac. *Ann.* XIII 14, 2), Felice fu probabilmente sostituito nel 54. Paolo fu dunque processato in questo torno di tempo dapprima da Felice e poi da Festo.

[25] In base allo schema cronologico illustrato nella nota precedente.

Tac. *Ann.* XIII 32, *superstitionis externae rea*, e questo proprio dai primi anni Quaranta, allorché l'apostolo Pietro, secondo la più antica tradizione, era venuto a Roma. Pomponia era ancora viva e ben fedele alla sua *superstitio* al tempo della composizione del *Satyricon*[23]. La riservatezza di Pomponia sembra perfettamente in linea con l'impronta petrina della comunità cristiana di Roma, che per altro si rivela giudaizzante pur senza imporre la circoncisione, come attestano Erma, Clemente Romano e più tardi l'Ambrosiaster per cui i Cristiani *susceperunt fidem Christi ritu licet Iudaico*[24]. Sembra in qualche modo significativa anche la circostanza che l'antica sede del palazzo dei *Plautii Laterani* sia la medesima della successiva basilica lateranense, eretta come è noto in età costantiniana.

Solo nel 62, l'anno della cosiddetta "svolta neroniana", la situazione mutò radicalmente per i Cristiani. Se ancora in questo medesimo anno fu una vacanza di potere romano a indurre il sommo sacerdote Anano a fare uccidere Giacomo Minore, il capo della comunità cristiana di Gerusalemme (come attesta Ios. *Ant. Iud.* XX 199), e se per questo Agrippa II depose lo stesso Anano, a Roma l'atteggiamento di Nerone verso i Cristiani si faceva sempre più ostile. Del resto, il 62 fu un anno cruciale non solo per i Cristiani: Nerone, morto Burro in circostanze misteriose, ritiratosi Seneca dalla vita politica, ripudiò la sposa legittima Ottavia, figlia di Claudio, per sposare la filogiudaica Poppea Sabina. A partire da questo periodo probabilmente Nerone decise di dare corso alle accuse di Cristianesimo come *superstitio illicita* che probabilmente già il senatoconsulto del 35 avrebbe reso possibili, se non fossero state bloccate dal veto di Tiberio. Così il Cristianesimo fu condannato in quanto *superstitio illicita, superstitio nova*, implicante agli occhi del popolo supposti *flagitia*, come attestano Tacito e Svetonio[25]. L'episodio dell'incendio di Roma fu senz'altro il più spettacolare, ma non il solo, aspetto della persecuzione anticristiana di Nerone, iniziata con ogni probabilità già in precedenza e forse anche servitasi dell'*Editto di Nazareth*, che colpiva i Cristiani in quanto adoratori di un uomo e trafugatori di tombe e del quale abbiamo parlato a proposito di Caritone e parleremo ancora a proposito della

---

[23] *CSEL* 81, Vienne 1966, 6. Secondo M. SORDI, *I Cristiani e l'Impero Romano*, Milano 1984rist., 33-34, la *superstitio* di Pomponia, che le ispirava una vita sobria e ritirata, era il Cristianesimo; inclina alla possibilità del Cristianesimo di Pomponia V. RUDICH, *Political Dissidence under Nero. The Price of Dissimulation*, London-New York 1993, 24-25; 85-86; 266, 284. F.E. BRENK, "The Sibyl Sing of Vesuvius", in *Sibille e linguaggi oracolari. Mito, storia, tradizione. Convegno Internazionale, Macerata e Norcia, 20-24 settembre 1994*, a c. di I. Chirassi Colombo-T. Seppilli, Macerata 1998, 487-501, part. 499 n. 23, suppone che le accuse rivolte a Pomponia fossero un attacco indiretto al marito, A. Plauzio Silvano Britannico, legato alla dinastia imperiale attraverso la prima moglie di Claudio, Plauzia Urgulanilla.

[24] Lo mettono in luce ad es. J. DANIÉLOU, *Théologie du Judéo-Christianisme*, Paris 1968, 43 sgg.; SORDI, "La prima comunità cristiana", 22-23.

[25] Tac. *Ann*, XV 44: *per flagitia invisos vulgus Christianos appellabat*; Suet. *Ner.* 16, 2: *adflicti suppliciis Christiani, genus hominum superstitionis novae et maleficae*.

novella petroniana della *Matrona di Efeso*: vedremo che Petronio sembrerebbe conoscere tale editto o comunque le accuse anticristiane ad esso sottese. L'editto era certamente volto a colpire chi fosse sospettato di avere già trafugato un cadavere e questa era precisamente l'accusa che colpiva i Cristiani in Giudea, come attesta Matteo, che scriveva –secondo Ireneo (*adv. Haer.* III 1, 1) ed Eusebio (*Hist. Eccl.* V 8, 2)– quando Pietro e Paolo predicavano a Roma, ovvero proprio sotto Nerone. Poiché Matteo afferma che ancora ai suoi giorni vigeva l'accusa di trafugamento di cadavere contro i Cristiani da parte giudaica (*Mt* 28, 15), significa che sotto Nerone i Cristiani erano accusati di τυμβωρυχία, il crimine che l'editto appunto colpiva. E poiché lo puniva con la morte, si possono spiegare allora le parole di Tertulliano per cui il trafugamento di cadavere, normalmente colpito con un'ammenda pecuniaria e invece punito straordinariamente con la morte nell'*Editto di Nazareth*, era uno *scelus*[26]. Sicuramente Petronio era al corrente della persecuzione neroniana legata all'incendio e sapeva bene che ad esserne incriminati erano i Cristiani: i supplizî spettacolari a cui questi ultimi furono sottoposti a Roma in tale occasione per espresso volere dell'imperatore e che sono attestati con dovizia di particolari da Tacito in *Ann.* XV 44 e da Clemente Romano nell'*Epistula ad Corinthios*[27], difficilmente saranno passati inosservati. Un altro elemento importante che depone a favore della probabile conoscenza del Cristianesimo da parte di Petronio è la sicura presenza di Cristiani, negli anni stessi della composizione del *Satyricon*, alla corte neroniana, precisamente l'ambiente in cui Petronio era ben inserito: attesta tale presenza inequivocabilmente Paolo, che comunica ai Filippesi i saluti di "quelli della casa di Cesare" (*Phil* 4, 22: Ἀσπάζονται ὑμᾶς οἱ ἐκ τῆς Καίσαρος οἰκίας). Probabilmente si trattava di liberti imperiali: del resto già al tempo di Claudio sicuramente alcuni Cristiani erano presenti nell'ambiente di corte, e precisamente nelle *familiae* di

[26] *Tamen primores, quorum intererat et s c e l u s divulgare et populum vectigalem et famularem sibi a fide avocare subreptum a discipulis iactitaverunt* (Tert. *Apol.* 21, 22; cfr. 23, 12).

[27] Pochi anni più tardi anche Marziale sembra fare riferimento ai supplizî inflitti in questa occasione ai supposti incendiarî: egli sembra colpito dalla spettacolarizzazione del supplizio della croce, subìto da un condannato sulla scena di un mimo, il celebre *Laureolus*, che rappresentava appunto la crocifissione di uno schiavo: *n o n f a l s a pendens i n c r u c e Laureolus [...] supplicium dignum tulit [...] subdiderat saevas vel tibi, Roma, faces* (Mart. *Spect.* 7, 3 sgg.). Tra le accuse, evidentemente, vi è quella di avere incendiato Roma. Ora, una serie di crocifissioni dietro accusa di avere incendiato l'Urbe furono eseguite a Roma in occasione del celebre incendio neroniano del 64, un episodio che Marziale certamente conosceva e al quale potrebbe alludere in questi versi. Infatti egli in quel torno di tempo era a Roma, godeva dell'appoggio della famiglia di Seneca e frequentava i circoli dell'opposizione senatoria a Nerone: è probabile che avesse assistito alle pubbliche e spettacolari esecuzioni della *multitudo ingens* degli incriminati (Tac. *Ann.* XV 44), che sapesse dell'accusa anticristiana di incendio e che fosse colpito dalla ostentata atrocità dei supplizî. Si veda il mio "Alcune osservazioni sulle occorrenze di *crux* in Manilio, Seneca, Giovenale, Marziale", *Espacio, Tiempo y Forma*, Serie II, Historia Antigua 12, 1999, 241-252.

Aristobulo –il figlio di Erode di Calcide che nel 54 fu inviato da Nerone a governare la Piccola Armenia– e di Narcisso –il potente liberto morto nello stesso 54–, come attesta Paolo alla fine dell'*Epistula ad Romanos*: ἀσπάσασθε τοὺς ἐκ τῶν ᾿Αριστοβούλου [...] ᾿Ασπάσασθε τοὺς ἐκ τῶν Ναρκίσσου (*Rm* 16, 11). A proposito di Marcello, il successore di Pilato, abbiamo accennato alla menzione di senatori che, secondo la tradizione confluita negli *Atti* apocrifi, avrebbero ospitato Pietro a Roma: gli *Atti di Pietro* in particolare ricordano un Marcello a partire dal cap. 8 e un Nicostrato al cap. 28. Certamente tali documenti non hanno il valore di fonti storiche, tuttavia possono avere serbato indicazioni preziose circa l'ingresso della predicazione cristiana anche presso famiglie senatorie: i casi di Pomponia Grecina e di Sergio Paolo sono del resto attestati non da apocrifi ma da fonti storiche.

Almeno l'esistenza dei Cristiani –che erano una *multitudo ingens* (Tac. *Ann.* XV 44), un πολὺ πλῆθος (Clem. Rom. *Cor.* 5) a Roma, oggetto di accuse e di odio popolare e che furono suppliziati in maniera spettacolare in occasione dell'incendio del 64– difficilmente, io credo, poteva essere del tutto ignota sia a Seneca[28] sia nel cosiddetto circolo neroniano del quale faceva parte anche Petronio. Per Seneca sembra particolarmente significativa la circostanza che agli inizî del II secolo d.C. o anche alla fine del I secolo esistevano sicuramente dei Cristiani all'interno della *gens Annaea*, come dimostra in modo inequivocabile l'epigrafe autentica *CIL* XIV 566, oggi conservata nel Lapidario del Museo Archeologico Ostiense (Inv. N. 11020) e recentemente datata dal prof. Susini tra la fine del I secolo e il principio del II d.C., certamente non oltre la metà del II. Essa suona: D.M. / M. ANNEO / PAULO PETRO / M. ANNEUS PAULUS / FILIO CARISIMO (*sic*). Il nome *Paulus Petrus* del figlio non lascia dubbî sul Cristianesimo di questa persona, dato che associa i nomi dei due Apostoli fondatori della comunità cristiana di Roma, ricordati insieme sin dagli inizî della tradizione cattolica, a partire da Clemente Romano (*1 Cor.* 5 sgg.), da Ignazio di Antiochia (*epist. ad Rom.* 4), dal presbitero romano Gaio vissuto all'epoca del vescovo romano Zefirino, prima della fine del II secolo (*ap.* Eus. *Hist. eccl.* II 25, 5-7) e da Dionisio vescovo di Corinto (*ibid.* 8)[29]. Alla fine del I secolo dunque moriva nella *gens* di Seneca un Cristiano che, avendo ricevuto il suo nome, appunto tipicamente cristiano, certamente qualche anno prima –dato che questa epigrafe non fu incisa alla sua nascita bensì alla sua morte–, e avendolo ricevuto da persone già cristiane appartenenti alla medesima *gens Annaea*, quale risulta essere suo padre, attesta che già nella seconda metà del I secolo il Cristianesimo era entrato nella stessa *gens Annaea.* Potrebbe trattarsi di liberti; certo, non necessariamente il padre e il figlio cristiani dell'epigrafe sono nobili, ma in ogni caso la loro appartenenza agli Annei è

[28] Per una sintesi in merito e per nuove ipotesi si veda oggi il già cit. SORDI, "I rapporti personali di Seneca con i Cristiani".

[29] Come ricorda SORDI, "I rapporti personali", cit.

fuori discussione. Questo sembra offrire la possibilità di rivalutare la tradizione degli contatti tra Seneca e i Cristiani presupposta dall'epistolario apocrifo tra Seneca e Paolo e avvalorata dalla circostanza che Gallione, il proconsole che conobbe Paolo, era fratello di Seneca e soprattutto che Seneca era a fianco di Nerone fino al 62 e comunque si trovava a Roma ancora nel 64, al tempo dell'incendio per il quale furono incriminati i Cristani. Non sembra del resto completamente casuale che la decisione di Nerone di dare corso alle accuse anticristane risulti contemporanea alla perdita di potere da parte di Seneca e alla frattura con la classe dirigente romana di formazione stoica, esplicatasi, come è noto, in una serie di condanne da parte di Nerone contro illustri esponenti dello Stoicismo romano quali Rubellio Plauto, Trasea Peto o Barea Sorano. La comunanza delle accuse di *tristitia*, *maestitia*, *inertia* e rifiuto del culto imperiale rivolte contro gli Stoici e contro i Cristiani nel medesimo torno di tempo e la comune e pressoché contemporanea "persecuzione" di entrambi i gruppi sotto Nerone[30] inducono a riflettere. Nella famiglia di Seneca stesso, del resto, alla fine del I secolo o agli inizi del II c'erano dei Cristiani, come abbiamo appena visto[31]. A proposito dell'aspetto che ci interessa in questa sede, ovvero il rapporto con Petronio, va rilevato che il romanziere sembra lontano tanto dalle posizioni degli Stoici quanto da quelle dei Cristiani, i quali, come vedremo, egli anzi sembra fare oggetto di parodia. Non per nulla Petronio fu vicino a Nerone poco dopo la caduta di Seneca, precisamente negli anni della "persecuzione" antistoica e anticristiana.

Il probabile interesse di Petronio verso il Giudaismo depone a favore di un eventuale interesse del Nostro anche verso il Cristianesimo, che inizialmente fu visto in effetti come una setta giudaica –anche se nel 64 a Roma sembra chiara la differenza tra Giudei e Cristiani–. Petronio in particolare, secondo alcuni studi recenti, era al corrente anche di determinati costumi giudaici e ad essi nel suo romanzo farebbe allusioni ironiche[32].Credo che in

---

[30] Mi limito a rinviare al citato lavoro della Sordi, "L'ambiente storico-culturale", 222-223.

[31] *CIL* VI 224 lo rivela, come scrive la Sordi nel cit. "L'ambiente storico-culturale", 224-225.

[32] Sugli usi giudaici noti a Petronio si veda W.M. CLARKE, "Jewish Table Manners in the *Cena Trimalchionis*", *Class. Journ.* 87, 1991-92, 257-263. La lavanda dei piedi con profumazione, descritta da Encolpio come *inauditum mos* alla cena di Trimalcione, è un costume giudaico secondo Clarke, mentre Sullivan vi ravvisa un'allusione al costume introdotto da Otone a cena, secondo Plin. *Nat. Hist.* XIII 22. Sulla religiosità superstiziosa di Timalcione e sugli usi in cui si esplica cfr. M. GRONDONA, *La religione e la superstizione nella* Cena Trimalchionis, Bruxelles 1980, Collection Latomus 171. Il nome di Trimalcione sembra rinviare a *tri- + mlk*, radice triletterale semitica portatrice dell'idea di regalità: il nome significherebbe qualcosa come "il tre-volte-re". Petronio compare tra i *testimonia* sul Giudaismo nell'opera di M. STERN, *Greek and Latin Authors on Jews and Judaism*, I-III, Jerusalem 1976-1984, ad es. il fr. 195, dove secondo Lucio Troiani ("Sull'identità del Cristianesimo delle origini", in *Il perdono cristiano e altri studi sul Cristianesimo delle origini*, Brescia 1999, Studi Biblici 123, 34-54, part. 35) "in

questa prospettiva si possa eventualmente rivalutare allora l'attribuzione a Petronio dell'epigramma di *Anth. Lat.* I 2, 696, dove sono ridicolizzati gli usi giudaici della circoncisione, dell'astensione dalla carne di maiale, del digiuno sabbatico:

> *Iudaeus licet et porcinum numen adoret / et Caeli summas advocet auriculas, / ni tamen et ferro succiderit inguinis oram / et nisi nodatum solverit arte caput, / exemptus populo Graia migravit ab urbe*[33] */ et non ieiuna sabbata lege premet. / Una est nobilitas argumentumque coloris / ingenui, timidas non habuisse manus*[34].

Vorrei aggiungere a questo proposito la menzione di quella che sembra una parodia del giudizio di Salomone nel romanzo petroniano, che trova un sorprendente parallelismo parodia iconografica del medesimo episodio biblico in un affresco esistente a Pompei al tempo di Petronio. Anzi, proprio grazie a Petronio e alla sua molto probabile conoscenza del racconto biblico, mi sembra possibile stornare ogni dubbio riguardo all'effettiva opportunità di identificare il soggetto dell'affresco con il giudizio di Salomone[35]. L'episodio in questione

---

un quadretto satirico, Petronio enfatizzava il rigore inflessibile dei Giudei 'ortodossi' contro quei correligionari che interpretavano in modo troppo disinvolto le prescrizioni mosaiche". Lo storico ("Identità giudaica e identità cristiana nell'alto impero", in *Il perdono cristiano*, 55-65, part. 67-68) rivaluta il testo tràdito del passo poetico petroniano, che rappresenta il Giudeo mentre, "cacciato dalla comunità [*populus*], emigrerà dalla città greca" (*cod. Bellovacensis*) e non, secondo la correzione dell'ed. Ernout 1982, "cacciato dal popolo, emigrerà *nella* città greca" (cfr. D. ASHERI, *Athenaeum* 86, 1998, 585). Infine il medesimo (*ibid.* 64) ritiene che "i versi satirici di Petronio avevano disegnato il quadro del Giudeo diviso fra l'osservanza rigorosa e l'assimilazione", accostando questa impressione di Petronio a quella di Epitteto, per cui l'espressione Ἰουδαΐζειν designerebbe in modo proverbiale la condotta ambigua "di chi sta con il piede in due staffe e cerca di conciliare posizioni inconciliabili" (fr. 254 Stern).

[33] Su questo verso dell'epigramma, corrispondente al testo n° 195 di STERN, *Greek and Latin Authors*, e per la situazione sociale dei Giudei della diaspora che presuppone, si veda TROIANI, *Il perdono cristiano*, 35, 38, 64, 67-68, 213. Sulla poesia di Petronio, oltre agli interventi di Aldo Setaioli che saranno citati *infra*, n. 76, cfr. C. CONNORS, *Petronius the Poet*, Cambridge 1998.

[34] Traduzione e commento in V. CIAFFI, *Il* Satyricon *di Petronio*, Torino 1983 rist., 391-392, che si mostra dubitativo sull'attribuzione al romanziere.

[35] Dubbî su tale interpretazione erano stati sollevati da G. LUMBROSO, "Sul dipinto pompeiano in cui si è ravvisato il giudizio di Salomone", *Atti della Real Accademia dei Lincei*, Cl. di Scienze morali, storiche, filologiche, 11, 1883, 303-305, ma, pur senza esplicita confutazione, furono respinti già da H. LECLERCQ, s.v. "Pompéi", *DACL* XIV 1, Paris 1939, 1403-1408, part. 1405. Desidero ringraziare padre Frederick E. Brenk per avermi suggerito di estendere le ricerche alle presenze giudaiche e cristiane nella zona campana: il suo consiglio si è rivelato –spero– proficuo ai fini della mia indagine. Anche padre Gamba ipotizza che Petronio abbia presente in questo passo del romanzo l'episodio biblico, ma si spinge troppo oltre supponendo precisi echi di una serie di altri passi veterotestamentarî come *2Sam* 24, 17, *1Re* 3,

si colloca subito dopo la *cena Trimalchionis*, che è la sezione centrale di quello che ci rimane del *Satyricon*. La serie di frammenti superstiti infatti –per fornire un breve schema riassuntivo utile all'inquadramento degli episodî che citeremo successivamente nell'analisi– si apre con la scena in cui Encolpio, il giovane protagonista, discute con il retore Agamennone sulla decadenza dell'oratoria; quindi la scena successiva coinvolge Encolpio e i suoi compagni di viaggio, il rivale Ascilto e il conteso giovinetto Gitone, in un episodio equivoco in onore di Priapo con la disinvolta matrona Quartilla. Poi i tre protagonisti vengono invitati a cena dal ricco liberto Trimalcione: è il frammento più lungo della parte superstite del romanzo, pieno di esibizioni di abbondanza e di cattivo gusto, in cui si collocano anche alcuni riferimenti agli usi giudaici cui accennavamo e alcuni degli spunti più importanti, di cui parleremo, che lasciano supporre un'eventuale conoscenza del Cristianesimo da parte di Petronio. Segue la scena di gelosia tra Encolpio e Ascilto, su cui ci soffermeremo qui subito *infra*, e l'incontro di Encolpio in una pinacoteca con il poeta Eumolpo, che recita il poema della *Troiae halosis*. Questi due, insieme con Gitone, lasciano la *Graeca urbs* in cui l'azione si è svolta finora per imbarcarsi senza saperlo sulla nave di Lica, un acerrimo nemico di Encolpio: dopo che Eumolpo ha narrato la novella della matrona di Efeso, una tempesta trascina in mare Lica e a malapena i tre trovano scampo sulla spiaggia di Crotone, città dove sono attivissimi gli *heredipetae*, i cacciatori di eredità. Per questo Eumolpo, con la connivenza di Encolpio e di Gitone, si finge un facoltoso privo di eredi. È sulla strada per Crotone che, fra l'altro, Eumolpo canta il *Bellum civile*, in cui molti critici hanno visto una parodia dell'epica di Lucano. Dopo alcune disavventure amorose con la matrona Circe, Encolpio riacquista la benevolenza di Priapo; verso la fine di quanto resta del romanzo Eumolpo finge di lasciare le proprie sostanze a chi si ciberà del suo cadavere. Quindi lo stato lacunoso del testo non offre adito ad ulteriori supposizioni sulla prosecuzione delle vicende.

Dunque, per tornare all'episodio che ci interessa, subito dopo la *cena Trimalchionis* (79, 1-80, 7), il *puer* Gitone, conteso tra Encolpio ed Ascilto, corre il pericolo di essere scisso con la spada da quest'ultimo, che preferisce tagliarlo in due piuttosto che cederlo al rivale, il quale, colpito dall'assurdità e dall'enormità dell'atto, crede di primo acchito che Ascilto stia scherzando e anche dopo insiste sulla *dementia* di un tale comportamento:

19.20.28 e interpretando Ascilto come controfigura di Nerone e l'episodio come denunzia dell'ingiustizia dell'imperatore. Inoltre il Gamba non istituisce raffronti con l'affresco di Pompei (G.G. GAMBA, *Petronio Arbitro e i Cristiani. Ipotesi per una lettura contestuale del* Satyricon, Roma 1998, Biblioteca di Scienze Religiose 141, 333-334; per le tesi generali del Gamba, che legge in chiave cristiana l'intero romanzo, si veda qui sotto ed eventualmente la mia recensione in *Aevum* 73, 1999, 207-210).

Postquam optima fide partiti manubias sumus, 'Age', inquit, 'nunc et puerum dividamus'. Iocari putabam discedentem. At ille gladium parricidali manu strinxit et 'Non frueris', inquit, 'praeda super quam solus incumbis. Partem meam necesse est vel hoc gladio, contemptus, abscindam'. Idem ego ex altera parte feci, et intorto circa brachium pallio, composui ad proeliandum gradum. Inter hanc miserorum dementiam infelicissimus puer tangebat utriusque genua cum fletu, petebatque suppliciter ne Thebanum par humilis taberna spectaret, neve sanguine mutuo pollueremus familiaritatis clarissimae sacra. 'Quod si utique,' proclamabat,'facinore opus est, nudo ecce iugulum, convertite huc manus, imprimite mucrones. Ego mori debeo, qui amicitiae sacramentum delevi'. Inhibuimus ferrum post has preces, et prior Ascyltos: 'Ego', inquit, 'finem discordiae imponam. Puer ipse, quem vult, sequatur, ut sit illi saltem in eligendo fratre salva libertas'. Ego, qui vetustissimam consuetudinem putabam in sanguinis pignum transisse, nihil timui, immo condicione praecipiti festinatione rapui, commisique iudici litem. Qui ne deliberavit quidem, ut videretur cunctatus, verum statim ab extrema parte verbi consurrexit <et> fratrem Ascylton elegit. Fulminatus hac pronuntiatione, sicut eram, sine gladio in lectulum decidi et attulissem mihi damnatus manus, si non inimici victoriae invidissem.

Come si può rilevare, Ascilto si appresta a scindere il *puer* "con mano di *parricida*", come afferma Encolpio, e in generale nel corso dell'intero episodio sono costantemente posti in rilievo gli stretti legami di sangue del *puer* con entrambi gli uomini: in realtà il giovinetto non è parente di nessuno dei due uomini, ma Encolpio rileva che la lunga consuetudine che lo ha legato a Gitone era in qualche modo divenuta ai suoi occhi uno stretto vincolo di sangue. Questo presunto vincolo familiare tra il giovinetto e gli uomini che se lo contendono, nonché il costante appellativo *puer* dato a Gitone, si adatterebbero pienamente a una parodia del giudizio di Salomone (*1 Re* 3, 16-28), dove tra il bambino e le madri che se lo contendono intercorre appunto –almeno con una delle due!– un legame di sangue ben stretto e dove quella disposta a scindere in due il *puer* (LXX: τὸ παιδίον, vv. 25 e 27) pur di non lasciarlo all'altra è la (finta) madre. Se, inoltre, nella Bibbia le litiganti sono due donne di malaffare (πόρναι, v. 16), anche in Petronio i due uomini che si scontrano per il *puer* sono personaggi tutt'altro che distinti. Esattamente come accade nell'episodio biblico, la spartizione del *puer* poi non avviene effettivamente, e a Gitone viene lasciata la facoltà di scegliersi il *frater* che preferisce: con inversione parodistica, dunque, il giudizio, lungi dall'essere sommamente giusto come quello di Salomone, divenuto proverbiale, risulta sommamente ingiusto e il *puer* va non a Encolpio, bensì ad Ascilto, che pure era quello disposto a ucciderlo subito, mentre nell'episodio biblico, come è noto, il *puer* viene assegnato alla madre vera, quella che, piuttosto di vederlo morire, sarebbe stata addirittura disposta a cederlo alla sua rivale. Un ulteriore indizio a favore della individuazione della parodia biblica nell'episodio petroniano sembra la circostanza che l'intero episodio stesso sia espressamente configurato come un processo di fronte a un giudice: dice infatti Encolpio: *ego [...] commisi iudici litem*; di fatto non ha luogo nessun processo formale, ma la caratterizzazione della scena come tale ben si comprende in relazione al passo biblico forse parodiato[36]. Inoltre appare a mio avviso notevole il particolare dell'ambientazione di questa scena nella stessa città in cui ha luogo la *cena Trimalchionis*: è probabile infatti che si tratti di una città campana, esattamente come Pompei –alcuni hanno supposto Pozzuoli–, dove era in effetti ben presente e conosciuto il Giudaismo. Si capisce allora che in un luogo simile cadesse quanto mai opportuno un riferimento ironico e parodistico a un episodio biblico che, come risulta da un affresco pompeiano, era ben noto e parodiato in ambiente pagano.

Se infatti Petronio presupponeva che ai suoi lettori romani il racconto del giudizio di Salomone fosse noto al punto che essi potessero coglierne la parodia nel romanzo, la stessa conoscenza del medesimo episodio è presupposta anche, nei medesimi anni e nella medesima area, negli spettatori di una pittura pompeiana, in modo che potessero cogliere la caricatura dell'affresco. Si tratta in effetti di un affresco[37] –originariamente situato sulla parete di una casa, certamente prima della eruzione del Vesuvio e oggi al Museo Nazionale di Napoli– in cui compare un re assiso in trono, una donna che lo prega in ginocchio e, scostata, un'altra che tiene un bambino il quale sta per essere tagliato in due da un soldato che leva un enorme coltello; attorno, altri soldati e degli astanti. La scena mostra tipici tratti caricaturali e presenta caratteristiche figure dal capo grosso e dalle gambe sottili, secondo il genere già alessandrino

[36] Condivido infatti l'invito alla prudenza rivoltomi dal prof. Aldo Setaioli, che ringrazio molto per avere discusso personalmente con me questo punto: è senz'altro vero, infatti, che la rischiata spartizione del *puer* in sé, pur essendo presente senza dubbio in entrambi i testi, potrebbe non rivelare una dipendenza diretta di uno dall'altro, bensì piuttosto una topica diffusa, magari anche in popoli estranei al mondo classico greco e romano e a quello ebraico, o una fonte comune a entrambi. Tuttavia, a parte l'assenza di scene simili nella restante letteratura classica –il che di per sé non è probante, poiché potrebbe certamente essermene sfuggita o essersene perduta qualcuna–, credo che le convergenze qui riscontrate non siano solo vaghe e generiche, e ridotte alla rischiata spartizione in sé, ma giungano a riguardare particolari tanto precisi da fare supporre veramente una volontà parodistica di Petronio, per altro interessato alla cultura giudaica, nei confronti del racconto biblico.

[37] Di questo affresco, forse dipinto anche in tempi precedenti, ma certo esistente negli anni della composizione del *Satyricon*, diede notizia già G.B. DE ROSSI, "Le jugement de Salomon dans un fresque de Pompéi", *Bulletin Critique* 2, 1882, 272-273. Cfr. poi eiusd. "Il giudizio di Salomone in un affresco pompeiano", *Bullettino dell'Istituto di Corrispondenza Archeologica*, 1883, 37 sgg.; 65 sgg. Ulteriori chiarimenti e documentazione nel mio "Alcune osservazioni sulle origini del Cristianesimo in Campania", di prossima uscita sulla *RSCI*.

dei γρῦλλοι[38]. Sembra quindi che il giudizio di Salomone sia raffigurato in ottica parodistica e attesti pertanto da parte pagana la conoscenza di uno degli episodî biblici più noti: si sa infatti che, al pari di una parodia letteraria, anche una caricatura figurativa, per essere còlta adeguatamente dal pubblico, presuppone nel pubblico stesso un'ampia conoscenza del soggetto in questione[39]. L'interesse di Petronio verso la cultura giudaica e la sua volontà di offrirne divertenti parodie sembra quindi, da un lato, trovare conferma nell'affresco pompeiano contemporaneo e, dall'altro lato, rende meno sorprendente anche un'eventuale attenzione del romanziere, sia pur sempre a scopi parodistici, verso il mondo cristiano.

Secondo diversi studiosi, al tempo della composizione del *Satyricon* era già stato steso almeno il Vangelo di Marco. Se si accetta l'identificazione –proposta già alcuni decenni fa da José O'Callaghan e accettata, oltre che notoriamente da C.P. Thiede, anche da papirologi quali Orsolina Montevecchi e Sergio Daris–, del frammento qumrânico 7Q5 con il passo di *Mc* 6, 52-53, si deve fare risalire il Vangelo di Marco a prima del 50, in ogni caso a prima del 68 d.C. L'identificazione di questo frammento, che, contenendo un passo di raccordo nel tessuto narrativo, appartiene a una fase avanzata, se non a quella finale, della composizione del Vangelo[40], unita alla considerazione che l'anfora in cui era posto il frammento stesso recava il nome della città di Roma, conferma la prima tradizione patristica che situa la composizione del Vangelo di Marco a Roma, sulla base della predicazione di Pietro, al tempo dell'imperatore Claudio. Anzi, anche se non avessimo 7Q5, o se l'identificazione dovesse rivelarsi errata, dovremmo pur sempre tenere conto della tradizione patristica.

Dunque Petronio scriveva quando il Vangelo di Marco era probabilmente già composto e circolante a Roma. In ogni caso, prima ancora del Vangelo scritto, a Roma già in quei tempi si era diffusa la predicazione apostolica. Nulla vieta che Petronio ne fosse al corrente, soprattutto se si tiene conto dell'attenzione particolare posta dal romanziere ai fenomeni religiosi.

[38] I *grylloi* presentano in effetti personaggi grotteschi macrocefali e dalle gambe sottili in posture talora realistiche e talora volgari e tra i pagani riguardano anche gli dèi e gli eroi della mitologia, chiaramente rappresentati in chiave scherzosa e caricaturale: è noto del resto che le pitture di Ercolano e di Pompei riflettono effettivamente moduli ellenistici Si veda C. BERTELLI-G.BRIGANTI-A. GIULIANO, *Storia dell'arte italiana*, I, Milano 1988, 206; 255-259.

[39] J.P. CÈBE, *La caricature et la parodie dans le monde romain antique des origines à Juvenal*, Paris 1966; G. BLAZINA, "Parodia", in *Grande dizionario enciclopedico UTET*, XV, Torino 1989, 492-494; M. BONAFIN, (a c. di), *Dialettiche della parodia*, I-II, L'immagine riflessa. Testi, società, culture, N.S. 1, 1992; A.B. BELTRAMETTI, "La parodia letteraria", in *Lo spazio letterario della Grecia Antica*, di G. Cembiano-L. Canfora-D. Lanza, I, III, Roma 1994, 275-302. Ulteriori rinvii, che qui appesantirebbero il discorso, sono presenti in bibliografia.

[40] Ammesso che si debba postulare, come oggi fanno molti biblisti, una redazione "stratificata" dei Vangeli stessi: diversamente, il problema non si porrebbe neppure.

Non solo, infatti, il Giudaismo sembra noto e oggetto di interesse da parte di Petronio, ma anche ad esempio il culto isiaco[41]. Naturalmente, ogni supposizione di questo tipo necessita di un'accurata verifica condotta sul testo petroniano. È quello che ho cercato di fare in questi anni, prendendo avvio da una riconsiderazione di alcune osservazioni di E. Preuschen[42], il quale agli inizi del Novecento aveva posto in luce sorprendenti parallelismi fra l'episodio evangelico dell'Unzione di Betania (*Mc* 14, 3-9) e la scena del *Satyricon* in cui Trimalcione, durante la sua *Cena*, unge i convitati con il nardo, in prefigurazione della propria unzione funebre (*Sat.* 77, 7-78, 4)[43]. Infatti i punti di contatto dei due testi appaiono cospicui: in entrambi i casi ci si trova a mensa, viene recato dell'unguento, e precisamente in entrambi si tratta di un vasetto di nardo, che viene spalmato sul/dal protagonista –rispettivamente Gesù Cristo e Trimalcione– in prefigurazione, come dichiara il protagonista stesso, della sua unzione funebre per la sepoltura. Le convergenze, fino nei minimi particolari, sono evidenti:

> Petr. *Sat.* 77, 7-78, 4
>
> *Stiche, profer unguentum [...] statim ampullam nardi aperuit [sc. Trimalchio] omnesque nos unxit et: 'Spero, inquit, futurum ut aeque me mortuum iuvet tamquam vivum [...] putate vos, ait, ad parentalia mea invitatos esse'. Ibat res ad summam nauseam...*

---

[41] Su cui oggi cfr. J. RODRÍGUEZ MORALES, "Tutela nauis e Isis Pelagia en el *Satyricon*", *'Ilu. Revista de Ciencias de las religiones* 4, 1999, 205-224, che dimostra come la divinità tutelare della nave di Lica era Iside (*Sat.* 99-114) e individua anche altri episodi nel romanzo che, seguendo la tesi già propugnata dal Merkelbach, hanno impronta isiaca.

[42] E. PREUSCHEN, "Die Salbung Jesu in Bethanien", *Zeitschrift für die neutestamentliche Wissenschaft*, 3, 1902, 252-253; *ibid.* 4, 1903, 88; I. RAMELLI, "Petronio e i Cristiani: allusioni al Vangelo di Marco nel *Satyricon*?", *Aevum* 70, 1996, 75-80. Ho ripreso brevemente la questione apportando alcune precisazioni in "La Chiesa di Roma e la cultura pagana: echi cristiani nell'*Hercules Oetaeus*?", *RSCI* 52, 1998, 11-31, nota 1, da completare con S. XERES, "L'oscuramento del sole durante la Passione di Cristo nelle fonti cristiane e pagane dei primi due secoli", in *Fenomeni naturali e avvenimenti storici nell'antichità*, a c. di M. Sordi, Milano 1989, CISA 15, 219-226. Avendo trattato estesamente della questione, in questi e in successivi interventi segnalati in bibliografia, per questo non appesantisco con troppi riferimenti le osservazioni qui presentate. Credo che il discorso rimarrebbe valido anche accettando eventualmente la tesi –pure assolutamente minoritaria– di G.T. JENSSON, "The *Satyrica* of Petronius as a Roman Palimpsest", in *The Ancient Novel in Context. Proceedings of the Third International Conference on the Ancient Novel (Groningen, 25-30 July 2000)*, edd. M. Zimmerman-S. Panayotakis-W. Keulen, in corso di pubblicazione, poiché l'esistenza di un possibile modello greco non esclude adattamenti anche consistenti da parte dell'autore latino.

[43] Il testo critico di riferimento è K. MÜLLER (ed.), *Petronii Arbitri Satyricon*, München 1961; Eiusd. (ed.) *Petronius, Satyricon*, München 1985².

Mc 14, 3-8

κατακειμένου αὐτοῦ ἦλθεν γυνὴ ἔχουσα ἀλάβαστρον μύρου νάρδου πιστικῆς πολυτελοῦς· συντρίψασα τὴν ἀλάβαστρον κατέχεεν αὐτοῦ τῆς κεφαλῆς. [...] ὁ δὲ Ἰησοῦς εἶπεν· ἄφετε αὐτήν [...] καλὸν ἔργον ἠργάσατο ἐν ἐμοί. [...] ὃ ἔσχεν ἐποίησεν· προέλαβεν μυρίσαι τὸ σῶμά μου εἰς τὸν ἐνταφιασμόν.

Il nardo, che costituiva in effetti un unguento usato nel mondo greco e romano sia in contesto conviviale sia in contesto funerario, non compare mai come unguento conviviale in prefigurazione dell'impiego funerario se non in questi due soli testi, in tutta la letteratura antica. Sembra questo un argomento che rafforza l'ipotesi di un legame di dipendenza tra questi due testi. Può essere indicativo che in *Mc* 14, 3 la versione latina, sicuramente anteriore alla *Vulgata* e datata da A. Ammassari addirittura al I secolo, del *Bezae Codex Cantabrigiensis* (Cambridge, University Library, Nn, II 41; *d*)[44] presenti *ampullam* quale versione di ἀλάβαστρον, lezione che risulta esclusiva rispetto a tutti gli altri codici greci e latini e allo stesso parallelo greco del *Cantabrigiensis* (*D*): la *Vulgata* qui ha *alabastrum* e il greco ha appunto ἀλάβαστρον, sia qui sia nel parallelo mattaico (*Mt* 26, 7, mentre Giovanni presenta *libram*, gr. λίτραν, *Gv* 12, 3). Come si nota, la versione del cod. *d*, *ampullam nardi*, è perfettamente corrispondente all'espressione *ampullam nardi* del *Satyricon*. Tale corrispondenza verbale, del tutto esclusiva, potrebbe risultare rivelativa qualora fosse confermata la datazione particolarmente alta proposta dall'Ammassari per la versione latina di cui è testimone il *Bezae Codex*, sebbene io creda opportuno che sulla questione della datazione si proceda con la massima cautela, anche alla luce dei restanti e recenti studî critici relativi allo stesso *Codex*.

Non sfugge poi che l'intera *cena Trimalchionis* è configurata come una sorta di "ultima cena", dato l'invito esplicito di Trimalcione, rivolto ai convitati durante lo stesso episodio dell' "unzione funebre", a considerare la cena in corso come un banchetto funebre, e dati anche i numerosi e costanti riferimenti al tema della morte disseminati in tutto il romanzo e già variamente posti in luce dalla critica. Tanto più interessanti risultano questi insistiti accenni quanto più,

[44] Testo in A. AMMASSARI, *Bezae Codex Cantabrigiensis. Copia esatta del manoscritto onciale greco-latino dei quattro Vangeli e degli Atti degli Apostoli scritto all'inizio del V secolo e presentato da Theodore Beza all'Università di Cambridge nel 1581*, Città del Vaticano 1996; lo studio del medesimo Ammassari sulla colonna latina di Marco nel *Bezea Codex* è in Eiusd. *Il Vangelo di Marco nella colonna latina del* Bezae Codex Cantabrigiensis, Città del Vaticano 1996, part. 121 e 123 sul passo marciano in questione. Se ne veda eventualmente la mia rassegna: "I Vangeli nel *Bezae Codex Cantabrigiensis*", *RSCI* 52, 1998, 171-178. Sulla versione latina dei Vangeli contenuta nel *Codex* si veda J.-M. AUWERS, "Le texte latin de l'Évangile dans le codex de Bèze", in *Codex Bezae. Studies from the Lunel Colloquium*, June 1994, edd. D.C. Parker-C.B. Amphoux, Leiden-New York-Köln 1996, 185.

a rigore, sono inutili, nel senso che Trimalcione sa benissimo, in base ad una predizione alla quale egli crede fermamente, che vivrà ancora molto a lungo: in *Sat.* 78, 1 egli afferma che un astrologo da lui consultato gli ha predetto che gli restano ancora più di trent'anni di vita. Se nel contesto immediato del romanzo non vi è nulla che possa fare supporre la necessità di considerare la cena come un banchetto funebre, tanto più probabile diviene l'ipotesi che Petronio si avvicini piuttosto all'episodio evangelico. Vorrei far notare anche l'insistenza di Trimalcione sulle vesti funebri e su un lenzuolo bianco, che egli stesso fa recare al banchetto e che saranno quelle in cui dovrà essere avvolto per la sepoltura: *'profer vitalia in quibus volo me efferri' [...] et stragulam albam et praetextam in triclinium attulit iussitque nos temptari an bonis lanis essent confecta. Tum subridens: 'Vide tu, inquit, Stiche, ne ista mures tangant aut tineae, alioquin te vivo conburam. Ego g l o r i o s u s volo efferri'*. Le vesti funebri, che Trimalcione non vuole siano rovinate da topi o tignole, sono anche gloriose. Certo sarebbe assolutamente azzardato ipotizzare in questo caso una dipendenza dalle fonti evangeliche o anche solo la presenza di echi. Vale comunque la pena di ricordare che il vangelo di Marco parla del lenzuolo con cui Gesù venne sepolto (15, 46: ἐνείλησεν τῇ σινδόνι) e della veste bianca dell'angelo della Resurrezione (16, 5: στολὴν λευκήν) e presenta la morte e resurrezione di Cristo come gloriosa. Anche la volontà di preservare i proprî beni dalle tignole è ben presente nel noto passo evangelico (*Mt* 6, 19-21; *Lc* 12, 33-34) in cui Gesù invita a crearsi un tesoro in cielo dove non esistono i suddetti agenti distruttivi. Comunque, più di questi ultimi rilievi relativi alle vesti funebri, sembrano importanti quelli precedenti a proposito dell'unzione con il nardo e della sua funzione funebre in contesto conviviale.

L'ipotesi di Preuschen, volta a rendere conto dei parallelismi che abbiamo appena ricordato brevemente e fondata sulla convinzione che il Vangelo di Marco fosse stato composto dopo la stesura del *Satyricon*, era che l'evangelista avesse attinto a Petronio, ma fu confutata presto da vari studiosi e, del resto, cade se si accetta la datazione "alta" di Marco sostenuta dalla tradizione patristica e da diversi moderni. Restano da spiegare comunque le congruenze fra il racconto di Marco e quello di Petronio, non solo quelle messe in luce da Preuschen, ma anche diverse altre: ritengo opportuno quindi illustrare brevemente queste ulteriori congruenze[45], prima di avanzare qualsiasi ipotesi in merito.

Nel romanzo di Petronio sono presenti alcune apparenti allusioni a importanti fatti cristiani: la crocifissione, la risurrezione di Gesù Cristo, l'istituzione dell'Eucaristia, la già accennata prefigurazione della propria unzione funebre con nardo durante un banchetto da parte di Gesù (la cosiddetta unzione di Betania), il canto del gallo legato al tradimento di Pietro la notte

[45] In modo più esteso ed approfondito di quanto non abbia fatto nel lavoro già ricordato.

precedente la morte di Gesù. Tutti eventi che risalivano ad appena un trentennio prima della stesura del *Satyricon*[46].

Riguardo all'episodio del canto del gallo, anch'esso, come quello già visto dell'unzione funebre in contesto conviviale, si trova all'interno della *cena Trimalchionis* (*Sat.* 74, 1-3): improvvisamente, verso la fine della cena stessa, viene udito il canto di un gallo e Trimalcione se ne spaventa, considerandolo un presagio di dolore e di morte:

> *Haec dicente eo gallus gallinaceus cantavit. Qua voce confusus Trimalchio vinum sub mensa iussit effundi lucernamque etiam mero spargi. Immo anulum traiecit in dexteram manum et: 'Non sine causa, inquit, hic bucinus signum dedit; nam aut incendium oportet fiat, aut aliquis in vicinia animam abiciat. Longe a nobis! Itaque quisquis hunc indicem attulerit, corollarium accipiet.' Dicto citius de vicinia gallus allatus est, quem Trimalchio iussit ut aeno coctus fieret. Laceratus igitur ab illo doctissimo coco [...] in caccabum est coniectus.*

Se nel mondo greco e latino il canto del gallo era considerato molto positivamente, sovente come un presagio di vittoria, esso non viene mai ritenuto un preannunzio di morte se non in Petronio, da un lato, e, dall'altro, nei Vangeli: anzi, proprio il Vangelo di Marco è quello che si sofferma più degli altri sul particolare del gallo, che canta due volte (*Mc* 14, 30. 68. 72). Anche la scelta di Petronio di designare il gallo come *index*, un termine dotato dello specifico valore di "accusatore, denunziatore", potrebbe risentire della funzione rivestita dal gallo nel Vangelo, che è al contempo appunto di denunziatore del tradimento di Pietro e di nunzio di un giorno di dolore e di morte[47]. Quanto all'incendio, dicevamo che Petronio stesso, scrivendo il *Satyricon*, aveva ben presente quello di Roma del 64, del quale furono incriminati i Cristiani.

Una rilettura parodistica e beffarda della crocifissione e della risurrezione sembra, poi, contenuta nella celebre novella della Matrona di

---

[46] Sulla data della Passione in particolare basti il rinvio a A. JAUBERT, *La date de la Cène. Calendrier biblique et liturgie chrétienne*, Paris 1957; J. BLINZLER, *Il processo di Gesù*, tr. it. Brescia 1966, part . 89 sgg.; A. JAUBERT, "The Calendar of Qumran and the Passion Narrative of John", in *John and Qumran*, ed. by J.H. Charlesworth, London 1972, 62-75; J. JEREMIAS, *Le parole dell'Ultima Cena*, tr. it. Brescia 1973, 10 sgg.; G. RICCIOTTI, *Vita di Gesù Cristo*, II, rist. Milano 1974, 609-613; e al lavoro, ricco di riferimenti bibliografici, di G. FIRPO, "Il terremoto del 31 a.C. in Palestina e la cronologia della Passione", in *Fenomeni naturali e avvenimenti storici nell'antichità*, a c. di M. Sordi, Milano 1989, CISA 15, 184-218.

[47] Notava le affinità di questo passo petroniano con l'episodio evangelico già A. CABANISS, "The Satyricon and the Christian Oral Tradition", *GRBS* 3, 1960, 36-39: Cabaniss dava per certo che Petronio fosse venuto a contatto con resoconti orali del messaggio cristiano.

Efeso, secondo suggestioni già proposte da Cabaniss[48]. Vorrei richiamare innanzitutto quanto dissi a suo tempo a proposito della precoce evangelizzazione di Efeso[49] e del significato che eventualmente potrebbe assumere tale ambientazione nella nostra ottica. Alla luce di tali osservazioni è dunque opportuno considerare il seguente episodio del *Satyricon*. In *Sat.* 111, 6 Petronio narra di alcuni uomini crocifissi dietro condanna di un governatore di provincia (*ibid.* 5): essi sono vegliati durante la notte da un soldato, appositamente incaricato di badare a che nessuno abbia a trafugarne i corpi. La sorveglianza si rivela tuttavia inutile, poiché il terzo giorno –si noti la precisa connotazione cronologica– uno dei crocifissi viene portato via (*Sat.* 112, 3) e sostituito con un altro corpo: la gente crede a una animazione del cadavere del crocifisso dopo la morte e si domanda meravigliata come mai un defunto abbia potuto muoversi (112, 4). È evidente l'implicito sarcasmo verso la credulità di questa gente, così come balzano all'occhio le congruenze con le narrazioni evangeliche della crocifissione di Gesù. Ma v'è un ulteriore elemento di estremo interesse, ed è legato –come nel caso di un analogo episodio di Caritone che abbiamo visto a suo tempo– alle accuse anticristiane circolanti in Asia, le quali forse erano alla base del cosiddetto *Editto di Nazareth*[50]. Il Vangelo di Matteo, come accennammo, attesta (28, 2) la diffusione in Palestina dell'accusa giudaica rivolta ai Cristiani di avere trafugato il corpo di Gesù onde potere dare credito, successivamente, all'annuncio della sua risurrezione. In età neroniana, e precisamente tra la svolta del 62 e la persecuzione anticristiana originata dall'incendio di Roma, è probabilmente collocabile l'*Editto di Nazareth*[51], che forse intendeva colpire i Cristiani accusati di violazione di tomba e trafugamento di cadavere, nonché –secondo l'interpretazione di E. Grzybek– di culto illecito reso a un uomo. A partire dalla tarda età neroniana, quindi, erano vive in Galilea e nelle vicine aree dell'Asia Minore tali accuse contro i Cristiani. Indicativo appare che gli scritti di Caritone e di Petronio siano con molta probabilità pressoché contemporanei all'epoca in cui deve essere collocato l'Editto e che la novella petroniana sia ambientata a Efeso, città vicina alla Caria, dove scriveva Caritone, ed evangelizzata fin dai primordi del Cristianesimo, dove quindi molti potevano essere annoverati fra i "creduloni" che avevano dato credito, pur con meraviglia, alla risurrezione di un crocifisso. Naturalmente, se l'Editto è dovuto a Nerone nel 62-64, anche a Roma un

---

48 Alcuni evidenti parallelismi tra il passo petroniano e i fatti cristiani erano stati già notati da A. CABANISS, "A Footnote to the Petronian Question", *CPh* 49, 1954, 98-102. Sul racconto petroniano della *matrona di Efeso* cfr. Y. SCHLEGOR, "Matrona iz Efesa", in *Sign, Language, Culture*, ed. A.J. Geremias, The Hague 1970, 591-600; P. FEDELI, *Strutture narrative e tecnica dell'inversione*, Roma 1986; D. MCGLATHERY, "Petronius' Tale of the Widow of Ephesus and Bakhtin's Material Bodily Lower Stratum", *Arethusa* 31, 1998, 313-336.

49 Rinvio a qui *supra*, cap. 2.

50 Cfr. *supra*, cap. 1.

51 Cfr. ancora *supra*, cap. 1 sia per *Mt* 28 che per i contenuti e le finalità dell'*Editto*.

intellettuale come Petronio poteva ben essere al corrente delle accuse anticristiane che appaiono alla base dell'Editto stesso e poteva sfruttarle per porre in ridicolo i seguaci della nuova fede. E per converso, anche il pubblico cui il romanziere si indirizzava doveva essere al corrente del fatto parodiato. Petronio, insomma, nella sua ipotetica parodia sembrerebbe accettare la versione ostile secondo cui il crocifisso fu trafugato dai suoi, i quali in tal modo avrebbero poi potuto annunciare la tomba vuota e la risurrezione: annuncio infondato, secondo un atteggiamento scettico come quello di Petronio, ma al quale molti ingenui avevano da subito creduto. Del resto non va dimenticato che la resurrezione corporale dai morti (ἀνάστασις) aveva precisamente costituito, pochi anni prima della stesura del *Satyricon*, il punto di rottura del dialogo tra s. Paolo e i suoi uditori ateniesi nel discorso tenuto all'Areopago (*At* 17, 18), in quanto proprio la ἀνάστασις per gli uomini era negata dal pensiero classico: già Eschilo (*Eum.* 647-648) affermava esplicitamente che una volta che un essere umano sia morto e che il suo sangue sia estinto, non c'è alcuna resurrezione (οὔτις ἔστ' ἀνάστασις). Glen Bowersock nota a tale proposito che la risurrezione –chiamata speso anche ἀναβίωσις dagli autori pagani, come abbiamo visto lungo il precedente percorso, nel senso specifico di ritorno alla vita più che di un "levarsi su di nuovo"– è un tema che comincia ad essere vivo proprio a partire dalla seconda metà del I secolo d.C[52]. Egli allora si domanda "whether from a historical point of view we would be justified in explaining the extraordinary growth in fictional writing and its characteristics and concomitant fascination with resurrection as some kind of reflection of the remarkable stories that were coming out from Palestine precisely in the middle of the first century A.D.". Una allusione metaforica –per quanto discutibile credo ne sia la connessione con il Cristianesimo– alla risurrezione sarebbe per altro contenuta, secondo lo stesso Bowersock, in *Satyr.* 129, 1, in cui Encolpio, una volta ricuperate le proprie virtù virili, si dichiara *gratiosorem quam Protesilaum aut quemquam alium antiquorum*, con evidente riferimento al tema del ritorno dai morti, metaforicamente applicato qui alla prestanza di Encolpio[53].

Un altro passo di Petronio che sembra contenere un'allusione abbastanza esplicita al Cristianesimo, come suggerisce già Bowersock[54], è *Sat.* 141, ambientato durante il soggiorno crotoniate dei protagonisti: Eumolpo, come è noto, riesce per molto tempo a ingannare tutti gli *heredipetae* di Crotone fingendo di possedere un patrimonio cospicuo. È vero che il personaggio di

[52] G.W. BOWERSOCK, *Fiction as History. Nero to Julian*, Berkeley 1994, 102-104; 119.

[53] Cfr. BOWERSOCK, *Fiction as History*, 112-113.

[54] BOWERSOCK, *Fiction as History*, 125-138, part. 134 sgg.; cfr. anche H.D. RANKIN, "Eating People Is Right: Petronius 141 and a TOPOS", *Hermes* 97, 1969, 381-384. Suggerisce anche un influsso dei miti mitraici R. BECK, "History into Fiction: the Metamorphoses of the Mythras Myths", in *The Ancient Novel in Context*, cit., in corso di stampa.

Eumolpo può ricollegarsi con gli Eumolpidi dei misteri eleusini e che dunque si apre una complessa trama di rinvii[55]. La condizione che, però, egli pone perché gli *heredipetae* possano ereditare i suoi averi è che questi mangino delle sue carni una volta che egli sia morto: *omnes qui in testamento meo legata habent [...] hac condicione percipiant quae dedi, si corpus meum in partes conciderint et astante populo comederint* (*Sat.* 141, 2). Anche l'Eucaristia in questo caso parrebbe oggetto di un feroce stravolgimento parodistico: non si tratterebbe infatti, nel testo di Petronio, di un semplice cenno ad una non ben precisa pratica necrofagica, ma piuttosto si tratterebbe probabilmente di ricordare l'invito, da parte di Gesù ancor vivo di fronte ai suoi, sentiti come suoi eredi, di mangiare del suo corpo dopo la sua morte, in memoria di lui, dopo averlo diviso in *partes* –analoghe per altro alle *particulae* della comunione cristiana– come condizione per potere accedere alla sua eredità, ai benefici che derivano dall'averlo seguito. Non solo Petronio sembra intendere in senso più letterale e immediato il precetto di Gesù, presentandolo come una richiesta assurda e ripugnante, ma sembra quasi volere denunciare che la pretesa eredità dovuta suoi seguaci è nulla, come nullo è in realtà il patrimonio di Encolpio. Gesù avrebbe insomma fatto una vana promessa, così come infondata sarebbe la pretesa sua risurrezione: qualora, dunque, Petronio alludesse all'evento cristiano, lo farebbe con scetticismo e irrisione nei confronti dei credenti. Bowersock per parte sua fa rilevare che il contesto petroniano è quello di un testamento e che nei Vangeli e in Paolo (*Mt* 26, 28; *Mc* 14, 24; *Lc* 22, 20; *1Cor* 11, 25) il corpo e il sangue di Cristo sono τῆς διαθήκης, che noi traduciamo "dell'alleanza", ma che la *King James version* rende *testament*; anzi, personalmente ricorderei ancor prima la *Vulgata*, che notoriamente rende διαθήκη con *testamentum* (*Mt* 26, 28: *hic enim sanguis meus novi testamenti*; *Mc* 2, 24: *hic est sanguis meus novi testamenti*; *Lc* 22, 20: *hic est calix novum testamentum*; *1Cor* 11, 25: *hic calix novum testamentum est*). L'accenno all'accurata divisione in parti (*in partes conciderint*) del corpo di Encolpio e alla consumazione (*comederint*) di queste parti *astante populo*, pubblicamente, parrebbe forse, a mio modo di vedere, addirittura suggerire una conoscenza della celebrazione liturgica dell'Eucaristia nelle assemblee cristiane, quale quella che pochi decennî dopo dimostra Plinio, allorché nella celebre lettera a Traiano fornisce quella che viene solitamente considerata la prima testimonianza pagana sulla celebrazione liturgica cristiana (Plin. *Ep.* X 96 [97], 7)[56]. Proprio legata ai fraintendimenti relativi all'Eucaristia da parte dei pagani

[55] Cfr. R. LANE FOX, *Pagans and Christians in the Mediterranean World from the Second Century A.D. to the Conversion of Constantine*, London 1988², 490.

[56] *Adfirmabant autem hanc fuisse summam vel culpae suae vel erroris, quod essent soliti stato die ante lucem convenire carmenque Christo quasi deo dicere secum invicem seque sacramento non in scelus aliquod obstringere, sed ne furta, ne latrocinia, ne adulteria committerent, ne fidem fallerent, ne depositum appellati abnegarent. Quibus peracti morem sibi discedendi fuisse rursusque coeundi ad capiendum cibum, promiscuum tamen et innoxium [...].*

era del resto l'accusa –senz'altro uno dei *flagitia* che secondo Tacito erano imputati ai Cristiani– di infanticidio rivolta ai Cristiani e dovuta appunto alla convinzione che questi uccidessero bambini piccoli per poi mangiare delle loro carni. Attestazioni inorridite, indignate e allarmate si trovano in Iust. *I Apol.* 26; 65-67; 75; Martyr. Lugdun. *ap.* Eus. *Hist. eccl.* V 1, 52: ἡμεῖς δὲ οὔτε ἀνθρώπους ἐσθίειν...; Tertull. *Apol.* 8-9. Giustino, in particolare, a metà del II secolo si preoccupa di mostrare il vero carattere dell'Eucaristia cristiana, proprio perché così facilmente male interpretabile, al fine di stornare qualsiasi sospetto di antropofagia. E Tertulliano, dopo avere ironizzato sull'accusa anticristiana di infanticidio, si affretta a ritorcerla sui pagani. Se questa accusa di *flagitium* era diffusa già al tempo dell'incendio neroniano e contribuiva a fare odiare i Cristiani dal popolino (Tac. *ann.* XV 44 afferma che ne furono incriminati *quos per flagitia invisos vulgus chrestianos* [con gioco di parole ironico con il gr. χρηστός, "buono"] *appellabat*), si capisce che potrebbe essere sottesa anche alla parodia petroniana, che risale appunto a quel preciso torno di tempo.

È chiaro che gli episodi cristiani cui forse Petronio allude potevano ben destare l'attenzione e l'interesse, per quanto critico e scettico, di intellettuali pagani che fossero a conoscenza di questi fatti-cardine dell'annuncio apostolico. La crocifissione, la risurrezione, l'Eucaristia potevano essere note a Petronio senza per altro dovere supporre necessariamente la sua lettura del Vangelo. Per il canto del gallo e soprattutto per l'unzione con il nardo, invece, non solo data la minuzia di certi particolari, ma anche a causa dei riscontri testuali a mio avviso non trascurabili che ho cercato di porre in luce, appare più probabile una conoscenza del Vangelo, e segnatamente del Vangelo di Marco.

A me sembra che i passi del *Satyricon* presentati finora non contengano riferimenti casuali, bensì circostanziati e rivelino veramente una certa conoscenza dell'evento cristiano; si può dunque almeno supporre che Petronio scrivendo il suo romanzo avesse presenti i racconti cristiani. Si pone però la questione di perché Petronio abbia eventualmente deciso di inserire nel suo romanzo allusioni al nascente Cristianesimo[57]. Innanzitutto, occorre osservare che Petronio si indirizza ad un pubblico di Romani che, dopo l'incendio del 64 –da lui stesso adombrato nel romanzo– e l'esecuzione in massa, con supplizi spettacolari, di tanti Cristiani come capri espiatorii[58], poteva ben avere qualche

---

Quo magis necessarium credidi ex duabus ancillis, quae ministrae dicebantur, quid esset veri, et per tormenta quaerere.

[57] È un interrogativo che giustamente mi ha posto da subito, con insistenza, il padre Ignace de la Potterie, appena è stato a conoscenza della mia supposizione.

[58] Mi sembra che l'importanza dell'incendio del 64 e della condanna dei Cristiani come incendiarii non possa essere assolutamente sminuita. Non credo, con BRENK, *The Sibyl Sing*, 499, che in quell'occasione i Cristiani fossero confusi con i Giudei che attendevano la distruzione dei Gentili per mezzo del fuoco, perché Tacito stesso parla molto chiaramente ed esclusivamente di Cristiani e la decisione di Nerone di incolpare i Cristiani non deriva da una loro presunta

conoscenza di chi fossero questi Cristiani e di che cosa proclamassero, tenuto conto anche della loro già ricordata presenza nella casa di Nerone e della predicazione petrina, dapprima, e poi paolina in Roma prima di questa data. Appare evidente che, per quanto sia difficile cogliere il punto di vista dell'autore nel "caleidoscopio" del suo romanzo[59], queste probabili allusioni nel *Satyricon* sono in chiave polemica, derisoria, parodistica. Non per nulla, ad esempio, l'episodio dell'unzione funebre, come quello del canto del gallo, ha come protagonista il *parvenu* Trimalchione, che Petronio certo presenta non senza ironia, e la cui messinscena è commentata con fastidio (*ibat res ad summam nauseam*); non è un caso che gli Efesini i quali si meravigliano della falsa risurrezione del crocifisso siano derisi come creduloni; l'invito, poi, di Eumolpo a mangiare del suo corpo onde ottenere l'eredità promessa è inteso a suscitare ovviamente orrore.

Se la *Cena Trimalchionis* è stata considerata da più parti[60] come ricca di riferimenti alla corte neroniana -per quanto sia discutibile una precisa identificazione dei personaggi romanzeschi con quelli storici[61]–, fruibili in senso parodistico da parte del colto pubblico di Petronio, è indubitabile anche in base al solo Tac. *Ann.* XV 44 che al tempo della composizione della *Cena* stessa il Cristianesimo fosse ben noto a corte, dove dal 62, dopo la svolta neroniana e il ritiro di Seneca, si pensava a perseguitarlo, e costituisse dunque un buon soggetto per la parodia.

---

propensione agli incendî, bensì, semplicemente, i Cristiani furono scelti come capro espiatorio perché erano già in odio al popolo per i loro presunti *flagitia*, che per altro non avevano nulla a che fare con i Giudei, ma erano specificamente rivolti ai Cristiani, come attestano già Giustino e Tertulliano (l'accusa di infanticidio derivava da un fraintendimento dell'eucaristia e quella di incesto dall'uso cristiano di chiamarsi "fratelli" e "sorelle"). Colgo comunque l'occasione di ringraziare sentitamente il Padre Frederick E. Brenk per avermi fatto dono del suo articolo e per avermi dispensato altre preziose riflessioni in merito. Sulla questione dell'incendio in rapporto ai Cristiani si vedano anche L. HERRMANN, "Quels chrétiens ont incendié Rome?", *Rev. Belg. de Philol. et d'Hist*" 17, 1949, 633-651; P. KERESZTES, "The Imperial Government and the Christian Church, I, From Nero to the Severi", in *ANRW*, II, 23, 1, Berlin-New York 1979, 247-315, part. 249-251 e 254-257; F. VITTINGHOFF, "*Christianus sum.* Das 'Verbrechen' von Außenseiten der römischen Gesellschaft", in *Civitas Romana. Stadt und politisch-soziale Integration im Imperium Romanum der Kaiserzeit*, ed. W. Eck, Stuttgart 1994, 332-348; M.S. TAYLOR, *Anti-Judaism and Early Christian Identity*, Leiden 1995, part. 18-19; 48-51.

[59] Pone ben in luce questo aspetto del romanzo M. BACHTIN, *Estetica e romanzo*, tr. it. Torino 1979: si veda il mio "Il *Satyricon* di Petronio: tradizione, parodia, allusione", *ΚΑΙΡΙΑ ΣΥΓΓΕΛΑΣΑΙ, Ciclo di lezioni di letteratura greca e latina*, 7, 1997, 27-41: sono debitrice ancora una volta al Prof. Giuseppe Zanetto di aver potuto tenere la suddetta conferenza a Monza e di averne visto pubblicato il testo.

[60] SULLIVAN, "Petronius' *Satyricon*", 1669.

[61] Non è sostenibile con argomenti certi l'ipotesi che Trimalcione sia Nerone, Eumolpo Seneca e così via: per SULLIVAN, "Petronius' *Satyricon*", 1671, sono analogamente discutibili le esegesi "moralistiche" di Petronio, da quella di Highet che fa del *Satyricon* un romanzo a tesi epicureo a quella di Arrowsmith che vi vede un pensiero nietzscheano *ante litteram.*

Per spiegare, da un lato, la conoscenza del Cristianesimo da parte di Petronio e, dall'altro lato, il tono parodistico che il romanziere assume quando vi allude, recentemente Giuseppe Giovanni Gamba ha ipotizzato addirittura[62] che Petronio si fosse dapprima convertito al Cristianesimo –come anche Seneca e Nerone, a suo avviso– e che successivamente se ne distaccasse, come Nerone: l'eco di questa sua apostasia si troverebbe nella *II Petri*. Di qui il filtro di scetticismo che pervade le possibili allusioni di Petronio all'evento cristiano, le quali per altro secondo Gamba sono certe, e sono molto più numerose di quante io non ne abbia indicate. Il *Satyricon* secondo Gamba fu scritto da Petronio dopo l'allontanamento dal circolo neroniano e come un'*apologia pro vita sua*, composta *in odium Neronis* e caratterizzata da un linguaggio simbolico tutto da decodificare. E Gamba decodifica quasi ogni episodio, ogni personaggio, ogni frase del *Satyricon* in chiave cristiana: Trimalcione stesso nasconderebbe in realtà Pietro, il primo vescovo di Roma[63] e la *Cena Trimalchionis* sarebbe volta ad esporre il supposto periodo di vita cristiana di Petronio[64].Oltre agli episodi petroniani da me già indicati come contenenti probabili allusioni all'evento cristiano, Gamba presenta molti altri punti che a suo avviso celano riferimenti criptici al Cristianesimo[65], quali il piatto con la gallina di legno che cova uova di pavone, o il Falerno Opiniano *annorum centum*, considerati senz'altro simboli eucaristici[66]. Vorrei ricordare ancora una considerazione particolare, che si ricollega all'osservazione fatta prima sulla

[62] G.G. GAMBA, *Petronio Arbitro e i Cristiani. Ipotesi per una lettura contestuale del* Satyricon, Roma, LAS 1998, Biblioteca di Scienze Religiose 141. Se ne veda la mia recensione critica in *Aevum* 73, 1999, 207-210; condivido anche le critiche di Costas Panayotakis, espresse nella sua recensione sul *Classical Review* e ribaditemi oralmente a Groningen in occasione dell'ICAN 2000: ringrazio anzi il prof. Panayotakis per avere discusso con me la questione.

[63] Riporto qui le identificazioni dei vari personaggi del romanzo con figure storiche reali di età neroniana proposte da Gamba: Encolpio, il protagonista che narra le sue vicende in prima persona, è Petronio, autore del *Satyricon* (romanzo autobiografico); il suo nome allude in chiave parodistica al "discepolo che Gesù amava" e che riposava *in sinu* / ἐν τῷ κόλπῳ di Gesù (*Gv* 13, 23); Ascilto vale "illibato" e si riferisce con evidente sarcasmo a Nerone, che spesso è invece accusato per le sue dissolutezze. Gitone è forse Sporos, l'amante di Nerone, ed il retore e maestro Agamennone è Seneca, il maestro di Nerone e autore dell'*Agamemnon* (GAMBA, *Petronio*, 51-68). Quartilla rinvia ad Agrippina, la madre di Nerone, che era quartogenita di Germanico (63-65). Soprattutto, la figura di Trimalcione nasconderebbe Pietro in persona, il capo della comunità cristiana di Roma. *Trimalchio* è un calco semitico e ("tre volte re"), ma con un suffisso -nota Gamba- diminutivo ed ironico. Una chiave per decodificare la figura simbolica di Trimalcione in quella storica di Pietro sarebbe la ricorrenza del nome *Petraites* in *Sat.* 52, 3 e 71.

[64] GAMBA, *Petronio*, 93-107.

[65] GAMBA, *Petronio*, 93-327.

[66] GAMBA, *Petronio*, 173-178; 180-183.

presenza ricorrente, quasi ossessiva della morte nella cena di Trimalcione[67]: Gamba nota ciò a sua volta e lo spiega leggendo la *Cena Trimalchionis* come il banchetto per la trigesima della morte di Trimalcione, che infatti esorta i convitati, come ricordavamo, a considerarlo morto (*Sat.* 78, 5). La cena, argomenta Gamba, si svolge il 26 luglio del 64 (*Sat.* 53, 1 sgg.)[68], contemporaneamente al novendiale celebrato da Scissa per il suo servo morto (*Sat.* 65, 9), ed è organizzata dal *dispensator* Cinnamo (*Sat.* 30, 1-2): essa è dunque un pasto funebre che commemora la morte del padrone di casa, avvenuta trenta giorni prima, il 29 giugno[69], data che secondo la tradizione è quella della morte di S. Pietro. Se la *Cena Trimalchionis* è considerata come il racconto cifrato dell'esperienza cristiana di Petronio, gli episodi precedenti e successivi vengono da Gamba interpretati come un'allegoria della vita di Petronio rispettivamente prima[70] e dopo[71] la sua supposta, temporanea conversione. Un'interpretazione così unilaterale del testo petroniano –che invece per tanti versi è complesso e sfugge così tanto ad ogni tentativo di *reductio ad unum*–, estesa a tutto quel che ci resta del romanzo ed applicata pressoché ad ogni singolo particolare non sembra però adeguatamente fondata nel testo e rimane una mera ipotesi, sia pure ingegnosa ed acuta sotto certi aspetti e perfino coerente, poiché riesce a rendere ragione sia della conoscenza del Cristianesimo da parte di Petronio sia del suo tono ironico e parodistico, grazie alla supposizione della conversione del romanziere e della sua successiva apostasia. Ma il tutto rimane assolutamente privo di basi documentarie.

Un altro studioso che ha accolto ed elaborato –in modo, sebbene non certo indiscutibile, tuttavia, a quanto sembra, più fondato– la mia ipotesi della eventuale presenza di allusioni cristiane nel *Satyricon* è Carsten P. Thiede[72], che in un recente volume analizza il racconto evangelico dei rinnegamenti di Pietro e le rappresentazioni del gallo sia nella letteratura classica sia, come animale fortemente simbolico, nella più antica iconografia cristiana, quale costante attributo di Pietro. Thiede coglie, rifacendosi alle mie proposte, varie probabili allusioni al Vangelo di Marco presenti nel *Satyricon* di Petronio, a partire precisamente da quella in cui gioca un ruolo importante il canto del gallo. Egli rafforza la probabilità di effettive allusioni evangeliche in Petronio grazie ad

[67] Ad es. H.H. BACON, "The Sibyl in the Bottle", *Virginia Quarterly Review* 34, 1958, 262 sgg.

[68] L'anno è ricavato dalle allusioni all'incendio di Roma del 64, una delle quali è contenuta nell'allarme di incendio che interrompe precipitosamente la cena.

[69] GAMBA, *Petronio*, 94-98.

[70] GAMBA, *Petronio*, 51-90.

[71] GAMBA, *Petronio*, 381-373.

[72] Colgo l'occasione di ringraziare il prof. Thiede per la sua attenzione rivolta ai miei studî. Il lavoro cui mi riferisco qui è C.P. THIEDE, *Ein Fisch für den römischen Kaiser*, München 1998, part. 96-123, del quale è uscita di recente una traduzione italiana con nuova prefazione. Del testo tedesco uscirà una mia recensione sulla *RSCI*.

una serie di osservazioni relative alla precoce diffusione del messaggio cristiano a Roma anche nelle classi più alte e suppone in particolare che il Cristianesimo a Roma fosse già noto in qualche misura addirittura nel 30, date le attestazioni presenti in *At* 2, 10, relative alla presenza di Giudei e proseliti provenienti da Roma (ἄνδρες εὐλαβεῖς [...] καὶ οἱ ἐπιδημοῦντες ʽ Ρωμαῖοι) che a Gerusalemme, dove si erano radunati per motivi liturgici, ascoltarono il discorso pentecostale di Pietro, udito da ciascuno nella sua propria lingua e contenente la proclamazione della risurrezione di Gesù Cristo. Con ogni probabilità quanti provenivano da Roma ritornarono poi nell'Urbe e qui facilmente, già agli inizî degli anni Trenta, avranno parlato di quanto avevano udito a Gerusalemme da Pietro. Se comunque per una data tanto alta come il 30 sembra prudente mantenere un ampio margine di incertezza, appare certa e diffusa nella tarda età neroniana, come abbiamo cercato di porre in luce precedentemente, la conoscenza del Cristianesimo da parte pagana. Precisamente nel contesto di una certa diffusione del messaggio cristiano anche nei ceti medio-alti va collocata la conoscenza del fatto cristiano da parte di Petronio e del suo pubblico e la volontà del romanziere di parodiarlo, il che presuppone una adeguata conoscenza dell'oggetto della parodia da parte del pubblico. Il Thiede accoglie e illustra gli argomenti che personalmente avevo addotto a sostegno della mia supposizione e li rafforza a sua volta con ulteriori elementi di ordine archeologico, iconografico e lessicale per quanto concerne l'episodio del gallo e di carattere storico, relative alla temperie culturale di Efeso al tempo di Petronio, a proposito delle probabili allusioni alla Crocifissione e alla Risurrezione nel racconto della matrona di Efeso contenuto nel *Satyricon.* Alla luce delle sue ulteriori osservazioni, il Thiede ritiene addirittura certo che Petronio conoscesse e parodiasse il testo scritto di Marco. Sicuramente la più antica tradizione patristica depone, come abbiamo visto poc'anzi, a favore di una stesura del Vangelo di Marco –dietro richiesta di cesariani e di cavalieri, e dunque di membri di classi elevate e vicine all'ambiente di corte– senz'altro anteriore alla composizione del *Satyricon*: non sembra dunque impossibile che un autore molto vicino, appunto, alla corte quale era Petronio intendesse parodiare alcuni episodî evangelici, tenuto conto anche della circostanza che Petronio scriveva precisamente negli anni dell'incendio di cui furono incriminati, per volere dello stesso Nerone, i Cristiani, già ben noti al popolo romano secondo Tac. *Ann.* XV 44 e malvisti per i loro presunti *flagitia*, nonché probabilmente colpiti dal provvedimento del cosiddetto *Editto di Nazareth.* Non sembra allora un caso che Petronio, da un lato, contenga macroscopiche allusioni all'incendio di Roma del 64 e, dall'altro, nella novella della *Matrona di Efeso* proponga una storia i cui protagonisti sarebbero incriminabili secondo il summenzionato editto e in cui molti parrebbero gli accenni parodici alla risurrezione. Poiché Petronio apparteneva alla corte di Nerone –ed anzi era molto vicino all'imperatore quale suo *arbiter elegantiarum*– negli anni della persecuzione anticristiana, sembra in effetti pressoché impossibile che non fosse al corrente delle misure anticristiane decise ed applicate dallo stesso Nerone a partire dalla cosiddetta "svolta neroniana" del 62 e culminate con la repressione di massa in occasione dell'incendio del 64.

Oggi Thiede, in un nuovo libro dedicato alla riscoperta della croce di Gesù Cristo in età costantiniana, dedica l'ultimo capitolo ad alcune istanze di carattere metodologico dove, fra i vari motivi addotti in favore dell'opportunità di ridefinire le coordinate degli studî neotestamentarî e del Cristianesimo antico, è nuovamente ricordata anche la mia ipotesi sulla probabile conoscenza del Vangelo di Marco da parte di Petronio[73]: Thiede la riprende a suffragio della datazione "alta" dei Vangeli e della loro precoce conoscenza, almeno in qualche misura, anche in ambiente pagano. Accoglie poi senz'altro l'ipotesi da me avanzata della conoscenza del Vangelo di Marco da parte di Petronio Marta Sordi[74]. L'ultimo lavoro di cui abbia notizia, che attesta conoscenza e interesse dell'Autore verso la mia supposizione, è un articolo del 2000 di Aldo Setaioli[75], in cui il professore, che si è occupato di Petronio in una serie di contributi dedicati alle sue poesie[76], condivide le mie riserve sul libro di G.G. Gamba e sviluppa con molta prudenza il discorso della possibile conoscenza petroniana del Cristianesimo, proponendo all'attenzione della critica un ulteriore parallelismo tra un passo petroniano (*Satyr.* 131, 4, in cui la fattucchiera Proseleno sputa in terra formando del fango da spalmare sulla persona da risanare) e il celebre episodio giovanneo della guarigione del cieco nato (*Ioh.* 9, 6, in cui Gesù sputa a terra formando del fango, che spalma sul cieco da guarire: ἔπτυσεν χαμαὶ καὶ ἐποίησεν πηλὸν ἐκ τοῦ πτύσματος καὶ ἐπέχρισεν αὐτοῦ τὸν πηλὸν ἐπὶ τοὺς ὀφθαλμούς). Il parallelismo era

[73] C.P. THIEDE-M. D'ANCONA, *The Quest for the True Cross*, London 2000, part. 146-157.

[74] Fra i diversi luoghi in cui si è espressa in merito cito "L'ambiente storico-culturale greco-romano e la missione cristiana nel primo secolo", in *Il confronto tra le diverse culture nella Bibbia da Esdra a Paolo. XXXIV Settimana Biblica Nazionale*, a c. di R. Fabris, *Ricerche Storico-bibliche* 10, 1998, 217-229.

[75] A. SETAIOLI, "La scena di magia in Petr. *Sat.* 131. 4-6", *Prometheus* 26, 2, 2000, 159-172.

[76] A. SETAIOLI, "Il *novae simplicitatis opus* (*Sat.* 132. 15. 2) e la poetica petroniana", *Prometheus* 23, 2, 1997, 145-164; "Cinque poesie petroniane (*Sat.* 82. 5; 83. 10; 108. 14; 126. 18; 132. 15)", *Prometheus* 24, 3, 1998, 217-242; "La poesia in Petr. *Sat.* 14. 2", *Prometheus* 24, 2, 1998, 152-160; "La poesia in Petr. *Sat.* 127.9", *Prometheus* 25, 3, 1999, 247-258; "La poesia in Petr. *Sat.* 128, 6 (con una postilla su 132, 15)", *Invigilata Lucernis* 21, 1999, 399-416; "Jupiter and Encolpius. The Two Poems at Petr. *Sat.* 126, 18 and 127, 9", in corso di pubblicazione in *The Ancient Novel in Context*, cit. In quest'ultimo intervento il Setaioli nota alcuni parallelismi stretti tra due passi poetici petroniani imperniati sul tema della senilità degli dèi e altri dell'*Octavius* di Minucio Felice e del *Protrepticus* di Clemente Alessandrino

già stato indicato da W. Bauer agli inizi del secolo e da A. Cabaniss nel 1960[77]; in questo caso tuttavia non è possibile, per evidenti ragioni cronologiche, supporre una dipendenza di Petronio dal Vangelo di Giovanni. L'autore ipotizza allora o un resoconto preletterario del miracolo di Gesù, anteriore alla composizione del Vangelo di Giovanni, oppure una versione dell'atto magico-medico preesistente sia a Giovanni sia a Petronio, rispetto alla quale quest'ultimo avrebbe voluto proporre una parodia. Quanto all'invito alla prudenza nel decidere se alcuni parallelismi tra il testo di Petronio e il messaggio cristiano siano dovuti a una diretta conoscenza del messaggio cristiano da parte dell'Autore stesso, sono la prima a condividerlo.

[77] W. BAUER, *Das Johannesevangelium*, Tübingen 1925², 129; CABANISS, "The *Satyricon*", 36-39, che minimizza riconducendo i due passi entro una "topica popolare" (*folk-pattern*).

9
Apuleio

Prima di entrare nello specifico del romanzo di Apuleio è bene proporne una contestualizzazione letteraria e tematica che sembra rivelarsi veramente preziosa ai fini del nostro discorso. Come è noto, l'*Asinus aureus* di Apuleio si inscrive in una triade di romanzi incentrati tutti su un uomo-asino quale protagonista: i Μεταμορφώσεων λόγοι di Lucio di Patre (?), il Λούκιος ἢ ὄνος dello (Ps.-) Luciano ed appunto i *Metamorphoseon libri* di Apuleio, o *Asinus aureus*. Le relazioni di ciascun cosiddetto *Eselsroman* con gli altri due sono piuttosto problematiche; tuttavia si è pervenuti a fissare con una certa sicurezza i rapporti reciproci dei tre rappresentanti della "storia dell'asino"[1]. Che il Λούκιος ἢ ὄνος attribuito a Luciano[2] non possa essere considerato semplicemente la fonte greca alla quale Apuleio lascia intendere di avere attinto descrivendo la propria opera come *fabula Graecanica* (*Met.* I 1, 6)[3], è quello che fa supporre Fozio. Egli infatti nel cod. 129 della sua *Bibliotheca* parla di un terzo "romanzo dell'asino", i libri di *Metamorfosi* di Lucio di Patre, che egli chiaramente distingue da Luciano, assimilando i contenuti dei primi due libri dei due rispettivi romanzi, di "Lucio" e di "Luciano", senza saper stabilire a chi vada la priorità, ma avanzando l'ipotesi che il supposto Luciano abbia attinto da Lucio di Patre abbreviandolo e mutando l'impostazione, prendendosi cioè giuoco della religione greca, cosa che Lucio a suo avviso non fa:

[1] Per un'eccellente esposizione dei problemi con un aggiornato panorama critico rinvio senz'altro a G. ANDERSON, *Studies in Lucian's Comic Fiction*, Leiden 1976, Mnemosyne Suppl. 43; H.J. MASON, "Fabula Graecanica. Apuleius and His Greek Sources", in *Aspects of Apuleius'* Golden Ass, *A Collection of Original Papers*, ed. B.L. Hijmans-R.Th. Van der Paard, Groningen 1978, 1-15; P. JAMES, *Unity in Diversity: A Study of Apuleius'* Metamorphoses, *with Particular Reference to the Narrator's Art of Translation and the Metamorphoses Motif of Cupid and Psyche*, Hildesheim 1987, Altertumswiss. Texte und Studien 16, part. 7-24 e soprattutto a H.J. MASON, "Greek and Latin Versions of the Ass-Story", in *ANRW* II, 34, 2, Berlin-New York 1997, 1665-1707; oggi riprende l'analisi del filone dell'*Eselsroman* S.J. HARRISON, *Apuleius: A Latin Sophist*, Oxford 2000, part. cap. VI.

[2] Luciani *Opera*, II, ed. M.T. MACLEOD, Oxford 1974.

[3] *Met.* I 1, 1 e 6: *At ego tibi sermone isto Milesio varias fabulas conseram [...] fabulam Graecanicam incipimus.*

Ἀνεγνώσθη Λουκίου Πατρέως μεταμορφώσεων λόγοι διάφοροι. Ἔστι δὲ τὴν φράσιν σαφής τε καὶ καθαρὸς καὶ φίλος γλυκύτητος· φεύγων δὲ τὴν ἐν λόγοις καινοτομίαν, εἰς ὑπερβολὴν διώκει τὴν ἐν τοῖς διηγήμασι τερατείαν, καὶ ὡς ἄν τις εἴποι, ἄλλος ἐστὶ Λουκιανός. Οἱ δέ γε πρῶτοι αὐτοῦ δύο λόγοι μόνον οὐ μετεγράφησαν Λουκίῳ ἐκ τοῦ Λουκιανοῦ λόγου ὃς ἐπιγέγραπται Λοῦκις ἢ ὄνος ἢ ἐκ τῶν Λουκίου λόγων Λουκιανῷ. Ἔοικε δὲ μᾶλλον ὁ Λουκιανὸς μεταγράφοντι, ὅσον εἰκάζειν· τίς γὰρ χρόνῳ πρεσβύτερος, οὔπω ἔχομεν γνῶναι. Καὶ γὰρ ὥσπερ ἀπὸ πλάτους τῶν Λουκίου λόγων ὁ Λουκιανὸς ἀπολεπτύνας καὶ περιελὼν ὅσα μὴ ἐδόκει αὐτῷ πρὸς τὸ οἰκεῖον χρήσιμα σκοπὸν, αὐταῖς τε λέξεσι καὶ συντάξεσιν εἰς ἕνα τὰ λοιπὰ συναρμόσας λόγον, Λοῦκις ἢ ὄνος ἐπέγραψε τὸ ἐκεῖθεν ὑποσυληθέν. Γέμει δὲ ὁ ἑκατέρου λόγος πλασμάτων μὲν μυθικῶν, ἀρρητοποιΐας δὲ αἰσχρᾶς. Πλὴν ὁ μὲν Λουκιανὸς σκώπτων καὶ διασύρων τὴν Ἑλληνικὴν δεισιδαιμονίαν, ὥσπερ κἀν τοῖς ἄλλοις, καὶ τούτων συνέταττεν. Ὁ δὲ Λούκιος σπουδάζων τε καὶ πιστὰς νομίζων τὰς ἐξ ἀνθρώπων εἰς ἀλλήλους μεταμορφώσεις τάς τε ἐξ ἀλόγων εἰς ἀνθρώπους καὶ ἀνάπαλιν καὶ τὸν ἄλλον τῶν παλαιῶν μύθων ὕθλον καὶ φλήναφον, γραφῇ παρεδίδου ταῦτα καὶ συνύφαινε[4].

Alcuni studiosi moderni, come il Bürger, hanno seguito Fozio nella supposizione che il romanzo attribuito a Luciano sia un'epitome di quello attribuito a Lucio di Patre, ponendo in rilievo alcuni vuoti narrativi che appoggerebbero una simile supposizione, ma che possono anche essere letti, inversamente, come indizio, per quanto problematico, di un'espansione, da parte dell'autore del romanzo attribuito a Lucio di Patre, rispetto al romanzo-base attribuito a Luciano[5]. La somiglianza istituita da Fozio tra il romanzo attribuito a Lucio e quello attribuito a Luciano riguarda soltanto i "primi due libri" del primo romanzo ed è molto difficile stabilire se Fozio dica così perché ha letto effettivamente solo questi libri, come suppone il Perry –non senza qualche forzatura, perché Fozio quando non ha letto un libro nella sua interezza solitamente ne avverte il lettore–, o perché solo questi contenevano la storia dell'asino, mentre quelli successivi riguardavano altri tipi di metamorfosi, non

[4] Photius, *Bibliothèque*, I, ed. R. HENRY, Paris 1960, 103-104.

[5] K. BÜRGER, *De Lucio Patrensi*, Diss. Berlin 1887, seguito fra gli altri da PERRY, *The Metamorphoses*, 8-12; *contra* G. BIANCO, *La fonte greca delle* Metamorfosi *di Apuleio*, Brescia 1971, Antichità Class. e Crist. 10, part. 163. MASON, "Greek and Latin Versions", 1674 -1675 contesta il tentativo di Bianco di negare le lacune nel lavoro di Luciano e presenta una serie di queste incongruenze e vuoti narrativi, concludendo a favore della ipotesi già foziana che il romanzo attribuito a Luciano sia un'epitome.

presenti in Luciano[6]. Non è possibile stabilire, in mancanza di fonti sicure e di qualsiasi riferimento, il numero ed il contenuto dei rimanenti libri dell'opera attribuita a Lucio di Patre, cosicché è destinata a rimanere tale la supposizione secondo la quale le parti del romanzo apuleiano non derivate dal romanzo attribuito a Luciano possano rifarsi invece al romanzo attribuito a Lucio di Patre[7]. Vorrei altresì ricordare il giudizio di Fozio a proposito della dipendenza di "Lucio" dal racconto di Antonio Diogene *Le meraviglie di là da Tule*[8]: "questi, probabilmente, è più vecchio di quanti attinsero a simili fantasticherie, per esempio di Luciano, di Giamblico, di Achille Tazio, di Eliodoro e di Damascio. Questo racconto, difatti, sembra essere la fonte e il ceppo originario della *Storia Vera* di Luciano e delle *Metamorfosi* di Lucio; non solo, ma Dercillide e Cerillo, Truscano e Dinia sembra che abbiano costituito il modello dei racconti fantastici su Sinonide e Rodane, su Leucippe e Clitofonte, su Cariclea e Teagene, delle avventure di costoro, dei loro amori, dei loro rapimenti e dei loro pericoli" (§ 13)[9].

Secondo Fozio l'autore dei libri di metamorfosi di cui è protagonista Lucio di Patre si identifica con lo stesso Lucio. Alcuni critici moderni, come il Perry, hanno ritenuto opportuno escludere questa possibilità sulla base della improbabilità che un autore si presenti nella storia da lui narrata come un asino; altri osservano che, se da un lato questo non basta a fare rigettare l'ipotesi, poiché vi sono esempî paralleli nella letteratura latina satirica di come l'autore figuri molto male nella storia da lui stesso raccontata –basti pensare all'Encolpio di Petronio, dall'altro lato l'impiego stesso del solo *praenomen*

[6] Tra gli studî meno datati che sostengono quest'ultima opinione sono R. HELM *Apuleius* Metamorphosen *oder der Goldene Esel*, Berlin 1970[6], 14; J. HALL, *Appendix III*, in *Lucian's Satire*, 414-432, che contesta pure che Fozio abbia letto solo i primi due libri di Lucio con l'argomento esposto nel testo; K. DOWDEN, "Apuleius and the Art of Narration", *CQ* 32, 1982, 419-435. Secondo PERRY, *The Metamorphoses*, 21-31 l'intero romanzo attribuito a Lucio sarebbe relativo alla storia dell'asino. Segue il Perry A. SCOBIE, *Aspects of the Ancient Romance and its Heritage. Essays on Apuleius, Petronius and the Greek Romances*, Beitr. zur klassischen Philol. 30, Meisenheim 1969, 32-33; *Apuleius Metamorphoses* I, Meisenheim 1975, 2. MASON, "Greek and Latin Versions", 1671-1674 si dichiara meno certo di un tempo che il romanzo attribuito a Lucio di Patre contenesse soltanto la storia dell'asino e pensa che Fozio abbia scelto di ricordare gli unici due libri che gli interessavano.

[7] L'ipotesi fu avanzata nel Seicento dapprima dal Salmasius ed è respinta da MASON, *Greek and Latin Versions*, 1683 con bibliografia sui varî tentativi degli studiosi di definire meglio lunghezza e contenuto dei libri costituenti il romanzo attribuito a Lucio di Patre: egli conclude che sicuramente la storia dell'asino inclusa in questo romanzo doveva essere più lunga dell'epitome che ne trasse lo (ps.) Luciano, anche se, essendo in due libri, non doveva essere troppo estesa; essa non conteneva probabilmente *excursus* delle dimensioni di quelli che troviamo in Apuleio e in ogni caso non sappiamo se Apuleio abbia attinto il suo materiale "extra-lucianeo" dal romanzo di Lucio di Patre.

[8] Di esso fornisco un breve resoconto rispetto ai nostri problemi nel capitolo su Achille Tazio.

[9] Tr. di R. NUTI in *Il Romanzo Classico*, a c. di Q. Cataudella, Firenze 1958, 27.

Lucio, sovente usato per indicare, come Gaio, il tipico cittadino romano, senza alcun'altra specificazione, lascia supporre che l'autore non volesse farsi riconoscere e identificare con il protagonista e narratore del romanzo[10]. Rimane dunque da precisare chi possa essere l'autore del romanzo di metamorfosi: la critica ha via via proposto molti nomi, da Luciano ad Apuleio[11], da Adriano di Tiro a Flavio Felice, a Lucio Ampelio, fino al Lucio Sisenna che tradusse i *Milesiakà* di Aristide[12].

---

[10] B.E. PERRY, *The* Metamorphoses *Attributed to Lucius of Patrae*, New York 1920, 14-15; Eiusd. *Ancient Romances. A Literary-Historical Account of Their Origins*, Berkeley-Los Angeles 1967, Sather Classical Lectures 37, 212. Sulla identificazione di autore e di protagonista nell'antica satira latina: R. BECK, "The *Satyricon*: Satire, Narrators and Antecedents", *Mus. Helv.* 39, 1982, 206-214, part. 213; J. HALL, *Lucian's Satire*, New York 1981, 128-130. Identifica Lucio di Patre con l'autore del romanzo di metamorfosi G.M. BROWNE, "On the *Metamorphoses* of Lucius of Patrae", *AJPh* 99, 1978, 442-446. MASON, *Greek and Latin Versions*, 1670-1671 accetta la distinzione tra autore, ignoto, e protagonista Lucio di Patre.

[11] Già autorevolmente sostenuta da A.F. PAULY nell'ed. *Lukians Werke*, IX, Stuttgart 1827, 1045 e oggi ripresa da Graham Anderson (come vedremo subito appresso), l'attribuzione a Luciano è stata seguita da N. HOLZBERG, "Apuleius und der Verfasser der griechischen Eselsroman", *WJA* n. F. 10, 1984, 161-177; J.P. SULLIVAN, "Translations of Pseudo-Lucian", *The Ass*, in B.P. REARDON, *Collected Ancient Greek Novels*, Berkeley-Los Angeles-London 1989, 589-618. H.G. MASON, *Greek and Latin Versions*, 1687-1689 sostiene con molto equilibrio che è impossibile escludere la paternità lucianea soltanto su basi linguistiche, anche perché non sappiamo di fatto quanto la lingua del romanzo (ps.) lucianeo rifletta quella del romanzo attribuito a Lucio di Patre, e che alcuni paralleli contenutistici con Luciano rendono plausibile, ma non certa, la paternità lucianea; nemmeno argomenti cronologici convincenti possono essere usati per escludere tale paternità. Che l'autore sia invece Apuleio è opinione che, sulla scorta di C. Dilthey nel 1879, è stata sostenuta da E. COCCHIA, *Romanzo e realtà nella vita e nell'attività letteraria di Lucio Apuleio*, Catania 1915, 110-161; G. VITALI, *L'asino d'oro*, Bologna 1960-1063: *contra* MASON, "Greek and Latin Versions", 1690-1691 con bibliografia.

[12] Per l'attribuzione ad Adriano di Tiro, il sofista di cui la Suda dice che scrisse sette libri di *Metamorfosi*, i cui frammenti rimastici però non suggeriscono alcun parallelo con il romanzo attribuito a Luciano che si rifà a quello attribuito a Lucio: H. VAN THIEL, *Der Eselsroman*, I, München 1971, Zetemata 54, 1, 38-39; J. HALL, *Lucian's Satire*, New York 1981, 429-431; C.P. JONES, "Two Enemies of Lucian", *GRBS* 13, 1972, 465-487, part. 483 n. 44. Flavio Felice è stato proposto dal medesimo VAN THIEL, *Der Eselsroman*, I, 40-42. Lucio Ampelio è stato proposto come autore sia del romanzo di Apuleio sia dei suoi due modelli greci a più riprese da L. HERRMANN, "Légendes locales et thèmes littéraires dans les contes de Psyché", *AntCl* 21, 1952, 13-27; Eiusd. "L'*Âne d'or* et le Christianisme", *Latomus* 12, 1953,188-198; Eiusd. "Lucius de Patras et les trois romans de l'âne", *AntCl* 41, 1972, 573-599; Eiusd. "Lucius de Patras et le *Liber Memorialis*", *AntCl* 42, 1973, 532-535, ma con argomenti poco convincenti (drastico MASON, "Greek and Latin Versions", 1691: "these arguments are hard to take seriously"). L'accostamento di un frammento di Sisenna (fr. 10) ad un passaggio osceno del cap. 51 del romanzo attribuito a Luciano ha fatto supporre che i *Milesiakà* di Aristide, tradotti da Sisenna, comprendessero una storia di un asino: addirittura L. PEPE, "Lucio di Patra o Aristide-Sisenna", *GIF* 16, 1963, 111-142, ipotizza che il romanzo attribuito a Lucio di Patre sia una traduzione greca di una raccolta di *Milesiae* latine, ma come nota MASON, *ibid.* 1693 non è detto che il frammento di Sisenna si riferisca ad un asino ed è difficile che un'opera latina sia stata riadattata in greco. Cfr. anche A. ANGELINI, "Nota a *Loukios e onos*", in *Il Romanzo*

Come è incerta la paternità del romanzo di Lucio di Patre, così non è sicuro che l'autore del "Lucio o l'asino" sia effettivamente Luciano, come Fozio invece credeva e come dichiara il codice del romanzo *Vaticanus* 90: Λουκιάνου ἐπιτομὴ τῶν Λουκίου Μεταμορφώσεων. Oltre ad alcune particolarità linguistiche che secondo gli esperti mal si adattano al supposto autore Luciano e che solo in parte sarebbero riconducibili alla scarsa cura stilistica posta nell'epitomare[13], gli oppositori della paternità lucianea fanno anche notare che difficilmente un autore come Luciano si sarebbe limitato a copiare, epitomandolo, il lavoro di un altro, benché altri critici abbiano variamente cercato di giustificare l'eventuale "copiatura", altri abbiano affermato che si tratta non di "copiatura" ma di adattamento artistico, come Rohde, ed altri ancora, come Wieland, abbiano rovesciato il rapporto tra i due romanzi considerando Luciano l'originale e Lucio un'espansione, come si diceva[14]. Isolata anche se degna di particolare attenzione sembra poi la posizione di Graham Anderson, secondo cui Luciano avrebbe steso un'epitome di se stesso, o avrebbe riscritto successivamente una seconda versione del suo stesso romanzo, mutandone forse il tono. Sembra sicura la priorità cronologica di Lucio di Patre, a cui attinsero separatamente, con ogni probabilità, sia lo (Ps.) Luciano sia Apuleio, il quale presenta affinità talora letterali con lo (Ps.) Luciano in passi in cui presumibilmente quest'ultimo si avvicina maggiormente a Lucio di Patre. Questi confronti sono preziosi anche per delineare alcune delle caratteristiche peculiari ad Apuleio, quali l'attenzione maggiore ai temi religiosi, l'interesse al tratteggio psicologico dei personaggi, la tendenza moraleggiante[15].

Classico, a c. di Q. Cataudella, Firenze 1958, 315-317.

[13] MASON, "Greek and Latin Versions", 1679-1681, offre una panoramica della critica e classifica quelle che chiama "marked linguistic oddities". *Contra* B.E. PERRY, "On the Authenticity of *Lucius sive asinus*", *CPh* 21, 1926, 225-234; G. ANDERSON, *Studies in Lucian's Comic Fiction*, Leiden 1976, Mnemosyne Suppl. 43, 43.

[14] Iniziatore della prima ipotesi, che Luciano non avrebbe epitomato meccanicamente il lavoro di un altro, fu Wieland; l'idea che invece Luciano abbia epitomato "per necessità" il lavoro di Lucio trovò sostenitori nel XIX sec. e agli inizi del XX con V. NEUKAMM, *De Luciano* Asini *auctore*, Leipzig 1904, 106, per cui Luciano, vecchio e povero, sarebbe stato costretto a una operazione così poco letteraria e così avvilente; cit. senza contestazioni in ANDERSON, *Lucian's Comic Fiction*, 43. Cfr. MASON, "Greek and Latin Versions", 1677-1678 con bibliografia.

[15] ANDERSON, *Lucian's Comic Fiction*, 46, fornisce esempî in cui Luciano ha elaborato materiale già suo e nonostante che alcuni critici si siano detti poco convinti dalla scarsa cogenza dei parallelismi esposti (cfr. J. HALL, rec. al citato ANDERSON, *Lucian's Comic Fiction*, *JHS*, 100, 1980, 231-233; MASON, "Greek and Latin Versions", 1679), non sembra da escludersi la tesi di Anderson ed è più accettabile rispetto alla supposizione che Luciano abbia "copiato", per un motivo che rimarrebbe imprecisabile, da un altro autore. In ogni caso, escluso Luciano, non è possibile indicare alcun altro autore. *Ibid.* 1696-1697 sulla probabilità dello stemma derivativo dei tre romanzi sull'asino e 1698-1699 sulle caratteristiche peculiari di Apuleio.

Un ulteriore interrogativo che infatti si pone a chi studia i rapporti tra il romanzo attribuito a Lucio di Patre e quello ascritto a Luciano prende spunto dalla riflessione foziana relativa al tono assunto e al presunto atteggiamento rispettivo dei due autori nei confronti del mito e della religione pagana: abbiamo visto che per Fozio Lucio vi crederebbe sinceramente, mentre Luciano sarebbe scettico, come del resto si dimostra ostile ai propagatori di religioni in varie altre opere, quali l'*Alexander* o il *Peregrinus*. Certo è difficile pensare a un mutamento di tono così radicale pur entro due lavori che avrebbero "le medesime espressioni e i medesimi costrutti", secondo le parole di Fozio stesso che abbiamo visto[16]. L'unico attacco alla religione pagana che potrebbe essere trovato nel romanzo attribuito a Luciano è la feroce satira sui sacerdoti siriaci (capp. 36-41), che però è presente anche in Apuleio (VIII 24-30) e sembrerebbe derivare precisamente dalla fonte comune a entrambi, il supposto Lucio di Patre. Tuttavia molti studiosi hanno seguito il punto di vista del Rohde, secondo cui l'autore del romanzo attribuito a Luciano ha inteso fornire una parodia di quello attribuito a Lucio di Patre[17]. Anche in questo caso, comunque, in mancanza di quest'ultima opera ogni supposizione sulle sue divergenze di tono rispetto al romanzo lucianeo sembra destinata a rimanere tale. Se tuttavia il protagonista è, in tutti e tre gli esemplari di *Eselsroman*, oggetto di inevitabile ironia, possiamo dire che già al suo nascere l'*Eselsroman* deride per la sua credulità un Greco parzialmente romanizzato proveniente da una famiglia di notabili locali. L'ottica, se non necessariamente parodistica, certamente è comica, come a ragione ha posto in luce Hägg[18].

Gli interrogativi esposti finora –e non facilmente risolvibili– riguardo ai due romanzi greci che hanno come protagonista un asino fanno sì che anche sulla datazione di tali romanzi permanga una buona dose di incertezza. Per il romanzo attribuito a Lucio di Patre, il *terminus post quem* è dato dalla fondazione di una colonia romana a Patre nel 14 a.C. e il *terminus ante quem* è la pubblicazione del romanzo apuleiano, molto probabilmente da collocarsi intorno al 170[19]. Non totalmente probanti sono i varî tentativi posti in atto da

---

[16] H. WERNER, "Zum *Loukios e Onos*", *Hermes* 53, 1918, 229 non trova che il romanzo attribuito a Luciano contenga attacchi alla superstizione greca; cfr. pure J.G. GRIFFITH, *Apuleius of Madauros, The Isis Book*, Leiden 1975, 1. MASON, "Greek and Latin Versions", 1676 tenta di fornire un resoconto –forse macchinoso, ma basato su studi relativi al metodo di lavoro del patriarca bizantino– della genesi di quello che egli ritiene un errore di Fozio.

[17] Tra i lavori più recenti ricordo C.C. SCHLAM, "The End of Lucian's *Onos*", in *The Ancient Novel. Classical Paradigms and Modern Perspectives*, ICAN Two. Proceedings of the International Conference, Hannover, NH, July 23-29 1989, Hannover 1990, part. 138.

[18] T. HÄGG, *The Novel in Antiquity*, Oxford 1983, 178.

[19] R.G. SUMMERS, "A Note on the Date of the *Golden Ass*", *AJPh*, 94, 1973, 365-383; P.G. WALSH, *The Roman Novel. The* Satyricon *of Petronius and the* Metamorphoses *of Apuleius*, Cambridge 1970, 248-251. Oggi, sebbene con molta prudenza, suggerisce la posteriorità delle *Metamorfosi* rispetto all'*Apologia* (158-159 d.C.) V. HUNINK, "Apology in

tempo per restringere il più possibile questo arco cronologico, a partire da dati storici[20], topico-letterarî[21] e linguistici[22], anche se complessivamente sembrano abbastanza concordi nel suggerire una data tra la fine del I secolo e gli inizî del II[23], tenuto anche conto dell'intervallo di tempo non troppo lungo che, come rileva Bianco, dovette intercorrere tra il romanzo di metamorfosi di Lucio e quello apuleiano, poiché i riferimenti al primo nel secondo dovevano essere intelligibili al pubblico di Apuleio[24].

Apuleius' *Metamorphoses*", in *The Ancient Novel in Context. Proceedings of the Third International Conference on the Ancient Novel (Groningen, 25-30 July 2000)*, edd. M. Zimmerman-S. Panayotakis-W. Keulen, in corso di pubblicazione.

[20] Ha studiato lo *status* sociale di Lucio come cittadino romano di cultura greca mostrando che questa condizione si trovava più frequentemente a Patre un paio di generazioni dopo la fondazione BIANCO, "La fonte greca delle Metamorfosi", 171; lo stesso a 173 nota che, siccome nel romanzo al cap. 34 si parla di un esodo a Berea di Macedonia, descritta come πόλις μεγάλη καὶ πολυάνθρωπον, la storia dovrebbe situarsi dopo il 97, quando la città ricevette il titolo di metropoli. MASON, "Greek and Latin Versions", 1681-1684 ribatte che la precisazione sulla prosperità di Berea nel romanzo non comporta che questa fosse necessariamente già divenuta una metropoli; inoltre, poiché nel romanzo (cap. 55) la famiglia di Lucio è presentata come vicina al governatore romano, anche questo sembra un indizio in favore della datazione verso la fine del I secolo o successivamente. Il medesimo respinge invece l'ipotesi del Van Thiel, secondo cui la menzione (cap. 2, 2) del ὁ Πατρεὺς σοφιστής, Decriano, deporrebbe a favore di una datazione almeno adrianea, in quanto implicherebbe l'istituzione di cattedre ufficiali a partire da Atene: Mason fa notare (*ibid.* p. 1683) che, anche in base alle *Vite dei Sofisti* di Filostrato, l'espressione "il sofista di una certa città" non presuppone che l'uomo in questione detenga una cattedra ufficiale.

[21] Lo sconcio episodio finale dell'azione teatrale tra l'asino e una donna paragonata espressamente a Pasife (cap. 51) ha fatto supporre al PERRY, *The Metamorphoses*, 62 un accostamento con un episodio storico simile accaduto in un circo nell'80 d.C. secondo la testimonianza di Marziale (*Spect.* 5: *Iunctam Pasiphaen Dictaeo credite tauro:/ vidimus, accepit fabula prisca fidem. / Nec se miretur, Caesar, longaeva vetustas: / quidquid fama canit, praestat harena tibi*) e Svetonio (*Nero*, 12, 3: *inter Pyrrhicarum argumenta taurus Pasiphaam ligneo iuvencae simulacro abditam iniit, ut multi spectantium crediderunt*). A quanto risulta, solo dalla fine del I secolo però simili spettacoli con animali e gladiatori presero a diffondersi anche in Grecia (L. ROBERT, *Les gladiateurs dans l'orient grec*, Paris 1940, 239-267). Il riferimento di Giovenale (VI 334) a un atto simile, però non a teatro, non sembra fornire una precisa indicazione cronologica, in quanto non è detto che Giovenale, che scriveva intorno al 110, dipendesse dal romanzo, come invece crede O. SCHISSEL, "Lukios von Patrai", in P.-W. XIII 2, 1927, 1799.

[22] La sola constatazione linguistica che è possibile fare è che l'autore del romanzo attribuito a Lucio di Patre, a giudicare dalla lingua di quello attribuito a Luciano, non è un atticista e che questo, sebbene non costituisca certo un sicuro criterio di datazione, sembra portarci verso la fine del I-inizî del II secolo: MASON, "Greek and Latin versions", 1685.

[23] MASON, "Greek and Latin Versions", fornisce una chiara sintesi alla quale rinvio senz'altro.

[24] BIANCO, "La fonte greca delle *Metamorfosi*", 157; 171-174; *contra* MASON, "Greek and Latin Versions", 1685, pur negando che dovesse intercorrere necessariamente un breve intervallo di tempo tra il modello greco e la redazione apuleiana latina, non si discosta

Possiamo concludere che la datazione più probabile per i tre romanzi dell'uomo-asino è dunque tra la fine del I secolo e la prima metà del II per l'opera del presunto Lucio di Patre, il 160-170 ca. per il romanzo di Apuleio e una data imprecisata per lo (Ps.-) Luciano, in ogni caso non lontana dall'epoca di Luciano stesso. Ci si può domandare come mai questa concentrazione di tre romanzi imperniati sull'uomo-asino in un torno di tempo abbastanza circoscritto, senza per altro precisi modelli antecedenti e senza riprese significative successive. Mi sembra importante notare una stretta coincidenza cronologica e tematica –che può essere affatto casuale, ma che a mio avviso induce comunque alla riflessione– con una delle imputazioni più virulente e assurde a carico del Cristianesimo: proprio nel II secolo è viva ed oggetto di profonda polemica l'accusa rivolta ai Cristiani dai pagani di essere adoratori di un uomo-asino. Questa polemica, nata probabilmente sul finire del I o al principio del II sec., successivamente, nel III secolo avanzato, sembra avere perduto vigore ed essersi dissipata. Giustino alla metà del secolo, Celso al tempo di Marco Aurelio (*ap.* Orig. *C. Cels.* VII 40), Tertulliano (*Apol.* 16; *ad Nat.* I 11, 6) alla fine del II e ai principi del III, Minucio Felice pressoché nel medesimo periodo (28, 7), un graffito del Palatino di età tertullianea testimoniano tutti che l'accusa di onolatria, già viva contro i Giudei al tempo della presa di Gerusalemme da parte di Pompeo, come testimonia Tacito nel celebre *excursus* sui Giudei del V libro delle *Historiae*, 9, 1 (cfr. anche Diod. XXXIV fr., e Ios. *C. Ap.* 2, 80 e lo stesso Tert., *Apol.* 16, 2-5), era passata ai Cristiani sotto forma di imputazione di adorazione di un uomo-asino[25]. Particolarmente significative sono infatti due testimonianze iconografiche, l'una diretta e l'altra indiretta: un graffito sul Palatino dei secc. II*ex.*-III*in.* raffigura

---

dalle date di Bianco e fissa la cronologia del supposto Lucio di Patre tra la fine del I secolo e la metà circa del II.

[25] Come è noto, il primo ad attestare per i Giudei l'accusa di onolatria è il licio Mnasea di Patara, intorno al 200 a.C. Questa accusa, nata probabilmente nell'Egitto ellenistico, ritorna in Apione e in Damocrito. Diod. XXXIV-XXXV 1, 3 narra che Antioco Epifane nel tempio di Gerusalemme avrebbe scoperto la statua di un uomo, identificato con Mosè, seduto su un asino. Tac. *Hist.* V 4 eziologicamente narra che i Giudei dovevano gratitudine a un branco di asini selvatici che li avrebbero condotti fuori dal deserto; cfr. Plut. *Quaest. Conv.* IV 5, 2. Per Apuleio in particolare e il suo romanzo isiaco può essere molto interessante ricordare che nell'Egitto in cui probabilmente nacque l'accusa antigiudaica di onolatria l'asino era un animale legato a Tifone-Seth, il nemico di Osiride (Plut. *De Is. et Os.* 30), e caratterizzato da follia (*ibid.* 50). Perciò è Iside, nemica anch'essa di Seth, a fare sparire l'asino e a ridare al protagonista sembianze umane. Cfr. W. BOUSSET-H. GRESSMANN, *Die Religion des Judentums im späthellenistischen Zeitalter*, Tübingen 1926, 76; T. HOPFNER, *Die Judenfrage bei Griechen und Römern*, Prague 1943, 58-59; A.M.A. HOSPERS-JANSEN, *Tacitus over de Joden*, Groningen 1949, 122 sgg.; Stern, *Greek and Latin Authors on Jews and Judasm.*, I, Jerusalem 1976, 97-101. Mi limito qui ad illustrare brevemente i termini della questione: per una più dettagliata documentazione e per tutti i rinvii bibliografici mi permetto di rimandare a quanto ho scritto in *Alcune accuse antigiudache passate al Cristianesimo*, che spero di vedere pubblicato presto e per cui ringrazio vivamente il prof. Giulio Firpo dei suoi preziosi suggerimenti.

un uomo-asino crocifisso (il corpo è umano, la testa è d'asino) e la didascalia "Alessameno adora il suo Dio" indica chiaramente che il crocifisso è Gesù Cristo, considerato Dio dai Cristiani e identificato da certi pagani con un uomo-asino. L'altra fonte iconografica è indiretta ed è nota soltanto grazie alla descrizione fornitane da Tertulliano (*Apol.* 16, 12): si tratta di una statua databile alla fine del II secolo (l'*Apologeticum*, come è noto, è stato scritto verso il 200 e Tertulliano a proposito della scultura dice *nuper*) raffigurante un uomo-asino, con le orecchie d'asino (*auribus asininis*) ed il corpo rivestito di toga (*togatus*), il piede sinistro ungulato (*altero pede ungulatus*) e con in mano un libro (*librum gestans*): l'apologista afferma chiaramente che l'opera scultorea era intesa a deridere ferocemente i Cristiani, avendo la sottoscrizione *Deus Christianorum onochoetes* ("il Dio dei Cristiani è di razza asinina"), anche se Tertulliano asserisce che i Cristiani risero (*risimus et nomen et formam*) di questa che doveva essere un'irrisione sarcastica verso di loro e verso la loro dottrina, sentita come scienza di asini, dunque stoltezza. È questo un atteggiamento verso i Cristiani e le loro convinzioni che abbiamo visto proprio di intellettuali come Luciano. Del resto, anche altri intellettuali dell'epoca, come Galeno, che pure apprezzavano il coraggio e le virtù morali dei Cristiani, li stimavano sprovveduti e ignoranti, poco critici, come abbiamo già avuto occasione di illustrare ampiamente in relazione a Luciano.

Il romanzo (ps.) lucianeo, che da un lato riflette, nel motivo dell'uomo-asino, una tematica viva nelle accuse anticristiane del tempo, dall'altro si avvicina alla *fabula Milesia*, proprio la tipologia letteraria nella quale –sotto specie della novella petroniana della *Matrona di Efeso*– abbiamo creduto di poter scorgere alcune allusioni ironiche al Cristianesimo. Come è noto, il protagonista è Lucio, un giovane della città di Patre in Acaia, scrittore di storie, che in Tessaglia è ospite presso una strega, la cui servetta per errore con un filtro lo trasforma in asino: per ritornare uomo, Lucio dovrà mangiare rose fresche. L'asino sventurato passa di mano in mano, da briganti a sacerdoti della dea Siria, da un mugnaio a un ortolano, fino a un ricco di Tessalonica: una signora straniera s'invaghisce di lui e con lui ha una storia d'amore che termina quando Lucio ritorna finalmente uomo dopo uno scampato spettacolo teatrale. Anche Apuleio riprende i tratti della *Milesia* e non è un caso che nella *Historia Augusta* (XII 12, 12) il suo capolavoro si trovi indicato con il nome di *Milesiae Punicae*: secondo la stessa *Historia* Apuleio era in effetti molto apprezzato da Clodio Albino, uno degli antagonisti di Settimio Severo, che aveva scritto anche personalmente alcune *fabulae Milesiae*: *Milesias nonnulli eiusdem esse dicunt, quarum fama non ignobilis habetur, quamvis mediocriter scriptae sint* (*Hist. Aug.* XII 11, 8); *cum ille [sc. Albinus] inter Milesias Punicas Apulei sui et ludicra litteraria consenesceret* (*ibid.* XII 12, 12)[26].

---

[26] Recentemente il romanzo di Apuleio è stato portato in scena dalla *Canadian Opera Company* e rappresentato a Toronto nell'aprile del 1999, come *The Golden Ass. An Opera by R. Peters and Libretto by Robertson Davies*: desumo la notizia da *PSN* 30, 1-2, April 2000, 5.

Apuleio sceglie dunque di porsi nel filone del "Romanzo dell'asino" –e abbiamo visto che in quel preciso torno di tempo i Cristiani erano accusati di adorare un asino– e della *fabula Milesia*, che in Petronio sembra contenere anche spunti di irrisione contro i Cristiani. Sarà opportuno soffermarci allora sulla vita di Apuleio, per verificare se egli avesse avuto, come Petronio, la possibilità di venire in qualche modo a conoscenza dei Cristiani. Sembra che il romanziere sia nato intorno al 125 d.C. e morto in un anno imprecisabile dopo il processo di magia che ebbe luogo nel 160 ca. Possiamo apprendere le più importanti notizie biografiche al suo riguardo dalle sue stesse parole. Della sua patria, Madaura (in *Met.* XI 27 Apuleio si dice *Madaurensis*), dove suo padre fu duumviro e dove lo fu egli stesso, Apuleio parla con un certo orgoglio nella sua *Apologia*, 23-24, testimoniando anche dei suoi numerosi viaggi a scopo di istruzione e dell'impiego del suo patrimonio a scopi benefici:

> *Profiteor mihi ac fratri meo relictum a patre HS viciens paulo secus, idque me a longa peregrinatione et diutinis studiis et crebris liberalitatibus modice imminutum. Nam et amicorum plerisque opem tuli et magistris plurimis gratiam rettuli, quorundam etiam filias dote auxi neque enim dubitasse equidem vel universum patrimonium impendere, ut acquirerem mihi quod maius est contemptu patrimonii.* [24] *De patria mea vero, quod eam sitam Numidiae et Getuliae in ipso confinio meis scriptis ostendistis, quibus memet professus sum. [...] Seminumidam et Semigetulum [...] nec hoc eo dixi, quod me patriae meae paeniteret, etsi adhuc Syphacis oppidum essemus. Quo tamen victo ad Massinissam regem munere populi Romani concessimus, ac deinceps veteranorum militum novo conditu splendidissima colonia sumus, in qua colonia patrem habui loco principis duumviralem cunctis honoribus perfunctum; cuius ego locum in illa re publica exinde ut participare curiam coepi, nequaquam degener pari, spero, honore et existimatione tueor.*

Come si vede, egli era un indigeno, figlio di un'importante autorità locale. Prima che ad Atene, Apuleio studiò a Cartagine (*Flor.* 18); quindi, nell'antica capitale greca studiò le più alte arti liberali e la filosofia e, inoltre, in Grecia si fece iniziare a molti culti (*Flor.* 20; *Apol.* 55)[27]. Sia nei *Florida*, 17, inoltre, sia nelle *Metamorfosi*, XI 30, Apuleio parla della sua permanenza a

---

[27] *Flor.* 18: *pueritia apud vos* [*sc. Carthaginienses*] *et magistri vos et secta, licet Athenis Atticis confirmata, tamen hic incohata est: et vox mea utraaque lingua iam vestris auribus ante proximum sexennium probe cognita. Quin et libri mei non alia ubique laude carius censentur*; 20: *ego et alias terras Athenis bibi: poeticae comptam, geometriae limpidam, musicae dulcem, dialecticae austerula, iam vero universae philosophiae inexplebilem scilicet et nectaream [...] Apuleius vester haec omnia novemque Musas pari studio coluit, maiore scilicet voluntate quam facultate*; *Apol.* 55: *sacrorum pleraque initia in Graecia participavi. Eorum quaedam signa et monumenta tradita mihi a sacerdotibus sedul conservo [...] multiiuga sacra et plurimos ritus et varias cerimonias studio veri et officios erga deos didici.*

Roma e delle rivalità e dei successi che ivi conobbe[28]. Dopo l'incidente del processo, risoltosi brillantemente, come vedremo meglio, verso il 160, egli fu insignito di un'alta carica sacerdotale, di statue e di epigrafi, come attesta egli stesso nei *Florida*, 16[29]. Dunque, Apuleio visse in Africa e a Roma sotto Antonino Pio e Marco Aurelio, in un periodo in cui era diffuso il Cristianesimo in entrambi i luoghi. Non sappiamo se egli sia vissuto abbastanza per assistere anche alla persecuzione di Marco.

Se Apuleio conoscesse i Cristiani –cosa senz'altro possibile– e, soprattutto, se abbia inteso darne una caricatura nel suo romanzo, è questione che gli studiosi hanno affrontato e variamente risolto[30].

A parte forse quella di onolatria, è probabile che anche altre accuse anticristiane si trovino riflesse nel romanzo apuleiano. Sin dall'inizio, in effetti, gravi fraintendimenti relativi all'Eucaristia cristiana avevano condotto ad accuse infamanti, come quella di infanticidio, di cui offrono precise attestazioni Giustino e Tertulliano, e di antropofagia, attestata da Giustino verso la metà del II secolo[31] e forse già riflessa in Petronio, alla fine del *Satyricon*, nella pretesa di Eumolpo che i suoi aspiranti eredi mangino del suo corpo al cospetto di tutti. Così, anche l'accusa di essere ubriaconi è legata al fraintendimento del vino eucaristico: è probabile un'interpretazione in tal senso della strana figura della moglie del mugnaio in Apuleio (*Met.* IX 14), sotto forma di storia narrata dal protagonista del romanzo, che egli giudica *fabula [...] bona prae ceteris, suave compta ad auris vestras* [*sc.* degli uditori]:

---

[28]*Flor.* 17: *Semper ab ineunte aevo bonas artes sedulo colui; eamque existimationem morum ac studiorum cum in provincia nostra, tum etiam Romae [...] quaesisse me*; *Met.* XI 30: *liberali deum providentia iam stipendiis forensibus bellule fotum* [*sc. me*]. *[...] Osiris [...] coram suo illo venerando me dignatus adfamine per quietem recipere visus est: quae nunc, incunctanter gloriosa in foro redderem patrocinia, nec extimescerem malevolorum disseminationes, quas studiorum meorum laboriosa doctrina ibidem exciverat.*

[29]*Priusquam vobis occipiam, principes Africae viri* [*sc. Carthaginienses*], *gratias agere ob statuam quam mihi praesenti honeste postulastis et absenti benigne decrevistiss [...] ad summam pollicitus est se mihi Carthagini de suo statuam positurum [...] Quin etiam commemoravit et alibi gentium et civitatum honores mihi statuarum et alios decretos.* Cfr. anche Aug. *Ep.* 138, 19.

[30] Oltre agli studi che citerò successivamente, ricordo A. PORTOLANO, *Cristianesimo e religioni misteriche in Apuleio*, Napoli 1972; M. SIMON, "Apulée et le Christianisme", in *Mélanges d'histoire des religions offerts à Henri-Charles Puech*, Paris 1974, 299-305.

[31] Giustino si dimostra al corrente dell'accusa anticristiana di cannibalismo quando in *1 Apol.* 26, 7, parlando dei seguaci di Simon Mago, di Menandro di Samaria e di Marcione, afferma ironicamente di non sapere se essi pratichino le empietà di cui sono accusati solitamente i Cristiani, quali congiungimenti illeciti (ἀνέδην μίξεις) e cannibalismo (ἀνθρωπείων σαρκῶν βοραί), ma di vedere soltanto che costoro non sono perseguitati. Giustino si affretta a respingere sia l'accusa di cannibalismo sia quella di intemperanza, cercando di far comprendere il vero significato dell'Eucaristia: in 66, 2-3 spiega come il pane e il vino eucaristici siano la carne e il sangue di Cristo σαρκοποιηθείς.

> *Pistor ille, qui me pretio suum fecerat, bonus alioquin vir et adprime modestus, pessimam et ante cunctas mulieres longe deterrimam sortitus coniugem poenas extremam tori larisque sustinebat, ut hercules eius vicem ego quoque tacitus frequenter ingemescerem. Nec enim vel unum vitium nequissimae illi feminae deerat, sed omnia prorsus ut in quandam caenosam latrinam in eius animum* flagitia *confluxerant:* saeva *scaeva viriosa* ebriosa pervicax pertinax, *in rapinis turpibus avara, in sumptibus foedis profusa,* inimica fidei, hostis pudicitiae. *Tunc,* spretis atque calcatis divinis numinibus, in vicem certae religionis mentita sacrilega praesumptione dei, quem praedicaret unicum, confictis observationibus vacuis, fallens omnis homines et *miserum maritum decipiens,* matutino mero et continuo stupro corpum manciparat.

Ho volutamente evidenziato, in corsivo, le accuse che potrebbero rivelarsi più importanti ai fini del nostro discorso. Innanzitutto, i *flagitia* in generale erano rinfacciati ai Cristiani fino dal I secolo, come attesta Tacito: *quos per flagitia invisos vulgus Christianos appellabat* (*Ann.* XV 44). Gli apologisti si sforzeranno di stornare queste accuse, e per primo lo fece Giustino, che illustra a questo scopo, piuttosto, le virtù prescritte da Gesù Cristo (*1 Apol.* 15) e rinfaccia i *flagitia* ai pagani (*2 Apol.* 12). Anche Tertulliano confuta con vigore le imputazioni di *flagitia* e di *scelera* a carico dei Cristiani (*Apol.* 2, 4), cercando di scindere il *nomen Christianum* dagli *scelera* (*Apol* 2. 4. 7) e ritorcendo le accuse contro i pagani (*ibid.* 9).

L'accusa seguente, rivolta alla moglie del mugnaio, è quella di *saevitia*, anch'essa diffusa all'epoca contro i Cristiani, congiuntamente con l'accusa di odio del genere umano, già viva contro i Giudei. Infatti, è noto che Tacito in *Hist.* V 5 attribuisce ai Giudei una chiusura tale verso i non-Giudei da considerarsi appunto come odio (*adversos omnes alios hostile odium*). In *Ann.* XV 44 egli riferisce la medesima accusa ai Cristiani condannati con il pretesto di avere incendiato Roma nel 64, ma in realtà perché accusati di odio del genere umano: *multitudo ingens haud proinde in crimine incendii, quam odio humani generis convicti sunt*. La *saevitia* nella fattispecie è attribuita ai Cristiani in un graffito pompeiano che dipinge i Cristiani come *saevos Solones*[32]. Questa

[32] M. Sordi, "Aerumnosi Solones", *Aquileia Nostra* 45-46, 1974-75, 278 sgg. Il testo era stato interpretato come *Bovios audit Christianos saevos olores* dalla Guarducci, sulla scia di G.B. De Rossi che leggeva *saevos oloras*, giudicato da H. Leclercq una *conjecture séduisante*, in quanto la designazione «cigni crudeli» potrebbe far supporre un'allusione ai martiri cristiani i cui «canti del cigno» sarebbero stati pieni di minacce profetiche (H. Leclercq, "Pompéi", in *Dictionnaire d'Archéologie Chrétienne et de Liturgie*, XIV 1, Paris 1939, 1403-1408, part. 1403). L'epigrafe, tracciata a carbone e parzialmente pubblicata nel 1862, come è noto andò perduta e ne rimase soltanto la copia presa dal Minervini (la cui seconda parte suona: BOVIG$_S$AVDI CHRISTIANOS / SIIVOS O ORIIS) e quella di C. Zangemeister (PG·VIG SAVDI CIIRISTIRAII / SICVI·SO . . ONIS). Naturalmente il *terminus ante quem* è sicuro grazie

accusa è anch'essa confutata con vigore dagli apologisti, in particolare da Giustino e da Tertulliano, che anzi ritorcono l'imputazione sui pagani. Giustino in *1 Apol.* 24, 1 e 36, 3 afferma che sono i pagani e i Giudei a odiare i Cristiani e non viceversa, protestando in 57, 1 che, anzi, i Cristiani hanno per precetto di non odiare neppure quelli che li odiano e di cercare piuttosto di convertirli. Anche Tertulliano nega che i Cristiani vadano considerati *hostes generis humani* carichi di crudeltà e di odio (*Apol.* 37) e insiste, piuttosto, sull'odio di cui i Cristiani sono vittime (*Apol.* 2, 3; 3, 5; 4, 1; 39, 8; 40, 1-2).

Le accuse successive rivolte alla moglie del mugnaio sono quelle di essere dedita al vino (*ebriosa*) e ostinata (*pervicax pertinax*). Per la prima, abbiamo visto che era attribuita ai Cristiani a motivo del vino eucaristico: è interessante in merito che la donna sia accusata di bere il vino già al mattino (*matutino mero*); ora, sappiamo da Plinio che le celebrazioni eucaristiche si svolgevano usualmente al mattino (*soliti stato die ante lucem convenire carmenque Christo quasi Deo dicere [...] morem sibi discedendi fuisse rursusque coeundi ad capiendum cibum*, Plin. *Ep.* X 96, 7). Anche l'accusa di ostinazione era ben viva contro i Cristiani, come attestano Plinio e Marco Aurelio. Il primo, come è noto, nella celebre *Ep.* X 96 diretta a Traiano si dice convinto dell'opportunità di punire i Cristiani, qualora durante i processi a loro carico essi perseverassero (*perseverantes*), in ragione appunto della loro *pertinacia et inflexibilis obstinatio*, che giunge a configurarsi come *amentia*. Un giudizio di ostinazione non dissimile sembra quello di Marco Aurelio, ai cui tempi fu composto con ogni probabilità il romanzo apuleiano e che in XI 3 denomina ψιλὴ παράταξις l'atteggiamento dei Cristiani.

Per proseguire nell'analisi delle accuse rivolte alla moglie del mugnaio che sembrano comuni a quelle anticristiane, notiamo che, dopo le accuse di avidità e di prodigalità smodate, v'è anche quella di essere *inimica fidei*, avendo disprezzato gli dèi tradizionali (*spretis atque calcatis divinis numinibus*) per abbracciare una religione fatta di pratiche e di osservanze vane (*confictis observationibus vacuis*) e che professa un Dio unico: *in vicem certae religionis mentita sacrilega praesumptione dei, quem praedicaret unicum*. Le uniche religioni monoteistiche al tempo di Apuleio erano il Giudaismo e il Cristianesimo, dei quali, però, il primo aveva lo statuto di *religio licita*, il secondo di *superstitio illicita*. L'imputazione di ateismo fu effettivamente rivolta ai Cristiani, che non credevano agli dèi tradizionali, fin dall'inizio, in quanto essi seguivano formalmente, appunto, una *superstitio illicita*, come abbiamo illustrato parlando di Petronio. Anche sotto Domiziano i Cristiani furono condannati, secondo Dione Cassio (LXVII 14), per ateismo e costumi giudaici giudaici (ἀθεότης, ' Ιουδαίον ἤθη): la virulenza dell'accusa nel II

---

all'eruzione del Vesuvio, su cui cfr. A. Luisi, "L'esplosione del Vesuvio del 79 d.C.", in *Fenomeni naturali e avvenimenti storici nell'antichità*, a c. di M. Sordi, Milano 1989, CISA 15, 227-236.

secolo è testimoniata da Giustino, che nella *1 Apologia*, 6, 1, è disposto a riconoscere che i Cristiani siano atei (ἄθεοι) rispetto alle divinità pagane, ma non certo rispetto al vero Dio. In *1 Apol.* 24, 1-3 egli sostiene che l'unico capo d'accusa che i pagani possono rivolgere ai Cristiani è appunto quello di non adorare i loro dèi, ma alla stessa stregua i pagani dovrebbero accusarsi vicendevolmente di ateismo, in quanto venerano divinità diverse gli uni rispetto agli altri.

Altre accuse ancora rivolte alla moglie del mugnaio sono quelle di *lascivia* e di *impudicitia*: *hostis pudicitiae [...] fallens omnis homines et miserum maritum decipiens, et continuo stupro corpus manciparat.* Ai tempi di Apuleio vigevano contro i Cristiani precisamente le accuse di *lascivia* e di *impudicitia*, già vive contro i Giudei, come attestano Iust. *Dial.* 134 e *1 Apol.* 26, 7[33] e Tert. *Apol.* 8-9. Tertulliano in particolare, dopo avere insistito a lungo con amaro sarcasmo sulle accuse di infanticidio e di incesto (cap. 8), passa, per così dire, al contrattacco, dimostrando con molti esempi che sono piuttosto i pagani colpevoli di tali *scelera*, e ricorda in particolare in 9, 8 che Giove stesso, con i suoi adulterii, è paradigma di impudicizia, mentre i Cristiani perseguono piuttosto la castità (9, 19; cfr. poi Ioh. Chrys. *In Matth.* 43, 3; *c. Iud. et gent.* 16; Euagr. *Alterc.* 30; Cyrill. Alex. *C. Iud.* 9).

Le accuse rivolte alla moglie del mugnaio sono ribadite ancora successivamente, e sono sempre quelle che effettivamente al tempo di Apuleio circolavano contro i Cristiani. Della donna, infatti, si parla ancora nel cap. 15, dove è descritta come crudele persecutrice dell'asino e dove vengono illustrati alcuni di quelli che di nuovo sono chiamati *pessimae feminae flagitia*. Ella aveva un amante (*quendam iuvenem*) e si consigliava con una vecchia megera: *anus quaedam stuprorum sequestra et adulterorum internuntia de die cotidie inseparabilis aderat. Cum qua [...] vino mero mutuis vicibus velitata scaenas fraudolentas in exitium miserrimi mariti subdolis ambagibus construebat.* Ancora nei capitoli successivi il protagonista del romanzo si dilunga a illustrare le trame delle due donne e a narrare il noto ed esilarante episodio della cena in cui il marito scopre l'amante nascosto sotto una gabbia di vimini; la donna viene infine accusata di ricorso alla magia. A questo proposito vorrei far notare che era anche questa un'accusa anticristiana ben viva precisamente al tempo di Apuleio, come attesta Celso *ap.* Orig. *C. Cels.* I 6b: "I poteri che i Cristiani

[33]Abbiamo visto nella n. 31 come questo passo attesti l'accusa di ἀνέδην μίξεις vigente contro i Cristiani: Giustino si preoccupa di stornare anche questa accusa, enumerando in *1 Apol.* 15 una serie di prescrizioni di Gesù Cristo vòlte ad inculcare, invece, la temperanza (σωφροσύνη, *ibid.* 15, 1) e ricordando la presenza in seno alla Chiesa di numerosi vergini, donne e uomini, consacrati fino dalla fanciullezza (*ibid.* 15, 6). Anzi, l'apologista ritorce l'accusa di intemperanza sui pagani, quando (*ibid.* 27) proclama che i Cristiani non praticano l'esposizione dei neonati per evitare che questi vengano avviati alla prostituzione, largamente diffusa tra i pagani insieme con ogni sorta di turpitudini e di incesti, che Giustino illustra con dovizia e varietà in tutto il capitolo.

sembrano possedere si basano sulla conoscenza dei nomi di certi demoni [δαιμόνων] e sugli incantesimi [κατακλήσεσι]. Grazie alla magia [γοητείᾳ], del resto, lo stesso Gesù fu in grado di operare quei miracoli [παράδοξα] che si ritenne operasse. E non solo. Egli previde che anche altri, in possesso degli stessi insegnamenti, avrebbero fatto altrettanto, acquistando il vanto di operare grazie al potere di Dio [τῷ θεοῦ δυνάμει]. Ma costoro sono da lui banditi dalla comunità. Ora, se li bandisce a buon diritto, egli, dal momento che è anch'esso reo delle stesse colpe, è un uomo perverso; se invece non è perverso operando così, non lo sono nemmeno coloro che fanno come lui"[34]. L'accusa di magia era una di quelle che, vigenti già contro i Giudei, passarono al Cristianesimo (cfr. *ibid.* III 1e Iust. *Triph.* 69, 7[35]). Giustino in *1 Apol.* 14, 2 sente il bisogno di difendere i suoi correligionari da questa accusa e afferma che, anzi, i Cristiani, qualora in precedenza praticassero la magia, una volta divenuti tali, cessano di farlo: οἱ δὲ καὶ μαγικαῖς τέχναις χρώμενοι νῦν [...] Θεῷ ἑαυτοὺς ἀνατεθεικότες e *ibid.* 30, 1 riporta l'accusa che Gesù abbia operato i suoi miracoli con arti magiche: ὅπως δὲ μή τις εἴπῃ ἀντιτιθεὶς ἡμῖν τί κωλύει καὶ τὸν παρ' ἡμῖν λεγόμενον Χριστόν, ἄνθρωπον ἐξ ἀνθρώπων ὄντα, μαγικῇ τέχνῃ ἃς λέγομεν δυνάμεις πεποιηκέναι καὶ δόξαι διὰ τοῦτον υἱὸν Θεοῦ εἶναι. La medesima accusa riporta, un paio di decenni dopo, Celso[36], come vedremo meglio tra poco.

Sulla base delle coincidenze tra le accuse rivolte alla donna in questo episodio apuleiano e quelle vive contro i Cristiani all'epoca in cui tale episodio fu composto, appare probabile la volontà di Apuleio di presentare la parodia di una matrona cristiana. E in effetti, nonostante alcune voci in contrario come quella di S. Rizzo[37], diversi studiosi hanno proposto di intravvedere nella figura della moglie del mugnaio una caricatura di una donna cristiana: ad esempio, per citare alcuni dei più recenti, C. Anarratone, B. Baldwin, K. Dowden, V.

---

[34] Tr. di S. RIZZO, in Celso, *Contro i Cristiani*, Milano 1989, con qualche modifica.

[35] "Ed essi, vedendo accadere questi miracoli, dicevano che fosse una visione magica e giungevano perfino a chiamare Gesù 'mago' e'seduttore del popolo'". Anche i testi rabbinici confermano che l'accusa di magia a carico di Gesù e dei suoi era viva in ambiente giudaico: "Gesù fu crocifisso la vigilia di Pasqua. Quaranta giorni prima il banditore aveva annunciato: sarà lapidato perché ha praticato la magia" (J. BONSIVERN, *Textes rabbiniques*, Roma 1955, n. 1885: cfr. RIZZO, in *Celso*, cit., 65 n. 11). Una simile polemica sembra sottesa al testo slavonico del *Bellum Iudaicum* di Giuseppe, dove si protesta che Gesù non operava miracoli attraverso l'opera delle mani, ma esclusivamente con la parola; cfr. il mio "Alcune osservazioni circa il *Testimonium Flavianum*", *Sileno* 24, 1998, 219-235.

[36] In Celso le accuse di magia non sono solo da parte pagana, ma sono introdotte anche dal Giudeo che compare in una cospicua sezione dell' Ἀληθὴς λόγος: L. TROIANI, "Il Giudeo di Celso", in *Il perdono cristiano e altri studi sul Cristianesimo delle origini*, Brescia 1999, 76-94, part. 76-77; 79; 81.

[37] S. RIZZO, "Premessa al testo" di Apuleio, *Le Metamorfosi o l'Asino d'Oro*, intr. R. Merkelbach, Milano 1991[9], 27-56, part. 35.

Ilušečkin, F. Ruggiero, D. Tripp[38]. Baldwin in particolare ritiene di ravvisare precise congruenze tra la storia della moglie del mugnaio ed un fatto capitato a Roma intorno alla metà del II secolo, che riguarda un uomo di dubbia moralità sposato con una donna cristiana e che è noto a Giustino Martire, il quale si trovava a Roma in quel torno di tempo. Baldwin ipotizza che Apuleio possa avere incontrato a Roma lo stesso Giustino, anche perché la storia della conversione di Lucio nel romanzo di Apuleio (*Met.* XI 1) assomiglierebbe, nei suoi caratteri di meditazione solitaria nei pressi del mare, a quella di Giustino quale emerge dal *Dialogo con Trifone* (II 3), così come, d'altra parte, il platonismo di Apuleio presenta molte affinità con quello del martire cristiano[39]. Dowden accoglie a sua volta le ipotesi di Baldwin, rafforzando grazie ad esse anche la propria teoria, che situa la composizione delle *Metamorfosi* nella Roma degli anni Cinquanta del II secolo, adducendo fra l'altro che il mito apuleiano di Amore e Psiche è vicino a quello analogo di Sofia dello gnostico Valentino, il quale tenne lezioni a Roma negli anni Quaranta e Cinquanta del medesimo secolo[40]. Al di là di queste considerazioni, personalmente sono incline a ritenere che l'analisi delle accuse rivolte alla donna in Apuleio, che ho condotto e che ha dimostrato la loro coincidenza con quelle anticristiane contemporanee, sia una prova significativa e forse più sicura.

Marcel Simon, analizzando il medesimo passo della moglie del mugnaio, ha creduto di poter perfino riscontrare affinità con la prima *Epistola ai Corinzi* di Paolo (5, 9-11) e supporre così la volontà da parte di Apuleio di parodiare il pensiero paolino[41]. Il passo di *Cor* 5, 9-11 suona: "Vi ho scritto nella lettera precedente di non mescolarvi con gli impudichi. Non mi riferivo, però, agli impudichi [πόρνοις] di questo mondo, o agli avari [πλεονέκταις],

---

[38] C. ANARRATONE, in Apuleio, *Le Metamorfosi*, cit., 517 n. 1; D. TRIPP, "The Baker's Wife and her Confident in Apuleius, *Met.* IX 14 sgg. Some Liturgiological Considerations", *Emerita* 66, 1988, 245-254; B. BALDWIN, "Apuleius and the Christians", *Liverpool Classical Monthly*, 14, 4, 1989, 55; F. RUGGIERO, *La follia dei Cristiani. Su un aspetto della "reazione pagana" tra I e V secolo*, pref. M. Simonetti, Milano 1992, 65-70; K. DOWDEN, "The Roman Audience of the *Golden Ass*" in *The Search for the Ancient Novel*, ed. G. Tatum, Baltimore-London 1994, 419-434, part. 429-433; B. ИЛУШЕЧКИН, "The Peculiarity of Controversy between Paganism and Christianity in the 2nd Century A.D., Apuleius's Story about the Lewd Wife of a Miller – *Met.* IX. 14", *Journal of Historical, Philological and Cultural Studies* 5, 1998, 111-116.

[39] L.W. BARNARD, *Justin Martyr. His Life and Thought*, Cambridge 1967, 35; 96-98; J. WHITTAKER, "Platonic Philosophy in the Early Empire", in *ANRW* II 36, 1, Berlin-New York 1987, 31-123, part. 105, 109, 115, 118; cfr. P. KERESZTES, "The So-Called *Second Apology* in Justin", *Latomus* 24, 1965, 826-865.

[40] DOWDEN, "The Roman Audience", 431-432, insiste che il romanzo apuleiano non va marginalizzato in Africa, anche per i riferimenti a vicende cristiane romane degli anni Cinquanta; per il mito gnostico di Psiche K. DOWDEN, "Psyche and the Gnostics", in *Symposium Apuleianum Groningorum*, Groningen 1981, 147-164.

[41] SIMON, *Apulée*, 229-305.

o ai ladri [ἅρπαξιν], o agli idolatri [εἰδωλολάτραις], altrimenti dovreste uscire dal mondo! Vi ho scritto di non mescolarvi con chi si dice fratello, ed è impudico o avaro o idolatra o maldicente o ubriacone [μέθυσθος] o ladro; con questi tali non dovete neanche mangiare insieme". Risulta evidente che i vizi elencati da Paolo si ritrovano pienamente nella caratterizzazione negativa della moglie del mugnaio: impudicizia, avidità, idolatria, maldicenza, ebbrezza. Nonostante questo, sarei cauta nel supporre una reminiscenza precisa del testo paolino e la volontà di parodiarlo da parte di Apuleio. Mi sembra più equilibrata la posizione di Fabio Ruggiero, il quale, pur non analizzando a fondo tutte le coincidenze tra le accuse anticristiane e quelle rivolte da Apuleio alla moglie del mugnaio –egli indica solo il ripudio delle divinità tradizionali per una religione monoteistica, l'infondatezza dei riti liturgici seguiti, l'ostinazione pervicace, la mancanza di ragionevolezza, e non svolge comunque un'analisi comparativa, ma si limita a enunciare questi punti– ha il merito, a mio avviso, di avere indicato almeno il percorso da seguire: egli infatti nota come i vizi attribuiti alla donna siano una vera e propria *summa* di quelli rinfacciati ai Cristiani all'epoca di Apuleio: dunque nel passo delle *Metamorfosi* potrebbero costituire altrettante spie di un attacco anticristiano da parte dell'autore latino[42]. Ruggiero opera anche un parallelo interessante fra il ritratto apuleiano della moglie del mugnaio e quello della donna cristiana, credulona e moralmente discutibile, tratteggiato dal pagano Cecilio nell'*Octavius* di Minucio Felice: è noto che Minucio, nella costruzione dell'intervento di Cecilio, ha tenuto presente una celebre orazione anticristiana, per noi perduta, del polemista pagano Frontone, ancora attivo negli anni in cui Apuleio scriveva[43]. Apuleio, insomma, parrebbe ritrarre la moglie del mugnaio con i tratti negativi e caricaturali attribuiti ai Cristiani all'epoca sua e, in particolare, stigmatizzati nell'orazione frontoniana.

In effetti, in una distesa analisi del passo delle *Metamorfosi* appena analizzato e delle opere filosofiche di Apuleio, recentemente V. Schmidt e V. Hunink hanno trovato chiari spunti di polemica anticristiana nel nostro autore, che mi sembra confermino le nostre ipotesi. Il primo in particolare suppone che Apuleio proponesse deliberatamente il culto isiaco quale alternativa al nascente Cristianesimo e sviluppa un'analisi lessicale di alcuni termini apuleiani dell'episodio della moglie del mugnaio nel contesto dell'apologetica cristiana e delle polemiche anticristiane: ad esempio, *praesumptio* era un termine usato dai pagani contro il Cristianesimo (Tert. *Apol.* 49, 1); anche le vane osservanze della donna, *observationibus vacuis*, tornano come eco di polemiche

---

[42] RUGGIERO, *La follia*, 68-69.

[43] P. FRASSINETTI, "L'orazione di Frontone contro i Cristiani", *GIF* 2, 1949, 238-254; M.C. CRISTOFORI, "L'*Oratio* di Frontone contro i Cristiani e la persecuzione di Marco Aurelio", *RSCI* 32, 1978, 130-139.

anticristiane in Tert. *Orat.* 15, 1[44]. Hunink[45] ripercorre brevemente la storia dell'attribuzione di allusioni anticristiane in Apuleio, individuate per la prima volta nel 1968 da P.G. Walsh, con l'ipotesi che la proposta della religione isiaca fosse per Apuleio un tentativo di fornire un'alternativa al Cristianesimo (tesi formulata espressamente, come si è visto, da Schmidt) e le tesi di McDonald[46]: personalmente propone un'analisi delle opere minori di Apuleio[47], quali il *De magia*, l'*Asclepius* e i *Florida*, dove per la scena iniziale è suggerito un parallelismo con Minucio Felice, *Oct.* III 1: l'ipotesi è che Apuleio stia rispondendo agli attacchi dell'apologetica cristiana contro la religione pagana. Questo accadrebbe anche nel *De Deo Socratis*, dato che i demoni erano avversati dai Cristiani (Tert. *Apol.* 22 sgg.; Min. Fel. 26, 28; Aug. *Civ. Dei*, VIII)[48]. Se coglie nel segno l'ipotesi che Apuleio probabilmente a Roma conobbe il fiero polemista anticristiano Frontone, formulata in base ad *Apol.* 55, 8-9, si può comprendere meglio la conoscenza delle accuse anticristiane contemporanee da parte del nostro romanziere. Un'altra osservazione di notevole interesse è che Apuleio in *Apol.* 2, 11 (158 d.C.) cita Lollio Urbico, il *praefectus urbi* menzionato anche da Giustino Martire nella sua *II Apologia*, 2, per il 152 d.C., quando aveva messo a morte Lucio e Tolemeo per Cristianesimo, del che Giustino si duole e si scandalizza. Certamente Hunink è nel giusto quando respinge la tesi di L. Herrmann, secondo cui Apuleio era un cristiano egli stesso; anzi egli ipotizza che il ritratto di Emiliano che emerge dall'*Apologia*, quale empio, ateo e nemico della religione di Roma, possa essere letto come il ritratto di un cristiano, come già suggeriva E. Griset[49].

---

[44] V. SCHMIDT, "Reaktionen auf das Christentum in den *Metamorphosen* des Apuleius", *Vig. Christ.* 51, 1997, 51-71: altro esempio è il verbo *praedicare*, per cui è invocato il parallelismo con Tert. *Idol.* 6, 2; *Test.* 2, 1. Apuleio sembra anche il primo autore pagano a chiamare *unicus* il Dio cristiano. Anche Schmidt inoltre ricorda i *flagitia* menzionati da Apuleio per la donna e rinfacciati ai Cristiani e la *libido moriendi* che costituisce un'accusa anticristiana in Marco Aurelio, Plinio, Frontone, Galeno.

[45] V. HUNINK, "Apuleius, Pudentilla and Christianity", *Vig. Christ.* 54, 2000, 80-94.

[46] P.G. WALSH, "Lucius Madaurensis", *Phoenix* 12, 1968, 151-153; Eiusd. *Apuleius, The Golden Ass*, Oxford 1994, xxxvii-xxxviii; M.I. MC DONALD, *Early Christian Women and Pagan Opinion. The Power of the Hysterical Woman*, Cambridge 1996, 67-73.

[47] Apuleius of Madauros, *Pro se de Magia (Apologia)*, ed. by V. HUNINK, Amsterdam 1997, I-II; per l'*Asclepius* lo stesso Hunink si è pronunciato in favore dell'autenticità in "Apuleius and the *Asclepius*", *Vig. Christ.* 50, 1996, 288-308.

[48] C. MORESCHINI, "La polemica di Agostino contro la demonologia di Apuleio", *ASNP* 3, 2, 1972, 588-596.

[49] L. HERRMANN, "Le procès d'Apulée fut-il un procès de Christianisme?", *Rev. de l'Univ. Libre de Bruxelles* 4, 1952, 339-350; Eiusd. "Le Dieu-roi d'Apulée", *Latomus* 18, 195), 110-116, confutato già da R. MORTLEY, "Apuleius and Rhetoric Theology", *AJPh* 93, 1972, 584-590 e M. SIMON, "Apulée et le Christianisme", in *Mélanges d'Histoire des religions offerts à H.C. Puech*, Paris 1974, 299-305; HUNINK, "Apuleius, Pudentilla", 89-90; E. GRISET, "Un cristiano di Sabratha", *RSC* 5, 1959, 35-39: alle osservazioni di Griset Hunink aggiunge che

Apuleio poteva porre una particolare attenzione nell'attaccare i Cristiani facendo una dura parodia di una donna cristiana proprio a motivo del suo interesse religioso, che, pur partendo da problematiche comuni, era orientato e risolto molto diversamente rispetto al Cristianesimo ed è testimoniato non solo dalla sua iniziazione a diversi misteri, come abbiamo già visto, ma anche con profonda sensibilità dal *De deo Socratis*, scritto forse a Roma, o forse a Cartagine, intorno al 160, dove emerge la lucida consapevolezza da parte di Apuleio stesso del problema della mediazione tra il divino –platonicamente inteso come ineffabile, trascendente, indiveniente, inconoscibile– e l'umano[50]. Soprattutto nei capp. 3-5, infatti, Apuleio, trattando del *parens qui omnium rerum dominator atque auctor est*, dice che, essendo egli impassibile[51] e dotato secondo Platone di una *maiestatis incredibilis quaedam nimietas et ineffabilis*, e non sussistendo quindi alcun rapporto tra Dio e gli uomini, si pone il problema a chi rivolgere le preghiere[52]. La risposta di Platone, nel cap. 6, è la chiave di volta dell'intero trattatello: non è vero che gli dèi non si curino dei casi umani, solo non vi intervengono direttamente, poiché esistono *quaedam divinae mediae potestates inter summum aethera et infimas terras [...] per quas et desideria nostra et merita ad eos commeant*; per converso i *daemones* recano anche agli uomini i messaggi divini attraverso sogni e presagi di ogni genere, *quae cuncta caelestium voluntate et numine et auctoritate, sed daemonum obsequio et opera et ministerio fieri arbitrandum est*. Questa istanza di una mediazione avrebbe potuto portare il nostro romanziere a un certo interesse eventualmente anche verso la figura di Gesù Cristo, uomo e Dio al contempo. Apuleio cita tra gli uomini virtuosi divinizzati

---

Emiliano è chiamato anche *lucifugus*, accusa presente in senso anticristiano in Minucio Felice, *Oct.* 8, 4 .

[50] Apuleio segue, nella soluzione offerta al problema, il Medioplatonismo, che a sua volta dipendeva per la questione dalla sistemazione data da Senocrate, già nella Accademia antica, agli spunti presenti in Platone stesso. Apuleio, se certo nel suo opuscolo non innova, ha il merito di formulare con chiarezza la soluzione medioplatonica, attingendo anche direttamente al Platone del *Simposio*. Cfr. P. DONINI, *L'eclettismo impossibile. Seneca e il Platonismo medio*, in P.L. DONINI-G.F. GIANOTTI, *Modelli filosofici e letterari. Lucrezio, Orazio, Seneca*, Bologna 1979, 160-161. Per gli apporti anche aristotelici e stoici –ridimensionati– in Apuleio è importante il commento di J. BEAUJEU, *Apulée. Opuscules philosophiques et fragments*, Paris 1973.

[51] Cfr. per questo anche il cap. 12: *Quapropter debet deus nullam perpeti vel odii vel amoris temporalem perfunctionem et idcirco nec indignatione nec misericordia contingi, nullo angore contrahi, nulla alacritate gestire, sed ab omnibus animi passionibus liber nec dolere umquam nec aliquando laetari nec aliquid repentinum velle vel nolle.*

[52] Apul. *De deo Socr.* 5: *nullus, inquis, deus humanis rebus intervenit: cui igitur preces alligabo? Cui votum nuncupabo? Cui victimam caedam? Quem miseris auxiliatorem, quem fautorem bonis, quem adversatorem malis in omni vita ciebo? Quem denique, quod frequentissimum est, iuri iurando arbitrum adhibebo? [...] Iurabo per Iovem lapidem Romano vetustissimo ritu? Atque si Platonis vera sententia est, numquam se deum cum homine communicare, facilius me audierit lapis quam Iuppiter.*

gli stessi esempî che cita Giustino quando mette in evidenza precisi parallelismi tra la natura divina e umana di Cristo, da un lato, e, dall'altro, gli dèi pagani che erano anche uomini: *quippe tantum eos deos appellant, qui ex eodem numero iuste ac prudenter curriculo vitae gubernato pro numine postea ab hominibus praediti fanis et caerimoniis vulgo advertuntur, ut in Boeotia Amphiaraus, in Africa Mopsus, in Aegypto Osiris, alius alibi gentium, Aesculapius ubique* (*De deo Socratis*, cap. 15). La curiosità e, almeno in linea di principio, l'apertura di Apuleio nei confronti delle diverse pratiche religiose sono palesi nel cap. 14 del piccolo trattato: *etiam religionum diversis observationibus [...] fides inpertienda est,* e sono motivate sulla base dei diversi caratteri dei *daemones* (*esse nonnullos ex hoc divorum numero, qui nocturnis vel diurnis, promptis vel occultis, laetioribus vel tristioribus hostiis vel caerimoniis vel ritibus gaudeant*); anche i riti e le immagini delle divinità sono differenti ma ugualmente degni di rispetto[53]. Del resto, proprio per lo studio sistematico sui demoni Apuleio è lodato da Agostino, *Civ. Dei* VIII 14. È tuttavia chiaro che Apuleio, di spiccate tendenze medioplatoniche, non poteva avere piena simpatia per una dottrina incentrata sull'incarnazione e la passione di Dio. Per lui il mediatore non può essere un Dio fatto uomo ma dei *daemones, genere animalia, ingenio rationabilia, animo passiva, corpore aeria, tempore aeterna* (cap. 13)[54]. In effetti nella sua classificazione dei demoni Apuleio, in maniera conseguente con il pensiero platonico, pone tra gli inferiori quelli legati al corpo: *sunt autem non posteriore numero, praestantiore longe dignitate, superius aliud, augustius genus daemonum, qui semper a corporis conpedibus et nexibus liberi certis potestatibus curant* (cap. 15). Sussiste infatti a suo avviso, secondo una prospettiva platonica che venne fatta propria dallo Gnosticismo, una inconciliabilità di fondo tra la materia e lo spirito[55]. Ad

[53] *Itidem pro regionibus et cetera in sacris differunt longe varietate: pomparum agmina, mysteriorum silentia, sacerdotum officia, sacrificantium obsequia; item deorum effigies et exuviae, templorum religiones et regiones, hostiarum cruores et colores* (*ibid.*). *Quae omnia pro cuiusque more loci sollemnia et rata sunt, ut plerumque somniis et vaticinationibus et oraculis conperimus saepenumero indignata numina, si quid in sacris socordia vel superbia neglegatur.* Si noti che l'apprezzamento di una religione sulla base della sua antichità e della tradizione che la fonda è tipica della mentalità romana e proprio in tale ottica al Cristianesimo in questo periodo venivano rivolte accuse di *novitas*, insieme con quella di irrazionalità, alle quali gli apologisti, da Giustino a Tertulliano passando per quelli di età antonina, ebbero a rispondere (si vedano ad es. M. SORDI, *I Cristiani e l'Impero romano*, Milano 1983, 63-66; R. LANE FOX, *Pagans and Christians in the Mediterranean World from the Second Century A.D. to the Conversion of Constantine*, London 1988[2], 330-332; 405-406; 515-516; G. GIRGENTI, "L'apologetica di Giustino come primo incontro tra Platonismo e Cristianesimo", intr. a *Giustino, Apologie*, a c. Eiusd., Milano 1995, 7-28).

[54] *Ibid.*: *Sunt enim inter nos ac deos ut loco regionis ita ingenio mentis intersiti, habentes communem cum superis inmortalitatem, cum inferis passionem.*

[55] Cfr. R.B. ONIANS, *The Origins of European Thought, about the Body, the Mind, the Soul, the World, Time and Fate*, tr. it. *Le origini del pensiero europeo intorno al corpo, la mente, l'anima, il mondo, il tempo e il destino. Nuove interpretazioni di materiali greci e romani,*

Apuleio la dottrina cristiana, se la conobbe, doveva apparire fondamentalmente assurda e disprezzabile, anche se Glen Bowersock appunta l'attenzione su un passo delle *Metamorfosi* in cui Apuleio sembra interessato alla tematica della resurrezione: in *Met.* 10, 12 un fanciullo morto apparentemente si ridesta dalla tomba "riprendendo i diritti della vita" (*postliminium mortis*): lo *ius postliminii* permetteva al prigioniero, dopo il suo ritorno dalla prigionia, di ricuperare i suoi diritti precedenti. Apuleio applica questo termine al ritorno dalla morte alla vita, come se la morte fosse una sorta di prigionia e la vita ricuperata una liberazione (cfr. *ibid.* II 28: *corpusque istud postliminio mortis animare*; III 24: *in meum Lucium postliminio redibis*)[56].

Ora, la conoscenza del Cristianesimo da parte di Apuleio appare storicamente alquanto probabile, poiché nelle zone e nei tempi in cui visse Apuleio il Cristianesimo era certamente diffuso e oggetto di dibattiti e polemiche. Come si è detto, infatti, il nostro prosatore era originario di Madaura, dove nacque verso il 125, e studiò a Cartagine e poi ad Atene. Tra i viaggi che intraprese è importante quello che comportò il soggiorno a Roma, dove esercitò la professione di avvocato. Al ritorno in Africa sposò la ricca vedova Pudentilla, dai cui parenti fu accusato di avere plagiato la volontà della matrona con la magia. Sotto Antonino Pio, con ogni probabilità fra il 155 ed il 159 d.C.[57], a Sabratha si celebrò il processo, in cui Apuleio si difese da sé con la celebre *Apologia* o *Pro se de magia liber*, su cui torneremo tra poco.

L'accusa di magia, che si legava strettamente a quella di commercio con i demoni, era viva contro i Cristiani a quel tempo, come abbiamo visto poc'anzi, ed Apuleio non per nulla la adotta contro la donna cristiana di cui sembra fare la parodia nel suo romanzo. Sotto Antonino Pio il Cristianesimo venne di fatto colpito proprio tramite un rescritto diretto formalmente contro la magia e l'astrologia (per altro, di fatto, qualche aspetto magico non è sconosciuto nel primo Cristianesimo[58]). È noto infatti che Antonino Pio non perseguitò formalmente i Cristiani ed anzi raccomandò di non innovare in nulla la legislazione al loro riguardo, come attesta il pressoché contemporaneo Melitone (*ap.* Eus. *Hist. eccl.* IV 26, 10). Eppure, a Roma proprio nel primo anno di Antonino avvenne il martirio di papa Telesforo e sotto il prefetto Lollio Urbico si svolse il processo contro Tolomeo e contro Lucio di cui parla

---

di altre testimonianze e di alcune fondamentali concezioni ebraiche e cristiane, a c. di L. Perilli, Milano 1998, 345-366 su corpo, anima, spirito.

[56] G.W. BOWERSOCK, *Fiction as History: Nero to Julian*, Berkeley-Los Angeles 1994, 109.

[57] Il già citato HUNINK, "Apology in Apuleius' *Metamorphoses*", suppone per l'*Apologia* una data tra il 158 e il 159 e dimostra la presenza di diversi richiami all'*Apologia* nelle *Metamorfosi*.

[58] Cfr. A. BARB, "La sopravvivenza delle arti magiche", in *Il conflitto fra paganesimo e Cristianesimo nel secolo II*, a c. di A. Momigliano, Torino 1968, 111-137; D.E. AUNE, "Magic in Early Christianity", in *ANRW* II, 23, 2, Berlin-New York 1980, 1507-1557, part. 1523 sgg.

Giustino nella sua *I Apol.* 2. Soprattutto, i giuristi Ulpiano e Paolo attestano che l'imperatore indirizzò un rescritto[59] a C. Prastina Pacato Messalino, legato della Lugdunense, in cui era stabilita la pena di morte per gli *humiliores* e la deportazione per gli *honestiores* colpevoli di introdurre "nuove sette e religioni sconosciute alla ragione". Il rescritto era diretto contro il dilagare della magia e dell'astrologia e non contro i Cristiani, ma fu ugualmente applicato contro di loro, che erano accusati appunto di magia, di irrazionalità e di novità, come attestano Elio Aristide (*Orat.* XLVI Dind. 402) e Luciano (*Peregr.* 11): non per nulla l'apologetica di questo periodo, a partire da Giustino stesso, è finalizzata a mostrare la razionalità del Cristianesimo[60]. Gli anni del processo contro Apuleio, tenutosi di fronte al proconsole Claudio Massimo tra il 155 e il 158 –o forse nel 160, ma comunque non oltre– erano gli stessi di quello, dall'esito ben differente, a carico del vescovo Policarpo di Smirne, condannato perché Cristiano (155 d.C. ca.). Apuleio, sposatosi con la vedova Pudentilla, fu accusato dal figlio minore di lei, Sicinio Pudente, di avere indotto con la magia la donna a sposarlo. Il nostro romanziere nega recisamente di avere irretito con la magia Pudentilla, anzi in *Apol.* 72-73 capovolge l'imputazione, affermando di essere stato indotto al matrimonio dal figlio della vedova, Ponziano, morto non molto prima del processo[61]. L'esito della causa favorevole ad Apuleio si evince dal tono stesso, "sicuro ed altezzoso", della *Apologia*, stesa in forma definitiva a processo avvenuto[62].

A proposito dei possibili riferimenti di Apuleio al Cristianesimo, si discute proprio anche su alcuni passi dell'*Apologia* (o *De magia*), in particolare sui capp. 56 e 90. Il cap. 56 è chiamato in causa a motivo dell'ateismo di Emiliano, in cui, senza basi troppo sicure[63], si è voluto vedere una allusione al

---

[59] Su cui M. SORDI, "I nuovi decreti di Marco Aurelio contro i Cristiani", *SR* 9, 1961, 372 sgg.

[60] SORDI, *I Cristiani*, 76-77; per l'accusa di novità LANE FOX, *Pagans and Christians*, 331.

[61] *Apol.* 72-73: *Fortene an fato ego advenio pergens Alexandriam [...] Hiemps anni erat. Ego ex fatigatione itineris advectus apud Appios [...] amicos meos [...] multis diebus decumbo. Eo venit ad me Pontianus: nam fuerat mihi non ita pridem ante multos annos Athenis per quosdam communis amicos conciliatus et arto postea contubernio intime iunctus. Facit omnia [...] circa amorem callide: quippe etenim videbatur sibi peridoneum maritum matri repperisse, cui bono periculo totam domus fortunam concrederet [...] Multis etiam precibus meis Appiis aufert, ut ad sese in domum matris suae transferar [...] aperit consilium sibi esse [...] matrem suam mecum coniungere [...] Non quid ego Pudentillae iam anno perpeti assiduo convictu probe spectassem et virtutum eius dotes explorassem, sed utpote peregrinationis cupiens impedimentum matrimoni aliquantisper recusaveram. Mox tamen talem feminam nihilo segnius volui quam si ultro appetissem.*

[62] C. MARCHESI, *Storia della letteratura latina*, II, Milano 1949, 354.

[63] Così R. MERKELBACH nell'introduzione ad Apuleio, *Le Metamorfosi o l'Asino d'Oro*, Milano 1991^9, 35 n. 17: "a torto si sono volute trovare allusioni ai Cristiani anche in Apuleio, *Metamorfosi*, IX 14 (la vecchia megera) e *Apologia*, 56". Se per l'accusa di ateismo la

Cristianesimo: Emiliano è accusato appunto di ἀθεότης, in quanto i suoi fedeli non adoravano le divinità tradizionali e perseguivano una *superstitio illicita* (non erano infatti considerati atei, almeno ufficialmente, i Giudei, che, se pure non veneravano le divinità pagane, avevano però una religione riconosciuta come *religio licita*). L'accusa di ateismo è già presente nel I secolo al tempo di Domiziano, quando i Cristiani furono condannati appunto per ateismo (ἀθεότης) e inclinazione ai costumi giudaici (εἰς τὰ τῶν Ἰουδαίων ἤθη ἐξοκέλλοντες), in base a quanto afferma Dione Cassio (LXVII 14); nel II secolo Giustino si vede costretto a confutare le accuse di ateismo (*I Apol.* 6, 1: καὶ ἄθεοι κεκλήμεθα· καὶ ὁμολογοῦμεν τῶν τοιούτων νομιζομένων θεῶν ἄθεοι εἶναι, ἀλλ'οὐχὶ τοῦ ἀληθεστάτου καὶ Πατρὸς δικαιοσύνης καὶ σωφροσύνης...; 13, 1: ἄθεοι μὲν οὖν ὡς οὐκ ἐσμεν, τὸν δημιουργὸν τοῦδε τοῦ παντὸς σεβόμενοι). E nel II secolo l'accusa ricompare nell'ostilità comune per Epicurei e Cristiani, entrambi considerati "atei", come ci testimonia Luciano (*Alex.* 38)[64], e nella convinzione che i Cristiani fossero responsabili della rottura della *pax deorum*; essa emerge anche nelle accuse di pagani come Elio Aristide e nelle risposte dei Cristiani in sede apologetica[65], *in primis* Tertulliano, negli anni intorno al 200, nell'*Apologeticum* (10: *deos, inquitis, non colitis, et pro imperatoribus sacrificia non penditis [...] deos vestros colere desivimus, ex quo illos non esse cognovimus*; cfr. 11-13 e *passim*), che respinge vivacemente l'imputazione di ateismo e, anzi, la ritorce contro i pagani stessi. Non sembrano esservi tuttavia precisi indizî che l'ateismo di Emiliano debba ricondursi precisamente al Cristianesimo, anche se non si può escludere in linea assoluta.

Mi sembra invece opportuno richiamare per esteso il passo apuleiano di *Apol.* 90:

> *Missa haec facio. Venio nunc ad ipsum stipem accusationis, ad ipsam causam maleficii. Respondeant Aemilianus et Rufinus, ob quod emolumentum etsi maxime magus forem, Pudentillam carminibus et venenis ad matrimonium pellexissem. Atque ego scio plerosque reos alicuius facinoris postulatos, si fuisse quaepiam causae probarentur, hoc uno se tamen abunde defendisse, vitam suam procul ab huiusmodi sceleribus abhorrere nec id sibi obesse debere, quod videantur quaedam fuisse ad*

---

sua tesi sembra probabile, data la genericità dell'imputazione stessa, per l'episodio delle *Metamorfosi* abbiamo visto che gli elementi a favore di una allusione al Cristianesimo non sono trascurabili.

[64] Come vediamo nel capitolo dedicato a Luciano, il passo è un resoconto vivace della tentata espulsione di Epicurei e Cristiani da alcune città del Ponto per iniziativa di Alessandro di Abonuteico e dei suoi seguaci.

[65b] Cfr. SORDI, *I Cristiani*, 52-57 per Domiziano; 65 per le accuse di ateismo e rottura della *pax deorum*; cfr. LANE FOX, *Pagans and Christians*, 425.

maleficium invitamenta [...] certum indicem cuiusque animum esse; qui semper eodem ingenio ad virtutem vel malitiam moratus firmum argumentum est accipiendi criminis aut respuendi. [...] Reputate vobiscum quanta fiducia innocentiae meae quantoque despectu vestri agam. Si una causa vel minima fuerit inventa cur ego debuerim Pudentillae nuptias ob aliquod meum commodum appetere, si quamlibet modicum emolumentum probaveritis, ego ille sim Carmendas vel Damigeron vel Moses vel Iohannes vel Apollobex vel ipse Dardanus vel quicumque alius post Zoroastren et Hostanen inter magos celebratus est. [9] *Vide, quaeso, Maxime, quem tumultum suscitarint, quoniam ego paucos magorum nominatim percensui [...] Doceam rursum haec et multo plura alia nomina in bybliothecis publicis apud clarissimos scriptores me legisse, an disputem longe aliud esse notitiam nominum, aliud artis eiusdem communionem, nec debere doctrinae instrumentum et eruditionis memoriam pro confessione criminis haberi, an, quod multo praestabilius est, tua doctrina, Claudi Maxime, [...] fretus, contemnam stultis et impolitis ad haec respondere?*

Nei nomi dei "maghi" citati da Apuleio sono compresi *Moses* e *Iohannes*: l'accusa di magia era una di quelle che, come dicevo, gravavano sia sui Giudei sia sui Cristiani, nell'ambiente giudaico e in quello pagano[66]. Mosè era spesso detto un "mago"[67] e i Giudei stessi erano accusati dai pagani di magia, come dimostrano Posid. *ap.* Strab. *Geogr.* XVI 2, 43, che chiama i Giudei γόητες (*FGH* II A 87, F 70); Lysim. *ap.* Ios. *C. Ap.* II 145 (*FGH* III C621 F4) che chiama Mosè γόητα καὶ ἀπατεῶνα; Pomp. Trog. *ap.* Iust. *Hist. Phil.* XXXVI 2, 7-8, che di Mosè dice che *magicas artes percepisset ... prodigiorum sagacissimus erat*; Plin. *Nat. Hist.* XXX 11, che annovera una scuola di magia giudaica (*magices factio a Mose et Ianne et Lotape ac Iudaeis pendens*); Giovenale, che agli inizi del II sec. li presenta più volte come indovini e ciarlatani, e, pochi decenni più tardi, Celso, *ap.* Orig. *C. Cels.* I 26a: Κέλσος λέγων αὐτοὺς [*sc.* τοὺς Ἰουδαίους] γοητείᾳ προσκεῖσθαι,

[66] R.T. HERFORD, *Christianity in Talmud and Midrash*, London 1903, 35-41; 56; BARB, "La sopravvivenza", 111-137; M. SMITH, *Jesus the Magician*, New York-London 1978; D.E. AUNE, "Magic in Early Christianity", in *ANRW* II, 23, 2, Berlin-New York 1980, 1507-1557, part. 1523-1526; A. HAMMAN, "Magia", in *Dizionario Patristico e di Antichità Cristiane*, II, Casale Monf. 1983, 2067-2068; S. MONTERO HERRERO, *Diccionario de adivinos, magos y astrólogos de la Antigüedad*, Madrid 1997, con la recensione di S. PEREA YÉBENES, *'Ilu. Revista de Ciencias de las Religiones*, 2, 1997, 290-293; sul collegamento tra il nome di Salomone e la magia Eiusd. *El sello de Dios (*Σφραγὶς Θεοῦ*). Nueve estudios sobre magia y creencias populares greco-romanas*, Madrid 2000, Graeco-Romanae Religionis Electa Collectio 1, 20-21.

[67] L. BLAU, *Das altjüdische Zauberwesen*, Straßburg 1914²; M. SIMON, *Verus Israël. Etude sur les relations entre Chrétiens et Juifs dans l'Empire Romain (135-425)*, Paris 1964, 394-416; J. GAGER, *Moses in Graeco-Roman Paganism*, Nashville 1972, 134-171; RUGGIERO, *La follia*, 78.

ἧς ὁ Μωϋσῆς αὐτοῖς γέγονεν ἐξηγητής. Balza subito agli occhi che, nel passo di Plinio, Mosè è citato espressamente quale mago, come già in Trogo e come nello stesso Apuleio, accanto a Ianne, che assomiglia al *Iohannes* apuleiano; le altre fonti che menzionano questo Ianne lo dicono egiziano e lo associano con un altro mago egiziano, Iambres, assente però in Apuleio (Numen. *ap.* Eus. *Praep. Evang.* IX 8, 1-2)[68]. Su basi forse non sufficientemente sicure si spinge in questo caso Hunink[69], il quale propone, prima di *Moses vel Iohannes*, in luogo del corrotto *his*, la lezione *vel Iesus*, in modo che l'elenco di "maghi" suonerebbe in quel punto: *vel Iesus vel Moses vel Iohannes*.

È anche interessante notare che in *Apol.* 30, 1-4 l'accusa di magia rivolta ad Apuleio nel processo assume una caratterizzazione molto particolare e si lega alla ricerca dei pesci. Non sfugge che non solo l'accusa di magia in sé era legata ai Cristiani, ma che anche il simbolo del pesce era loro proprio, come attesta Tertulliano (*De bapt.* 1) e, verso la fine del II secolo, anche l'epitafio di Abercio, in cui il pesce è con ogni probabilità simbolo cristiano[70]. In Apuleio infatti leggiamo: *'Pisces', inquit, 'quaeris'. Nolo negare. Sed, oro te, qui pisces quaerit, magus est? Equidem non magis arbitror quam si lepores quaererem vel apros vel altilia. An soli pisces habent aliquid occultum aliis, sed magis cognitum? Hoc si scis quid sit, magus es profecto, sin nescis, confitearis necesse est id te accusare quod nescis. Tam rudis vos esse omnium litterarum, omnium denique vulgi fabularum, ut ne fingere quidem possitis ista verisimiliter? Quid enim competit ad amoris ardorem accendendum piscis brutus et frigidus aut omnino res pelago quaesita?* Come si vede, Apuleio si affretta a negare ogni associazione del pesce con la magia, presente invece nell'accusa rivoltagli.

---

[68] Cfr. M. STERN, *Greek and Latin Authors on Jews and Judaism*, I, Jerusalem 1976, nr. 221 498-499 su Plinio e I, Jerusalem 1980, nr. 361 sul passo apuleiano in questione; per Ianne e Numenio *ibid.*, II, nr. 365.

[69] HUNINK, "Apuleius, Pudentilla", 91-92.

[70] F.J. DÖLGER, *ΙΧΘΥC*, I-III, Münster 1922. Per l'epitafio di Abercio, ll. 12-16: Πίστις π[άντῃ δὲ προῆγε] / καὶ παρέθηκε [τροφὴν] πάντῃ ἰχθὺν ἀ[πὸ πηγῆς] / πανμεγέθη καθ[αρόν, οὗ] ἐδράξατο παρθέ[νος ἁγνή,] / καὶ τοῦτον ἐπέ[δωκε φι]λίοις ἐσθε[ῖν διὰ παντός,/ οἶνον χρηστὸν ἔχουσα, κέρασμα διδοῦσα μετ' ἄρτου. Il Kretschmar osserva che avremmo qui in tal caso una delle più antiche attestazioni della simbolica di Cristo come ἰχθύς, accanto a quelle di Tert. *Bapt.* 1, che conosce il valore dell'acrostico, e di Clem. Alex. *Paed.* III 52, 2; 59, 2; 101, 3, che impiega la simbologia del pesce per il battesimo (cfr. J. ENGEMANN, "Fisch, Fischer, Fischfang", in *Reallexikon für Antike und Christentum*, VII, Stuttgart 1969, coll. 959-1097, part. 1024-30; G. KRETSCHMAR, "Erfahrung der Kirche. Beobachtungen zur Aberkios-Inschrift", in *Communio Sanctorum. Mélanges offerts à Jean-Jacques von Allmen*, Université de Neuchâtel, Faculté de Théologie, Neuchâtel 1982, 73 -85, part. 81); C.P. THIEDE, *Ein Fisch für den römischen Kaiser*, München 1998.

Un dato che, per quanto blando, potrebbe suscitare interesse è che la moglie di Apuleio è Pudentilla, un nome che richiama alla mente una, forse, delle più antiche famiglie cristiane. La presenza di un Pudente nella prima comunità cristiana di Roma è attestata infatti dalla *II Epistola a Timoteo* di Paolo, che porge a Timoteo i saluti di Pudente e di Claudia: 'Ἀσπάζεταί σε Εὔβουλος καὶ Πούδης καὶ Λίνος καὶ Κλαυδία (*Tm* 4, 21). È anche noto che gli *Atti di Pietro*, un apocrifo cristiano del II secolo, ricordano accanto a Marcello anche Pudente come uno di coloro che avrebbero ospitato l'apostolo durante la sua permanenza a Roma e l'archeologia ha fornito una conferma interessante del legame tra la famiglia di Pudente e il primo Cristianesimo romano: sotto la chiesa di S. Pudenziana a Roma si è trovata una dimora signorile abitata per un periodo che si estende cronologicamente fin oltre l'impero neroniano, quindi una chiesa del IV secolo[71]. Questo naturalmente non significa che la moglie di Apuleio debba essere stata personalmente cristiana, ipotesi non suffragata da elementi probanti e respinta con validi argomenti da Hunink molto di recente[72].

Un altro aspetto curioso e quasi paradossale è che Apuleio, il quale era sacerdote pagano e interessato alla magia e, ammesso che citi i Cristiani, lo fa con irrisione e non certo con simpatia –si pensi soprattutto al ritratto della moglie del mugnaio nelle *Metamorfosi*–[73], fu ben noto agli stessi Cristiani e da loro apprezzato: Lattanzio ne parla nelle sue *Divinae Institutiones*, V 37 e s. Agostino in particolare, oriundo della medesima zona di Apuleio, lo cita con dovizia (*civ. Dei* VIII 14 e 19; *epp.* 102, 32; 136, 1; 138, 19) e mostra di conoscerne la vita e l'opera. Si consideri soprattutto l'*ep.* 138, 19:

[71] Si vedano G.B. DE ROSSI, "Priscilla e gli *Acilii Glabriones*", *Bull. Arch. Cristiana* 1889, 103-133; H. LECLERCQ, "Prisque", in *Dictionnaire de Archéologie Chrétienne et de Liturgie*, XIV 1, Paris 1939, 1876-1887; M. SORDI, *I Cristiani*, 35-36. Un mio contributo comparirà su *Espacio, Tiempo y Forma.* Si veda oggi su Pudentilla in rapporto al Cristianesimo HUNINK, "Apuleius, Pudentilla", 80-94.

[72] HUNINK, "Apuleius, Pudentilla", 93-94: in particolare l'Autore riporta un passo di una lettera della donna al figlio, in cui ella usa il sintagma *deum voluntate* (70, 7), dove *deum* è chiaramente un genitivo plurale.

[73] Non è escluso, benché non disponiamo di alcuna prova, che Apuleio avesse in mente anche i supplizi di alcune donne cristiane condotti con senso di spettacolarità e con travestimenti delle martiri stesse come Dirci mitologiche (attesta del martirio di donne cristiane travestite da Dirci e da Danaidi Clemente Romano –testimone della persecuzione di Nerone e di quella di Domiziano– nella *Epistola ai Corinzi*): a un simile supplizio allude in VI 27: *memorandi spectaculi scaenam, non tauro, sed asino dependentem Dircen aniculam...*: sul mito di Dirce nella letteratura cfr. B.L. HIJMANS-R.T. VAN DER PAARDT, *Apuleius Madaurensis. Metamorphoses. A Commentary on Book IV*, Groningen 1997, *ad loc.*; N. SLATER, "Spectator and Spectacle in Apuleius", in *The Ancient Novel in Context*, cit., in corso di pubblicazione, suppone che in questo passo Apuleio non avesse in mente solo il trattamento letterario della morte di Dirce, ma anche episodi dell'esecuzione di donne nell'anfiteatro. Certo fra queste vi furono anche martiri cristiane.

> *Apuleius enim, ut de illo potissimum loquamur, qui nobis Afris Afer est notior, non dico ad regnum, sed ne ad aliquam quidem iudiciariam reipublicae potestatem cum omnibus suis magicis artibus potuit pervenire, honesto patriae suae loco natus et liberaliter educatus magnaque praeditus eloquentia. An forte ista, ut philosophus, voluntate contempsit, qui sacerdos provinciae, pro magno fuit ut munera ederet venatoresque vestiret et pro statua sibi apud Oeenses locanda ex qua civitate habebat uxorem, adversus contradictiones quorundam civium litigaret? Quod posteros ne lateret, eiusdem litis orationem scriptam memoriae commendavit. Quod ergo ad istam terrenam pertinet felicitatem, fuit magus ille quod potuit. Unde apparet eum nihil amplius fuisse, non quia noluit, sed quia non potuit. Quanquam et adversus quosdam, qui ei magicarum artium crimen intenderant, eloquentissime se defendit. Unde miror laudatores eius qui eum nescio quae fecisse miracula illis artibus praedicant, contra eius defensionem testes esse conari.*

Anzi è proprio s. Agostino a testimoniarci il titolo alternativo *Asinus aureus* per il romanzo apuleiano: *Civ. Dei* XVIII 18: *Apuleius in libris quos* Asini aurei *titulus inscripsit...*

In conclusione, sembra di poter dire, sulla base di indizi che lasciano riflettere, che non è escluso che Apuleio avesse una certa conoscenza dei Cristiani e che nella sua opera inserisse alcuni spunti polemici e parodistici in merito.

Conclusioni

Il titolo di questa sezione finale, sebbene sia d'obbligo, nel caso presente non mi sembra pienamente appropriato: quelle che seguono non possono infatti essere considerate acquisizioni definitive; tutt'altro. Sono piuttosto osservazioni che tentano di ricapitolare quello che è emerso, talora faticosamente e spesso in maniera molto problematica, nel corso dell'indagine svolta.

In primo luogo, rispetto al metodo di lavoro previamente delineato in sede introduttiva, per ogni autore si è proceduto a verificare che l'epoca di composizione della sua opera ed il suo contesto geografico, alla luce delle conoscenze acquisite sulla diffusione del Cristianesimo nei primi secoli, consentono sempre di ipotizzare la possibilità, la probabilità, o –in alcuni casi– la certezza che il prosatore conoscesse, in misura più o meno approfondita, i Cristiani, la loro origine, le loro dottrine, il loro mondo spirituale. Parimenti, per ogni autore si sono presi in considerazione, laddove possibile in base alle notizie a nostra disposizione, i suoi interessi e il suo orientamento intellettuale, e si è potuto concludere che sovente questi potevano comportare un'attenzione, nella maggior parte dei casi critica, verso il Cristianesimo e quanti lo professavano, oppure una certa vicinanza spirituale, una comunanza di valori. Analogamente si è cercato di aver riguardo al tipo di pubblico al quale ciascun romanziere si rivolgeva, e in alcuni casi si è potuto supporre che i lettori fossero in grado di cogliere eventuali riferimenti al Cristianesimo e che potessero essere interessati ad allusioni, spesso ironiche, alla nuova religione. Per tutti i romanzi e le opere in prosa prese in esame abbiamo poi svolto una attenta analisi dei testi, che in primo luogo ha permesso di notare in più di un caso alcuni elementi linguistici comuni anche alla letteratura cristiana antica. Questo è interessante, anche perché talora le corrispondenze sono davvero stringenti, specialmente a livello lessicale e per alcuni sintagmi, ma, come avvertivamo già in sede introduttiva, queste corrispondenze di per sé non bastano a dimostrare con certezza una dipendenza. Interessanti appaiono anche i vari casi in cui, come si è visto, i romanzi riflettono valori, quali la fedeltà, la castità, la fede, il rispetto per la vita umana, che rinviano a un mondo spirituale vicino a quello cristiano, ad una *Weltanschauung* comune. Come si auspicava in sede iniziale, sembra di essere riusciti a offrire un quadro ricco e preciso del contesto culturale dei romanzi antichi e dei possibili contatti tra i romanzieri, il loro pubblico e il mondo cristiano. Sono emersi anche indizi importanti che sembrano riflettere una certa conoscenza delle polemiche intorno al Cristianesimo nei primi secoli.

Si tratta, da un lato, di alcuni elementi topici a livello narrativo –come quelli della crocifissione, della morte apparente o della risurrezione, o del trafugamento di cadavere– che fecero il loro ingresso in questa letteratura proprio nei decenni in cui sorgeva il Cristianesimo e in cui erano particolarmente vive le polemiche relative all'adorazione di un crocifisso, al presunto trafugamento del cadavere di Gesù e alla credenza nella sua risurrezione. Si sono riscontrati cenni, per lo più polemici e parodistici, talora possibili ma talora anche certi, ai Cristiani e ai loro presunti *flagitia*, all'eucaristia, alla vita di Gesù, alle dottrine cristiane. In alcuni casi si è potuto verificare che, allo stato attuale delle conoscenze, non sembra trattarsi di topiche diffuse già prima dell'avvento del Cristianesimo o in modo indipendente da esso.

Ritengo dunque opportuno riassumere qui brevemente le notazioni –talora anche solo ipotetiche– più importanti che a mio parere sono emerse nel corso dell'analisi dei singoli autori, secondo l'ordine nel quale questi ultimi sono stati affrontati durante il lavoro.

È stato preso in esame per primo il *Romanzo di Calliroe* di Caritone di Afrodisia (cap. I), poiché appare, in base alle indicazioni della maggioranza degli studiosi, il primo romanzo greco cronologicamente appartenente all'èra cristiana. In base agli studi più recenti, la collocazione cronologica del romanzo di Caritone oscilla fra la metà circa del I secolo d.C. ed i primi decenni del II e quindi in linea di principio non preclude la possibilità di una conoscenza del fatto cristiano da parte dell'autore. Si è affrontato quindi il problema della ambientazione geografica del romanzo e del suo autore, probabilmente un letterato di Caria del I sec. *ex.* - II *in.*, e si è proceduto su questa base ad illustrare con la maggiore documentazione possibile la diffusione del Cristianesimo in questa regione e nelle limitrofe fin dall'età apostolica. Correggendo le prospettive di D'Orville e di Rohde, che ipotizzavano una conoscenza del Cristianesimo o addirittura un'appartenenza ad esso da parte di Caritone –la cui cronologia essi credevano d'altronde molto più bassa di quella generalmente accettata oggi–, s'è dunque esaminato il romanzo per rintracciarvi eventuali allusioni al fatto cristiano e per domandarsi poi se non possa trattarsi piuttosto di parodie. Richiamata l'attenzione sulla presenza del religioso in Caritone e sul tipo di pubblico al quale egli si rivolgeva –che era molto probabilmente in grado di cogliere e di apprezzare possibili allusioni al fatto cristiano–, sono state considerate le fonti impiegate da Caritone, fra le quali sono anche testi storiografici, e l'attenzione riservata dal romanziere al mondo contemporaneo, nonché la presenza di *realia* nel romanzo stesso, tutti dati che rendono probabile un eventuale interesse anche verso testi storico-biografici quali i Vangeli e verso un fatto reale e contemporaneo quale quello cristiano. Dopo aver esposto brevemente i più significativi parallelismi riscontrati da Van der Horst a livello lessicale, concettuale e stilistico fra il testo di Caritone e quello del Nuovo Testamento, e dopo aver ricordato la ricerca di Edwards riguardante in particolare le convergenze fra il romanzo di Caritone e gli *Atti degli Apostoli*, sono passata ad illustrare le recenti ipotesi di Thiede, di estremo interesse ai fini della presente indagine, benché opinabili sotto alcuni aspetti, riguardanti alcuni passi di Caritone che secondo lo studioso rivelano una conoscenza del Cristianesimo da parte di Caritone stesso e la sua volontà di parodiarlo: si tratta dei passi riguardanti la crocifissione di Cherea e la morte apparente di Calliroe, la sua sepoltura, il suo rapimento da parte dei profanatori di tombe ed il successivo ritrovamento della tomba vuota da parte dello sposo. Per parte mia, alle osservazioni di Thiede ho cercato di accostarne diverse mie personali, il più circostanziate possibile, riguardanti situazioni e particolari lessicali comuni fra scene e narrazioni evangeliche –soprattutto di *Mt* e *Gv*– ed altre di Caritone. Ho cercato infine di porre in luce l'insistenza, da un lato, di Caritone sulla figura e l'operato dei violatori di tombe e sulla condanna a morte inflitta ad uno di loro, e, dall'altro lato, il passo evangelico (*Mt* 28, 13) riguardante la diceria diffusa dai Giudei a proposito dei Cristiani come violatori di tombe e sull'interpretazione in senso anticristiano del cosiddetto *Editto di Nazareth*. Esso comminava stranamente la pena di morte per i violatori di tombe ed è stato già accostato alla novella petroniana della *Matrona di Efeso*, pressoché contemporanea al romanzo di Caritone ed ambientata in una città prossima alla zona in cui questi scriveva. Dunque, una conoscenza del Cristianesimo da parte di Caritone ed una volontà di alludervi nel suo romanzo non sembrano necessariamente da escludersi.

Per Senofonte (cap. II) mi sono concentrata, per la prima parte, sulla probabile collocazione cronologica del romanzo nel II secolo, sui problemi relativi alla sua eventuale forma epitomata, sulle aree geografiche direttamente chiamate in causa dal romanziere, quali Efeso e l'Egitto, ma anche l'Italia Meridionale, per cui ho cercato di illustrare la precoce diffusione del Cristianesimo. Ho quindi ricordato l'interesse di Senofonte per la vita religiosa e per il mondo contemporaneo e ho appuntato l'attenzione su due passi che trovano precisi paralleli in Caritone, quello della crocifissione di Abrocome, in cui Senofonte esprime una interessante osservazione riguardo alle modalità di crocifissione nei diversi paesi, e quello della morte apparente e della risurrezione di Anzia, collegato ad un episodio di τυμβωρυχία. Si tratta di temi presenti, prima di Senofonte, anche in Caritone e in Petronio, che possono essere collegati con motivi polemici verso il Cristianesimo.

Riguardo a Giamblico (cap. III) si sono in primo luogo estrapolati tutti gli indizi per una corretta collocazione storica, che si danno in dovizia, e geografica: ciò ha permesso di ricostruire con precisione un quadro in cui una eventuale conoscenza del cristianesimo da parte dell'autore non si può escludere ed anzi appare probabile. È stata altresì posta in luce l'attenzione del romanziere verso i fatti contemporanei e verso il mondo religioso, che favoriscono l'ipotesi di un eventuale interesse dell'autore per il cristianesimo. Quindi si sono prese in esame alcune scene del romanzo, dove gli episodî di crocifissione mancata sono ben tre ed anche le scene di "morte apparente" e di "resurrezione" si moltiplicano e in una in particolare sembra rivelarsi un atteggiamento polemico nei confronti di quanti credono alla resurrezione, atteggiamento non dissimile a quello che si trova nella novella petroniana della *Matrona di Efeso*. Vi è infine l'uccisione di Setapo da parte di Sinonide che presenta interessanti parallelismi con quella veterotestamentaria di Oloferne da parte di Giuditta. Per ciascuna scena ho cercato di considerare anche le indicazioni fornite dai dati lessicali, laddove fossero disponibili per la presenza di frammenti e non solo nell'epitome foziana. Quasi in margine a questi primi capitoli, mi è sembrato opportuno soffermarmi a considerare l'importanza del tema della τυμβωρυχία da un lato nei romanzi e, dall'altro, nelle accuse anticristiane, vive ancora al tempo di Tertulliano, e su quelli della crocifissione e della resurrezione.

Nel cap. IV, dedicato ad Achille Tazio, mi è parso fondamentale trattare preliminarmente della notizia della Suda che lo vorrebbe vescovo: a questo proposito ho tentato di porre in evidenza alcune ragioni che inducono, se non ad accettarla, certamente a non respingerla *a priori*. Tra queste ragioni vi sono la propensione di Achille al Neo-platonismo, che dal II secolo aveva preso a sposarsi con il Cristianesimo, e l'elogio della castità –anche nella sua accezione di verginità maschile, poco sentita nel mondo pagano ma molto nel cristiano–, che riscosse il plauso di Fozio in un epigramma e che arriva ad assumere accenti di protesta di disponibilità al martirio: un tema, quest'ultimo, molto vivo nel Cristianesimo contemporaneo e che ebbe una documentabile risonanza tra i pagani. Anche senza accettare la suggestione del Cataudella che vede nel sacerdote di Artemide un'allusione ad un sacerdote cristiano e forse addirittura a Giovanni Crisostomo, altre prese di posizione del romanziere sono interessanti, come la proclamazione della non-violenza o la opposizione al suicidio, oltre alle scene di morte apparente e di "resurrezione", che, come in Giamblico e forse ancor più, si moltiplicano e si complicano. E abbiamo detto che questo tema compare nel romanzo classico proprio a partire dal tardo I secolo, in probabile concomitanza –come vedremo meglio riguardo a Petronio– con le polemiche anticristiane vive in ambiente pagano.

Per Longo, di cui ho trattato nel cap. V, mi sono attenuta alla cronologia che lo pone nella seconda metà del II secolo d.C., al più tardi ai primi del III ed ho affrontato previamente la questione di quanto il romanzo possa riflettere la realtà contemporanea all'autore, fornendo brevemente un panorama della critica. Dopo un *excursus* sulla situazione del Cristianesimo in età antonina e severiana, con la grave persecuzione di Marco Aurelio ed il periodo di relativa pace di cui i cristiani poterono godere sotto Commodo e i Severi, con una "tolleranza di fatto", ho affrontato il tema del mondo religioso del romanzo di Longo, il significato del motivo pastorale –che presenta interessanti parallelismi con il coevo *Epitafio di Abercio*– e l'esegesi di alcuni passi specifici, come quello conclusivo del proemio, in cui l'autore invoca Dio perché gli conceda di vivere casto, limitandosi a scrivere le avventure altrui.

Per Eliodoro (cap. VI) è stata discussa innanzitutto la contestualizzazione storica, a proposito della quale non vige un perfetto accordo tra i critici, e l'appartenenza ad una famiglia di stirpe siro-fenicia, legata al culto del Sole, proveniente da Antiochia e trasferitasi ad Emesa. Si è optato, in base ad un concorso di elementi –fra cui la felice interazione tra la cultura pagana e la cultura cristiana e la diffusione del culto solare, nonché della simbologia solare nel cristianesimo– per una collocazione in età severiana. Di particolare interesse sembra la notizia di Socrate, secondo cui Eliodoro fu vescovo di Tricca in Tessaglia ed ivi introdusse il costume del celibato ecclesiastico. L'analisi critica della notizia dello storico ecclesiastico Socrate (V sec.), posta nel suo contesto e considerata alla luce della seria metodologia storiografica di Socrate stesso, sembra permettere una sua rivalutazione e far supporre che Socrate l'abbia appresa direttamente in Tessaglia, grazie alla conoscenza degli usi e delle liste episcopali locali. Si è anche dimostrato che questo non pregiudica l'ipotesi precedente della datazione ai primi del III secolo. Si è poi affrontata l'analisi del romanzo, caratterizzato da una profonda religiosità e da un'insistenza particolare sul tema della castità, anche maschile: un elemento presente già nel presunto vescovo Achille Tazio e significativo alla luce dell'introduzione del celibato ecclesiastico da parte del vescovo di Tricca. Anche in Eliodoro si è potuta riscontrare una decisa moltiplicazione di episodi di morte apparente e di "resurrezione", per il primo dei quali è stato possibile fornire anche precisi parallelismi evangelici. Inoltre è stata posta in rilievo la consapevolezza, dichiarata da Cariclea nel romanzo, che il suicidio è un'empietà. Si è infine ricordato l'apprezzamento da parte dei cristiani del romanzo di Eliodoro.

Riguardo a Luciano (cap. VII), si è cercato di ricostruire, in base ai pochi dati certi disponibili, il suo ambiente storico–culturale: la sua provenienza siriaca, dalla Commagene, dove nacque a Samosata verso il 125, è significativa, dato che sin dal tardo I secolo il Cristianesimo sembra noto, in questa regione. Anche nelle zone in cui egli esercitò la professione di sofista –Italia e Roma in particolare, Grecia, Gallia, Siria, specialmente Antiochia– e in Egitto, dove si recò alla fine della vita, è attestata la presenza cristiana in alcuni casi fin dal I secolo, e certamente nell'avanzato II secolo, quando Luciano visse fin oltre al regno di Marco Aurelio. È stata quindi affrontata la questione di quanto la storia contemporanea si rifletta nelle opere di Luciano ed è risultato significativo che le due opere in cui la critica concordemente riconosce sicure allusioni a fatti contemporanei, ossia il *Peregrinus* e l'*Alexander*, sono anche, precisamente, quelle in cui si riscontrano riferimenti certi al Cristianesimo, che potevano indubbiamente essere colti dal pubblico di Luciano. È stata illustrata brevemente la posizione di Luciano di fronte ai filosofi, ai retori e ai presunti fondatori di religioni, e di fronte alle divinità tradizionali; l'analisi dei dialoghi ha mostrato alcuni interessanti particolari linguistici, come l'uso di χρηστός, lett. "buono", in senso antifrastico e denigratorio; o di pensiero, come la negazione sia della risurrezione sia dell'eroizzazione sia della possibilità che esistano esseri composti di uomo e dio, o la critica alle nozze bianche, praticate in effetti dai Cristiani. Riguardo al *Prometheus* si è illustrato minutamente come la pena del titano vi sia descritta, a differenza dalle fonti precedenti, quale effettiva crocifissione –il lessico non lascia dubbi–, e come Prometeo si presenti quale benefattore ingiustamente crocifisso. Si è affrontata dunque l'analisi del *De morte Peregrini* e della presentazione dei Cristiani che ne emerge, la quale per certi versi si accorda con quella di Celso: ridicolizzati per la loro semplicità, la mancanza di razionalità e per la loro speranza nella resurrezione –come già in Petronio–, sono anche criticati per la loro spontaneità nell'affrontare la morte, un tratto che forse risente del Montanismo. Ci si è soffermati anche sulla figura di Peregrino stesso, sulle sue possibili tendenze montaniste, sulla sua presentazione critica da parte di Luciano e positiva invece in altre fonti pagane e cristiane. Si è potuto poi supporre, sulla base di una stretta comunanza tematica nelle polemiche anticristiane, che il Celso a cui è dedicato l'*Alexander* sia il polemista pagano attivo sotto Marco Aurelio, e si sono analizzati i passi dell'operetta contenenti diverse allusioni ai Cristiani –nella fattispecie quelli del Ponto– come atei, al pari degli Epicurei. Rimane dubbio invece il riferimento contenuto nel *Philopseudes* ad un esorcista Siriaco in cui taluni critici hanno voluto vedere Gesù Cristo. Dunque in Luciano –che conobbe i Cristiani forse già nella sua città natale e poi molto probabilmente durante i suoi viaggi in zone di antica e radicata cristianizzazione– gli indubbi riferimenti al Cristianesimo contengono significativi punti di contatto con le polemiche di Celso, al quale è probabile che Luciano dedicasse il suo *Alexander*. Poiché entrambi scrivono in un periodo in cui il Montanismo era all'àpice della sua diffusione, nel loro giudizio sui Cristiani sembrano influenzati dagli atteggiamenti esasperati dei Montanisti. La critica di Luciano appare però ironica piuttosto che acrimoniosa, dato che egli considera i Cristiani sprovveduti e irrazionali e del resto critica anche altre dottrine e altre pratiche di ciarlataneria. Le sue ripetute allusioni ironiche presuppongono dunque, poco oltre la metà del II secolo, una sicura conoscenza dei Cristiani ed un interesse verso di essi sia da parte dell'autore sia da parte del suo pubblico, che doveva essere in grado di cogliere prontamente i riferimenti ai Cristiani e di riderne.

L'indagine dedicata a Petronio nel cap. VIII si configura come la prosecuzione, l'ampliamento e la verifica di un'ipotesi che avevo già formulato e che mi sembra di poter confermare, beninteso nell'ambito della probabilità. Una volta raccolti e presentati brevemente gli indizî che la critica ha avanzato in favore dell'identificazione –oggi pacifica– dell'autore del *Satyricon* con il *Petronius Niger arbiter elegantiarum* di Nerone, abbiamo delineato la sua posizione in seno al circolo neroniano ed una panoramica relativa alla diffusione del Cristianesimo a Roma in età neroniana. Ci siamo soffermati sulla attestata presenza di Cristiani negli ambienti della corte neroniana e in seno alla *gens Annaea*, e sugli aspetti della persecuzione anticristiana di Nerone, pressoché contemporanea a quella antistoica, soprattutto sull'episodio legato all'incendio di Roma, di cui Petronio non poteva non essere al corrente. Abbiamo appuntato l'attenzione sull'interesse di Petronio, anche se critico ed irrisorio, verso il Giudaismo, quale emerge non solo dall'epigramma di *Anth. Lat.* I 2, 696, di cui sembra opportuno rivalutare l'attribuzione a Petronio stesso, ma anche da diversi passi del *Satyricon*. Nella fattispecie, abbiamo cercato di dimostrare che Petronio presenta una chiara parodia del giudizio di Salomone, negli stessi anni in cui a Pompei, una città campana come quella in cui si svolge la *coena Trimalchionis*, un affresco caricaturale di committenza pagana raffigura lo stesso episodio vetero-testamentario. Abbiamo ricordato che l'identificazione, molto probabile, del frammento qumrânico 7Q5 con un passo del vangelo di Marco riconferma la tradizione patristica della stesura dello stesso vangelo a Roma, sulla base della predicazione di Pietro, al tempo dell'imperatore Claudio: Petronio poteva dunque conoscerlo, o per lo meno poteva conoscere la predicazione apostolica. Conferme a mio parere non trascurabili di questa supposizione vengono dalla successiva analisi di specifici passi del *Satyricon* in cui si possono cogliere possibili allusioni rispettivamente all'unzione di Betania con il nardo, all'ultima cena, al canto del gallo, nella *cena Trimalchionis*; alla crocifissione di Gesù, al presunto trafugamento del suo cadavere –con interessanti agganci al cosiddetto *Editto di Nazareth*– e alla sua risurrezione, nella novella della *Matrona di Efeso*, all'istituzione del memoriale eucaristico nell'episodio crotoniate. Abbiamo notato che, se la crocifissione, la risurrezione, l'Eucaristia potevano essere note a Petronio senza dover supporre necessariamente la sua lettura del Vangelo, per il canto del gallo, invece, e soprattutto per l'unzione con il nardo, non solo data la minuzia di certi particolari, ma anche a causa dei riscontri testuali che abbiamo cercato di porre in luce, appare più probabile una conoscenza del Vangelo, e segnatamente del Vangelo di Marco. S'è poi rilevato l'interesse che anche il pubblico di Petronio poteva nutrire verso eventuali allusioni al Cristianesimo nel suo romanzo e si sono ricordati alcuni studiosi che recentemente hanno accolto e variamente sviluppato la mia ipotesi.

Nel cap. IX, incentrato su Apuleio, l'attenzione è stata rivolta dapprima al filone dei romanzi che hanno per protagonista un uomo-asino; si è cercato, sulla base della critica più recente, di dipanare la questione delle priorità e delle dipendenze reciproche tra questi romanzi. Per il nostro discorso è utile aver concluso che il romanzo del presunto Lucio di Patre si colloca tra la fine del I secolo e la prima metà del II, quello apuleiano verso il 160-170 e quello dello Ps. Luciano non molto dopo Luciano stesso. La concentrazione in questo arco di tempo di tre romanzi incentrati sullo stesso tema, senza antecedenti significativi e senza riprese successive, diviene interessante alla luce della contemporanea diffusione dell'accusa, rivolta dai pagani ai Cristiani e da noi estesamente analizzata, di essere adoratori di un uomo-asino. Quanto alla *fabula Milesia*, il genere cui si avvicina il romanzo di Apuleio, è precisamente quello in cui abbiamo riscontrato alcune probabili allusioni –profondamente critiche e rispondenti alla polemica anticristiana del tempo– al fatto cristiano. Se i dati biografici di Apuleio consentono di supporre senz'altro una conoscenza dei Cristiani da parte sua, anche i suoi interessi intellettuali e religiosi, rivolti pure al problema della mediazione tra il divino e l'umano, potrebbero aver contribuito ad una sua attenzione, per quanto critica, verso il Cristianesimo. Ma è soprattutto l'analisi meticolosa del testo che ci ha permesso di riscontrare, nel curioso ritratto morale della moglie del mugnaio di *Met.* IX 14-15, una precisa e dettagliata serie, quasi un "concentrato", per così dire, di accuse anticristiane ben vive al tempo della composizione del romanzo e attestate con chiarezza dagli apologisti cristiani e dai libellisti pagani come Celso. Ho potuto così fornire parallelismi precisi riguardo ad es. alle accuse di *saevitia*, di *pertinacia*, di ebbrezza, di ateismo, di *lascivia* e di *impudicitia*, di ricorso alla magia –proprio nel periodo in cui un rescritto di Antonino Pio diretto contro la magia fu applicato nella persecuzione anticristiana–, e abbastanza stringenti da poter concludere che è probabile in questo passo la volontà di Apuleio di offrire una parodia di una donna cristiana, come del resto è accettato ormai da vari critici. Quanto al *De magia*, o *Apologia*, anche qui abbiamo discusso di alcuni passi in cui non sono escluse allusioni ai Cristiani, come di recente ha sostenuto anche Hunink, pur se con minore probabilità rispetto al passo delle *Metamorfosi*.

È veramente difficile trarre conclusioni globali e sintetiche dal presente studio. Se, comunque, la conoscenza del Cristianesimo è certa ed esplicita nel caso di Luciano e sembra molto probabile per Apuleio, nel II secolo i romanzieri avevano dunque conoscenza del Cristianesimo e nella loro prosa inserivano spunti polemici e critici nei riguardi dei Cristiani, sovente sotto forma parodistica, evidentemente nella certezza che il loro pubblico li avrebbe colti ed apprezzati. Ma anche per alcuni romanzieri precedenti ci sono indizi più o meno consistenti di un probabile interesse verso il Cristianesimo. Penso soprattutto a Petronio e a Caritone, i cui romanzi sembrano pressoché contemporanei; di essi, il primo in particolare fu scritto a Roma nella tarda età neroniana. In entrambe le opere sembra di riscontrare allusioni fortemente parodistiche al fatto cristiano. Più consistenti sono i dati storici che abbiamo a disposizione per Petronio, il quale fra l'altro allude nel suo romanzo all'incendio di Roma del 64, quello di cui furono accusati i Cristiani e per il quale essi furono giustiziati in gran numero (*multitudo ingens*, secondo Tac.

Ann. XV 44). In base a questi e ad altri indizi, risulta probabile che sia Petronio sia il suo pubblico conoscessero i Cristiani e non sembra assurdo credere che il romanziere abbia voluto inserire nella sua opera alcuni spunti ironici e parodistici relativi ai seguaci della nuova religione. Appare dunque possibile che già dal I secolo il romanzo classico rifletta, in tono critico e derisorio, una conoscenza e un interesse verso gli aspetti del Cristianesimo –quali l'Eucaristia come mangiare del corpo di Cristo, la crocifissione o la resurrezione– che maggiormente sorprendevano i pagani ed erano probabilmente oggetto di polemica da parte loro. Se Petronio, inoltre, aveva una tale conoscenza del Cristianesimo, è probabile che anche altri romanzieri –anch'essi intellettuali colti, rivolgentesi a un pubblico di una certa levatura intellettuale– ne sapessero qualcosa.

Insomma, spero che il presente lavoro possa essere di qualche utilità non tanto per le conclusioni che si siano potute trarre o per punti d'arrivo molto spesso instabili ed ipotetici, quanto piuttosto come spunto per ulteriori ricerche. Tutto quello che mi auguro di avere conseguito nella mia ricerca è di avere contribuito a chiarificare il contesto culturale e religioso dei romanzi antichi e i possibili contatti con il Cristianesimo e di aver saputo cogliere indizî sufficienti a convincere che valga almeno la pena di interrogarsi, senza preclusioni acritiche, sulla possibilità che i romanzieri classici ed il loro pubblico conoscessero i Cristiani e che nei loro romanzi possano trovarsi talora anche allusioni, per quanto critiche, al Cristianesimo. Dato il contesto e i contatti tra il romanzo antico e il Cristianesimo che si è cercato di illustrare, infine, si può forse comprendere meglio come mai il genere romanzesco abbia incontrato tanta fortuna tra i Cristiani e sia entrato con tanta facilità nella letteratura cristiana antica.

Bibliografia

Nota: Questa bibliografia, che non ha assolutamente alcuna pretesa di completezza, è comprensiva non solo della maggior parte degli studi che ho citato via via nei singoli capitoli, ma anche dei meno datati libri e articoli che possono essere utili in merito.

Bibliografia su Caritone

a. alcune edizioni, traduzioni, commenti

J.Ph. D'ORVILLE, *Χαρίτωνος 'Αφροδισιέως τῶν περὶ Χαιρέαν καὶ Καλλιρόην ἐρωτικῶν διηγημάτων λόγοι H, Charitonis Aphrodisiensis de Chaerea et Callirrhoe amatoriarum narrationum libri VIII, graece et latine*, Amstelodami 1750; cur. J.J. REISKE, Lipsiae 1783.

Charitonis Aphrodisiensis *De Chaerea et Callirhoe*, in *Erotici scriptores*, rec. R. HERCHER, II, Lipsiae 1859.

Le avventure di Cherea e Calliroe, cur. A. CALDERINI, Torino 1913.

Charitonis Aphrodisiensis *De Chaerea et Callirhoe amatoriarum narrationum libri octo*, ed. W.E. BLAKE, Oxonii 1938.

Caritone, *Le avventure di Cherea e Calliroe*, a c. di R. NUTI, in *Il romanzo classico*, Roma 1958, 29-179; 1371-1376.

Chariton von Aphrodisias, *Kallirhoe*, edd. K. PLEPELITS, A. HIERSEMANN, Stuttgart 1976.

Caritón de Afrodísias, *Quéreas y Callírroe*; Jenofonte de Efeso, *Efesíacas*; *Fragmentos novelescos*, tr. et adn. J. MENDOZA, Madrid 1979.

Chariton. Kallirhoe, übers. und komm. von C. LUCKE-K.H. SCHÄFER, Leipzig 1985.

Storie d'avventura antiche: Caritone, Cherea e Calliroe, *Eliodoro,* Storie Etiopiche, *Apuleio,* Metamorfosi, a c. di G. ANNIBALDIS-R. RONCALI, Bari 1987.

Chariton, *Le roman de Chairéas et Callirhoé*, ed. G. MOLINIÉ, Paris 1979; revisé par A. BILLAULT, Paris 1990.

Chariton, *Callirhoe*, ed. and tr. by G.P. GOOLD, I-II, Cambridge, Mass.-London 1995.

Caritone di Afrodisia, *Il romanzo di Calliroe*, a c. di R. RONCALI, Milano 1996.

b. studi

J. ALVAREZ, *The Journey of Observation in Chariton's "Chaireas and Callirhoe"*, Univ. of Texas at Austin, Ph. D. 1993, UMI Diss. Services, Ann Arbor 1994.

J. ALVAREZ, "Chariton's Erotic History", *AJPh* 118, 1997, 613-629.

J. ALVAREZ, "Utopian Themes in Three Greek Romances", in *The Ancient Novel in Context. Proceedings of the Third International Conference on the Ancient Novel, Groningen, 25-30 July 2000*, edd. M. Zimmerman-S. Panayotakis-W. Keulen, in corso di pubblicazione.

W. AMELING, "Tyrannen und schwangere Frauen", *Historia* 35, 1986, 507-508.

D. AUGER, "Rêve, image et récit dans le roman de Chariton", *Ktema* 8, 1983, 39-52.

R. BALOT, "Foucault, Chariton and the Masculine Self", *Helios* 25, 1999, 139-162.

M.F. BASLEZ, "De l'histoire au roman: la Perse de Chariton", in *Le monde du roman grec. Actes du Colloque International ténu à Paris, 17-19 dic. 1987*, Paris 1992, 199-212.

A. BILLAULT, "Aspects du roman de Chariton", *L'Information littéraire*, suppl. 1, 1982, 205-211.

A. BILLAULT, "De l'histoire au roman: Hermocrate de Syracuse", *REG* 102, 1989, 540-548.

M. BIRAUD, "L'hypothèse homérique et les rôles amoureux de Challirhoé dans le roman de Chariton", in *Sémiologie de l'amour dans les civilisations méditerranéennes*, Paris 1985, 21-27.
W.E. BLAKE, "Modal Uses in Chariton", *AJPh* 57, 1936, 10-23.
J. BOMPAIRE, "Le décor sicilien dans le roman grec et dans la littérature contemporaine", *REG* 90, 1977, 55-68.
A. BORGOGNO, "Un nuovo verso del *Misumenos* di Menandro", *RhM* 103, 1960, 165-167.
A. BORGOGNO, "Menandro in Caritone", *RFIC* 99, 1971, 257-263.
E.L. BOWIE, "The Novels and the Real World", in *Erotica Antiqua. Acts of the International Conference on the Ancient Novel held at the University College of North Wales, 12th-17th July 1976*, ed by B.P. Reardon, Bangor 1977.
E. BOWIE, "Philostratus, Writer of Fiction", in *Greek Fiction. The Greek Novel in Context*, ed. by J.R. Morgan-R. Stoneman, London-New York 1994, 181-199.
E. BOWIE, "The Readership of Greek Novels in the Ancient World", in *The Search for the Ancient Novel*, ed. G. Tatum, Baltimore-London 1994, 435 sgg.
M. BRIOSO SÁNCHEZ, "El personaje del amigo en la novela griega. Caritón", *Minerva* 1, 1987, 61-74.
M. BRIOSO SÁNCHEZ, "Caritón III, 5 y sus modelos", *Minerva* 3, 1989, 205-208.
M. BRIOSO SÁNCHEZ, "Oralidad literatura de consumo en la novela griega antigua? Caritón y Jenofonte de Éfeso, 1", *Habis* 31, 2000, 177-217.
R.E. BROWN, *Giovanni. Commento al Vangelo spirituale*, tr. it. Assisi 1979.
J. CARMIGNAC, *La naissance des Evangiles synoptiques*, Paris 1984[2].
C. CORBATO, "Da Menandro a Caritone. Studi sulla genesi del romanzo greco e i suoi rapporti con la Commedia Nuova", *Quaderni triestini sul teatro antico* 1, 1968, 5-44.
E. CORSINI, *Apocalisse prima e dopo*, Torino 1980.
S. COURAUD-LALANNE, "Récit d'un τέλος ἐρωτικόν: réflexions sur le statut des jeunes dans le roman de Chariton d'Aphrodisias", *REG* 111, 1998, 518-550.
C. DAUDE, "Éléments de la modélisation spatiale dans le roman de Chariton", in *Sémiologie, lexicologie, didactique. Recherches en linguistique étrangère*, 15, Paris 1990, Annales littéraires de l'Université de Besançon 421, 67-94.
M.L. DELBRIDGE, "Prayer in Chariton's *Chaereas and Callirhoe*", in *Prayer from Alexander to Constantine*, ed. M. Kiley, London-New York 1997, 171-175.
D.R. EDWARDS, *Acts of the Apostles and Chariton's "Chaereas and Challirhoe". A Literary and Sociohistorical Study*, Boston University, Ph.D. 1987, UMI Diss. Services, Ann Arbor 1994.
D.R. EDWARDS, *Chariton's "Chaereas and Callirhoe": Religion and Politics Do Mix*, Society of Biblical Literature, Seminar Papers 24, 1985, 175-181.
D.R. EDWARDS, "Religion, Politics and Entertainment in the Graeco-Roman World: Chariton and his City Aphrodisias", in *The Notion of 'Religion' in Comparative Research. Selected Proceedings of the XVIth Congress of the International Association for the History of Religions. Rome, 3rd-8th september 1990*, ed. U. Bianchi, Roma 1994, 283-287.
D.R. EDWARDS, "Pleasurable Reading or Symbols of Power? Religious Themes and Social Context in Chariton", in *Ancient Fiction and Early Christian Narrative*, edd. R.F. Hock-J.B. Chance-J. Bradley-J. Perkins, Atlanta 1998, Society of Biblical Literature, Symposium Series Number 6, 31-46.
B. EGGER, "Looking at Chariton's Callirhoe", in *Greek Fiction. The Greek Novel in Context*, ed. By J.R. Morgan-R. Stoneman, London-New York 1994, 31-48.
K. ERIM, *Aphrodisia: City of Venus Aphrodite*, London 1986.
K.H. GERSCHMANN, *Chariton-Interpretationen*, Münster 1975.
P. GRIMAL, *Romans grecs et latins*, Paris 1958, 381-382.

E. GRZYBEK-M. SORDI, "L'Edit de Nazareth et la politique de Néron à l'égard des Chrétiens", *ZPE* 120, 1998, 279-291.
D. GUTHRIE, *New Testament Introduction*, Leicester 1990.
T. HÄGG, *Narrative Technique in Ancient Greek Romances. Studies on Chariton, Xenophon Ephesius, and Achilles Tatius*, Stockholm 1971.
T. HÄGG, "Some Technical Aspects of the Characterization in Chariton's Romance", in *Studi classici in onore di Q. Cataudella*, II, Univ. di Catania, Fac.Lett.e Filos. 1972, 545-556.
T. HÄGG, "Callirhoe and Parthenope: the Beginnings of the Historical Novel", *Class. Antiquities* 6, 1987, 184-204 = S. SWAIN, *Oxford Readings in the Greek Novel*, Oxford 1999, 137-160.
S. HEIBGES, *De clausulis Charitoneis*, Halis Saxonum 1911.
J. HELMS, *Character Portrayal in the Romance of Chariton*, The Hague-Paris 1966.
C. HERNÁNDEZ LARA, "El orden de palabras en Caritón de Afrodisias", *Myrtia* 2, 1987, 83-89.
C. HERNÁNDEZ LARA, "Rhetorical Aspects of Chariton of Aphrodisias", *GIF* 42, 1989, 267-274.
C. HERNÁNDEZ LARA, *Style and Literary Context in Chariton of Aphrodisias*, paper read to the 11th Groningen Colloquium, Groningen 1991.
C. HERNÁNDEZ LARA, *Estudios sobre el aticismo de Caritón de Afrodisias*, Amsterdam 1994, Classical and Byzantine Monographs 29.
L. HERRMANN, "La Callirhoé de Publius Celer", *REA* 78-79, 1976-77, 155-159.
P.G. VAN DER HORST, "Chariton and the New Testament. A Contribution to the Corpus Hellenisticum", *NT* 25, 1983, 348-355.
R. HUNTER, "History and Historicity in Chariton", in *ANRW* II 34, 2, 1994, 1055-1086.
Chr. P. JONES, "Hellenistic History in Chariton of Aphrodisias", *Chiron* 22, 1992, 91-102.
Chr. P. JONES, "La personnalité de Chariton", in *Le monde du roman grec. Actes du Colloque international tenu à l'École Normale Superieure, Paris 17-19 décembre 1987*, rass. par M.F. Baslez, Ph. Hoffmann, M. Trédé, Paris 1992, 161-167.
E. KARABÉLIAS, "Le roman de Chariton d'Aphrodisias et le droit. Renversements de situation et exploitation des ambiguïtés juridiques", in *Symposion 1988. Comunicazioni sul diritto greco ed ellenistico, Siena-Pisa, 6-8 giugno 1988*, a c. di G. Nenci-G. Thür, Akten der Gesellaschaft für griechische und hellenistische Rechtsgeschichte, VII, Köln-Wien 1990, 369-396.
K. KERÉNYI, "Die Papyri und das Problem des griechischen Romans", in *Actes du Ve Congrès International de Papyrologie*, Oxford 1937, 192-209.
K. KERÉNYI, *Der antike Roman*, Darmstadt 1971.
K. KERÉNYI, *Die griechisch-orientalische Romanliteratur in religionsgeschichtliche Beleuchtung. Ein Versuch*, Tübingen 1927, rist. Darmstadt 1973.
M. LAPLACE, "Les légendes troyennes dans le 'roman' de Chariton, *Chairéas et Callirhoé*", *REG* 93, 1980, 83-125.
M. LAPLACE, "Bibliographie sur Chariton, *Chairéas et Callirhoé*", *IL* 33, 1981, 175-176.
M. LAPLACE, "Le roman de Chariton et la tradition de l'éloquence et de la rhétorique: constitution d'un discours panégyrique", *RhM* 140, 1997, 38-71.
P.J. LALLEMAN, "Classical Echoes (Callimachus, Chariton) in the *Acta Iohannis*?", *ZPE* 116, 1997, 66.
A. LAUMONIER, *Les cultes indigènes en Carie*, Paris 1958.
F. LÉTOUBLON, *Les lieux communs du roman. Stéréotypes grecs d'aventure et d'amour*, Leiden-New York-Köln 1993.
C. LUCKE, "Zum Charitontext auf Papyrus", *ZPE* 58, 1985, 21-33.
N. MARINI, "Il personaggio di Calliroe come 'nuova Elena' e la mediazione comica di un passo euripideo, Char. III, 10-IV, 1 = Hel. 1165-1300", *SIFC*, III serie, 11, 1993, 205- 215.

R. MERKELBACH, *Roman und Mysterium in der Antike*, München-Berlin 1962.
C. MORESCHINI-E. NORELLI, *Storia della letteratura cristiana antica greca e latina*, I, *Da Paolo all'età costantiniana*, Brescia 1995.
C.W. MÜLLER, "Chariton von Aphrodisias und die Theorie des Romans in der Antike", *Antike und Abendland* 22, 1976, 115-136.
C.W. MÜLLER, *Der griechische Roman. Neues Handbuch der Literaturwissenschaft*, ed. E. VOGT, Wiesbaden 1981, 377-412.
H.A. ORMEROD, *Piracy in the ancient world*, New York, Dorset 1987.
A. PAPANIKOLAOU, *Chariton und Xenophon von Ephesos. Zur Frage der Abhängigkeit*, Athenai 1964, 305-320.
A. PAPANIKOLAOU, "Zur Sprache Charitons", *Hellenica* 19, 1966, 120-123.
A.D. PAPANIKOLAOU, *Chariton-Studien. Untersuchungen zur Sprache und Chronologie der griechischen Romane*, Göttingen 1973.
B.E. PERRY, "Chariton and his Romance from a Literary-Historical Point of View", *AJPh* 51, 1930, 93-134.
B.E. PERRY, *The Ancient Romances. A Literary-Historical Account of their Origins*, Berkeley-Los Angeles 1967.
R. PETRI, *Über den Roman des Chariton*, Meisenheim am Glan 1963, Beitr. zur Klass. Philol. 11.
K. POETKER, "Callirhoe, Tobit and Mark: Cultural Models of Family in Three Ancient Narratives", in *The Ancient Novel in Context. Proceedings of the Third International Conference on the Ancient Novel, Groningen, 25-30 July 2000*, edd. M. Zimmerman-S. Panayotakis-W. Keulen, in corso di pubblicazione.
I. DE LA POTTERIE, *Storia e mistero. Esegesi cristiana e teologia giovannea*, Roma 1997.
I. RAMELLI, "Caritone e la storiografia greca. Il 'Romanzo di Calliroe' come romanzo storico antico", *ACME* 53, 2000, 43-62.
B.P. REARDON, "The Greek Novel", *Phoenix* 23, 1969, 291-309.
B.P. REARDON, "Theme, Structure and Narrative in Chariton", *YClS* 27, 1982, 1-27 = S. SWAIN, *Oxford Readings in the Greek Novel*, Oxford 1999, 163-188.
B.P. REARDON, ed., *Collected Ancient Greek Novels*, Berkeley-Los Angeles 1989.
B.P. REARDON, *The Form of Greek Romance*, Princeton 1991.
B. REARDON, "Chariton", in *The Novel in the Ancient World*, ed. G. Schmeling, Leiden-New York 1996, 309-335.
B.P. REARDON, "Apographs and Atticists: Adventures of a Text", in *Celebratio. Thirtieth Anniversary Essays at Trent University*, edd. J. BEWS *et alii*, Peterborough 1998, 67-75.
J. REYNOLDS, *Aphrodisias and Rome*, London 1982.
P. ROBIANO, "La notion de *Tyché* chez Chariton et chez Héliodore", *REG* 97, 1984, 543-549.
J.A.T. ROBINSON, *Redating the New Testament*, London 1976.
J.A.T. ROBINSON., *Wann entstand das Neue Testament?*, Paderborn-Wupperthal 1986.
E. ROHDE, *Der griechische Roman und seine Vorläufer*, Hildesheim 1876, Leipzig 1960[4].
R. RONCALI, "*Zelotypia / Daimon* in Caritone", *Quaderni di Storia* 34, 1991, 183-186.
J. ROUSSET, "De l'invisible au visible: la morte-vivante", in *Du visible à l'invisible. Pour Max Milner*, I, Paris 1988, 156-163.
C. RUIZ MONTERO, "Una observación para la cronología de Caritón de Afrodisias", *EClás* 25, 1980, 63-69.
C. RUIZ MONTERO, *Caritón de Afrodisias y el mundo real*, in *Piccolo mondo antico. Appunti sulle donne, gli amori, i costumi, il mondo reale nel romanzo antico*, a c. di P. LIVIABELLA FURIANI-

A.M. SCARCELLA, Edizioni Scientifiche Italiane, Pubblicazioni dell'Università di Perugia, Napoli 1989, 107-147.
C. RUIZ MONTERO, "Aspects of the Vocabulary of Chariton of Aphrodisias", *ClQ* 41, 1991, 484-490.
C. RUIZ MONTERO, "Chariton von Aphrodisias: ein Überblick", in *ANRW*, II, 34, 2, 1994, 1006-1054.
P. SACCHI, *L'apocalittica giudaica e la sua storia*, Brescia 1990.
P. SALMON, "Chariton d'Aphrodisias et la révolte égyptienne de 360 avant J.-C.", *Chronique d'Egypte* 36, 1961, 365-376.
A.M. SCARCELLA, "Cronaca dell'amore e degli amori nelle storie d'amore", in *Piccolo mondo antico*, cit., 151-195.
D.M. SCHENKEVELD, "The Lexicon of the Narrator and his Characters: some Aspect of Syntax and Choice of Words in Chariton's *Chaereas and Callirhoe*", in *Groningen Colloquia on the Novel*, V, Groningen 1993, 17-30.
W. SCHMIDT, *Chariton*, P.-W. III 2, 1899, coll. 2168-2171.
G. SCHMELING, *Chariton*, New York 1974.
K. SCHNEIDER, *Studien zur Entfaltung der altkirchlichen Theologie der Auferstehung*, Bonn 1999.
S. SCHWARTZ, *Courtroom Scenes in Ancient Greek Novels*, Ph. D. Dissertation, Columbia University 1998, riassunto dalla stessa Saundra Schwartz in *PSN* 29, 1-2, 1999, 7-8.
D. SCOURFIELD, "Tragic Anger in Chariton", in *The Ancient Novel in Context. Proceedings of the Third International Conference on the Ancient Novel, Groningen, 25-30 July 2000*, edd. M. Zimmerman-S. Panayotakis-W. Keulen, in corso di pubblicazione.
C. SEGAL, "Sophocle's *Antigone*: the House and the Cave", *RCCM* 20, 1978, 1171-1188.
M. SIMONETTI, *La letteratura cristiana antica greca e latina*, a c. di G. Lazzati, Milano 1988[2].
S.A. STEPHENS, "Who Read Ancient Novels?", in *The Search for the Ancient Novel*, ed. J. Tatum, Baltimore-London 1994, 405-418.
J. O'SULLIVAN, "Xenophon and Chariton", in *Xenophon of Ephesus. His Compositional Technique and the Birth of the Novel*, Berlin-New York 1995, 145-170.
C.P. THIEDE, *Ein Fisch für den römischen Kaiser*, München 1998.
P. TOOHEY, "Dangerous Ways to Fall in Love: Chariton 1.1.5-10 and 6.9.4 ", *Maia* 51, 1999, 259-275.
R. TURASIEWICZ, "De participii apud Xenophontem Ephesium usu", *Eos* 79, 1991, 17-22.
G. VAN STEEN, "Destined to Be? Tyche in Chariton's *Chaereas and Callirhoe* and in the Byzantine *Romance of Kallimachos and Chrysorrhoi*", *AC* 67, 1998, 203-211.
U. VON WILAMOWITZ-MOELLENDORFF, *Die griechische und lateinische Literatur und Sprache*, Berlin-Leipzig 1907[2], 154; 184.
G. ZANETTO, "La lingua dei romanzieri greci", *GIF* 42, 1990, 233-242.
F. ZEITLIN, "Living Bodies and Sculpted Portraits in Chariton's Theatre of Romance", in *The Ancient Novel in Context. Proceedings of the Third International Conference on the Ancient Novel, Groningen, 25-30 July 2000*, edd. M. Zimmerman-S. Panayotakis-W. Keulen, in corso di pubblicazione.
F. ZIMMERMANN, "Chariton und die Geschichte", in AA. VV., *Sozialökonomische Verhältnisse im alten Orient und im klassischen Altertum*, Berlin 1961, 329-345.

Bibliografia su Senofonte Efesio

a. alcune edizioni, traduzioni, commenti

Xénophon d'Ephèse. Les Ephésiaques ou Habrocomès et Anthia, ed. et tr. par G. DALMEYDA, Paris 1962[2].

C. MIRALLES, *Xenophont d'Efes, Efesiaques*, text rev. y trad., Barcelona 1967.

Xenophontis Ephesii Ephesiacorum Libri V de Amoribus Anthiae et Habrocomes, ed. A.D. PAPANIKOLAOU, Leipzig 1973.

G.L. SCHMELING, *Xenophon of Ephesus*, Boston 1980, Twayne's World Authors Ser. 613.

b. studi

J.A. ARTÉS HERNÁNDEZ, "Las *Efesíacas* de Jenofonte de Éfeso y los *Hechos* apócrifos de Pedro y Pablo: estudio lingüístico, 1, 2", *Minerva* 10, 1996, 51-57; *Minerva* 11, 1997, 33-53.

P. AVAERT, *Éléments de réalité chez Xénophon d'Éphèse*, Diss. Louvain 1948.

W. BAUER, *Griechisch-deutsches Wörterbuch zu den Schriften des Neuen Testaments*, neubearbeitet von K. ALAND, Berlin 1988[2].

A. BORGOGNO, "Senofonte Efesio e Teodoro Prodromo", *AFLS* 6, 1985, 221-226.

E.L. BOWIE, "The Greek Novel", in *The Cambridge History of Classical Literature*, I, *Greek Literature*, hrsg. von P. Easterling-B.M.W. Knox, Cambridge 1986, 683-698.

M. BRIOSO, "El personaje del 'amigo' en la novela griega antigua. De Jenofonte de Éfeso a Aquiles Tacio", *Philologia Hispalensis* 4, 1989, 599-610.

J.B. BAUER, "In Xenophontis Ephesii quem vocant fabellam commentariola", *GB* 14, 1987, 229-238.

K. BURESCH, "Die griechischen Trostbeschlüsse", *RhM* 49, 1894, 424-460.

K. BÜRGER, "Zu Xenophon von Ephesos", *Hermes* 27, 1892, 36-67.

L. CASTIGLIONI, "Studi intorno ai romanzieri greci, I, Senofonte da Efeso", *BFC* 29, 1922-23, 202-207.

J. CHANCE, "Divine Prognostication and the Movement of Story: an Intertextual Exploration of Xenophon's *Ephesian Tale* and the *Acts of the Apostles*", in *Ancient Fiction and Early Christian Narrative*, edd. R.F. Hock-J.B. Chance-J. Bradley-J. Perkins, Atlanta 1998, Society of Biblical Literature, Symposium Series Number 6, 219-234.

K. CHEW, "Focalization in Xenophon of Ephesos' *Ephesiaka*", in *Ancient Fiction and Early Christian Narrative*, edd. R.F. Hock-J.B. Chance-J. Bradley-J. Perkins, Atlanta 1998, Society of Biblical Literature, Symposium Series Number 6, 47-59.

K. CHEW, "Inconsistency and Creativity in Xenophons' *Ephesiakà*", *CW* 91, 4, 1998, 203-213.

G. DALMEYDA, "Autour de Xénophon d'Éphèse", *BAGB* 13, 1926, 18-28.

J. DAN, "The Innocent Persecuted Heroine: an Attempt at a Model for the Surface Level of the Narrative Structure of the Female Fairy Tale", in *Patterns in Oral Literature*, hrsg. von H. Jason-D. Segal, La Hague-Paris 1977, 19-24.

F. DUNAND, *Le culte d'Isis dans le bassin oriental de la Méditerranée. Études préliminaires aux religions orientales dans l'Empire Romain* 26, Leiden 1973.

J. FERGUSON, *The Religions of the Roman Empire*, London-Southhampton 1970.

C. FROIDEFOND, *Le mirage égyptien dans la littérature grecque, d'Homère à Aristote*, Gap 1971.

C. FROIDEFOND, "L'Hellenisme et l'Egypt ou les avatars de l'espace", *Silex* 13, 1978, 26-33.

M. FUSILLO, *Il romanzo greco: polifonia ed eros*, Venezia 1989.

F. GARIN, "Sui romanzi greci", *SIFC* 17, 1909, 423-460.

H. GÄRTNER, *Xenophon von Ephesos*, P.-W. IX A, 2, 1967, coll. 2055-2089.

J. GONZÁLEZ GARCÍA, *Estudios sobre el estilo de Jenofonte de Éfeso*, Diss. Murcia 1986.

J. GONZÁLEZ GARCÍA, "Los conceptos retóricos de *apheleia* y *glykytes* en Jenofonte de Éfeso", in *Actas del VII Congreso español de Estudios Clásicos*, II, Madrid 1989, 225-231.

J.G. GRIFFITHS, "Xenophon of Ephesus on Isis and Alexandreia", in *Hommages à Marteen J. Vermaseren*, I, hrsg. von M.B. De Boer-T.A. Erdridge, Leiden 1978, Études préliminaires aux religions orientales dans l'Empire Romain 68, 409-437.

A. GUIDA, "Una nuova collazione del codice di Senofonte Efesio", *Prometheus* 1, 1975, 65-79; 279.

M. HADAS, tr., *Longus, Xenophon, Dio Chrysostom. Three Greek Romances*, New York 1964².

T. HÄGG, "Die *Ephesiaka* des Xenophon Ephesios. Original oder Epitome?", *Cl&M* 37, 1966, 118-161.

T. HÄGG, *Narrative Technique in Ancient Greek Romances. Studies on Chariton, Xenophon Ephesius, and Achilles Tatius*, Stockholm 1971, Skrifter Utgivna av Svenska Instituten i Athen 8, 8.

T. HÄGG, "The Naming of the Characters in the Romance of Xenophon Ephesius", *Eranos* 69, 1971, 25-59.

T. HÄGG, *The Novel in Antiquity*, Oxford 1983.

E. HAIGHT, *Essays on the Greek Romances*, New York 1943.

A. HELM, *Der antike Roman. Handbuch der griechischen und lateinischen Philologie*, I, 1, Berlin 1948.

H. HENNE, "La géographie de l'Égypte dans Xénophon d'Éphèse", *Rev. d'Hist. de la Philosophie et d'Hist. Générale de la Civilisation* 4, 1936, 97-106.

S.W. HIRSCH, *The Friendship of the Barbarians. Xenophon and the Persian Empire*, Hannover-London 1985.

G.H.R. HORSLEY, *New Documents Illustrating Early Christianity*, Alexandria 1982.

K. KERÉNYI, *Der antike Roman*, Darmstadt 1971.

K. KERÉNYI, *Die griechisch-orientalische Romanliteratur in religiosgeschichtliche Beleuchtung. Ein Versuch*, Tübingen 1927, rist. Darmstadt 1973.

B. KYTZLER, a c. di, *Xenophon. Abrokomes und Anthia. Die Liebenden von Ephesos*, mit Übers. und Anm., Leipzig 1981.

B. LAVAGNINI, *Studi sul romanzo greco*, Messina-Firenze 1950, Biblioteca di Cultura Contemporanea 27.

R. MAC MULLEN, *Enemies of the Roman Order. Treason, Unrest and Alienation in the Empire*, Cambridge 1967.

E. MANN, *Über den Sprachgebrauch des Xenophon Ephesius*, Progr. d. humanist. Gymnasiums Kaiserslautern 1896.

H.J. MASON, *Greek Terms for Roman Institutions. A Lexicon and Analysis*, Toronto 1974.

O. MASSON, *Onomastica Graeca Selecta*, I-II, Paris 1990.

R. MERKELBACH, *Roman und Mysterium in der Antike*, München-Berlin 1962.

C. MORESCHINI, "Un'ipotesi per la datazione del romanzo di Senofonte Efesio", *SCO* 19-20, 1970-71, 73-75.

E. NORDEN, *Die antike Kunstprosa von VI Jahrhundert v.Chr. bis in die Zeit der Renaissance*, Leipzig 1898, Berlin 1971².

H. NORTH, *Sophrosyne: Self-Knowledge and Self-Restraint in Greek Literature*, New York 1966, Cornell Studies in Class. Philol. 35.

J.H. NOVAK, *Zur Entwicklungsgeschichte des Begriffes Daimon*, Bonn 1960.

S. OLIVER, "Xenophon of Ephesus and the Antithesis Historia-Philosophia", in *Arktouros. Hellenic Studies presented to B.M.W. Knox*, ed. by G.W. Bowersock, Berlin-New York 1979, 401-406.
H.A. ORMEROD, *Piracy in the Ancient World. An Essay in Mediterranean History*, Liverpool-London 1924.
J.N. O' SULLIVAN, *Xenophon of Ephesus. His Compositional Technique and the Birth of the Novel*, Berlin-New York 1995, Untersuchungen zur antiken Literatur und Geschichte, 44.
A.D. PAPANIKOLAOU, "Chariton und Xenophon von Ephesos. Zur Frage der Abhängigkeit", in *Festschrift K.I. Vourveris*, Athen 1964, 305-320.
A.D. PAPANIKOLAOU, "Περὶ τῆς χρονολογήσεως τοῦ Cod. Add. 10378", *EEAth* 23, 1972-73, 263-269.
W. PAPE-G.E. BENSELER, *Wörterbuch der griechischen Eigennamen*, I-II, Nachdruck, Graz 1959.
E. PÉREZ ABELLÁN, "La situación tópica en la novela del asno", *Myrtia* 4, 1989, 71-88.
B.E. PERRY, *The Ancient Romances. A Literary-Historical Account of their Origins*, Berkeley-Los Angeles 1967, Sather Class. Lectures 37.
The Princeton Encyclopaedia of Classical Sites, Princeton 1976.
J. PUIGGALI, "Une histoire de fantôme. Xénophon d'Éphèse V 7", *RhM* 129, 321-328.
B.P. REARDON, ed, *Collected Ancient Greek Novels*, Berkeley-Los Angeles 1989.
B.P. REARDON, *The Form of Greek Romance*, Princeton 1991.
M.D. REEVE, "Hiatus in the Greek Novelists", *ClQ* 21, 1971, 514-543.
M.D. REEVE, *Recensione a* A.D. PAPANIKOLAOU, *Xenophontis Ephesii Ephesiacorum Libri V de Amoribus Anthiae et Abrocomes*, Leipzig 1973, *JHS* 96, 1976, 192-193.
L. ROBERT, *Fouilles d'Amyzon en Carie*, I, Paris 1973.
E. ROHDE, *Der griechische Roman und seine Vorläufer*, Hildesheim 1876, Leipzig 1960[4].
C. RUIZ MONTERO, *Jenofonte de Éfeso:* " 'Αβροκομης ο 'Αβροκομης ?", *Faventia* 3, 1981, 83-88.
C. RUIZ MONTERO, "Una interpretación del 'estilo KAI' de Jenofonte de Éfeso", *Emerita* 52, 1982, 305-323.
C. RUIZ MONTERO, "La estructura de la *Historia Apollonii Regis Tyri*", *CFC* 18, 1983-84, 291-334.
C. RUIZ MONTERO, "La estructura de la novela griega. Análisis funcional", Salamanca 1988.
C. RUIZ MONTERO, "Xenophon von Ephesos: ein Überblick", in *ANRW*, II, 34, 2, 1994, 1088-1137.
C. RUIZ MONTERO, "Xenophon of Ephesus and Orality in the Roman Empire", in *The Ancient Novel in Context. Proceedings of the Third International Conference on the Ancient Novel, Groningen, 25-30 July 2000*, edd. M. Zimmerman-S. Panayotakis-W. Keulen, in corso di pubblicazione.
F. SARTORI, "Italie et Sicilie dans le roman de Xénophon d'Éphèse", *Journal des Savants* 1985, 161-186.
A.M. SCARCELLA, "Le strutture socio-economiche nel romanzo di Senofonte Efesio", *REG* 90, 1977, 249-262.
A.M. SCARCELLA, "Noterelle al romanzo di Senofonte Efesio", *Prometheus* 3, 1977, 69-80.
A.M. SCARCELLA, "La struttura del romanzo di Senofonte Efesio", in *La struttura della fabulazione antica*, Genova 1979, 89-101.
C. SHEA, "Setting the Stage for Romances: Xenophon of Ephesus and the Ecphrasis", in *Ancient Fiction and Early Christian Narrative*, edd. R.F. Hock-J.B. Chance-J. Bradley-J. Perkins, Atlanta 1998, Society of Biblical Literature, Symposium Series Number 6, 61-76.
O. SCHISSEL VON FLESCHENBERG, *Die Rahmenerzählung in den ephesischen Geschichten des Xenophon von Ephesus*, Innsbruck 1909.
J. SCHWARZ, "Quelques remarques sur les *Éphésiaques*", *AC* 54, 1985, 197-204.
A. SCOBIE, *Aspects of the Ancient Romance and its Heritage*, Meisenheim an Glan 1969.

S. TRENKNER, *Le style KAI dans le récit attique oral*, Assen 1960.
R. TURASIEWICZ, "The problem of the style in Xenophon of Ephesus", in J. Tatum-G. Vernazza, *The Ancient Novel. Classical Perspectives and Modern Paradigms. Proceedings of the 1989 International Conference on the ancient Novel, Dartmouth, NH*, Hannover, N.H. 1990, 135-136.
R. TURASIEWICZ, "De participii apud Xenophontem Ephesium usu", *Eos* 79, 1991, 17-22.
R. TURASIEWICZ, "Zum Stil des Romanciers Xenophon von Ephesos", *GB* 21, 1995, 175-188.
Zs. VÁRHELYI, "Representations of the Other: the Religion of the Egyptians in the Greek Novel", in Heorte*: studia in honorem Iohannis Sarkady Septuagenarii*, edd. Z. Nemes-G. Németh, Debrecen 1997, 89-113.
O. WEINREICH, *Der griechische Liebesroman*, umgearb. und erweit. Neudr. des Nachw. zu Heliodor, *Aithiopica*, Lebendige Antike, Zürich-Stuttgart 1957; 1962.
R.E. WITT, *Isis in the Graeco-Roman World*, London and Southampton 1971.
G. ZANETTO, "A Senofonte Efesio", *SIFC* 13, 1995, 226-230.
F. ZIMMERMANN, "Die ʼΕφεσιακά des sogenannten Xenophon von Ephesos. Untersuchungen zur Technik und Komposition", *WJA* 4, 252-286.

Bibliografia su Giamblico

a. edizione

E. HABRICH, ed., *Iamblichi Babyloniacorum reliquiae*, Leipzig 1960.

b. studi

AA.VV., *Miscellanea J.P. Asmussen, Acta Iranica* 28, 1988.
K. ALAND, *Bemerkungen zum Montanismus und zur frühchristlichen Eschatologie. Kirchengeschichtliche Entwürfe*, Gütersloh 1960.
W. ALAND, "Montano, Montanismo", in *Dizionario Patristico e di Antichità cristiane*, Casale Monferrato 1983, 2299-2301.
B. ALTANER, *Patrologie*, Freiburg 1955, part. 57-58.
F. ALTHEIM, *Weltgeschichte Asiens im griechischen Zeitalter*, II, Halle am Salle 1948, part. 146-147.
Atti del III Congresso Internazionale di studi sul Manicheismo e Oriente cristiano antico, edd. L. CIRILLO-A. VAN TONGERLOO, Lovanii-Neapoli 1997.
T.D. BARNES, "The Chronology of Montanism", *JThS* 21, 1970, 403-408.
M.F. BASLEZ, *Saint Paul*, tr. it. *Paolo di Tarso, l'Apostolo delle genti*, Torino 1993, part. 50-52; 73-74.
J. BLINZLER, *Der Prozess Iesu*, Regensburg 1960[3], tr. it. *Il processo di Gesù*, Brescia 1966, 43-48.
A. BÖHLIG-C. MARKSCHIES, *Gnosis und Manicheismus. Forschungen und Studien zu Texten von Valentin und Mani sowie zu den Bibliotheken von Nag Hammadi und Medinet Madi*, Berlin 1994.
R.M. BRAGG, "Theological Implications of the Montanist Movement", in *Gli imperatori Severi. Storia Archeologia Religione*, a c. di E. Dal Covolo-G. Rinaldi, Roma 1999, Biblioteca di Studi Religiosi 138, 243-250.
W.H. CALDER, "The Epitaph of Avircius Marcellus", *JRS* 29, 1939, 1-4.
Q. CATAUDELLA, *Il romanzo classico*, Roma 1958, xx.
CELSO, *Contro i Cristiani*, intr. di G. BAGET BOZZO, tr. e note di S. RIZZO, Milano 1989.

W. CURETON, *Spicilegium Syriacum*, London 1855, 45-49.
D. DEL CORNO, "Ricerche sull'onirocritica greca", *RIL*, Classe di Lettere, 96, 1962, 334-366.
H.J.W. DRIJVERS, "Hatra, Palmyra und Edessa: die Städte der syrisch-mesopotamischen Wüste in politischer, kulturgeschichtlicher und religionsgeschichtlicher Beleuchtung", in *ANRW* II 8, Berlin 1977, 801-906.
M. ELZE, *Tatian und seine Theologie*, Göttingen 1960.
W.H.C. FREND, "Montanism. Research and Problems", *RSLR*, 1989, 521-537.
M. FRENSCHKOWSKI, "Iranische Königslegende in der Adiabene zur Vorgeschichte von Josephus *Antiquitates* XX 17, 33", *Zeitschr. Deutsch. Morgenl. Ges.* 140, 1990, 213-233.
H. GRÉGOIRE, "Bardesane et Abertius", *Byzantion* 25-27, 1955-57, 363-368.
E. GRZYBEK-M. SORDI, "L'Edit de Nazareth et la politique de Néron à l'égard des Chrétiens", *ZPE* 120, 1998, 279-291.
E. GUIDI, *Chronica Edessena: Chronica Minora, Corpus Scriptorum Christianorum Orientalium, Syri*, It, Louvain 1955.
F. HAASE, *Alchristliche Kirchengeschichte nach orientalischen Quellen*, Stuttgart 1925, 86.
E.R. HAYES, *L'école d'Édesse*, Paris 1930, 45-46, 59.
M.J. HIDALGO DE LA VEGA, "Los oráculos y los sueños-visiones como vehículos de salvación en las novelas greco-romanas", in *Héroes, semidioses y daimones. Primer encuentro-coloquio de ARYS. Jarandilla de la Vera. Diciembre de 1989*, edd. J. Alvar-C. Blánquez-C.G. Wagner, Madrid 1990, 175-204.
G. JOSSA, *I Cristiani e l'Impero Romano. Da Tiberio a Marco Aurelio*, Roma 2000, Studi Superiori 386, part. 144.
V.L. KENAAN, "The Place of Dreams in Apuleius' *Metamorphoses*", in *The Ancient Novel in Context. Proceedings of the Third International Conference on the Ancient Novel, Groningen, 25-30 July 2000*, edd. M. Zimmerman-S. Panayotakis-W. Keulen, in corso di pubblicazione.
A. LAIRD, "Fiction as a Discourse of Philosophy in Lucian's *Verae Historiae*", in *The Ancient Novel in Context. Proceedings of the Third International Conference on the Ancient Novel, Groningen, 25-30 July 2000*, edd. M. Zimmerman-S. Panayotakis-W. Keulen, in corso di pubblicazione.
J. LEIPOLDT, "Frühes Christentum im Orient, bis 451, I, Syrien", in *Handbuch der Orientalistik*, I, VIII, 2, *Religion*, Leiden-Köln 1961, 3-17.
F. LÉTOUBLON, *Les lieux communs du roman. Stéréotypes grecs d'aventure et d'amour*, Leiden-New York-Köln 1993, Mnemosyne Suppl. 123, 78-79.
H. LEWY, *Chaldaean Oracles and Theurgy. Mysticism, Magic and Platonism in the Later Roman Empire*, nuova ed. a c. di M. TARDIEU, Paris 1978, 427-428.
A. MAC ALISTER, *Dreams and Suicide. The Greek Novel from Antiquity to the Byzantine Empire*, London-New York 1996.
Manichaica Selecta. Studies Presented to Professor Julien Ries, edd. S. Giversen-A. van Tongerloo, Lovanii 1991.
S. MASON, *Josephus and the New Testament*, Peabody 1992, 163-175.
S. MAZZARINO, "La democratizzazione della cultura nel Basso Impero", in *Congrès International de Sciences Historiques*, XI, *Stockholm, août 1960*, a c. di J.n. Bakhuizen Van Den Brink, Louvain 1961, 35-55.
S. MAZZARINO, *Il pensiero storico classico*, II 2, Bari 1974, 104.
S. MAZZARINO, *L'Impero Romano*, I, Bari 1991[5], 335-339.
S. MAZZARINO, *L'Impero romano*, II, Bari 1991[5], 887.
E. MC VEY, *A Fresh Look at the Letter of Mara Bar Sarapion to his Son*, in *V Symposium Syriacum, Leuven 1988*, ed. R. LAVENANT, Roma 1990, Orientalia Christiana Analecta 236, 257-272.

P.C. MILLER, *Dreams in Late Antiquity. Studies in the Imagination of a Culture*, Princeton 1994.
C. MINELLI, "La data dell'*Apologeticum* di Tertulliano", *Aevum* 74, 2000, 187-189.
TH. NISSEN, *Sti Abercii Vita*, Leipzig 1912, Texte und Untersuchungen zur Geschichte der altchristlichen Literatur.
R. NUTI, "Nota a Giamblico, *Le storie babilonesi*", in *Il romanzo classico*, a c. di Q. Cataudella, Roma 1958, part. 253.
I. ORTIZ DE URBINA, "Le origini del Cristianesimo in Edessa", *Gregorianum* 15, 1934, 82-91.
I. ORTIZ DE URBINA, *Patrologia Syriaca*, Romae 1958, 33 sgg.
F.S. PERICOLI RIDOLFINI, "Il salterio manicheo e la gnosi giudaico-cristiana", in *Le origini dello Gnosticismo: Colloquio di Messina 13-18 aprile 1966*, testi e discussioni pubblicati a c. di U. Bianchi, Leiden 1967, 597-603.
I. RAMELLI, "Κατὰ ψιλὴν παράταξιν (M. Aur. XI 3): Montanismo e Impero romano nel giudizio di Marco Aurelio", in *Fazioni e congiure nel mondo antico*, Milano 1999, CISA 25, 81-97.
T. RAMPOLDI, "I *Kestoì* di Giulio Africano e l'imperatore Severo Alessandro", in *ANRW*, II, 34, 2, Berlin-New York 1997, pp. 2451-2470.
J.C. REEVES, *Heralds of That Good Realm, Syro-Mesopotamian Gnosis and Jewish Traditions*, Leiden-New York-Köln 1996, Nag Hammadi and Manichaean Studies 41.
S. RONCHEY, *Indagine sul martirio di san Policarpo*, Roma 1990.
F. RUGGIERO, "Celso, il *Discorso Vero* e la confutazione della dottrina cristiana", in Eiusd. *La follia dei Cristiani. Su un aspetto della reazione pagana tra I e V secolo*, prefazione di M. SIMONETTI, Milano 1992, 149-160.
U. SCHNEIDER-MENZEL in F. ALTHEIM, *Literatur und Gesellschaft im ausgehenden Altertum*, I, Halle 1948, 48.
L.H. SCHIFFMAN, "The Conversion of the Royal House of Adiabene in Josephus and Rabbinic Sources", in *Josephus, Judaism and Christianity*, ed. L.H. Feldman-G. Hata, Detroit 1987, 81-94.
M. SIMONETTI, "Alcune osservazioni sul martirio di Policarpo", *GIF* 9, 1956, 332 sgg.
M. SIMONETTI, *Letteratura cristiana antica greca e latina*, Milano 1988[3], 85-87.
M. SORDI, "Le polemiche intorno al Cristianesimo nel II secolo e la loro influenza sugli sviluppi della politica imperiale verso la Chiesa", *RSCI* 16, 1962, 1-28.
M. SORDI, *Il Cristianesimo e Roma*, Bologna 1965, part. 474-478.
M. SORDI, *I Cristiani e l'Impero Romano*, Milano 1984, 81-83.
M. SORDI-I. RAMELLI, "Il Montanismo", in *La profezia*, Bologna 2000, Parola Spirito e Vita. Quaderni di lettura biblica 41, 201-216.
H. STRATHMANN-TH. CLAUSER, "Aberkios", in *Rellexikon für Antike und Christentum*, I, Stuttgart 1950, 12-17.
A. STROBEL, *Das heilige Land der Montanisten*, Berlin 1980.
J. TEIXIDOR, *Bardesane d'Édesse. La première philosophie syriaque*, Paris 1992, part. 69.
The Manichaean ΝΟΥΣ. Proceedings of the International Symposium Organized in Louvain 31 July-3 August 1991, ed. by A. Van Tongerloo-J. Van Oort, Lovanii 1995, Manichaean Studies 2.
L. TROIANI, "Storiografia orientale di lingua greca", in *Il perdono cristiano e altri studi sul Cristianesimo delle origini*, Brescia 1999, part. 126.
K. WALDNER, "Gewalt und Warheit: zur Repräsentation öffentlicher Bestrafung in der kaiserzeitlchen Literatur", in *The Ancient Novel in Context. Proceedings of the Third International Conference on the Ancient Novel, Groningen, 25-30 July 2000*, edd. M. Zimmerman-S. Panayotakis-W. Keulen, in corso di pubblicazione.
E. YAMAUCHI, "Adaptation and Assimilation in Asia", *Stulos Theological Journal* 4, 2, 1996, 103-126.

Bibliografia su Achille Tazio

a. alcune edizioni, traduzioni, commenti

Achilles Tatius, ed. E. VILBORG, Stockholm 1955.
T.F. CARNEY, *Achilles Tatius Book 3. A Commentary*, Salisbury, Haare, 1961.
Achille Tatios. Leucippe and Clitophon, ed. & tr. S. GASELEE, Harvard 1961[3].
E. VILBORG, *Achilles Tatius. A commentary*, Stockholm 1962.
The Adventures of Leucippe and Clitophon, , ed. & tr. S. GASELEE, Cambridge 1969.
Achilleus Tatios: Leukippe und Kleitophon, hrsg. übers. und komm. von K. PLEPELITS, Stuttgart 1980.
Achilleus Tatios, ed., tr. & comm. Y. YAMANOLAKIS, Athenai 1990, con bibl. 749-759.
Achilles Tatius d'Alexandrie. Le roman de Leucippé et Clitophon, ed., tr. & comm. J.-P. GARNAUD, Paris 1991.

b. studi

A. MAC ALISTER, *Dreams and Suicide. The Greek Novel from Antiquity to the Byzantine Empire*, London-New York 1996.
G. ANDERSON, "The Mystic Pomegranate and the Vine of Sodom: Achilles Tatius 3. 6", *AJPh* 100, 1979, 516 sgg.
G. ANDERSON, *Eros Sophistes. Ancient Novelists at Play*, Chico, Ca., 1982.
G. ANDERSON, *Ancient Fiction: the Novel in the Graeco-Roman World*, London 1984.
G. ANDERSON, "Achilles Tatius: a New Interpretation", in *The Greek Novel A.D. 1-1985*, Actes du Congrès International, Londres, King's College, 24-26 mars 1986, ed. R. Beaton, London 1988, 190 193.
G. ANDERSON, *The Second Sophistic: a Cultural Phaenomenon in the Roman Empire*, London 1993.
G. ANDERSON, "Perspectives on Achilles Tatius", in *ANRW*, II, 34, 3, Berlin-New York 1997, 2278-2299.
S. BARTSCH, *Decoding the Ancient Novel. The Reader and the Role of Description in Heliodorus and Achilles Tatius*, Princeton 1989.
R. BEATON, ed., *The Greek Novel A.D. 1-1985*, Actes du Congrès International, Londres, King's College, 24-26 mars 1986, London 1988.
J.M. BERTRAND, "Les Boucoloi ou le monde à l'envers", *REA* 90, 1988, 139-149.
A. BILLAULT, *La création romanesque dans la littérature grecque à l'époque imperiale*, Paris 1991.
A. BILLAULT, "Le comique d'Achille Tatius et les réalités de l'époque imperiale", in *Le rire des anciens*, edd. M. Trédé-P. Hoffman, Paris 1998, 143-158.
E. BOWIE, "The Greek Novel", in *Cambridge History of Classical Literature*, I, 1985, 683-699.
E. BOWIE, "The Readership of Greek Novels in the Ancient World", in *The Search for the Ancient Novel. A Selection of Papers from the 1989 ICAN Conference*, edd. J. Tatum-G. Vernazza, Baltimore 1993, 436 sgg.
M. BRIOSO, "Notas sobre el texto de Aquiles Tacio", *Habis* 12, 1981, 65-70.
P. BROWN, *The Body and Society. Men, Women, and Sexual Renunciation in Early Christianity*, New York 1988.
P. BROWN, *Bodies and Minds: Sexuality and Renunciation in Early Christianity*, in edd. D.M. Halperin-J.J. Winkler-F.I. Zeitlin, *Before Sexuality*, Princeton, New Jersey 1990.

O. BYCHKOV, " 'Η τοῦ κάλλους ἀπορροή: a Note on Achilles Tatius 1.9.4-5, 5.13.4", *CQ* 49, 1999, 339-341.
A. CAMERON, *Christianity and the Rhetoric of Empire: the Development of Christian Discourse*, Berkeley 1991.
E. CHRYSOS, "Les florilèges sacro-profanes et la tradition indirecte des romanciers Achilles Tatius et Héliodore", *RHT* 25, 1995, 81-90.
L. CRESCI, "La figura di Melite in Achille Tazio", *A&R* 23, 1988, 74-82.
C. DELHAY, "Achille Tatius Fabuliste?", *Pallas* 36, 1990, 117-131.
J. DIGGLE, "A Note on Achilles Tatius", *Class. Rev.* 22, 1972, 7.
J.D. DOUGLAS, "The Sociological Analysis of Social Meanings of Suicide", in *The Sociology of Suicide*, ed. A. Giddens, London 1971, 121-151.
K. DOULAMIS, "The Rhetoric of Eros in the Greek Novel: Case-Studies from Chariton and Achilles Tatius", in *The Ancient Novel in Context. Proceedings of the Third International Conference on the Ancient Novel, Groningen, 25-30 July 2000*, edd. M. Zimmerman-S. Panayotakis-W. Keulen, in corso di pubblicazione.
D.B. DURHAM, "Parody in Achilles Tatius", *CPh* 33, 1938, 1-19.
E. DURKHEIM, *Suicide: a Study in Sociology*, tr. ingl. London 1952.
M. FUSILLO, *Il romanzo greco: polifonia ed eros*, Venezia 1989.
E.P. GARRISON, "Attitudes towards Suicide in Ancient Greece", *TAPhA* 121, 1991, 1-34.
R.W. GARSON, "Works of Art in Achilles Tatius' *Leucippe and Clitophon*", *AClass* 21, 1978, 83-86.
D. HAGEDORN-L. KOENEN, "Eine Handschrift des Achilles Tatios", *Mus. Helv.* 27, 1970, 49-57.
T. HÄGG, *Narrative Technique in Ancient Greek Romances. Studies on Chariton, Xenophon Ephesius, and Achilles Tatius*, Stockholm 1971.
T. HÄGG, *The Novel in Antiquity*, tr. ingl. Oxford 1983.
S.J. HARRISON, "Two Notes on Achilles Tatius", *Philologus* 133, 1989, 153-154.
S.J. HARRISON, "Dulce et decorum. Horace, *Odes* 3, 2, 13", *RhM* 36, 1, 1993, 91-93.
C. HEDRICK, "Conceiving the Narrative: Colours in Achilles Tatius and the Gospel of Mark", in *Ancient Fiction and Early Christian Narrative*, edd. R.F. Hock-J.B. Chance-J. Bradley-J. Perkins, Atlanta 1998, Society of Biblical Literature, Symposium Series Number 6, 177-179.
R. HIRZEL, *Der Selbstmord*, Darmstadt 1966 rist. (1908[1]).
N. HOLZBERG, *Der Antike Roman: eine Einführung*, München 1986.
A. HOOFF, *From Autothanasia to Suicide*, London 1990.
J. JACKSON, "The Grek Novelists", *CQ* 29, 1935, 52-57; 96-112.
A. KATSOURIS, "The Suicide Motif in Ancient Drama", *Dioniso* 47, 1976, 5-26.
D. KONSTAN, *Sexual Symmetry: Love in the Ancient Novel and Related Genres*, Princeton, N.Y., 1994.
H. KUCH, ed., *Der antike Roman: Untersuchungen zur literarischen Kommunikation und Gattungsgeschichte*, Berlin 1989, Veröffentlichungen des Zentralinstituts für alte Geschichte und Archäologie der Akademie der Wissenschaften der DDR 19.
M. LAPLACE, "Sur un lieu commun d'Achilles Tatius", *REG* 93, 1980, 516-519.
M. LAPLACE, "Achilles Tatius, *Leucippé et Clitophon* IV, 19, 6: un *locus desperatus*?", *RPh* 54, 1980, 327-330.
M. LAPLACE, "Achilles Tatius, *Leucippé et Clitophon* II, 14, 8: sur un fleuve prétendument 'Ibérique' ", *AC* 102, 1983, 243 sgg.
M. LAPLACE, "Légende et fiction chez Achille Tatius: les personnages de Leucippé et de Io", *BAGB* 3, 1983, 311-318.

M. LAPLACE, "Achille Tatius, Leucippé et Clitophon des fables au roman de formation", in *Groningen Colloquia on the Novel*, IV, ed. M.M. Hofmann, Groningen 1991, 37-56.

M. LAPLACE, "À propos du P. Robinson-Coloniensis d'Achille Tatius, *Leucippé et Clitophon*", *ZPE* 98, 1993, 43-56.

P. LIVIABELLA FURIANI, "Pepli parlanti e voci mute: la comunicazione non verbale nel linguaggio di Achille Tazio", in *Retorica e verità: le insidie della comunicazione*, edd. L. Rossetti-O. Bellini, Perugia 1998, 97-149.

P. LIVIABELLA FURIANI, "Il corpo nel romanzo di Achille Tazio", in *The Ancient Novel in Context. Proceedings of the Third International Conference on the Ancient Novel, Groningen, 25-30 July 2000*, edd. M. Zimmerman-S. Panayotakis-W. Keulen, in corso di pubblicazione.

O. MAZAL, "Der griechische und byzantinische Roman in der Forschung von 1945 bis 1960", *JÖBG* 11-12, 1962-63, 9-55; 13, 1964, 29-96, part. 50-55.

S. MC GILL, "The Literary Lives of a Scheintod: *Clitophon and Leucippe* 5.7 and Greek Epigram", lettura tenuta all'*APA Meeting, 27-30 December 1998, Washington DC.*

A.W. MCLEOD, *Physiology and Medicine in a Greek Novel: Achilles Tatius'* Leucippe and Clitophon, *JHS* 89, 1969, 97-105.

R. MERKELBACH, "Achilleus Tatios III 21, 3", *RhM* 110, 1967, 287- 288.

A. MERKT, *Maximus I. von Turin. Die Verkündigung eines Bischofs der frühen Reichskirche im zeitgeschichtlichen, gesellschaftlichen und liturgischen Kontext*, Leiden-New York-Köln 1997, Supplements to Vigiliae Christianae, Formerly Philosophia Patrum, Texts and Studies of Early Christian Life and Language 40.

E. MIGNOGNA, "Europa o Selene? Achille Tazio e Mosco o il ritorno dell' 'inversione'?", *Maia* 45, 1993, 177-183.

E. MIGNOGNA, "Il mimo Leucippe: un'ipotesi su P. Berol. inv. 13927, Pack^2 2437", *RCCM* 38, 1996, 161-166.

J.R. MORGAN-R. STONEMAN, edd., *Greek Fiction. The Greek Novel in Context*, London-New York 1994.

G. MOST, "The Stranger's Stratagem: Self-Disclosure and Self-Sufficiency in Greek Culture", *JHS* 109, 1989, 114-133.

I. NILSSON, "Static Imitation or Creative Transformation? Achilles Tatius in *Hysmine & Hysminias*", in *The Ancient Novel in Context. Proceedings of the Third International Conference on the Ancient Novel, Groningen, 25-30 July 2000*, edd. M. Zimmerman-S. Panayotakis-W. Keulen, in corso di pubblicazione.

B.P. REARDON, "Achilles Tatius and the Ego Narrative", in *Greek Fiction: the Greek Novel in Context*, ed. J.R. MORGAN, London 1994, 80-96 = S. SWAIN, *Oxford Readings in the Greek Novel*, Oxford 1999, 243-258.

J.N. O'SULLIVAN, "Euripides IA 1550 and Achilles Tatius 3. 14. 3", *AJPh* 97 1976, 111 sgg.

J.N. O'SULLIVAN, "On Achilles Tatius 6. 6. 3", *CQ* 27, 1977, 238 sgg.

J.N. O'SULLIVAN, "Notes on the Text and Interpretation of Achilles Tatius I", *CQ* 28, 1978, 312-329.

J.N. O'SULLIVAN, *A Lexicon to Achilles Tatius*, Berlin-New York 1980.

W. OWENS, "Masters and Slaves in Achilles Tatius", in *The Ancient Novel in Context. Proceedings of the Third International Conference on the Ancient Novel, Groningen, 25-30 July 2000*, edd. M. Zimmerman-S. Panayotakis-W. Keulen, in corso di pubblicazione.

L.T. PEARCY, "Achilles Tatius, *Leucippe and Clitophon* 1. 14-15: an Unnoticed Lacuna?", *CPh* 73, 1978, 233 sgg.

A.N. PENA, "Aspectos da criação literária no romance de Aquiles Tácio, *Leucipe e Clitofonte*", *Euphrosyne* 23, 1995, 199-209.
B.E. PERRY, *The Ancient Romances: a Literary-Historical Account on their Origins*, Berkeley, Ca.. 1967.
B.P. REARDON, *The Form of Greek Romance*, Princeton, N.Y., 1991.
B.P. REARDON, "Achilles Tatius and the Ego-Narrative", in *Greek Fiction. The Greek Novel in Context*, edd. J.R Morgan-R. Stoneman, London-New York 1994, 80-96.
M.D. REEVE, "Eleven Notes", *CR* 21, 1971, 327-328.
M.D. REEVE, "Five Dispensable Manuscripts of Achilles Tatius", *JHS* 101, 1981, 144-145.
J. ROUGÉ, "Romans grecs et navigation: le voyage de Leucippé et Clitophon de Beyrouth en Égypte", *Archaeonautica* 1, 1978, 265-280.
G.N. SANDY, "Recent Scolarship on the Prose Fiction of Classical Antiquity 1950-1970", *CW* 67, 1974, 321-359, part. 306 sgg.
G.N. SANDY, "A Note on Lollianus' *Phoenicica*", *AJPh* 100, 1979, 367-376.
A. SCARCELLA, "Affari di cuore: Achille Tazio e l'erotologia greca dell'età (alto)imperiale", in *Studi di filologia classica in onore di Giusto Monaco*, IV, Palermo 1991, 455-470.
G. SCHMELING, ed., *The Ancient Novel: a Handbook*, Leiden 1955.
G. SCHMELING, "Myths of Person and Place: the Search for a Model for the Ancient Greek Novel", in *The Ancient Novel in Context. Proceedings of the Third International Conference on the Ancient Novel, Groningen, 25-30 July 2000*, edd. M. Zimmerman-S. Panayotakis-W. Keulen, in corso di pubblicazione.
J. SCHWARTZ, "Quelques Observations sur des Romans Grecs", *AC* 36, 1967, 536-552.
J. SCHWARTZ, "Achille Tatius et Lucien de Samosate", *AC* 45, 1976, 618-626.
S. SCHWARTZ, "Clitophon the *Moichos*: Achilles Tatius and the Trial Scene in the Greek Novel", in *The Ancient Novel in Context. Proceedings of the Third International Conference on the Ancient Novel, Groningen, 25-30 July 2000*, edd. M. Zimmerman-S. Panayotakis-W. Keulen, in corso di pubblicazione.
D. SEDELMEIER, "Studien zu Achilleus Tatios", *WSt* 72, 1959, 113-143.
C. SEGAL, "The Trials at the End of Achilles Tatius' *Clitophon and Leucippe*: Doublets and Complementaries", *SIFC*, 2^ serie, 3, 1984, 83-91.
P.W. WALLACE, "*MH* with the Participle in Longus and Achilles Tatius", *AJPh* 89, 1968, 321-333.
T. WHITMARSH, "The Soiled Tongue. Irony, Rhetoric and Narrative in Achilles Tatius", in *The Ancient Novel in Context. Proceedings of the Third International Conference on the Ancient Novel, Groningen, 25-30 July 2000*, edd. M. Zimmerman-S. Panayotakis-W. Keulen, in corso di pubblicazione.
F. WILHELM, "Zu Achilles Tatius", *RhM* 57, 1902, 55-75.
W.H. WILLIS, "The Robinson-Cologne Papyrus of Achilles Tatius", *GRBS* 31, 1990, 73-102.
J.J. WINKLER, "Lollianus and the Desperadoes", *JHS* 100, 1980, 155-181.
J.J. WINKLER, "Achilles Tatius and Heliodorus. Some 1998 Parallels", *PSN*, 29, 1-2, 1999, 6-7.
G. ZANETTO, "Archaic Iambos and Greek Novel: a Possible Connection", in *The Ancient Novel in Context. Proceedings of the Third International Conference on the Ancient Novel, Groningen, 25-30 July 2000*, edd. M. Zimmerman-S. Panayotakis-W. Keulen, in corso di pubblicazione.

Bibliografia su Longo Sofista*

*Per le traduzioni, mi limito a segnalare quelle italiane, rinviando per tutte le altre al completo studio di J.R. MORGAN, "Longus, *Daphnis and Chloe.* A Bibliographical Survey", in *ANRW* II 34, 3, Berlin-New York 1997, 2208-2276, part. 2212 sgg.

a. alcune edizioni, traduzioni, commenti

G. BALBONI, "Le avventure pastorali di Dafni e Cloe", in *Il romanzo classico*, a c. di Q. Cataudella, Roma 1958, 525-615.

F. DI FIORENZA, *Longo sofista. Gli amori di Dafni e Cloe*, Milano 1958, Il fiore del sapere 9.

W.E. MC CULLOH, *Longus*, New York 1970, Twayne's World Authors Series 96.

Longo. Pastorales de Dafnis y Cloe. Introducción, texto, versión y notas, Mexico 1981, Bibliotheca Scriptorum Graecorum et Romanorum Mexicana.

Longus, *Dafnis i Cloe.* Text revisat i traducció J. BERENGUER AMENOS-F.J. CUARTERO, Barcelona 1981, Collecció Catalana dels Clàssics Grecs i Llatins 213.

Longus. Daphnis et Chloe, ed. M.D. REEVE, Leipzig 1982.

Longus, *Daphnis and Chloe*, ed. M.D. REEVE, Leipzig 1986[2], Bibliotheca Scriptorum Graecorum et Romanorum Teubneriana.

Longo Sofista, ed. L. MIGOTTO, Pordenone 1987, Collezione Filo di Perle 35.

C. MONTELEONE, "Longo Sofista. *Dafni e Cloe*", in O. Vox-C. Monteleone-G. Annibaldis, *Storie d'amore antiche*, Bari 1987, 213-325.

Longus, *Pastorales, Daphnis et Chloe*, texte établi et traduit par J.-R. VIEILLEFOND, Paris 1987, Collection des Universités de France.

Longus. Les amours pastorales de Daphnis et Chloe, tr. G. AMYOT, Paris 1988 rist.

G. CHRISTOPHER, "Longus, *Daphnis and Chloe*", in *Collected Ancient Greek Novels*, ed. B.P. Reardon, Berkeley, University of California Press 1989.

Longos, *Hirtengeschichte von Daphnis und Chloe. Griechisch und deutsch*, ed. O. SCHÖNBERGER, Berlin 1960, Schriften und Quellen der Alten Welt 6; Berlin-Darmstadt 1989[4].

Longo Sofista, *Dafni e Cloe*, a c. di R. DI VIRGILIO, Milano 1991, Classici greci e latini 8.

Longus. *Daphnis i Cloe. Amors pastorals de Dafnis i Cloe*, intr., tr. i note de J. BERENGUER Y AMENÓS, a c. de J. ALBERICH I MARINÉ, Barcelona 1993, L'Esparver Classic 1.

Cfr. M.F. FERRINI, *Bibliografia di Longo, Dafni e Cloe. Edizioni e traduzioni*, Macerata 1991, Univ. degli Studi di Macerata, Pubblicazioni della Fac. di Lettere e Filosofia 57, Studi 91.

b. studi

J. ALVARES, "Eros and the Reformation of Love and Society in Longus' *Daphnis and Chloe*", lettura tenuta all'*APA Meeting, 27-30 December 1998, Washington DC.*

G. ANDERSON, *Eros Sophistes. Ancient Novelists at Play*, Chico 1982, American Classical Studies 9, 41-49.

G. ANDERSON, *Ancient Fiction. The Novel in the Graeco-Roman World*, London *et al.* 1984.

G. ANDERSON, "The Origins of Daphnis: Virgil's *Eclogues* and the Ancient Near East", *PVS* 21, 1993, 65-79.

G. ANDERSON, *The Second Sophistic: a Cultural Phaenomenon in the Roman Empire*, London-New York 1993.

W.G. ARNOTT, "Three Conjectures", *Philologus* 109, 1965, 308-310.

W.G. ARNOTT, "Longus, Natural History and Realism", in *The Ancient Novel: Classical Paradigms and Modern Perspectives*, edd. J. Tatum-G.M. Vernazza, Hannover N.H. 1990, 140.

W.G. ARNOTT, "Longus, Natural History and Realism", in *The Search fon the Ancient Novel*, ed. J. Tatum, Baltimore 1994, 199-216.

G. BARBER, "Daphnis and Chloe: Printing and Publishing a Pastoral Classic", in *Actes du premier Colloque International du Centre de Recherches néohelléniques*, Athen 1982.

G. BARBER, *Daphnis and Chloe, the Markets and Metamorphoses of an Unknown Bestseller. The Panizzi Lectures 1988*, London 1989.

P. BARIÉ, "*Daphnis und Chloe.* Szenen aus einem griechischen Liebesroman augewählt und kommentiert", *Der altsprachliche Unterricht* 17, 1974, Beilage 1 zu Heft 1, 1-23.

P. BERGER, " 'Longo volgarizzato': Annibal Caro und Gasparo Gozzi als Übersetzer eines problematischen Klassikers," *GCN* 1, 1988, 141-151.

E. A. БЕРКОВА, in M. ГРАББАРЬ-ПАССЕК, *Античный роман*, Москва 1969, 75-91.

J. BERNARDI, "Aspects poétiques et musicaux de Daphnis et Chloé", in *Le monde du roman grec*, edd. M.F. Baslez-P. Hoffmann-M. Trédé, Paris 1992, Études de Littérature ancienne, 4, 27-31.

M. BERTI, "Sulla interpretazione mistica del romanzo di Longo", *SCO* 16, 1967, 343-358.

A. BILLAULT, "Approche du problème de l'ἔκφρασις dans les romans grecs", *BAGB* 1979, 1991-1204.

A. BILLAULT, "Le mythe de la syrinx dans *Daphnis et Chloé*", *Recherches sur l'imaginaire* 10, 1983, 16-26.

A. BILLAULT, "Les amantes dans l'île: Longus, Bernardin de Saint-Pierre, Mishima", *BAGB* 1985, 73-86.

A. BILLAULT, "L'inspiration des ἐκφράσεις d'œuvres d'art chez les romanciers grecs", *Rhetorica* 8, 1990, 153-160.

J.M. BLANCHARD, "Daphnis et Chloé: histoire de la mimesis", *QUCC* 20, 1975, 39-62.

J.M. BLÁZQUEZ, "Las vinculaciones de la novela, (*Asno* de Apuleyo, *Dafnis y Cloe*, *Las Efesíacas*) con la mitología religiosa", in *Historia y pensamiento. Homenaje a Luis Díez del Corral*, ed. C. Iglesias, I, Madrid 1987, 119-132, part. 124-131.

J. BOMPAIRE, "À propos de *Daphnis et Chloé* de Longus", *IL* 25, 1973, 116 -122.

P. BORGEAUD, *Recherches sur le dieu Pan*, Genève 1974.

E.K. BORTHWICK, "A Note on some Unusual Greek Words for Eyes", *CQ* 30, 1980, 252-256.

E.L. BOWIE, "Theocritus' Seventh Idyll, Philetas and Longus", *CQ* 35, 1985, 67-91.

E.L. BOWIE, "The Greek Novel", in *The Cambridge History of Classical Literature*, edd. P.E. Easterling-B.M.W. Knox, I, Cambridge *et al.* 1985, 683-699, part. 696-699.

G. BRETZIGHEIMER, "Die Komik in Longo's Hirtenroman *Daphnis und Chloe*", *Gymnasium* 95, 1988, 515-555.

M. BRIOSO SÁNCHEZ, "Sobre la interpretación del simil de *Dafnis y Cloe* II. 15, 3", *Emerita* 45, 1977, 379-385.

M. BRIOSO SÁNCHEZ, "Notas sobre Longo", *Habis* 10-11, 1979-80, 105-118.

S. VAN DEN BROECK, "Dafnis en Chloë op Hawaii", *HZnMTL* 46, 1992, 225-244.

W.M. CALDER III, "Longus I.2: the She-goat Nurse", *CPh* 78, 1983, 50-51.

L. CASTIGLIONI, "Stile e testo del romanzo pastorale di Longo", *RIL* 61, 1928, 203-223.

A. CARSON, *Eros the Bittersweet*, Princeton 1986, part. 86-90.

G. CARUGNO, "Alcifrone nei suoi rapporti con Longo e il mondo bucolico", *GIF* 8, 1955, 153-159.

H.H.O. CHALK, "Eros and the Lesbian Pastoral of Longos", *JHS* 80, 1960, 32-51, rist. in *Beiträge zum griechischen Liebesroman*, ed. H. Gärtner, Hildesheim *et al.* 1984, Olms Studien, 20, 388-407; e in *Theokrit und die griechische Bukolik*, ed. B. Effe, Darmstadt 1983, Wege der Forschung 580, 402-438. H.H.O. CHALK, "Longus Revisited", in *Erotica Antiqua. Acts of the International Conference on the Ancient Novel*, ed. B.P. Reardon, Bangor 1976, 133-135.
F.C. CHRISTIE, *Longus and the Development of the Pastoral Tradition*, Philol. Dissert. Harvard 1972, riassunto in *HSCPh* 77, 1973, 246-248.
M.G. CIANI, "Proposta metodologica per un lessico speciale", *QUCC*, n.s., 1, 1979, 161-172.
L.R. CRESCI, "Il romanzo di Longo Sofista e la tradizione bucolica", *A&R* 26, 1981, 1-25 = S. SWAIN, *Oxford Readings in the Greek Novel*, Oxford 1999, 210-242.
E. CUEVA, "Longus in the *Mir Isskoustva*: Léon Bakst, Maurice Ravel and Marc Chagall", in *The Ancient Novel in Context. Proceedings of the Third International Conference on the Ancient Novel, Groningen, 25-30 July 2000*, edd. M. Zimmerman-S. Panayotakis-W. Keulen, in corso di pubblicazione.
G. DALMEYDA, "Henri Estienne et Longus", *RPh* 60, 1934, 169-181.
G. DANER-L. WALLISCH, "Notizien zu Longos, *Daphnis und Chloe*", *WS* 106, 1993, 45-60.
C. DAUDE, "Le roman de Daphis et Chloé ou comment ne pas être un 'animal politique' ", in *Mélanges Etienne Bernard*, Paris 1991, Annales Littéraires de l'Univ. de Besançon 444, 203-225.
S. DELIGIORGIS, "Longus' Art in Brief Lives", *PhQ* 53, 1974, 1-9.
R. DI VIRGILIO, "La narrativa greca d'amore: *Dafni e Cloe* di Longo", *Atti Acc. Naz. Lincei*, Cl. Scienze Morali, Storiche e Filologiche, ser. VIII, 32, 4, 1991, 302-345.
C.C. DOYLE, "Daphnis and Chloe and the Faunus Episode in Spenser's Mutability", *NPhM* 74, 1974, 163-168.
M.J. EDWARDS, "The Art of Love and the Love of Art in Longus", *AClass* 66, 1997, 239-248.
B. EFFE, "Longos. Zur Funktionsgeschichte der Bukolik in der römischen Kaiserzeit", *Hermes* 110, 1982, 65-84.
B. EFFE-G. BINDER, *Die antike Bukolik*, München-Zürich 1989, Artemis Einführungen, 48-56.
W. ELLIGER, *Die Darstellung der Landschaft in der griechischen Dichtung*, Berlin-New York 1975, Untersuchungen zur antiken Literatur und Geschichte 15, 402-416.
S.J. EPSTEIN, *Man and Animal in Ancient Greek Pastoral*, Phil. Dissert. Berkeley 1992, 108-192.
S.J. EPSTEIN, "Longus' Werewolves", *CPh* 90, 1, 1995, 58-73.
A. FERNÁNDEZ GARCÍA, "La composición triádica del *Dafnis y Cloe* de Longo: contenidos expresados con tres elementos", *Fortunatae* 1, 1991, 19-26.
A. FERNÁNDEZ GARCÍA, "Ampliaciones de oraciones completivas de infinitivo en función de (SN_2, OD) en Longo: ampliaciones sintácticas mediante un adyacente", *Fortunatae* 4, 1992, 41-51.
A. FERNÁNDEZ GARCÍA, *El infinitivo en el* Dafnis y Cloe *de Longo: estudio funcionál*, Amsterdam 1997.
O. DE FIGUEIREDO FARINHA, "*Dáfnis e Cloe,* romance de Longo", *Classica* 4, 1978, 79-81.
S. FOLLET, "Un manuscrit inconnu de Leningrad et quelques leçons de Longus, I 13-17", in *Le monde du roman grec*, edd. M.F. Baslez-P- Hoffmann-M. Trédé, Paris 1992, Études de littérature ancienne 4, 21-26.
W.E. FOREHAND, "Symbolic Gardens in Longus' *Daphnis and Chloe*", *Eranos* 74, 1976, 103-112.
C. GARCÍA GUAL, *Los orígenes de la novela*, Madrid 1972, Colección Fundamentos 16, 273-275.
C. GARCÍA GUAL, "L'initiation de Daphnis et Chloé", in *L'initiation. Actes du Colloque International de Montpellier, 11-14 avril 1991*, ed. A. Moreau, I, Montpellier 1992, Univ. Paul Valéry, Séminaire d'étude des mentalités antiques, publications de la recherche, 157-166.
G. GESNER, "The Tempest as Pastoral Romance", *Shakespeare Quarterly* 10, 1959, 179-196.

A. GEYER, "Roman und Mysterienritual", *WJA* 3, 1977, 179-196.
G. GIANGRANDE, "Konjekturen zu Longos, Xenophon Ephesius und Achilles Tatios", in Miscellanea critica. *Aus Anlaß des 150jährigen Bestehens der Verlagsgesellschaft und des graphischen Betriebes B.G. Teubner*, ed. J. Irmscher, I, Leipzig 1964, 97-118, part. 97-105.
S. GOLDHILL, "Erotic Narrative: Virginity and Going the Whole Hog", in *The Ancient Novel: Classical Paradigms and Modern Perspectives*, edd. J. Tatum-G.M. Vernazza, Hannover N.H. 1990, 114.
S. GOLDHILL, *Foucault's Virginity. Ancient Erotic Fiction and the History of Sexuality*, Cambridge 1995, Standfort Memorial Lectures 1-45.
P. GREEN, "Longus, Antiphon and the Topography of Lesbos", *JHS* 102, 1982, 210-214.
P. GRIMAL, "Le jardin de Lamon à Lesbos", *RA* 49, 1957, 211-214.
A. GUIDA, "Nuovi testimoni di Longo e Achille Tazio", *Prometheus* 7, 1981, 1-10.
A. GUIDA, "More on She-goats Nurses", *CPh* 80, 1985, 142.
M. HADAS, tr., *Longus, Xenophon, Dio Chrysostom. Three Greek Romances*, New York 1964[2].
T. HÄGG, *The Novel in Antiquity* [tr. ingl. di *Den antika romanen*, Uppsala 1980], Oxford 1983, 35-41; 214-227.
A. HEISERMAN, *The Novel before the Novel. Essays and Discussions about the Beginnings of Prose Fiction in the West*, Chicago-London 1977, 130-145.
P.M. HENKEL, *Untersuchungen zur Topik der Liebesdichtung*, Ph. D. Innsbruck 1956, 112-168.
L. HERRMANN, "Velius Longus auteur de *Daphnis et Chloé* ", *Latomus* 40, 1981, 378-383.
N. HOLZBERG, *Der Antike Roman*, München-Zürich 1986, Artemis Einführungen 25, 110-116.
J. HUBAUX, "Le dieu Amour chez Properce et chez Longus", *BAB* 39, 1953, 263-270.
R.L. HUNTER, *A Study on Daphnis and Chloe*, Cambridge 1983, Cambridge Classical Studies. Le recensioni a questo importante studio sono indicate nel già cit. MORGAN, *Longus*, 2219 n° 127.
C. IMBERT, *Stoic Logic and Alexandrian Poetics*, in *Doubt and Dogmatism: Studies in Hellenistic Epistemology*, edd. M. Schofield-M. Burnyeat-J. Barnes, Oxford 1980,182-216.
C. IMBERT, "Le roman grec: du protreptique à l'éducation sentimentale", in *Le monde du roman grec*, edd. M.F. Baslez-P. Hoffmann-M. Trédé, Paris 1992, Études de littérature ancienne 4, 321-338.
R. KASSEL, *Λικμῆσαι πρὸς ἄνεμον*, *ZPE* 25, 1977, 136.
E. KEGEL BRIMKGREVE, *The Echoing Woods. Bucolic and Pastoral from Theocritus to Wordsworth*, Ph. D. Leiden , Amsterdam 1990, 67-68.
K. KERÉNYI, *Die griechisch-orientalische Romanliteratur in religionsgeschichtlicher Beleuchtung*, Tübingen 1927.
K. KERÉNY, *Der antike Roman. Einführung und Textauswahl*, Darmstadt 1971, Libelli 315, 11-29.
J. KESTNER, "Ekphrasis as Frame in Longus' *Daphnis and Chloe*", *CW* 67, 1973-74, pp. 166-171.
H. KLOFT, "Imagination und Realität. Überlegungen zur Wirtschaftsstruktur des Romans *Daphnis und Chloe*", *GCN* 2, 1989, 45-61.
Y. KONDYS, " Τὰ κατὰ Δάφνιν καὶ Χλοὴν τοῦ Λώγγου καὶ ἡ Λέσβος", *Αἰολικὰ Γράμματα* 2, 1972, 217-223.
G. VAN W. KRUGER, "Longus van Lesbos: *Daphnis en Chloë*. Evaluering van'n oud-Griekse roman", *Akroterion* 32, 1987, 109-116; 33, 1988, 31-37.
F. KUDLIEN, "Kindesaussetzung im antiken Roman: ein Them zwischen Fiktionalität und Lebenswirklichkeit", *GCN* 2, 1989, 25-44.
R. KUSSL, "Longo's *Daphnis und Chloe* als Griechischelektüre in der 11. Jahrgangsstufe", in Amor Ludens. *Liebeselegie und Liebesroman im Lektürenunterreicht*, ed. N. Holzberg, Bamberg 1992, Auxilia 30, 76-127.
A. LA PENNA, "Marginalia et hariolationes philologae", *Maia* 5, 1952, 93-112, part. 111-112.

C. LARRUE, *Pour une nouvelle approche des textes anciens, Grec. Daphnis et Chloé*, Toulouse 1978².

F. LESTRINGANT, "Les amours pastorales de Daphnis et Chloé. Fortunes d'une traduction de J. Amyot", in *Fortune de Jacques Amyot. Actes du Colloque International* de Melun, ed. M. Balard, Paris 1986, 237-257.

D.N. LEVIN, "The Pivotal Role of Lycaenion in Longus' Pastorals", in *Erotica Antiqua. Acts of the International Conference on the Ancient Novel*, ed. B.P. Reardon, Bangore 1976, 129-130.

D.N. LEVIN, "The Pivotal Role of Lycaenion in Longus' Pastorals", *RCS* , 1977, 5-17.

P. LIVIABELLA FURIANI, "La musica nel romanzo "erotico" greco tra natura e cultura", *QIFP* 1, 1984, 27-43.

O. LONGO, "Paesaggio di Longo Sofista", *QS* 4, 1978, 99-120 = Eiusd. *La storia, la terra, gli uomini. Saggi sulla civiltà greca*, Venezia 1987, 47-61.

O. LONGO, "Codici alimentari, rovesciamento, regressione. Gnatone nel romanzo di Longo Sofista", in *Homo edens. Regimi, miti e pratiche dell'alimentazione nella civiltà del Mediterraneo*, edd. O. Longo-P. Scarpi, Verona 1989, 295-298.

S. MAC ALISTER, *Dreams and Suicides: the Greek Novel in Antiquity and in the Byzantine Empire*, London 1996.

R.C. MC CAIL, "Did Constantine of Sicily Read *Daphnis and Chloe?*", *Byzantion* 58, 1988, 112-122.

B.D. MACQUEEN, "Longus and the Myth of Chloe", *ICS* 10, 1985, 119-134.

B.D. MACQUEEN, *Myth, Rhetoric and Fiction: a Reading of Longus'*Daphnis and Chloe, Lincoln, Neb.-London 1990.

D. MAEDER, "Au seuil des romans grecs: effets de réel et effets de création", *GCN* 4, 1991, 1-33, part. 16-22.

D. MALTESE, "Due note al testo di Longo", *Maia* 9, 1957, 225-226.

J. MARITZ, "The Role of Music in *Daphnis and Chloe*", *GCN* 4, 1991, 57-67.

H.J. MASON, "Longus and thc Topography of Lesbos", *TAPhA* 109, 1979, 149-163.

H.J. MASON, "The Literature of Classical Lesbos and the Fiction of Stratis Myrivilis", *CML* 9, 1989, 347-357.

H.J. MASON, "Romance in a Limestone Landscape", *CPh* 90, 3, 1995, 263-266.

C. MEILLIER, "L'épiphanie du dieu Pan au livre II de *Daphnis et Chloe*", *REG* 88, 1975, 121-132.

R. MERKELBACH, "Daphnis and Chloe. Roman und Mysterium", *Antaios,* 1, 1959, 47-60.

R. MERKELBACH, "Kritische Beiträge", in *Studien zur Textgeschichte und Textkritik G. Jachmann gewidmet*, edd. H. Dahlmann-R. Merkelbach, Cologne-Opladen 1959, 155-184, part. 181-182.

R. MERKELBACH, *Roman und Mysterium in der Antike*, München-Berlin 1962, 192-224.

R. MERKELBACH, *Die Hirten des Dionysos. Die Dionysos-Mysterien der römischen Kaiserzeit und der bukolische Roman des Longos*, Stuttgart 1988.

J. MILLINER, "Le chevrier marin, Longus, *Daphnis et Chloé*, II, 15, 3", *REG* 88, 1975, xi.

C. MIRALLES, *La novela en la antigüedad clásica*, Barcelona 1968, 65-88.

C. MIRALLES, " Πενία y κῆπος. Sobre algunos ideales de vida humana en la antigüedad tardia", *BIEH* 7, 1973, 79-99.

M.C. MITTELSTADT, *Longus and the Greek Love Romance*, Ph. Diss. Stanford 1964.

M.C. MITTELSTADT, "Longus: Daphnis and Chloe and the Pastoral Tradition", *C&M* 27, 1966, 162-177.

M.C. MITTELSTADT, "Longus: *Daphnis and Chloe* and Roman Narrative Painting", *Latomus* 26, 1967, 752-761.

M.C. MITTELSTADT, "Bucolic-Lyric Motifs and Dramatic Narrative in Longus' *Daphnis and Chloe*", *RhM* 113, 1970, 211-227.

M.C. MITTELSTADT, "Love, Eros and Poetic Art in Longus", in Fons perennis. *Saggi critici di filologia classica raccolti in onore del Prof. Vittorio D'Agostino*, Torino 1971, 305-332.
H. MONTAGUE, "Sweet and Pleasant Passion: Female and Male Fantasy in Ancient Romance Novels", in *Pornography and Representation in Greece and Rome*, ed. A. Richlin, New York-Oxford 1992, 231-249.
C. MORESCHINI, *Il romanzo greco*, Firenze 1973, 22-24; 37-46; 65-68.
J.R. MORGAN, "Daphnis and Chloe: Love's own Sweet Story", in *Greek Fiction. The Greek Novel in Context*, London-New York 1994, edd. J.R. Morgan-R. Stonemann, 64-70.
J.R. MORGAN, "Longus, *Daphnis and Chloe*. A Bibliographical Survey, 1950-1995", in *ANRW* II 34, 3, Berlin-New York 1997, 2208-2276.
J.R. MORGAN, "Nymphs, Neighbours and Narrators: a Narratological Problem in Longus", in *The Ancient Novel in Context. Proceedings of the Third International Conference on the Ancient Novel, Groningen, 25-30 July 2000*, edd. M. Zimmerman-S. Panayotakis-W. Keulen, in corso di pubblicazione.
C-M- MÜLLER, "Der griechische Roman", in *Griechische Literature*, ed. E. Vogt, Wiesbaden 1981, 377-412, part. 404-407.
E.M. O'CONNOR, "A Bird in the Bush. The Erotic and Literary Implications of Bucolic and Avian Imagery in Two Related Episodes of Longus' *Daphnis and Chloe*", *RhM* 134, 1991, 393-401.
T. ORY, "L'organisation de l'espace dans un épisode de *Daphnis et Chloé* de Longus", *Connaissance hellénique* 18, 1984, 17-19.
T.A. PANDIRY, "The Art of Pastoral Play", *Ramus* 14, 1985, 116-141.
M. PHILIPPIDES, "A Note on Longus' *Lesbiaka*", *CW* 71, 1977-78, 460-461.
B.P. REARDON, "Mythos ou logos: Longus' Lesbian pastorals", in J. Tatum-G. Vernazza, *The Ancient Novel. Classical Perspectives and Modern Paradigms. Proceedings of the 1989 International Conference on the Ancient Novel, Dartmouth, NH*, Hannover, N.H. 1990, 21.
B.P. REARDON, "Mythos ou logos: Longus' Lesbian pastorals", in *The Search for the Ancient Novel*, ed. J. Tatum, Baltimore 1994, 135-147.
M.D. REEVE, "Author variants in Longus?", *PCPhS*, n.s., 15, 1969, 75-85.
M.D. REEVE, "Hiatus in the Greek Novelists", *CQ* 21, 1971, 514-539, part. 528-531.
M.D. REEVE, "Fulvio Orsini and Longus", *JHS* 99, 1979, 165-167.
L. ROJAS ÁLVAREZ, "Notes on the Structure of *Daphnis and Chloe*", in *Erotica Antiqua. Acts of the International Conference on the Ancient Novel*, ed. B.P. Reardon, Bangor 1976, 131-132.
L. ROJAS ÁLVAREZ, "Notas sobre el libro I de *Dafnis y Cloe*", *Nova Tellus* 3, 1985, 29-38.
L. ROJAS ÁLVAREZ, "Notas sobre la estructura de *Daphnis y Chloe* de Longo", *Nova Tellus* 4, 1986, 27-41.
F. ROMERO, "Sobre la transmisión textual de Longo", *Emerita* 46, 1978, 131-135.
S. SAÏD, "La société rurale dans le roman grec, ou la campagne vue de la ville", in *Sociétés urbaines, sociétés rurales dans l'Asie Mineure et la Syrie hellénistiques et romaines*, ed. E. Frézouls, Strasbourg 1987, Université des Sciences Humaines de Strasbourg, Contributions et Travaux de l'Institut d'Histoire Romaine, 4, 149-171.
G. SALANITRO, "Varia philologica", *Helikon* 13-14, 1973-74, 400-406.
A.M. SCARCELLA, *Struttura e tecnica narrativa in Longo Sofista*, Palermo 1968, rist. in Eiusd. *Romanzo e romanzieri*, Napoli 1993, 221-239.
A.M. SCARCELLA, *La Lesbo di Longo Sofista*, Roma 1968, rist. in Eiusd. *Romanzo e romanzieri*, Napoli 1993, 285-312.
A.M. SCARCELLA, "Realtà e letteratura nel paesaggio sociale ed economico di Longo Sofista", *Maia* 22, 1970, 103-131.

A.M. SCARCELLA, "Il romanzo greco e Longo Sofista nella critica più recente", *C&S* 35, 1970, 46-57.
A.M. SCARCELLA, "La tecnica dell'imitazione in Longo Sofista", *GIF* 23, 1971, 34-59, rist. in Eiusd. *Romanzo e romanzieri*, Napoli 1993, 259-283.
A.M. SCARCELLA, "La donna nel romanzo di Longo Sofista", *GIF* 24, 1972, 63-84, rist. in Eiusd. *Romanzo e romanzieri*, Napoli 1993, 313-328.
A.M. SCARCELLA, "Analisi strutturale e ideologica dei *Poimenikà* di Longo Sofista", in *Letteratura: percorsi possibili*, ed. F. Mariani, Ravenna 1983, Pleiadi 18, 163-179, rist. in Eiusd. *Romanzo e romanzieri*, Napoli 1993, 207-219.
A.M. SCARCELLA, "Morfologia e ideologia dionisiaca nel romanzo greco d'amore", *QIFP* 3, 1985, *Filosofia della natura e pensiero religioso*, 11-23, rist. in Eiusd. *Romanzo e romanzieri*, Napoli 1993, 133-144.
A.M. SCARCELLA, "Il mare, le fonti, i fiumi: l'altra faccia della geografia ideale dei romanzi erotici greci", *Euphrosyne* 16, 1988, 257-270, part. 263-265, rist. in Eiusd. *Romanzo e romanzieri*, Napoli 1993, 109-132.
O. SCHISSEL VON FLESCHENBERG, "Die Technik des Bildeinsatzes", *Philologus* 72, 1913, 83-114.
O. SCHÖNBERGER, "Spiegelungen eines alten Verses?", *RhM* 19, 1976, 95-96.
O. SCHÖNBERGER, *Longos. Hirtengeschichte von Daphnis und Chloe*, Berlin 1989[4].
E. SIMON, "Dionysischer Sarkophag in Princeton", *MDAI (R)* 69, 1962, 136-158.
K.H. STANZEL, "Frühlingserwachen auf dem Lande. Zur erotischen Entwicklung im Hirtenroman des Longos", *WJA*, n.F., 17, 1991, 153-175.
I. STARK, "Zur Erzählperspektive im grieschischen Liebesroman", *Philologus* 128 , 1984, 256-270.
J. STOCKER, *Beobachtungen zur Darstellungsweise des Longos*, Ph. D. Innsbruck 1984, 256-270.
E.W. TAYLER, *Nature and Art in Renaissance Literature*, New York-London 1964, 64-69.
D. TESKE, *Der Roman des Longus als Werk der Kunst*, Münster 1991, Orbis Antiquus 32. Le recensioni a questo importante studio sono indicate nel già cit. MORGAN, *Longus*, 2223 n° 209
H. VAN THIEL, "Über die Textüberlieferung des Longus", *RhM* 104, 1961, 356-362.
S. TRZASKOMA, "Longus, Thucydides and their Mytilenian Debates", lettura tenuta all'*APA Meeting, 27-30 December 1998, Washington DC*.
R. TURCAN, "Le roman 'initiatique': à propos d'un livre récent", *RHR* 163, 1963, 149-199.
R. TURCAN, "Βίος βουκολικός ou les mystères de Lesbos", *GCA* 241, 1989, 169-192.
P. TURNER, "Daphnis and Chloe: an Interpretation", *G&R* 7, 1960, 117-123.
P. TURNER, "Novels, Ancient and Modern", *Novel* 2, 1968-69, 15-24.
G. VALLEY, *Über den Sprachgebrauch des Longus*, Diss. Uppsala 1926.
H.C.R. VELLA, "Some Novel Aspects in Homer's *Odyssey* and Longus", *SIFC* 84, 1991, 148-162.
J.R. VIEILLEFOND, "Paul-Louis Courier et l'hellénisme au début du XIXe siècle", *REG* 91, 1978, 177-185.
J.R. VIEILLEFOND, "Du nouveau sur la philologie de P.L. Courier", Cahiers P.L. Courier 2, 1, 1979, 8-31.
J.R. VIEILLEFOND, "D'un manuscrit de Longus qu'on croyait perdu", *RPh* 54, 1980, 27-36.
J.R. VIEILLEFOND, "Longus, Annibal Caro et Paul-Louis Courier", *Prometheus* 6, 1980, 274-282.
J.R. VIEILLEFOND, "Pour l'amour du grec", *Cahiers P.L. Courier* 2, 7-8, 1982, part. 49-137.

E. VILBORG, "Pri kelkai manuskriptoj de la Longo-romano", in *Sciencaj studoj*, Copenhagen 1958, 67-69.

R. VISCHER, *Das einfache Leben*, Göttingen 1965, Studienhefte zur Altertumswissenschaft 11, 135-137.

P.W. WALLACE, "*MH* with the Participle in Longus and Achilles Tatius", *AJPh* 89, 1968, 321-333.

D. WEDEKIND, "The Function of Physis and Technê in Longus' *Daphnis and Chloe*", in *The Ancient Novel: Classical Paradigms and Modern Perspectives*, edd. J. Tatum-G.M. Vernazza, Hannover, N.H, 1990, 133.

O. WEINREICH, *Der griechische Liebesroman*, Zürich 1962, part. 18-19.

J.J. WINKLER, "The Education of Chloe: Hidden Injuries of Sex", in *The Constraints of Desire. The Anthropology of Sex and Gender in Ancient Greece*, ed. J.J. Winkler, New York-London 1990, 101-126.

J.J. WINKLER, "The Education of Chloe: Erotic Protocols and Prior Violence", in *Rape and Representation*, edd. L.A. Higgins-B.R. Silver, New York 1991, 15-34.

S. VAN DE WIJER, "Enkele picturale voorstellingen van *Daphnis en Chloë*", *Kleio* 13, 1983, 212-220.

G. WOJACZEK, *Daphnis. Untersuchungen zur griechischen Bukolik*, Meisenheim am Glan 1969, Beiträgen zur klassischen Philologie 34, 5-21.

A. WOUTERS, "De *Dafnis en Chloë* van Longus. Een Kennismaking met de griekse roman", *Kleio* 13, 1983, 165-198.

A. WOUTERS, "Irony in Daphnis' and Chloe's Love Lessons", *QUCC* 57, 1987, 111-118.

A. WOUTERS, "The εἰκόνες in Longus' *Daphnis and Chloe* IV, 39, 2: 'Beglaubigungsapparat'?", *SEJG* 31, 1989-90, *Opes Atticae R. Bogaert et H. van Looy oblatae*, 465-479; "The *eikones* in Longus' *Daphnis and Chloe*, 4. 39): Beglaubigungsapparat?", in *The Ancient Novel: classical paradigms and modern perspectives*, edd. J. Tatum-G.G. Vernazza, Hannover, N.H, 1990, 139.

H. WOUTERS, "Longus' *Daphnis en Chloë*. Het prooemion en de ingelaste verhalen", *HznMTL* 45, 1991, 213-242.

H. WOUTERS, "Daphnis et Chloé: le prooemium et les histoires enchâssées, à la lumière de la critique récente", *LEC* 62, 1994, 131-167.

D. YOUNG, "Author Variants in the Manuscript Tradition of Longus", *PCPhS*, 194, 1968, 65-74.

D. YOUNG, "Second Thoughts on Longus' Second Thoughts", *PCPhS* 197, 1971, 99-107.

G. ZANETTO, "La lingua dei romanzieri greci", *GIF* 42, 1990, 233-242.

F. ZEITLIN, "The Poetics of *Erōs*: Nature, Art and Imitation in Longus' *Daphnis and Chloe*", in D.M. Halperin-J.J. Winkler-F. Zeitlin, edd., *Before Sexuality. The Construction of Erotic Experience in the Ancient Greek World*, Princeton 1990, 417-464.

F. ZEITLIN, "The Gardens of Desire in Longus' *Daphnis and Chloe*", in *The Ancient Novel: classical paradigms and modern perspectives*, edd. J. Tatum-G.M. Vernazza, Hannover, N.H, 1990, 116-117.

Bibliografia su Eliodoro

a. alcune edizioni, traduzioni, commenti

A. ANGELINI, "Nota a Eliodoro, *Le Etiopiche*", in *Il romanzo classico*, a c. di Q. Cataudella, Roma 1958, 619-622, part. 622.

Héliodore, *Ethiopiques ou Théagène et Chariclée*, ed. par R.M. RATTENBURY-T.W. LUMB, trad. par J. MAILLON, Paris 1960².

J.R. MORGAN, "Heliodorus: an Ethiopian Story", in B.P. REARDON, *Collected Ancient Greek Novels*, Berkeley 1989.

J. HILTON, *A Commentary on Books 3 and 4 of the* Aithiopika *of Heliodorus*, Diss. Natal 1998.

M. HADAS, tr., *Heliodorus. An Ethiopian Romance*, Ann Arbor, Mich. 1957; Philadelphia 1999.

b. studi

P. BADENAS, "Metáfrasis en girgo vulgar de la *Historia de Barlaam y Josaphat*", in *Prosa y verso en griego medieval. International Congress* Neograeca Medii Aevi, III, Vitoria 1994, edd. J.M. Egea-J. Alonso, Amsterdam 1996, 59-73.

S.H. BARTSCH, *Decoding the Ancient Novel: the Reader and the Role of Description in Heliodorus and Achilles Tatius*, New Jersey, Princeton Univ. 1989.

A. BILLAULT, "Une source de Barlaam et Ioasaph: les *Ethiopiques* d'Héliodore", in *The Ancient Novel in Context. Proceedings of the Third International Conference on the Ancient Novel, Groningen, 25-30 July 2000*, edd. M. Zimmerman-S. Panayotakis-W. Keulen, in corso di pubblicazione.

W. BOEHLICH, "Heliodorus Christianus", in *Freundesgabe für E.R. Curtius*, Bern 1956, 103-124.

G.W. BOWERSOCK, *Fiction as History: Nero to Julian*, Berkeley 1994.

E. BOWIE, "Names and a Gem: Aspects of Allusion in Heliodorus' *Aethiopica*", in *Ethics and Rhetoric, Classical Essays for Donate Russell on his 75th Birthday*, ed. by D. Innes, Oxford 1995, 269-280.

J. BREMMER, "Achilles Tatius and Heliodorus in Christian East Syria", in H.L.J. Vanstiphout, ed., *All Those Nations. Cultural Encounters within and with the Near East. Studies Presented to H. Drijvers*, Groningen 1999, 21-29.

G. BRETZIGHEIMER, "Die Persinna-Geschichte – Eine Erfindung des Kalasiris? Überlegungen zu Heliodors *Äthiopika*", 4.12.1-13.1, *WS* 111, 1998, 93-118.

G. BRETZIGHEIMER, "Brudermord und Kindesmord. Pseudotragik in Heliodors *Äthiopika*, mit einer Appendix zum Beginn des Roman", *WS* 112, 1999, 59-86.

W. BÜHLER, "Das Element des Visuellen in der Eingangsszene von Heliodors *Aithiopika*", *WS* 10, 1976, 177-185.

W. BURKERT, *Greek Religion*, Cambridge 1985.

K.S. CHEW, *Novel Techniques: Motivation and Causation in the Ancient Novels, with special Reference to Heliodorus'*Aithiopica, Diss. University of California, Los Angeles, California 1994, UMI Diss. Serv., Ann Arbor, Mich. DA 9508704.

H. CROUZEL, *Origène et la philosophie*, Paris 1962.

E. CUEVA, "The Analogue of the Hero of Heliodorus'*Aethiopica*", *Syllecta Classica* 9, 1998, 103-113.

S. DI PALMA, "Evoluzione dei culti solari a Roma. Il *Sol Invictus* da Settimio ad Alessandro Severo", in *Gli imperatori Severi. Storia archeologia religione*, a c. di E. dal Covolo-G. Rinaldi, Roma 1999, Biblioteca di Scienze Religiose 138, 333-336.

H. DÖRRIE, *De Longi, Achillis Tatii, Heliodori memoria*, Diss. Göttingen 1935, cfr. *Gnomon* 13, 1937, 358.

S. DWORACKI, "Theatre and Drama in Heliodorus'*Aethiopica*", Eos 54, 1996, 355-361.

M. EDSALL, *The Role and Characterization of the Priest in Ancient Novel*, Columbia University Dissert., New York 1996, ed. in *Dissertation Abstracts*, 1997.

M. EDSALL, "Religious Narratives and Religious Themes in Heliodorus and Achilles Tatius", in *The Ancient Novel in Context. Proceedings of the Third International Conference on the Ancient Novel, Groningen, 25-30 July 2000*, edd. M. Zimmerman-S. Panayotakis-W. Keulen, in corso di pubblicazione.

E. FEUILLÂTRE, *Études sur les* Éthiopiques *d'Héliodore*, Paris-Univ. de Poitiers 1966.

M. FUSILLO, "Textual Patterns and Narrative Situation in the Greek Novel", in *Groningen Colloquia on the Novel*, I, 1998, 17-31.

M. FUSILLO, tr. Th. Heinze, "Heliodoros, 8", in *Der neue Pauly*, V, Stuttgart-Weimar 1998.

P. HARDIE, "A Reading of Heliodorus, *Aithiopika* 3.4.1-5.2", in *Studies in Heliodorus*, ed. R. Hunter, Cambridge 1998, Cambridge Philological Society Suppl. vol 21, 19-39.

V. HEFTI, *Zur Erzählungstechnik in Heliodors* Aethiopika, Wien 1950.

J. HILTON, "The Meaning of *Antitheos*, Hld. 4.7.15 again", *Acta Classica* 40, 1997, 87-90.

J. HILTON, "An Ethiopian Paradox: Heliodorus, *Aithiopica* 4.8", in *Studies in Heliodorus*, ed. R. Hunter, Cambridge 1998, Cambridge Philological Society Suppl. vol 21, 78-92.

J. HILTON, "Some Modes of Irony in Heliodorus", in *The Ancient Novel in Context. Proceedings of the Third International Conference on the Ancient Novel, Groningen, 25-30 July 2000*, edd. M. Zimmerman-S. Panayotakis-W. Keulen, in corso di pubblicazione.

Studies in Heliodorus, ed. R. HUNTER, Cambridge 1998, Cambridge Philological Society Suppl. vol 21, con bibl. a 219-232.

R. HUNTER, "The *Aithiopika* des Heliodorus: beyond Interpretation", in *Studies in Heliodorus*, ed. R. Hunter, Cambridge 1998, Cambridge Philological Society Suppl. vol 21, 40-59.

R. JOHNE, *Eine äthiopische Prinzessin im griechischen Roman*, in *Die Literatur der Spätantike-polyethnisch und polyglottisch betrachtet*, angerecht und herausgegeben von J. Irmscher, Amsterdam 1997, 153-159.

C.W. KEYES, "The Structure of Heliodorus' *Aithiopikà*", "Studies in Philology" 19, 1922, 42-51.

E. KHINTIBIDZE, "New Materials on the Origin of *Barlaam and Joasaph*", *Orientalia Christiana Periodica* 63, 1997, 491-501.

L. KIM, "The 'Trouble' with Calasiris: Authority, Duplicity, and Self-Presentation in Heliodorus", lettura tenuta all'*APA Meeting, 27-30 December 1998, Washington DC.*

S. KOTZABASSI, "Ein unbekanntes Fragment des *Barlaam und Joasaph*", *Byz. Zeitschr.* 92, 2, 1999, 471-473.

W. LAMB, *Ethiopian Story*, London 1961.

R. LANE FOX, *Pagans and Christians in the Mediterranean World from the Second Century A.D. to the Conversion of Constantine*, London 1988².

B. LAVAGNINI, "Filippo-Filagato e il romanzo di Eliodoro", Επετηρὶς ἑταιρείας Βυζαντινῶν Σπουδῶν 39-40, 1972-73, 457-463.

V. LENTAKIS, "Οι αγγελιοφόροι τών θεών· τα όνειρα στα Αιθιοπικά του Ηλιοδόρου", in Ὄψις ἐνυπνίου· *η χρήση των ονείρων στην ελληνική και ρωμαϊκή αρχαιότητα*, I, Ηράκλιο 1993.

F. LÉTOUBLON, "Surimpression: Sophocle entre Homère et Héliodore", *L'Information littéraire*, 42, 1990, 3-6.

F. LÉTOUBLON, "À propos de Chariclée et de l' 'effet Andromède' ", *REG* 111, 1998, 732-734.

S. MAZZARINO, "Il Basso Impero", in *L'impero romano*, II, Bari 1991⁵, 652-751.

A. MERKT, *Maximus I. von Turin. Die Verkündigung eines Bischofs der frühen Reichskirche im zeitgeschichtlichen, gesellschaftlichen und liturgischen Kontext*, Leiden-New York-Köln 1997, Supplements to Vigiliae Christianae, Formerly Philosophia Patrum, Texts and Studies of Early Christian Life and Language 40, 148, 177-181; 218-219.

J.G. MONTES CALA, "En torno a la impostura dramática en la novela griega. Comentario à una écfrasis de espectáculo en Heliodoro", *Habis* 23, 1992, 217-235.

J.R. MORGAN, "History, Romance and Realism in the *Aethiopica*", *ClassAntiquity* 1, 1982, 221-265.

J.R. MORGAN, "The Story of Cnemon in Heliodorus' *Aithiopikà*", *JHS* 109, 1989, 99-113 = S. SWAIN, *Oxford Readings in the Greek Novel*, Oxford 1999, 259-285.

J.R. MORGAN, "A Sense of the Ending: the Conclusion of Heliodorus' *ΑΙΘΙΟΠΙΚΑ*", *TAPhA* 119, 1989, 299-320.

J.R. MORGAN, "Narrative Doublets in Heliodorus' *Aithiopika*", in *Studies in Heliodorus*, ed. R. Hunter, Cambridge 1998, Cambridge Philological Society Suppl. vol 21, 60-78.

M.D. MUCHOW, *Passionate Love and Respectable Society in three Greek Novels*, Diss. John Hopkins Univ., UMI Diss. Services, Baltimore 1988.

P. NAUTIN, *Lettres et écrivains chrétiens des IIᵉ et IIIᵉ siècles*, Paris1961.

E. NORDEN, *Die antike Kunstprosa, vom VI. Jahrhundert v.Chr. Bis in die Zeit der Renaissance*, Stuttgart 1898, 1958².

M. OEFTERING, *Heliodor und seine Bedeutung für die Literatur*, Berlin 1901.

Origeniana Quinta, ed. R.J. DALY, Leuven 1992.

TH. PAULSEN, "Die *Aithiopika* als Roman für alle: zur Kommunikation Heliodors mit Lesern unterschiedlicher Bildungsniveaus", in *Kommunikation durch Zeichen und Wort*, hrsg. von G. Binder-K. Ehlich, Trier 1995, Bochumer Altertumswissenschaftliches Colloquium 23.

J. PERKINS, "An Ancient Passing Novel: Heliodorus' *Aithiopikà*", *Arethusa* 32, 1999, 197-214.

J. PLETCHER, "Euripides in Heliodorus, *Aithiopikà* 7-8", in *Groningen Colloquia on the Novel*, IX, edd. H. HOFMANN-M. ZIMMERMANN, Groningen 1998, 17-27.

M. PULQUÉRIO FUTRE PINHEIRO, *Estruturas técnico-narrativas nas* Etiópicas *de Heliodoro*, Lisbon 1987.

R.M. RATTENBURY-T.W. LUMB-J. MAILLON, *Héliodore. Les Éthiopiques*, Paris 1960².

B.P. REARDON, "Heliodorus' *Aethiopica*: la grande illusion?", conferenza tenuta l'11. V. 1998 alle *Lectures at the Petronian Society, Munich Section*, Pres. N. Holzberg.

G.N. SANDY, *Heliodorus*, Boston 1982.

G.N. SANDY, "Characterisation and philosophical décor in Héliodorus' *Aethiopica*", *TAPA* 112, 1982, 141-167.

G.N. SANDY, "A Neoplatonic Interpretation of Heliodorus' *Ethiopian Story*", in *The Ancient Novel in Context. Proceedings of the Third International Conference on the Ancient Novel, Groningen, 25-30 July 2000*, edd. M. Zimmerman-S. Panayotakis-W. Keulen, in corso di pubblicazione.

A.M. SCARCELLA, "Testimonianze della crisi di un'età nel romanzo di Eliodoro", *Maia* 24, 1972, 8-41.

G. SCARCIA, *Storia di Josaphat senza Barlaam*, Soveria Mannelli, Catanzaro 1998, Medioevo Romanzo e Orientale, Testi 4.

G. SCARCIA, "Sull'origine di Ioasaf", in *Medioevo romanzo e orientale. Colloqui 4. Il viaggio dei testi. III Colloquio internazionale*, Venezia, 10-13 ottobre 1996, ed. A. Pioletti, Venezia 1999, 381-392.

P. SCHUBERT, "Le parcours de deux prêtres dans les *Éthiopiques* d'Héliodore", *Maia* 49, 1997, 257-264.

E. SCHWARZ, *Fünf Vorträge über den griechischen Roman*, Berlin 1896, 1943².

S. SCHWARTZ, *Courtroom Scenes in Ancient Greek Novels*, Ph. D. Dissertation, Columbia University 1998, riassunto dalla stessa Saundra Schwartz in *PSN* 29, 1-2, 1999, 7-8.

D. SELDEN, "*Aithiopika* and Ethiopianism", in *Studies in Heliodorus*, ed. R. Hunter, Cambridge 1998, Cambridge Philological Society Suppl. vol 21, 182-217.

L. Anneo Seneca, *Contro il matrimonio, ovvero perché all'uomo saggio non convenga prender moglie*, a c. di M. LENTANO, Bari 1999.

Sokrates. Kirchengeschichte, hrsg. von G. CHR. HANSEN, mit Beiträgen von Manja Širinian, Berlin 1995, *GCS* N.F., 1, part. 300-302.

F. SNOWDEN, *Blacks in Antiquity*, Cambridge 1970.

F. SNOWDEN, *Before Colour Prejudice. The Ancient View of Blacks*, Cambridge 1983.

W. STECHOW, "Heliodorus' *Aethiopica* in art", *Journal of the Warburg and Courtauld Institute* 16, 1953, 144-152.

T. SZEPESSY, "Le siège de Nisibe et la chronologie d'Héliodore", *ActAntHung* 24, 1976, 247-276.

S. SZEPESSY, "Die *Aithiopikà* des Heliodoros und der griechisch-sophistische Liebesroman", in *Beiträge zum griechischen Liebesroman*, ed. H. Gärtner, Stuttgart 1984, 432-450.

M. TELÒ, "Eliodoro e la critica omerica antica", *SIFC* 17, 1, 1999, 71-87.

M. VAN DER VALK," Remarques sur la date des *Éthiopiques* d'Héliodore", *Mnem.* 9, 1941, 97-100.

J.W.H. WALDEN, "Stage-terms in Heliodorus' *Aethiopica*", *HSCP* 5, 1984, 1-43.

O. WEINREICH, *Nachwort zur Heliodor-Übersetzung von R. Reymer*, Zürich 1950, Bibliothek der Alten Welt.

T. WHITMARSH, "The Birth of a Prodigy. Heliodorus and the Genealogy of Hellenism", in *Studies in Heliodorus*, ed. R. Hunter, Cambridge 1998, Cambridge Philological Society Suppl. vol 21, 93-124.

J. WHITTAKER, *Studies in Platonism and Patristic Thought*, London 1984.

J.J. WINKLER, "The Mendacity of Calasiris and the Narrative Strategy of Heliodoros' *Aithiopika*", *YCS* 27, 1982, 93-158 = S. SWAIN, *Oxford Readings in the Greek Novel*, Oxford 1999, 286-350.

J.J. WINKLER, "Achilles Tatius and Heliodorus. Some 1998 Parallels", *PSN*, 29, 1-2, 1999, 6-7.

M. WINKLER, "The Cinematic Nature of the Opening Scene of Heliodoros' *Aithiopikà*", in *The Ancient Novel in Context. Proceedings of the Third International Conference on the Ancient Novel, Groningen, 25-30 July 2000*, edd. M. Zimmerman-S. Panayotakis-W. Keulen, in corso di pubblicazione.

G. ZIETHEN, "Heliodors *Aithiopika* und die Gesandtschaften zu den Aithiopen", *Klio* 81, 2, 1999, 455-490.

Bibliografia su Luciano

a. alcune edizioni, traduzioni, commenti

Lucien, Histoire Vraie, cur. F. OLLIER, Paris 1962.

Luciano: i Dialoghi e gli Epigrammi, ed. L. SETTEMBRINI, Roma 1962², a c. di E. Baccini.

Lucian: Selected Works, ed. B.P. REARDON, New York 1965.

Lucian, VIII, ed. M.D. MACLEOD, Loeb Classical Library 1967, 47-145.

Lucien de Samosate, Philopseudes *et* De Morte Peregrini, cur. J. SCHWARTZ, Paris 1951.

Luciani Opera, I-IV, ed. M.D. MACLEOD, Oxford 1972-1987.

Lucian. Seventy Dialogues, ed. H.L. LEVY, Oklahoma University Press 1976.

Lukian. Zeus Tragodos. *Überlieferungsgeschichte, Text und Kommentar*, von J. COENEN, Meisenheim am Glan 1977, Beiträge zur Klassischen Philologie 88.

Lukians Parasitendialog, hrsg. und komm. von H.-G. NESSELRATH, Berlin-New York 1985, Untersuchungen zur antiken Literatur und Geschichte 22.

Lucian: a Selection, ed. M.D. MACLEOD, Warminster 1991.

b. studi

G. ANDERSON, *Studies in Lucian's Literary Technique*, Diss. Oxford 1974.
G. ANDERSON, *Lucian: Theme and Variation in the Second Sophistic*, Leiden 1976, Mnemosyne Suppl. 41.
G. ANDERSON, *Studies in Lucian's Comic Fiction*, Leiden 1976, Mnemosyne Suppl. 43.
G. ANDERSON, "Lucian's Classics. Some Shorts Cuts to Culture", *Bull. Instit. Class. Stud.* 23, 1976, 59-68.
G. ANDERSON, "Some Alleged Relationships in Lucian's Opuscula", *AJPh* 97, 1976, 262-275.
G. ANDERSON, "Lucian and the Authorship of *de Saltatione*", *GRBS* 18, 1977, 275-282.
G. ANDERSON, "Some Notes on Lucian's *Navigium*", *Mnemosyne*, 4^ ser., 30, 1977, 363-368.
G. ANDERSON, "Lucian's *Nigrinus*: the Problem of Form", *GRBS* 19, 1978, 367-374.
G. ANDERSON, "Patterns in Lucian Quotations", *Bull. Inst. Class. Stud.* 25, 1978, 97-100.
G. ANDERSON, "Motifs and Technique in Lucian's *De Parasito*", *Phoenix* 33, 1979, 59-66.
G. ANDERSON, "Some Sources of Lucian, *Icaromenippus* 25f.", *Philologus* 124, 1980, 159-161.
G. ANDERSON, "Lucian's *Historia* and Arrian's *Anabasis*", *Historia* 29, 1980, 119-124.
G. ANDERSON, "Lucian, a Sophists' Sophist", *YCS* 27, 1982, 61-92.
G. ANDERSON, "The *Pepaideumenos* in Action: Sophists and their Outlook in the Early Empire", in *ANRW*, II, 33, 1, Berlin-New York 1989, 79-208.
G. ANDERSON, "The Second Sophistic: some Problems of Perspective", in D.A. Russell, ed., *Antonine Literature*, Oxford 1990, 91-110.
G. ANDERSON, "Lucian: Tradition versus Reality", in *ANRW*, II, 34, 2, Berlin-New York 1994, 1422- 1447.
V. ANDÒ, *Luciano critico d'arte*, Palermo 1975.
V. ANDÒ, *Il lutto*, Palermo 1984.
H.W. ATTRIDGE-R.A. ODEN, *De Dea Syria*, Missoula, Montana, 1976.
G. AVENARIUS, *Lukians Schrift zur Geschichtsschreibung*, Meisenheim am Glan 1956.
G. BAGNANI, "Peregrinus Proteus and the Christians", *Historia* 4, 1955, 107-112.
B. BALDWIN, "Lucian as a Social Satirist", *CQ*, n. ser., 11, 1961, 199-208.
B. BALDWIN, "The *Pseudologistes* of Lucian", *CR*, N.S. 12, 1962, 2-5.
B. BALDWIN, "The Authorship and Purpose of Lucian's 'Demosthenis encomium' ", *Antichton* 111, 1969, 54-62.
B. BALDWIN, *Studies in Lucian*, Toronto 1973.
B. BALDWIN, "The Epigrams of Lucian", *Phoenix* 29, 1975, 311-335.
B. BALDWIN, "Lucian and Theophrastus", *Mnemosyne*, 4^ ser., 30, 1977, 174-176.
B. BALDWIN, "Lucian and Europa: Variations on a Theme", *AClass* 23, 1980, 115-119.
B. BALDWIN, "Antonius Diogenes and Lucian", *PSN* 30, 1-2, April 2000, 15-17.
T. BEAUPÈRE, *Lucien. Philosophes à l'Encan*, I-II, Paris 1967.
A.R. BELLINGER, "Lucian's Dramatic Technique", *YCS* 1, 1928, 3-40.

S. BENKO, "Pagan Criticism of Christianity During the First Two Centuries A.D.", in *ANRW*, II, 23, 2, Berlin-New York 1980, 1055-1118; 1093-1097.

J. BERNAYS, *Lukian und die Kyniker*, Berlin 1879.

H.D. BETZ, "Lukian von Samosata und das Christentum", *Novum Testam.* 3, 1959, 226-237.

H.D. BETZ, *Lukian von Samosata und das neue Testament. Religionsgeschichtliche und paränetische Parallelen. Ein Beitrag zum* Corpus Hellenisticum Novi Testamenti, Berlin 1961, Texte und Untersuchungen zur Gesch. der altchristl. Lit. 76.

J. BOMPAIRE, *Lucien écrivain. Imitation et création*, Paris 1958.

J. BOMPAIRE, "Travaux récents sur Lucien", *REG* 88, 1975, 224-229.

G.W. BOWERSOCK, *Greek Sophists in the Roman Empire*, Oxford 1969.

E.L. BOWIE, "Greeks and their Past in the Second Sophistic", *Past and Present* 46, 1970, 3-41.

E.L. BOWIE, "The Importance of Sophists", *YCS* 27, 1982, 29-59.

E.L. BOWIE, "Greek Sophists and Greek Poetry", in *ANRW* II, 33, 1, Berlin-New York 1989, 251-253.

R.B. BRANHAM, "The Comic as Critic: Revenging Epicurus. A Study on Lucian's Art of Comic Narrative", *Classical Antiquity* 3, 1984, 143-163.

R. BRACHT BRANHAM, *Unruly Eloquence: Lucian and the Comedy of Traditions*, Cambridge, Mass. 1989.

R.M. BRAGG, "Theological Implications of the Montanist Movement", in *Gli imperatori Severi. Storia archeologia religione*, a c. di E. dal Covolo-G. Rinaldi, Roma 1999, Biblioteca di Scienze Religiose 138, 243-251.

J.L. BRANDÃO, "Um século de bibliografia luciánica: a história de uma polêmica", *Classica* [Brasil] 5-6, 1992-93, 243-253.

J.L. BRANDÃO, "No reino da isotimia: diferenças sociais e mundo do mortos em Luciano", *Classica* 7-8, 1995, 83-100.

L. CANFORA, *Teorie e tecnica della storiografia classica*, Bari 1974.

P. CARRARA, ed., *I pagani di fronte al Cristianesimo. Testimonianze dei secoli I e II*, Firenze 1984, 101-111.

L. CASSON, "The Isis and Her Voyage", *TAPhA* 81, 1950, 43-56.

L. CASSON, *Selected Satires of Lucian*, New York 1962.

M. CASTER, *Lucien et la pensée religieuse de son temps*, Paris 1937.

M. CASTER, *Études sur* Alexandre ou le faux prophète *de Lucien*, Paris 1938.

F. CUMONT, "L'aigle funéraire des Syriens et l'apothéose des empereurs", *Rev. Hist. Relig.* 62, 1910, 119-163.

C. CURTI, "Luciano e i Cristiani", in *Miscellanea di studi di Letteratura cristiana antica*, Catania 1954, 86-109.

V. DAUMER, *Lucien de Samosata et la secte chrétienne*, Paris 1957, Cahiers du Cercle Ernest Renan 13.

J. DELZ, *Lukians Kenntnis der athenischen Antiquitäten*, Freiburg, Switzerland 1950.

E.R. DODDS, *Pagans and Christians in an Age of Anxiety*, Cambridge 1965, part. 59-63; 120 sgg.

R.L. FOX, *Pagans and Christians*, Harmondsworth, Middlesex, 1986.

V. FUMAROLA, "Conversione e satira antiromana nel *Nigrino* di Luciano", *PP*, 6, 1951, 182-207.

V. FUMAROLA, "La più recente critica su Luciano", *A&R*, N.S., 9, 1964, 97-107.

G. GALLAVOTTI, *Luciano nella sua evoluzione artistica spirituale*, Lanciano 1932.

D.J. GEAGAN, "Roman Athens: some Aspects on Life and Culture, I, 86 B.C.-A.D. 267", in *ANRW*, II, 7, 2, Berlin-New York 1977, 371-437.

A. GEORGIADOU-D.H.J. LARMOUR, "Lucian and Historiographic: 'De Historia Conscribenda' and 'Verae Historiae' ", in *ANRW*, II, 34, 2, Berlin-New York 1994, 1448-1509.

A. GEORGIADOU-D.H.J. LARMOUR, "Lucian's *Verae Historiae* as Philosophical Parody", *Historia* 126, 1999, 310-325.

G.M.A. GRUBE, *The Greek and Roman Critics*, London 1965.

F. GUILLÉN PRECKLER, "Testimonio de Luciano sobre los cristianos", *Helmantica* 26, 1975, 249-257.

F. GUILLÉN PRECKLER, "Algunas cuestiones de vocabulario del *de morte Peregrini* 11-15", *Helmantica* 27, 1976, 113-119.

J.A. HALL, *Lucian's Satire*, New York 1981.

A.M. HARMON, tr., *Lucian*, voll. I, 1913, III, 1921, IV, 1925, V, 1936, VI, 1959, Cambridge, Mass.

R. HELM, *Lucian und Menipp*, Leipzig-Berlin 1906.

G. HIGHET, *The Anatomy of Satire*, Princeton, N.J., 1962.

A. HILHORST, "Paganism and Christianity in the *Philopartus*", in *Polyphonia Byzantina, Studies in Honour of Wilhelm J. Aerts*, ed. by H. Hokwerda-E.R. Smits-M.M. Woesthuis, Groningen 1993, Mediaevalia Groningana 13, 39-43.

R. HOLLAND, "Zur Typik der Himmelfahrt", *Arch. für Religionswiss.* 23, 1925, 207-220, part. 210.

H. HOMEYER, *Lukian. Wie man Geschichte schreiben soll*, München 1965.

H. M. HORNSBY, "The Cynicism of Peregrinus Proteus", *Hermathena* 48, 1933, 65-84.

F.W. HOUSEHOLDER, Jr., *Literary Quotation and Allusion in Lucian*, New York 1941.

G.W. HOUSTONS, "Lucian's *Navigium* and the Dimension of the Isis", *AJPh* 108, 1987, 444-450.

G. HUSSON, *Le* Navire *ou les Souhaits*, I-II, Paris 1970-71.

J.B. ITZKOWITZ, *Prolegomena to a New Text of Lucian's* Vitarum Auctio *and* Piscator, Hildesheim 1986, Spoudasmata 38.

C.P. JONES, "Two Enemies of Lucian", *GRBS* 13, 1972, 475-487.

C.P. JONES, *The Roman World of Dio Chrysostom*, Cambridge, Mass., 1978.

C.P. JONES, "A Syrian at Lyon", *AJPh* 100, 1978, 336-353.

C.P. JONES, *Culture and Society in Lucian*, Cambridge, Mass., 1986.

P. JUNGHANNS, *Die Erzählungstechnik von Apuleius'* Metamorphosen *und ihrer Vorlage*, Philologus Suppl. 24, 1932.

M. KOKOLAKIS, "Gladiatorial Games and Animal Baiting in Lucian", *Platon* 10, 1958, 328-361.

M. KOKOLAKIS, "Lucian and the Tragic Performances in his Time", *Platon* 12, 1960, 67-109.

K. KORUS, "Zur Chronologie der Schriften Lukians", *Philologus* 130, 1986, 96-103.

R. KUSSL, "Die *Metemorphoses* des "Lucius von Patrai": Untersuchungen zu Photius *Bibl.* 129", *RhM* 133, 1990, 379-388.

A. LESKY, "Apuleius von Madaura und Lukios von Patrai", *Hermes* 76, 1941, 43-74.

V. LONGO, *Luciano e l'*Ermotimo, Genova 1964.

Lucien de Samosate. Actes du Colloque International de Lyon organisé au Centre d'Études romaines et gallo-romains, le 30 sept.-1er oct. 1993, ed. A. BILLAULT, Paris 1994.

M.D. MACLEOD, "A Note on Lucian's *Prometheus es in Verbis*", *CQ*, N.S., 6, 1956, 237.

M.D. MACLEOD, "῎Αν with the Future in Lucian and the Solecist", *CQ*, N.S., 6, 1956, 102-111.

M.D. MACLEOD, "Lucian's Knowledge of Theophrastus", *Mnemosyne*, 4^ ser., 27, 1974, 75-76.

M.D. MACLEOD, "Syntactical Variation in Lucian", *Glotta* 55, 1977, 215-222.

M.D. MACLEOD, "Lucian's Activities as a Misalazon", *Philologus* 123, 1979, 326-328.

M.D. MACLEOD, "Lucian's Relationship to Arrian", *Philologus* 131, 1987, 257-264.

M.D. MACLEOD-B. BALDWIN, "Lucianic Studies since 1930", in *ANRW*, II, 34, 2, Berlin-New York 1994, 1362-1421.

B.P. MCCARTHY, "Lucian and Menippus", *YCS* 4, 1934, 3-58.

J.R. MORGAN, "Lucian's *True Histories* and the *Wonders beyond Thule* of Antonius Diogenes", *CQ*, N.S., 35, 1985, 475-490.

K. MRAS, *Die Überlieferung Lukians*, Wien 1911.

K. MRAS, *Die Hauptwerke des Lukian*, Gernsbach 1954.

R.A. ODEN, *Studies in Lucian's* De Syria dea, Missoula, Montana, 1977, Harvard Semitic Monographs 15.

J.H. OLIVER, "The Actuality of Lucian's *Assembly of the Gods*", *AJPh* 101, 1980, 304-313 = *The Civic Tradition and Roman Athens*, Baltimore-London 1983, 76-84.

R. PACK, "The 'Volatilisation' of Peregrinus Proteus", *AJPh* 67, 1946, 334-345.

A. PERETTI, *Luciano, un intellettuale greco contro Roma*, Firenze 1946.

B.E. PERRY, *The* Metamorphoses *Ascribed to Lucius of Patrae*, New York 1920.

B.E. PERRY, *The Ancient Romances: a Literary-Historical Account on their Origin*, Berkeley-Los Angeles 1967.

B.E. PERRY," Who was Lucius of Patrae?", *The Classical Journal* 44, 1968, 97-101.

B. PAPAIOANNOU, *ΛΟΥΚΙΑΝΟΣ, Ο ΜΕΓΑΛΟΣ ΣΑΤΥΡΙΚΟΣ ΤΗΣ ΑΡΞΑΙΟΤΗΤΟΣ*, Salonica 1976.

J. PERKINS, "The Apocryphal Acts of the Apostles and the Early Christian Martyrdom", *Arethusa* 18, 1985, 211-230.

A. QUACQUARELLI, *La retorica antica al bivio*, Roma 1956.

G. REALE, *Storia della filosofia antica*, IV, Milano 1981, part. 232-235.

B.P. REARDON, *Courants Littéraires Grecs des IIe et IIIe siècles après J.-C.*, Paris 1971, part. 155-180.

B.P. REARDON, "Travaux récents sur Dion de Pruse", *REG* 96, 1983, 286-292.

B.P. REARDON, recensione a H.-G. NESSELRATH, *Lukians Parasitendialog*, Berlin-New York 1985, Untersuchungen zur antiken Literatur und Geschichte 22, *CR*, N.S. 37, 1987, 159-161.

K. REYHL, *Antonios Diogenes: Untersuchungen zu den Roman-Fragmenten der "Wunder jenseits von Thule" und zu den "Wahren Geschichten" des Lukian*, Tübingen Dissertation 1969.
L. ROBERT, *À travers l'Asie Mineure: poètes et prosateurs, monnaies grecques, voyageurs et géographie*, Paris 1980.
D.S. ROBERTSON, "Apuleius", *The Year's Work in Classical Studies* 31, 1938, 94-95.
C. ROBINSON, *Lucian and his Influence in Europe*, London 1979.
F. RUGGIERO, *La follia dei Cristiani. Su un aspetto della reazione pagana tra I e V secolo*, pref. di M. Simonetti, Milano 1992, 119-132.
D.A. RUSSELL-M. WINTERBOTTOM, *Ancient Literary Criticism*, Oxford 1972, 536-547.
D.T. SAKALIS, *Η ΓΝΗΣΙΟΤΗΤΑ ΤΟΥ* ΨΕΥΔΟΣΟΦΙΣΤΗ *ΤΟΥ ΛΟΥΚΙΑΝΟΥ*, Ioannina 1979.
G.N. SANDY, "Recent Scolarship on the Prose Fiction of Antiquity", *Class. World* 67, 1974, 321-359.
W. SCHMID, "Menanders *Dyskolos* und die Timonlegende", *RhM*, N.F., 102, 1959, 157-182.
J. SCHWARTZ, *Biographie de Lucien de Samosate*, Bruxelles 1965, Coll. Latomus 83.
J. SCHWARTZ, "Lucien de Samosate et certains écrits juifs", *RHPhR* 49, 1969, 135-140.
T. SINKO, *Symbolae chronicae ad scripta Plutarchi et Luciani*, Cracow 1947[8].
W.M. SCHMIDT, "Lukian über die Auferstehung der Toten", *VigChr* 49, 1995, 388-392.
G. SFAMENI GASPARRO, *Origene e la tradizione origeniana in Occidente. Letture storico-religiose*, Roma 1998, part. cap. 8.
P. SINISCALCO, "Luciano di Samosata", in *Dizionario Patristico e di Antichità Cristiane*, II, Casale Monferrato 1983, coll. 2045-2046.
H. STOCKS, "Studien zu Lukians *De Syria Dea*", *Berytus* 4, 1939, 1-40.
K. STROBEL, "Zeitgeschichte unter den Antoninen: die Historiker des Partherkrieges des L. Verus", in *ANRW*, II, 34, 2, Berlin-New York 1994, 1315-1360.
G. STROHMAIER, "Übersehenes zur Biographie Lukians", *Philologus* 120, 1976, 117-122.
W.H. TACKABERRY, *Lucian's Relation to Plato and the Post-aristotelian Philosophers*, Toronto 1930.
H.A.S. TARRANT, "Alcinous, Albinus, Nigrinus", *Antichton* 19, 1985, 87-95.
P. TURNER, *Lucian: Satirical Sketches*, Harmondsworth, Middlesex, 1961.
H. VAN THIEL, *Der Eselsroman*, I-II, München 1971-72.
G. WIRTH, "Anmerkungen zur Arrianbiographie; Appian-Arrian-Lukian", *Historia* 13, 1964, 209-245.
M. WITTEK, "Liste des manuscrits de Lucien", *Scriptorium* 6, 1952, 309-323.

Bibliografia su Petronio

A. cenni bibliografici sulla parodia

C. ABASTADO, "Situation de la parodie", *Cahiers du 20e siècle* 6, 1976, 9-37.

G. ALMANSI-G. FINK, *Quasi come. Letteratura e parodia*, Milano 1976; 1991 rist.

W. AX-R.F. GLEY, *Die Parodie in Antike und Mittelalter*, Trier 1993, 27-40.

M. BACHTIN, *Estetica e Romanzo*, tr. it. Torino 1979, part. 407 sgg.

G. BALDO, *Dall'*Eneide *alle* Metamorfosi, Padova 1995.

A.B. BELTRAMETTI, "La parodia letteraria", in *Lo spazio letterario della Grecia Antica*, di G. Cambiano-L. Canfora-D. Lanza, I, III, Roma 1994, 275-302.

G. BLAZINA, "Parodia", in *Grande dizionario enciclopedico UTET*, XV, Torino 1989, 492 sgg.

M. BONAFIN, a c. di, "Dialettiche della parodia", I-II, *L'immagine riflessa. Testi, società, culture*, N.S. 1, 1992.

J.P. CÈBE, *La caricature et la parodie dans le monde romain antique des origines à Juvenal*, Paris 1966.

E. DEGANI, *La poesia parodica: appunti*, in, *Poesia parodica greca*, a c. Eiusd., Bologna 1989^2, 5 sgg.

Dizionario di retorica e stilistica, Torino 1995, 270 e 272.

G. GENETTE, *Palimpsestes. La littérature au second dégré*, Paris 1982.

M. GIANNETTO, "Rassegna sulla parodia in letteratura", *Lettere Italiane* 29, 1977, 461-481.

G. GORNI-S. LONGHI, "La parodia", in *Letteratura italiana*, a c. di A. Asor Rosa, V, Torino 1986, 459-87.

L. GRELLMANN, "Parodie", in *Reallexikon der deutschen Literaturgeschichte*, II, Berlin 1927, 630-653.

L. HUTCHEONS, *A Theory of Parody*, New York-London 1985.

H. KLEINKNECHT, *Die Gebetsparodie in der Antike*, Hildesheim 1967.

F.J. LELIÈVRE, "The Basis of Ancient Parody", *G&R*, ser. II, 1, 1954, 66-81.

G. PETRONE, "A margine di un discorso sulla parodia latina", *L'immagine riflessa*, N.S., 1, 1992, 67-75.

M.A. ROSE, *Parody Ancient, Modern and Post-modern*, Cambridge 1993.

Forme della parodia, parodia delle forme nel mondo greco e latino. Atti del Convegno, Napoli, 9 maggio 1995, a c. di L. MUNZI, Napoli 1996, Annali dell'Istituto Universitario Orientale di Napoli 18:

L. MUNZI, "Presentazione", 5-6.

G. BALDO, "Le *Metamorfosi* ovvero l'impossibile parodia", 7-43.

A. BARCHIESI, "La guerra di Troia non avrà luogo: il proemio dell'*Achilleide* di Stazio", 43-62.

M.S. CELENTANO, "La parodia tra retorica e letteratura", 63-71, con vasta bibl. aggiornata 63 n. 1.

V. FERRARO, "Mai chiamare Metello un Metello", 73-84.

M. G. IODICE DI MARTINO, "Effetti parodici nella poesia dell'esilio di Ovidio: il motivo del libro vivente", 85-92.
L. MUNZI, "Da Properzio a Ovidio. Un itinerario letterario nel *pastiche* di un anonimo pompeiano", 93-107.
P. RADICI COLACE, "Riuso e parodia in Catullo", 155-167 con bibl..
P. SARTORI, "Alcune note su procedimenti e tecniche della parodia", 169-183.

B. bibliografia su Petronio

a. alcune edizioni, traduzioni, commenti

E. PARATORE, *Il* Satyricon *di Petronio*, I-II, Firenze 1933.
La Cena di Trimalchione di Petronio Arbitro, ed. e comm. A. MAIURI, Napoli 1945.
Petronii Arbitri *Cena Trimalchionis*, ed. e comm. E.V. MARMORALE, Firenze 1947; 1961².
Petronius, *Cena Trimalchionis*, ed., comm. and transl. J. COURTIN, Melbourne 1949.
Petronio Arbitro, *Il romanzo satirico*, ed. comm. e tr. a c. di G.A. CESAREO-N. TERZAGHI, Firenze 1950.
Petronio, *Il Satyricon*, ed. e tr. V. CIAFFI, Torino 1951; 1967².
Le festin de Trimalcion, comm. P. PERROCHAT, Paris 1952²; 1962³.
Petronio, *Satiricon*, tr. U. DETTORE, Milano 1953.
Petronii *Cena Trimalchionis*, ed. H. SCHMECK, Heidelberg 1954⁴.
La matrona d'Efeso, in *La novella greca*, tr. Q. CATAUDELLA, Napoli 1957, 259-262.
Petronii Arbitri *Satyricon*, ed. K. MÜLLER, München 1961.
Petronio, *Il Satyricon*, ed. e tr. A. MARZULLO-M. BONARIA, Bologna 1962.
Petronius: the Satyricon *and the Fragments*, ed. J.P. SULLIVAN, Harmondsworth 1965.
Petronio, *Satyricon*, tr. D. SCHITO, Roma 1969.
Petronio, *Il Satiricon*, tr. P. CHIARA, Milano 1969.
Il giuoco del Satyricon. *Un'imitazione da Petronio*, tr. E. SANGUINETTI, Torino 1970.
Petronio Arbitro, *Dal* Satyricon, ed. e tr. E. CASTORINA, Bologna 1970.
Petronio Arbitro, tr. G.A. CIBOTTO, Roma 1976.
Petronius, *The Satyricon*, ed. E.T. SAGE, rev. B.B. GILLELAND, New York 1979.
"Petronii *Satyricon* capita 21, 1-37, 5 excerptis L inserta", ed. M. BROZEK, in *Acta Conventus XI 'Eirene'*, Warsaw 1971, 539-553.
Petronius, *Satiricon*, ed., comm. e tr. [in sloveno], P. SIMONITI, Ljubljana 1973.
Petronius, *Cena Trimalchionis*, ed. et comm. M.S. SMITH, Oxford 1975.
Petronio Arbitro, *Dal* Satyricon*: il* Bellum Civile, ed., comm. e tr. G. GUIDO, Bologna 1976.
La novella milesia in Petronio, ed. M. PACCHIENI, Lecce 1978.
K. MÜLLER, *Petron:* Satyrica, München 1978.
L. CARDONA, *El Satiricón. Petronio*, Barcelona 1994.
Petronius, *Satyricon libri I-II*, eingel. und komm. von W. SIEWERT, Münster 1994.
Petronius, *Satyricon Reliquiae*, ed. K. MÜLLER, Stuttgart 1995⁴.

Petronius Arbiter: Satyricon, rec. et emend. I.C. GIARDINA-R. CUCCIOLI MELLONI, Torino 1995, Corpus Scriptorum Latinorum Paravianum.

Petronii Arbitri Satyricon, edd. I.C. GIARDINA-R. CUCCIOLI MELLONI, Torino 1995, con la recensione di K. MÜLLER, comparsa in *Gnomon* 70, 1998, 494-497.

C. CODOÑER, *Satíricon*, Madrid 1996.

D. MEY, *Curiosità: Petronio Arbitro, La Matrona di Efeso*, testo latino a fronte, tr. e comm. di Dario MEY, in Appendice, "La Vedova nella poesia popolare e negli aforismi", Valentano 1996.

R. HEREDIA CORREA, *Petronio, Satíricon*, Mexico 1997.

R. HEREDIA CORREA, *Petronio: fragmentos y poemas*, Mexico City 1998, con la recensione di C. PANAYOTAKIS, *CR* 49, 1999, 577.

P. DINNAGE, *Petronius. Satyricon*, Transl. with Introduction and Notes by C. Panayotakis, Ware 1999.

R. MARTIN, *Le* Satyricon. *Pétrone*, Paris 1999.

Petronius, Cena Trimalchionis, ed. J. ÖBERG, Stockholm 1999, Acta Universitatis Stockholmiensis, Studia Latina Stockholmiensia 42.

b. studi

I. ACHATS, *Petrons* Satyricon *als Spiegel zeitgenössischer literarischer und sozialer Ereignisse*, Diss. Wien 1965.

J. ADAMIETZ, "Circe in den *Satyrica* Petrons und das Wesen dieses Werkes", *Hermes* 123, 3, 1995, 320-334.

J.N. ADAMS, *The Latin Sexual Vocabulary*, London 1982.

J.N.ADAMS, "Four Notes on the Latin Sexual Language: *CIL* IV 8898, Persius 4.36, Martial 11.104.17, Petronius 21. 2", *Liverpool Classical Monthly* 7.6, 1982, 86-88.

U. ALBINI, "Petronio, *Sat.* 111, 10", *PP* 19, 1974, 137-138.

G. ALESSIO, "*Hapax legomena* ed altre *cruces* in Petronio", *Quad. Ling.* 6-7, 1960-71, Napoli 1967.

L. ALFONSI, "Petronio e i teodorei", *RFIC* 76, 1948, 46-53.

L. ALFONSI, "Topica erotico-elegiaca in Petronio", *Aevum* 34, 1960, 254-255.

L. ALFONSI, "Spunti petroniani nel *Laureolus* di Pascoli", *GIF* 14, 1961 174.

L. ALFONSI, "Nota leviana", *Aevum* 38, 1964, 383-384.

L. ALFONSI, "Mella decussa", *GIF* 28, 1976, 112-117.

P.J.M. VAN ALPHEN, "Petronius' *Cena Trimalchionis* en de Pompejaanse muurschilderingen", *Hermeneus* 36, 1964-65, 94-106; 117-129.

D. ALTAMURA, "Quibus ex Graeca lingua translatis verbis in Cena Trimalchionis enarranda Petronius usus sit", *Latinitas* 6, 1958, 194-202.

D. ALTAMURA, "Petroniana convicia et laudes", *Latinitas* 6, 1958, 267-273.

D. ALTAMURA, "*Apocolocyntosis* et *Satyricon*", *Latinitas* 7, 1959, 43-54.

D. ALTAMURA, "*Petronius eloquentiae magister*", *Latinitas* 7, 1959, 95-99.

D. ALTAMURA, "Petronianae voces locutionesque de virorum mulierumque cultu et vanitate", *Latinitas* 7, 1959, 285-289.

D. ALTAMURA, "T. Petronii Arbitri ad Neronem codicilli nuperrime inventi", *Varia Latina*, Sept. 1960, 85-101.
D. ALTAMURA, "Proverbia locutionesque populares apud Petronium", *Latinitas* 22, 1974, 181-196.
G. ANDERSON, "Trimalchio at Sousa-on-sea", AJPh 102, 1981, 50-53.
G. ANDERSON, "The Novella in Petronius", in *Latin Fiction: the Latin Novel in Context*, ed. H. Hofmann, London 1999, 52-63.
A. ARAGOSTI-P. COSCI-A. COTROZZI, *Petronio: l'episodio di Quartilla*, Bologna 1988.
W. ARROWSMITH, "Luxury and Death in the *Satyricon*", *Arion* 5, 1966, 304-331 = *Essays of Classical Literature selected from Arion*, ed. N. Rudd, Cambridge 1972, 122 -149.
R. ASTBURY, "Petronius, *P. Oxy*. 3010, and Menippean Satire", *CPh* 72, 1977, 23-31 = *Oxford Readings in the Roman Novel*, Oxford 1999, ed. S.J. Harrison, 74-84.
W.T. AVERY, "*Cena Trimalchionis* 35, 7: *Hoc est ius cenae*", *CPh* 55, 1960, 115-118.
W.T. AVERY, "*More Petroniano*", *Hermes* 107, 1979, 118-121.
H. BACON, "The Sibyl in the Bottle", *Virginia Quarterly Review* 34, 1958, 262-276.
G. BAGNANI, "And Passing Rich", *Phoenix Suppl.* 1, 1952, 218-223.
G. BAGNANI, *Arbiter of Elegance. A Study on the Life and Works of C. Petronius*, Phoenix Suppl. 2, 1954.
G. BAGNANI, "Trimalchio", *Phoenix* 8, 1954, 77-91.
G. BAGNANI, "The House of Trimalchio", *AJPh* 75, 1954, 16-39.
G. BAGNANI, "Encolpius *gladiator obscenus*", *CPh* 51, 1956, 24-27.
G. BAGNANI, "Fakes and Forgeries", *Phoenix* 14, 1960, 233.
G. BAGNANI, "Pictura compendiaria", *AJA* 66, 1962, 194.
G. BAGNANI, "Petroniana", in *Classical, Medieval and Renaissance Studies in Honour of B.L. Ullmann*, I, Rome 1964, 229-239.
B. BALDWIN, "Opimian Wine", *AJPh* 88, 1967, 173-175.
B. BALDWIN, "A note on Trimalchio's Zodiac Dish", *CQ*, n.s., 20, 1970, 364.
B. BALDWIN, "Capping the Boar", *PSN* 1, 2, 1970.
B. BALDWIN, "Trimalchio's Poetry", *CJ* 66, 1971, 254-255.
B. BALDWIN, "Trimalchio's Corinthian Plate", *CPh* 68, 1973, 46-47.
B. BALDWIN, "Ira Priapi", *CPh* 68, 1973, 294-296.
B. BALDWIN, "Pax Palamedes", *CPh* 69, 1974, 293-294.
B. BALDWIN, "Petronius and the Fire of Rome", *Maia* 28, 1976, 35-36.
B. BALDWIN, "Echion's Profession in the *Satyricon*", *RFIC* 104, 1976, 327-328.
B. BALDWIN, "Two Notes on Petronius", *CW* 69, 1976, 377-378.
B. BALDWIN, "Tryphaena", *Eranos* 74, 1976, 53-57.
B. BALDWIN, "*Pigiciaca sacra*. A Fundamental Problem in Petronius?", *Maia* 29-30, 1977-78, 119-121.
B. BALDWIN, "Trimalchio's Domestic Staff", *AClass* 21, 1978, 87-97.
B. BALDWIN, "Petronius 34. 10", *Maia* 31, 1979, 145.
B. BALDWIN, "Another Note on barcalae", *PSN* 11, 1-2 / 12, 1, 1981.
W. BAUER, *Das Johannesevangelium*, Tübingen 1925², part. 129.

R. BECK, "Some Observations on the Narrative Technique of Petronius", *Phoenix* 27, 1973, 42-61 = *Oxford Readings in the Roman Novel*, Oxford 1999, ed. S.J. Harrison, 50-73.

R. BECK, "Eumolpus poeta, Eumolpus fabulator", *Phoenix* 33, 1979, 239-253.

W.M. BLOOMER, "The Rival in the Text", in *Latinity and Literary Society at Rome*, Philadelphia 1997, 196-241.

BODEL J., "The *Cena Trimalchionis*", in *Latin Fiction: the Latin Novel in Context*, ed. H. Hofmann, London 1999, 38-51.

S. BOLDRINI, "Il pasto della vedova: cibo, vino, sesso, da Petronio a J. Amado", in *Groningen Colloquia on the Novel*, II, Groningen 1989, hrsg. H. Hofmann, 121-132.

M. BONFANTI, "Due note a Petronio", *Atti e Memorie dell'Accademia Virgiliana di Mantova* 56, 1988, 57-72.

A. BORGHINI, "*Animam ebullire*: alcune ipotesi su un contesto folklorico e su una cura magica", *SCO* 33, 1983, 205-259.

A. BORGHINI, "Note petroniane", *Athenaeum* 86, 1998, 555-559.

R. BOROUGHS, "Petronius on Trial", *PSN* 30, 1-2, April 2000, 18-19.

B.C. BOYCE, "The Language of the Freedman in Petronius' *Cena Trimalchionis*", Leiden 1991, Mnemosyne Suppl. 117.

A. CABANISS, "A Footnote to the Petronian Question", *CPh* 49, 1954, 98-102.

A. CABANISS, "The *Satyricon* and the Christian Oral Tradition", *GRBS* 3, 1960, 36-39.

L. CALLEBAT, "Stuctures narratives et modes de répresentation dans les *Satyrica* de Pétrone", *REL* 52, 1974, 281-303 = *Langages du roman latin*, Hildesheim 1998, Spudasmata 71, 35-55.

L. CALLEBAT, "Le *Satyricon* de Petrone et *l'Âne d'or* d'Apulée sont-ils des romans?", *Euphrosyne* 20, 1992, 149-164 = *Langages du roman latin*, Hildesheim 1998, Spudasmata 71, 17-33.

L. CALLEBAT, "Langages des *Satyrica* de Pétrone", *Biblos* 68, 1992, 1-11 = *Langages du roman latin*, Hildesheim 1998, Spudasmata 71, 57-67.

L. CALLEBAT, "Fabula de nobis narratur. Esthétique et éthique dans le *Satyrica* de Pétrone", in *Studia Philologica Varia in Honorem O. García de la Fuente*, Madrid 1994, 179-185 = *Langages du roman latin*, Hildesheim 1998, Spudasmata 71, 69-76.

L. CALLEBAT, "Neutralisation d'un recit. *Satyrica* 22", in *Langages du roman latin*, Hildesheim 1998, Spudasmata 71, 223-232.

A. CAMERON, Petronius and Plato, *CQ*, n.s., 19, 1969, 367-370.

R.H.F. CARVER, *The Rediscovery of the Latin Novels*, in *Latin Fiction. The Latin Novel in Context*, ed. H. Hofmann, London 1999, 253-268.

M. CECCHETTI, "Petronio contro Marco", *Avvenire*, 29 maggio 1996, 19.

V. CIAFFI, *Petronio in Apuleio*, Torino 1960.

V. CIAFFI, *Fulgenzio e Petronio*, Torino 1963.

F. CITTI, "Come segue la lepre il cacciatore...: sulle tracce di un'immagine da Callimaco a Petronio", *Aevum antiquum* 9, 1996, 249-268.

M. CITRONI, "Due note marginali a Petronio", *Maia* 27, 1975, 301-305.

W.M. CLARKE, "Jewish Table Manners in the *Cena Trimalchionis*", *CJ* 87, 1991-92, 257-263.

M. COCCIA, "Per una rilettura della *Satira V* di Giovenale", in *Storia letteratura arte a Roma nel secondo secolo d.C.. Atti del Convegno, Mantova, 8-10 ottobre 1992*, Firenze 1995, 3-25, con analisi della *Cena Trimalchionis.*

A. COLLIGNON, *Étude sur Pétrone*, Paris 1892.

C. CONNORS, *Petronius the Poet. Verse and Literary Tradition in the* Satyricon, Cambridge 1998.

C. CONNORS, "Rereading the Arbiter: arbitrium and Verse in the *Satyrica* and in *Petronius Redivivus*", in *Latin Fiction. The Latin Novel in Context*, ed. H. Hofmann, London 1999, 64-77.

G.B. CONTE, *The Hidden Author: an Interpretation of Petronius'* Satyricon, Berkeley 1996.

E. COURTNEY, "Parody and Literary Allusion in Menippean Satire", *Philologus* 106, 1962, 86-100.

E. COURTNEY, *The Poems of Petronius*, Atlanta 1991, American Classical Studies 25.

E. COURTNEY, "Two Notes on Petronius", *MD* 40, 1998, 205-207.

A. CUCCHIARELLI, "L'entrata di Abinna nella *Cena Trimalchionis*, Petron. *Satyr.* 65, *ASNP* 4, 1, 1996, 737-753.

A. CUCCHIARELLI, "Eumolpo poeta civile: tempesta ed eros nel *Satyricon*", *A&A* 44, 1998, 127-138.

A. CUCCHIARELLI, "Mimo e mimesi culinaria nella *Cena di Trimalchione*, con un'esegesi di *Satyr.* 70", *RhM* 142, 1999, 176-188.

J.H. D'ARMS, *Commerce and social standing in ancient Rome*, Ann Arbor 1981.

A. DELL'ERA, "Il nido nel paiolo, Publilio Siro in Petr. *Sat.* 55, 4 v. 8", *RCCM* 17, 1995, 283-284.

J. DONAHUE, "Euergetic Self-Representation and the Inscriptions at *Satyricon* 71.10", *CP* 94, 1999, 69-74.

P. FEDELI, *Strutture narrative e tecnica dell'inversione*, Roma 1986.

P. FEDELI, "Il mistero della metamorfosi: un licantropo nel *Satyricon*", in *Il mistero nel racconto classico: Convegno del XIII Mystfest, Cattolica, 29 giugno 1992*, a c. di R. Raffaelli, Urbino 1995, 43-51.

P. FEDELI-R. DIMUNDO, *I racconti del* Satyricon, Roma 1988.

N. FICK, "Divination étrusque, divination italique dans le *Satiricon*", in *Les écrivains et l'*Etrusca disciplina *de Claude à Trajan,* Tours, Institut d'études latines de la Faculté des Lettres et Sciences Humaines 1995, 153-158.

R. FIOL, "Marco e Petronio: quando Nerone leggeva il Vangelo", *Litterae Communionis, Tracce* 23, 10, novembre 1996, 62-63.

F.S. FITZGERALD, *Trimalchio. An Early Version of* The Great Gatsby, ed. J. West, Cambridge 2000.

M. FUSILLO, "Il *Satyricon* di Bruno Maderna: un'opera poliglotta", *Kleos* 2, 1997, 231-234.

M. FUSILLO, "From Petronius to *Petrolio*: the *Satyricon* as Pattern for the Contemporary Novel", in *The Ancient Novel in Context. Proceedings of the Third International Conference on the Ancient Novel, Groningen, 25-30 July 2000*, edd. M. Zimmerman-S. Panayotakis-W. Keulen, in corso di pubblicazione.

D. GAGLIARDI, "Petronio e Orazio: elementi di affinità tra due esperienze letterarie diverse", *AAP* 43, 1994, 329-338.

D. GAGLIARDI, "La *velocitas narrandi* in Petronio: analisi e commento del c. 49", *SIFC* 92, 1999, 116-122.

F. GAIDE, "Intuitions linguistiques de Pétrone dans sa mise en scène des affranchis de la *Cena*", *Latomus* 54, 4, 1995, 856-863.

P. GALAND, "Le conte de la matrone d'Ephèse: rhétorique de 'guidage' et reception. Pétrone lu par La Fontaine et Saint-Evremond", in *Groningen Colloquia on the Novel*, II, ed. H. Hofmann, Groningen 1989, 109-120.

L. GALLI, "Petronio e il romanzo greco, di R. Heinze", *Kleos* 2, 1997, 77-98, tr. dal tedesco e aggiornamento di R. Heinze, "Petron und der griechische Roman", *Hermes* 34, 1899, 494-519.

G.G. GAMBA, *Petronio Arbitro e i Cristiani. Ipotesi per una lettura contestuale del Satyricon*, Roma, Libreria Ateneo Salesiano 1998, Biblioteca di Scienze Religiose 141.

G.G. GAMBA, "Il carteggio tra Seneca e San Paolo: il 'problema' della sua autenticità", *Salesianum* 60, 2, 1998, 209-250.

R. GERSCHNER, "Encolpius Etymologus. Die etymologische Verwendung griechischer Wörter als Stilmerkmar von Petrons urbaner Prosa", *WS* 110, 1997, 145-150.

R. GERSCHNER, *Sprachlich-stilistische Studien zum Gebrauch des griechischen in Petrons* Satyrica, Diplomarbeit, Wien 1995.

G. GIARDINA, "Sulla nazionalità dei personaggi del *Satyricon*", *MCr* 29, 1994, 255-258.

G. GIARDINA, "Petroniana", *MCr* 30-31, 1995-96, 267-272.

C. GILL, "The sexual episodes in the *Satyricon*", *CPh* 68, 1973, 172-185.

M. GONOJI, "Encolpius, the Unreliable Narrator of the *Satyricon*", *JCS* 46, 1998, 88-97.

M. GONOJI, "The Criticism of Rhetorical Education in *Satyricon*", *Class. Stud.* 15, 1998, 72-94.

P. GRIMAL, *La Guerre Civile de Pétrone*, Paris 1977.

M. GRONDONA, *La religione e la superstizione nella* Cena Trimalchionis, Bruxelles 1980, Collection Latomus 171.

T. GRÜLL, "Trimalchio's Corinthian Ware", *AAntHung* 36, 1995, 101-105.

G. GUIDO, *Petronio:* Bellum Civile, Florence 1975.

J. HALLETT, "Resistant, and Enabling Reading: the *Satyricon* and Latin Love Elegy", in *The Ancient Novel in Context. Proceedings of the Third International Conference on the Ancient Novel, Groningen, 25-30 July 2000*, edd. M. Zimmerman-S. Panayotakis-W. Keulen, in corso di pubblicazione.

S. HARRISON, "The Milesian Tales and the Roman Novel", *GCN* 9, 1998, 61-73.

S.J. HARRISON, "Dividing the Dinner: Book Divisions in Petronius' *Cena Trimalchionis*", *CQ* 48, 1998, 580-585.

R. HEINZE, "Petron und der griechische Roman", *Hermes* 34, 1899, 494-519.

R. HELM, "Nachaugusteische nichtchristliche Dichter: Petronius", *Lustrum* 1, 1956, 229-236.

H. HOFMANN, ed., *Latin Fiction: the Latin Novel in Context*, London 1999.

N.M. HORSFALL," Petronius' *Cena* and the Uses of Literacy", *G&R* 36, 1989, 74-89; 194-209.

T.K. HUBBARD, "The Narrative Architecture of Petronius' *Satyricon*", *AC* 55, 1986, 190-212.

G. HUBER, *Das Motiv der 'Witwe von Ephesus' in lateinischen Texten der Antike und des Mittelalters*, Mannheim 1990.

G. JENSSON, *The Milesian Tale: Short Story or Novel?*, lettura tenuta all'*APA Meeting, 27-30 December 1998, Washington DC.*

G. JENSSON, "The *Satyrica* of Petronius as a Roman Palimpsest", in *The Ancient Novel in Context. Proceedings of the Third International Conference on the Ancient Novel, Groningen, 25-30 July 2000*, edd. M. Zimmerman-S. Panayotakis-W. Keulen, in corso di pubblicazione.

F. JONES, "The Narrator and the Narrative of the *Satyricon*", *Latomus* 46, 1987, 810-819.

G.A. KENNEDY, "Encolpius and Agamemnon in Petronius", *AJP* 99, 1978, 171-178.

M. KLEIJWEGT, "The Social Dimensions of the Gladiatorial Combat in Petronius' *Cena Trimalchionis*", *GCN* 9, 1998, 75-96.

M. KLEIJWEGT, "Trimalchio's Social Impotence", *Daedalus* [South Africa] 1,2, 2000, 4.

C. LAES, "Forging Petronius: François Nodot and the Fake Petronian Fragments", *HumLov* 47, 1998, 358-402.

A. LAIRD, *Powers of Expression, Expressions of Power. Speech Presentation and Latin Literature*, Oxford 1999, part. 209-258 con un saggio "Ideology and Taste: Narrative and Discourse in Petronius' *Satyricon*".

D.F. LEÃO, "Trimalquião: a humanitas de um novo-rico", *Humanitas* [Coimbra] 48, 1996, 161-182.

D.F. LEÃO, *As ironias da fortuna: sátira e moralidade no* Satyricon, Lisbon 1998.

G. LIEBERG, "Mecenate letterato", *BSL* 26, 1996, 9-18.

A. ŁOŚ, "La condition sociale des affranchis privés au Ier siècle après J.-C.", *Annales, ESC* 50, 5, 1995, 1011-1043, riass. in inglese 1215-1216.

E.V. MARMORALE, *Petronio nel suo tempo*, Napoli 1937.

E.V. MARMORALE, *La questione petroniana*, Bari 1948.

E.V. MARMORALE, "Petronio visse tra Commodo ed Elagabalo", *Giornale Italiano di Filologia* 2, 1949, 361-367.

D. MCGLATHERY, "Petronius' Tale of the Widow of Ephesus and Bakhtin's Material Bodily Lower Stratum", *Arethusa* 31, 1998, 313-336.

C. MEDAIL, "Petronio, una parodia del Vangelo di Marco", *Corriere della Sera*, 5 giugno 1996, 29.

P. MIGLIORINI, *Scienza e terminologia medica nella letteratura latina di età neroniana: Seneca, Lucano, Persio, Petronio*, Frankfurt 1997, part. su Petronio 175-201.

C.W. MÜLLER, "Die Witwe von Ephesus", *A&A* 26, 1980, 103-121.

R. MUTH, "Der Forschungsbericht: Petronius 1941-1955", *AAHG* 9, 1956, 1-22.

J. NAGORE, "La ficción autobiográfica en el *Satyricon* de Petronio", in *The Ancient Novel in Context. Proceedings of the Third International Conference on the Ancient Novel, Groningen, 25-30 July 2000*, edd. M. Zimmerman-S. Panayotakis-W. Keulen, in corso di pubblicazione.

G. NEUMANN-E. SIMON, "Petron, *Satyrica*, cap. 29, 5", *WJA* 23, 1999, 115-122.

H.P. OBERMAYER, "Impotenz des Helden-Potenz des Autors", in *The Ancient Novel in Context. Proceedings of the Third International Conference on the Ancient Novel, Groningen, 25-30 July 2000*, edd. M. Zimmerman-S. Panayotakis-W. Keulen, in corso di pubblicazione.

M. PACCHIENI, *La novella milesia in Petronio*, Lecce 1978.

S. PACI, "Petronio, c'è un Vangelo tra le righe", *30Giorni*, 16 giugno 1996, 48-50.

S. PACI, "Amati, odiati, comunque noti", *30Giorni*, maggio 1999, 59-60.

L. PALAGI, "L'ingresso trionfale di Trimalchione, Petr. *Satyr.* 29, 3", *Maia* 50, 1998, 465-474.

C. PANAYOTAKIS, *Theatrum Arbitri: Theatrical Elements in the* Satyrica *of Petronius*, Leiden-New York 1995, Mnemosyne Suppl. 146.
O. PECERE, *Petronio: la novella della matrona di Efeso*, Padova 1975.
A. PERUTELLI, "Le chiacchiere dei liberti: dialogo e commedia in Petronio 41-46", *Maia* 37, 1985, 103-119.
A. PERUTELLI, "Il narratore del *Satyricon*", *MD* 25, 1990, 9-26.
H. PETERSMANN, *Petrons Urbane Prosa*, Wien 1977.
H. PETERSMANN, "Umwelt, Sprachsituation und Stilschichten in Petrons *Satyrica*", in *ANRW* II 32. 3, 1985, 1687-1705 = *Oxford Readings in the Roman Novel*, Oxford 1999, ed. S.J. Harrison, 105-123.
H. PETERSMANN," Maecenas, Nasidienus und Trimalchio", in Mousopolos Stephanos. *Festschrift für Herwig Görgemanns*, ed. H. Köhler, Heidelberg 1998, 269-277.
G. PETRONE, "La 'ierofania' di Quartilla", *Pan* 15-16, 1993-94, 91-110.
I. RAMELLI, "Petronio e i Cristiani: allusioni al Vangelo di Marco nel *Satyricon*?", *Aevum* 70, 1996, 75-80.
I. RAMELLI, "Il *Satyricon* di Petronio: tradizione, parodia, allusione", *ΚΑΙΡΙΑ ΣΥΓΓΕΛΑΣΑΙ* 7, 1997, 27-41.
I. RAMELLI, "La Chiesa di Roma e la cultura pagana. Echi cristiani nell'*Hercules Oetaeus*?", *RSCI* 52, 1998, 11-31, part. nota 1.
I. RAMELLI, rec. a G.G. GAMBA, *Petronio Aribtro e i Cristiani. Ipotesi per una lettura contestuale del* Satyricon, Roma 1998, comparsa in *Aevum* 73, 1999, 207-210.
I. RAMELLI, "Alcune osservazioni sulle occorrenze di *crux* in Manilio, Seneca, Giovenale, Marziale", *Espacio, Tiempo y Forma*, Serie II, Historia Antigua 12, 1999, 241-252.
H.D. RANKIN, *Petronius the Artist*, La Hague 1971.
M.D. REEVE, "Petronius", in L.D. REYNOLDS, ed., *Texts and Transmission: a Survey on the Latin Classics*, Oxford 1983, 295-300.
V. RIMELL, "How to Eat Vergil: the Woman of Ephesus Tale in Petronius", in *The Ancient Novel in Context. Proceedings of the Third International Conference on the Ancient Novel, Groningen, 25-30 July 2000*, edd. M. Zimmerman-S. Panayotakis-W. Keulen, in corso di pubblicazione.
J. RODRÍGUEZ MORALES, "Petronio en la biblioteca de Isidoro de Sevilla?", *Helmantica* 43, 1992, 69-77.
G. ROSATI, "Trimalchione in scena", *Maia* 35, 1983, 213-227 = *Oxford Readings in the Roman Novel*, Oxford 1999, ed. S.J. HARRISON, 85-104.
K.F.C. ROSE, *The Date and the Author of the* Satyricon, Leiden 1971, Mnemosyne Suppl. XVI.
K. ROSEN," Römische Freigelassene als Aufsteiger und Petrons Cena *Trimalchionis*", *Gymnasium* 102, 1, 1995, 79-92.
P.V. ROSIELLO, "A proposito di *Satyr.* 81.4", *Index* 20, 1999, 1-8.
V. RUDICH, "*Paideia* in Persius and Petronius", conferenza tenuta il 23. IV. 1999 alla Boston University per i *Boston Area Roman Studies*.
M. SALANITRO, "Ancora su Capua città del *Satyricon*", *A&R* 40, 1, 1995, 22-29.
M. SALANITRO, "Il vino e i pesci di Trimalchione, *Satyr.* 39, 2", *REA* 97, 3- 4, 1995, 589-592.

M. SALANITRO, "Un'arguzia di Trimalchione, Petron. *Satyr.* 52. 7", *Res Publica Litterarum* 21, 1998, 155-162.
M. SALANITRO, "Il racconto del lupo mannaro in Petronio: tra folclore e letteratura", *A&R* 43, 1998, 156-167.
G.N. SANDY, "Satire in the *Satyricon*", *AJP* 90, 1969, 293-303.
G.N. SANDY, "Scaenica Petroniana", *TAPA* 104, 1974, 329-346.
G.N. SANDY, "Recent Scolarship on Prose Fiction of Classical Antiquity", *CW* 67, 1974, 321-359.
M. SHAM, *Characterization in Petronius'* Satyricon, Diss. State Univ, of New York, Buffalo, NY 1994, sunto in DA 1994-95 3500A-3501A.
Y. SCHLEGOR, "Matrona iz Efesa", in *Sign, Language, Culture*, ed. A.J. Gremias, The Hague 1970, 591-600.
G.L. SCHMELING, "Petronian Scholarship since 1957", *CW* 62, 1969, 157-164.
G.L. SCHMELING, "Petronian Scholarship since 1957. An addendum", *CW* 62, 1969, 352-353.
G.L. SCHMELING, ed., *The Petronian Society Newsletter*, Gainesville 1976-.
G.L. SCHMELING, "The *Satyricon*. The Sense of an Ending", *RhM* 134, 1992, 352-377.
G.L. SCHMELING-J. STUCKEY, *A Bibliography of Petronius*, Leiden 1977, Mnemosyne Suppl. 39.
M.N. SCHAM, *Characterisation in Petronius'* Satyricon, Diss. State Univ. of N.Y. at Buffalo, Buffalo 1994, UMI Diss. Serv., Ann Arbor, Michigan DA 9509160.
H.C. SCHNUR, "Recent Petronian Scolarship", *CW* 50, 1957, 133-136; 141-143.
A. SCOBIE, *Aspects of the Ancient Romance and its Heritage*, Meisenheim am Glan 1969, Beiträge zur klassischen Philologie, 30.
A. SETAIOLI, "Il *novae simplicitatis opus, Sat.* 132. 15. 2 e la poetica petroniana", *Prometheus* 23, 2, 1997, 145-164.
A. SETAIOLI, "Cinque poesie petroniane, *Sat.* 82. 5; 83. 10; 108. 14; 126. 18; 132. 15", *Prometheus* 24, 3, 1998, 217-242.
A. SETAIOLI, "La poesia in Petr. *Sat.* 14. 2", *Prometheus* 24, 2, 1998, 152-160.
A. SETAIOLI, "Seneca, lo schiavo Felicione e un'iscrizione di Velia", *Prometheus* 24, 1998, 149-151.
A. SETAIOLI, "La poesia in Petr. *Sat.* 127.9", *Prometheus* 25, 3, 1999, 247-258.
A. SETAIOLI, "La poesia in Petr. *Sat.* 128, 6, con una postilla su 132, 15", *Inv Luc* 21, 1999, 399-416.
A. SETAIOLI, "La scena di magia in Petr. *Sat.* 131. 4-6", *Prometheus* 26, 2, 2000, 159-172.
A. SETAIOLI, "Jupiter and Encolpius. The Two Poems at Petr. *Sat.* 126, 18 and 127, 9", in *The Ancient Novel in Context. Proceedings of the Third International Conference on the Ancient Novel, Groningen, 25-30 July 2000*, edd. M. Zimmerman-S. Panayotakis-W. Keulen, in corso di pubblicazione.
N.W. SLATER, *Reading Petronius*, Baltimore 1989.
M.S. SMITH, *Petronius:* Cena Trimalchionis, Oxford 1975.
M.S. SMITH, "Petronius. A bibliography 1945-1982", in *ANRW* II 32, 3, 1985, 1628-1695.
G. SOMMARIVA, "Il barbiere di Mida, Petr. *Satyr.* Fr. 28 Ernout", *Filologia Antica e Moderna* 1, 1991, 107-117.
G. SOMMARIVA, "Far mercato della giustizia: l'intermezzo metrico dell'episodio del forum, Petr. *Satyr.* 14, 2", *Filologia antica e moderna* 12, 1997, 7-29.

P. SOVERINI, "Sul ritratto tacitiano di Petronio", *Eikasmos* 8, 1997, 195-220.

R. STEFANELLI, "Come si riscaldava Dama? A proposito di Petronio 41, 11-12", *AGI* 78, 1993, 63-70.

C. STÖCKER, *Humor bei Petron*, Diss. Erlangen-Nürnberg 1969.

J.P. SULLIVAN, *The* Satyricon *of Petronius. A Literary Study*, London 1968.

J.P. SULLIVAN, "Interpolations in Petronius", *PCPS*, n.s., 22, 1976, 90-122.

J.P. SULLIVAN, *Literature and Politics in the Age of Nero*, Ithaca, N.Y. 1985.

J.P. SULLIVAN, "Petronuis' *Satyricon* and its Neronian Context", in *ANRW* II 32. 3, Berlin-New York 1985, 1666-1686.

V. TANDOI, "Come entrare a Crotone, Petr. *Satyr.* 117", in *Scritti di Filologia e di Storia della Cultura Classica*, II, Pisa 1992, 624-632.

C.P. THIEDE, *Ein Fisch für den römischen Kaiser. Juden, Griechen und Römer: die Welt des Jesus Christus*, München 1998, part. 112-121.

C.P. THIEDE-M. D'ANCONA, *The Quest for the True Cross*, London 2000, part. 146-157.

H. VAN THIEL, *Petron. Überlieferung und Rekonstruktion*, Leiden 1971, Supplements to Mnemosyne 20.

É. THOMAS, *Pétrone*, Paris 1912³.

M. VON KORN-S. REITZER, *Concordantia Petroniana*, Berlin 1986.

P. VEYNE, "Le 'je' dans le *Satiricon*", *REL* 42, 1954, 301-324.

M. VIELBERG, "Der Dichter und Erzähler Eumolp. Ein unzeitgemäßer Held Petrons", in *Der unzeitgemäßer Held in der Weltliteratur*, ed G. Kaiser, Heidelberg 1998, Jenaer Germanistische Forschungen 1, 29-45.

P.G. WALSH, *The Roman Novel*, Cambridge 1970.

P.G. WALSH, "Was Petronius a Moralist?", *G&R* 21, 1974, 181-190.

P.G. WALSH, "Petronius and Apuleius", in B.L. Hijmans Jr.-R.T. Van der Paardt, *Aspects of Apuleius'* Golden Ass, Groningen 1978, 17-24.

F. WEHRLI, " Einheit und Vorgeschichte der griechisch-römischen Romanliteratur", *MH* 22, 1965, 133-154.

U. WINTER, *Die Verspartien der Oenothea-Episode in Petrons* Satyricon*: ein Kommentar*, Egelsbach 1996, Deutsche Hochschulschriften.

R. WOLTERS, "C. Stertinius Xenophon von Kos und die Grabinschrift des Trimalchio", *Hermes* 127, 1999, 47-60.

F. ZEITLIN, "Petronius as Paradox: Anarchy and Artistic Integrity", *TAPA* 102, 1971, 631-684 = *Oxford Readings in the Roman Novel*, Oxford 1999, ed. S.J. Harrison, 1-49.

Bibliografia su Apuleio

a. alcune edizioni, traduzioni, commenti

R. HELM, *Praefatio* Floridorum, *Apuleii Platonici Madaurensis opera quae supersunt*, II 2, Leipzig 1910, 1959[2].

R. HELM, *Apuleius* Metamorphosen *oder der* Goldene Esel, VI. Aufl. besorgt von W. Krenkel, Berlin 1970.

R.T. VAN DER PAARDT, *Apuleius:* Metamorphoses *Book III*, Amsterdam 1971.

G. GRIFFITH, *Apuleius* Metamorphoses *XI*, Leiden 1975.

A. SCOBIE, *Apuleius* Metamorphoses, Asinus aureus, *I. A Commentary*, Meisenheim 1975, Beitr. zur klass. Philol. 34.

J.A. HANSON, ed., *Apuleius. Metamorphoses*, I-II, Cambridge, Mass. 1989.

J.K. KRABBE, *The* Metamorphoses *of Apuleius*, New York-Bern-Frankfurt a.M.-Paris 1989, American University Studies, Ser. 17, Classical Languages and Literatur.

Apuleius: The Golden Ass, tr. R. GRAVES-M. GRANT, Harmondsworth 1990.

Apuleio, *Le Metamorfosi o l'Asino d'Oro*, intr. R. MERKELBACH, Milano 1991[9], 27-56.

M. BINGENHEIMER, *De deo Socratis. Der Schlutzgeist des Sokrates*, Frankfurt 1993.

Apuleius of Madauros, *Pro se de Magia (Apologia)*, ed. by V. HUNINK, Amsterdam 1997, I-II.

b. studi

K. ALPERS, "Innere Beziehungen und Kontraste als 'hermeneutische Zeichen' in den *Metamorphosen* des Apuleius von Madauras", *WJA* 6, 1990, 197-207.

G. ANDERSON, *Studies in Lucian's Comic Fiction*, Leiden 1976, Mnemosyne Suppl. 43.

G. ANDERSON, *Ancient Fiction. The Novel in the Graeco-Roman World*, London-Sydney-Totowa, NJ. 1984, c. 13.

G. ANDERSON, *Eros Sophistes: Ancient Novelists at Play*, Chico, Calif. 1982, American Classical Studies 9, c. 9.

J. ANNEQUIN, "Suicides de fiction, mais suicides quand même, quelques réflexions sur la mort volontaire dans les *Métamorphoses* d'Apulée", *DHA* 19, 1, 1993, 287-308.

D.E. AUNE, "Magic in Early Christianity", in *ANRW* II, 23, 2, Berlin-New York 1980, 1507-1557, part. 1523 sgg.

M.G. BAJONI, "*Lucius utricida.* Per un'interpretazione di Apul. *Met.* 2, 32, 51-52 Helm", *RhM* 141, 1998, 197-203.

B. BALDWIN, "Apuleius and the Christians", *Liverpool Classical Monthly* 14, 4, 1989, 55.

A. BARB, "La sopravvivenza delle arti magiche", in *Il conflitto fra paganesimo e Cristianesimo nel secolo II*, a c. di A. Momigliano, Torino 1968, 111-137.

L.W. BARNARD, *Justin Martyr. His Life and Thought*, Cambridge 1967.

J. BEAUJEU, *Apulée: opuscules philosophiques et fragments*, Paris 1973.

G. BECHTLE, "The Adultery Tales in the Ninth Book of Apuleius, *Metamorphoses*", *Hermes* 123, 1, 1995, 106-116.

S. BENKO, "Pagan Criticism of Christianity During the First Two Centuries A.D.", in *ANRW*, II, 23, 2, Berlin-New York 1980, 1055-1118; 1090-1091.

M. BERNHARD, *Der Stil des Apuleius von Madaura. Ein Beitrag zur Stilistik des Spätlateins*, Stuttgart 1927, Amsterdam 1965[2].

G. BIANCO, *La fonte greca delle* Metamorfosi *di Apuleio*, Brescia 1971, Antichità classica e cristiana 10.

G. BINDER-R. MERKELBACH, *Amor und Psyche*, Darmstadt 1968, Wege der Forschung 126.

A. BITEL, "*Quis ille claudus?* Associations of Lameness in Apuleius' *Metamorphoses*", in *The Ancient Novel in Context. Proceedings of the Third International Conference on the Ancient Novel, Groningen, 25-30 July 2000*, edd. M. Zimmerman-S. Panayotakis-W. Keulen, in corso di pubblicazione.

L. BLAU, *Das altjüdische Zauberwesen*, Straßburg 1914[2].

J. BODEL, "*Fiat Lucius*: Times of Day in Apuleius' *Metamorphoses*", in *The Ancient Novel in Context. Proceedings of the Third International Conference on the Ancient Novel, Groningen, 25-30 July 2000*, edd. M. Zimmerman-S. Panayotakis-W. Keulen, in corso di pubblicazione.

R.K. BOHM, "The Isis Episode in Apuleius", *CJ* 68, 1973, 228-231.

B.L. BOLDERMANN, *Studia Lucianea*, Diss. Leiden 1893.

G.W. BOWERSOCK, "Zur Geschichte des römischen Thessaliens", *RhM* 108, 1965, 277-289.

G.W. BOWERSOCK, *Greek Sophists in the Roman Empire*, Oxford 1969.

E. BOWIE-E. FANTHAM-E. FINKELPEARL-J. RIVER-G. SANDY, *Pining the Tale: Apuleius'*Golden Ass *in its Cultural Context*, conferenza tenuta il 24. IV. 1999 alla York University.

S. BRODERSEN, "Cupid's Palace: a Roman Villa, Apul. *Met.* V 1", in *Aspects of Apuleius'* Golden Ass, II, *Cupid and Psyche*, edd. M. Zimmerman *et alii*, Groningen 1998, 113-125.

G.M. BROWNE, "On the *Metamorphoses* of Lucius of Patrae", *AJPh* 99, 1978, 442-446.

K. BÜRGER, *De Lucio Patrensi*, diss. Berlin 1887.

K. BÜRGER, "Zu Apuleius", *Hermes* 23, 1888, 489-498.

K. BÜRGER, "Der antike Roman vor Petronius", *Hermes* 27, 1892, 347-358.

K. BÜRGER, *Studien zur Geschichte des griechischen Romans, I. Der Lukios-Roman*, Blankenburg 1892.

L. CALLEBAT, "L'archaïsme dans les *Métamorphoses* d'Apulée", *REL* 42, 1964, 346-361 = *Langages du roman latin*, Hildesheim 1998, Spudasmata 71, 181-194.

L. CALLEBAT, Sermo cotidianus *dans les* Métamorphoses *d' Apulée*, Caen 1968.

L. CALLEBAT, "La prose des *Métamorphoses*: génèse et spécificité", in B.L. Hijmans Jr-R.T. van der Paardt, *Aspects of Apuleius'* Golden Ass, Groningen 1978, 167-187 = *Langages du roman latin*, Hildesheim 1998, Spudasmata 71, 95-122.

L. CALLEBAT, "*Nihil impossibile arbitror*. Diversité et cohérence de l'oeuvre d'Apulée", in *Filologia e forme letterarie. Studi offerti a Francesco della Corte*, IV, Urbino 1983, 105-122 = *Langages du roman latin*, Hildesheim 1998, Spudasmata 71, 77-93.

L. CALLEBAT, "La prose d'Apulée dans le *De magia*", *WS* 18, 1984, 143-167 = *Langages du roman latin*, Hildesheim 1998, Spudasmata 71, 195-218.

L. CALLEBAT, "Le *Satyricon* de Petrone et l'*Âne d'or* d'Apulée sont-ils des romans?", *Euphrosyne* 20, 1992, 149-164.

L. CALLEBAT, "Formes et modes d'expression dans les *Metamorphoses* d'Apulée", in *ANRW* II 34, 2, Berlin-New York 1994, 1616-1664 = *Langages du roman latin*, Hildesheim 1998, Spudasmata 71, 123-179.

L. CALLEBAT, "Lectures d'un prologue: *Métamorphoses* 1, 1", in *Langages du roman latin*, Hildesheim 1998, Spudasmata 71, 233-244.

L. CALLEBAT, "Langage narrativ et langage scénique: *Métamorphoses* 4, 3", in *Langages du roman latin*, Hildesheim 1998, Spudasmata 71, 245-253.

L. CALLEBAT, "Ironie et fantastique: *Métamorphoses* 3, 24", in *Langages du roman latin*, Hildesheim 1998, Spudasmata 71, 255-260.

L. CALLEBAT, "Préciosité et maniérisme: *Métamorphoses* 5, 22", in *Langages du roman latin*, Hildesheim 1998, Spudasmata 71, 261-265.

L. CALLEBAT, "Langage du baroque: *Métamorphoses* 2, 4", in *Langages du roman latin*, Hildesheim 1998, Spudasmata 71, 267-272.

L. CALLEBAT, "Le style sublime: *Métamorphoses* 11, 1", in *Langages du roman latin*, Hildesheim 1998, Spudasmata 71, 273-283.

L. CASTIGLIONI, *Lezioni intorno alle* Metamorfosi *di Apuleio*, Milano 1943.

M.C. CRISTOFORI, "L'*Oratio* di Frontone contro i Cristiani e la persecuzione di Marco Aurelio", *RSCI* 32, 1978, 130-139.

J.G. DE FILIPPO, "*Curiositas* and the Platonism of Apuleius' *Golden Ass*", *AJP* 111, 1990, 471-492.

V. CIAFFI, *Il romanzo di Apuleio e i modelli greci*, Bologna 1983.

E. COCCHIA, *Romanzo e realtà nella vita e nell'attività letteraria di Lucio Apuleio*, Catania 1915.

E. COCCHIA, "Della relazione che intercede secondo Fozio tra Lucio di Patrae e Luciano. Contributi alla critica apuleiana", *RFC* 47, 1919, 358-365.

O. CRUSIUS, "Vorlagen der Apuleianischen *Metamorphosen*", *Philologus* 47, 1889, 448.

E. CUEVA, "The Art and Myth of Cupid and Psyche", in *Veritatis amicitiaeque causa*, edd. S. Byrne-E. Cueva, Wauconda 1999, 53-69.

C.H. DEE, *De ratione quae est inter Asinum pseudo-lucianeum Apuleique Metamorphoseon libros*, Leiden 1891.

R.J. DEFFERARI, *Lucian's Atticism*, Amsterdam 1969[2].

J. DEFILIPPO, "Curiositas and the Platonism of Apuleius'*Golden Ass*", *AJP* 111, 1990, 333-348 = *Oxford Readings in the Roman Novel*, Oxford 1999, ed. S.J. Harrison, 269-289.

P. DE LABRIOLLE, *La réaction païenne. Étude sur la polémique antichrétienne du Ier au Vème siècle*, Paris 1934, 65-71.

J.L. DE LONG, "Renaissance Representations of Cupid and Psyche. Apuleius versus Fulgentius", in *Groningen Colloquia on the Novel*, II, ed. Hofmann, Groningen 1989, 75-86.

DE SMET R., "The Erotic Adventure of Lucius and Photis in Apuleius' *Metamorphoses*", *Latomus* 46, 1987, 613-623.

P. DONINI, *Apuleio e il Platonismo medio*, in A. PENNACINI-P. DONINI-T. ALIMENTI-A. MONTEDURO ROCCAVINI. *Apuleio letterato, filosofo, mago*, Roma 1979, 103-112.

F. DORNSEIFF, "Lukios' und Apuleius' *Metamorphosen*", *Hermes* 73, 1938, 222-233.

M.G. DOS SANTOS GRANWEHR, *Apuleius'* Metamorphoses*: a Study on Structure*, Diss. Univ. of Iowa, Iowa City, Iowa 1994, UMI Diss. Serv., Ann Arbor, Michigan DA 9433633.

K. DOWDEN, "Psyche and the Gnostics", in *Symposium Apuleianum*, Groningen 1981, 147-164.

K. DOWDEN, "Apuleius and the Art of Narration", *CQ*, n.s., 32, 1982, 419-435.

K. DOWDEN, "The Roman Audience of the Golden Ass", in *The Search for the Ancient Novel*, ed. G. Tatum, Baltimore-London 1994, 419-434, part. 429-433.

K. DOWDEN, "Cupid and Psyche. A Question of the Vision of Apuleius", in *Aspects of Apuleius'* Golden Ass, II, *Cupid and Psyche*, edd. M. Zimmerman *et alii*, Groningen 1998, 1-22.

B. EFFE, "Der misglüchte Selbstmord des Aristomenes, Apuleius *Met.* 1. 14-17. Zur Romanparodie im griechischen Eselsroman", *Hermes* 104, 1976, 362-75.

H. ELSOM, "Apuleius and the Movies", in *Groningen Colloquia on the Novel*, II, ed. H. Hofmann, Groningen 1989.

D. FEHLING, *Amor und Psyche*, Wiesbaden 1977.

N. FICK, "La magie dans les *Métamorphoses* d'Apulée", *REL* 63, 1985, 132-147.

N. FICK, "L'Isis des *Métamorphoses* d'Apulée", *RBPh* 65, 1987, 31-51.

N. FICK, "La métamorphose initiatique", in *L'initiation: les rites d'adolescence et les mystères*, ed. A. Moreau, Montpellier 1992, 1271-1292.

N. FICK-MISCHEL, *Art et mystique dans les* Métamorphoses d'Apulée, Paris 1991.

N. FICK, "Le traitement de la mythologie dans les *Métamorphoses* d'Apulée: démystification et réorientation", in *The Ancient Novel in Context. Proceedings of the Third International Conference on the Ancient Novel, Groningen, 25-30 July 2000*, edd. M. Zimmerman-S. Panayotakis-W. Keulen, in corso di pubblicazione.

E. FINKELPEARL, "Psyche, Aeneas and an Ass: Apuleius *Met.* 6. 10-6. 21", *TAPhA* 120, 1990, 333-348.

E. FINKELPEARL, *Metamorphosis of Language in Apuleius. A Study of Allusion in the Novel*, Ann Arbor 1998.

E. FINKELPEARL, "Lucius and Aesop Gain a Voice: Apul. *Met.* XI 1-2 and *Vita Aesopi*, 7", in *The Ancient Novel in Context. Proceedings of the Third International Conference on the Ancient Novel, Groningen, 25-30 July 2000*, edd. M. Zimmerman-S. Panayotakis-W. Keulen, in corso di pubblicazione.

C.A. FORBES, "Charite and Dido", *CJ* 37, 1943-44, 39-40.

A. FORNÉS PALLICER, "El relato con transposición en la fábula de Cupido y Psique, Apul. *Met.* 4, 28-6, 24", *Anuari de Filología* [Barcelona] 18, 6, 1995, 75-80.

E. FRAENKEL, "A Sham Sisenna", *Eranos* 51, 1953, 151-154 = Eiusd. *Kleine Beiträge*, II, Roma 1961, 391-394.

S.A. FRANGOULIDIS, "Charite dulcissima: a Note on the Nameless Charite at Ap. *Met.* 7. 12", *Mnemosyne* 44, 1991, 387-394.

S.A. FRANGOULIDIS, "Vergil's tale of the Trojan Horse in Apuleius' Robber-Tale of Thrasyleion", *PP* 46, 1991, 95-111.

S.A. FRANGOULIDIS, "Epic inversion in Apuleius' Tale of Tlepolemus / Haemus", *Mnemosyne* 45, 1992, 60-74.

S.A. FRANGOULIDIS, "Mutilation and Emasculation in Apuleius' Tale of Thelyphron, *Met.* 2, 21-30", in *The Ancient Novel in Context. Proceedings of the Third International Conference on the Ancient Novel, Groningen, 25-30 July 2000*, edd. M. Zimmerman-S. Panayotakis-W. Keulen, in corso di pubblicazione.

S. FRANGOULIDIS. "Theatre and Spectacle in Apuleius' Tale of the Robber Thrasyleon, *Met.* 4, 13-21", in *Griechisch-römische Komödie und Tragödie*, III, ed. B. Zimmerman, Stuttgart 1999, 113-135.

S. FRANGOULIDIS, "*Scaena feralium nuptiarum*: Wedding Imagery in Apuleius'Tale of Charite, *Met.* 8. 1-14", *AJP* 120, 1999, 601-619.

S. FRANGOULIDIS, "*Cui videbor veri similia dicere proferens vera?*, Aristomenes and the Witches in Apuleius'Tale of Aristomenes", *CJ* 94, 1999, 375-391.

M. DE FRANTZ, "Über das Verhältnis des Lucian und des Apuleius zur Urquelle der Eselsgeschichte", *OpusPhil* 6, 1934, 34-39.

P. FRASSINETTI, "L'orazione di Frontone contro i Cristiani", *GIF* 2, 1949, 238-254.

J. GAGER, *Moses in Graeco-Roman Paganism*, Nashville 1972, 134-171.

G.F. GIANOTTI, *Romanzo e ideologia. Studi sulle* Metamorfosi *di Apuleio*, Napoli 1986.

G.F. GIANOTTI, "In viaggio con l'asino", in *Pothos, il viaggio, la nostalgia*, a c. di F. Rosa-F. Zambon, Trento 1995, Labirinti 13, 107-132.

J. GIL, "La novela entre los Latinos", *EClas* 22, 1978, 375-398.

A. GOLDBACHER, "Über Lucius von Patrae, den dem Lukian zugeschriebenen Λούκιος ἢ Ὄνος und des Apuleius *Metamorphosen*", *ZöstGym* 23, 1872, 323-341, 403-421.

J. GOLLINCK, *Love and the Soul: Psychological Interpretations of the Eros and Psyche Myth*, Waterloo 1992.

G. GRIFFITH, "Isis in the *Metamorphoses* of Apuleius", in *Aspects of Apuleius'* Golden Ass, edd. B.L. Hijmans Jr.-R.T. van der Paardt, Groningen 1978, 141-166.

E. GRISET, "Un cristiano di Sabrata", *Riv. Stud. Class.* 5, 1957, 35-39.

T. HÄGG, *Fotios als Vermittler antiker Literatur*, Uppsala 1975.

T. HÄGG, *Den Antika Romanen*, Uppsala 1980; Eiusd. *The Novel in Antiquity*, Oxford 1983.

J. HALL, *Lucian's Satire*, New York 1981.

A. HAMMAN, "Magia", in *Dizionario Patristico e di Antichità Cristiane*, II, Casale Monf. 1983, 2067-2068.

C. HARRAUER-F. RÖMER, "Beobachtungen zum Metamorphosenprolog des Apuleius", *Mnemosyne* 37, 1985, 353-372.

S.J. HARRISON, "Three Notes on Apuleius' *Metamorphoses*", *CQ* n.s. 40, 1990, 507-513.

S.J. HARRISON, "Some Odyssean Scenes in Apuleius' *Metamorphoses*", *Materiali e Discussioni per l'Analisi dei Testi Classici* 25, 1990, 193-201.

S.J. HARRISON, "Some Epic Structure in *Cupid and Psyche*", in *Aspects of Apuleius'* Golden Ass, II, *Cupid and Psyche*, edd. M. Zimmerman *et alii*, Groningen 1998, 51-68.

S.J. HARRISON, *Apuleius: A Latin Sophist*, Oxford 2000.

S. HELLER, *Apuleius, Platonic Dualism and Eleven*, *AJP* 104, 1983, 321-339.

R. HELM, "Lukianos", in P.-W. XIII, 2, Berlin 1927, col. 1749.

R. HELM, *Der antike Roman*, Berlin 1948.

R.T. HERFORD, *Christianity in Talmud and Midrash*, London 1903, 35-41; 56.

L. HERRMANN, "Légendes locales et thèmes litteraires dans le conte de Psyché", *AntCl* 21, 1952, 13-27.

L. HERRMANN, "L'*Âne d'or* et le Christianisme", *Latomus* 12, 1953, 188-198.

L. HERRMANN, "Lucius de Patras et les trois romans de l'âne", *AntCl* 41, 1972, 573-599.

L. HERRMANN, "Lucius de Patras et le *Liber memorialis*", *AntCl* 42, 1973, 532-535.

M. HICTER, *Apulée, conteur fantastique*, Bruxelles 1942.

M. HICTER, "L'autobiographie dans l'*Âne d'or* d'Apulée", *AntCl* 13, 1944, 95-111; 14, 1945, 62-68.

M.J. HIDALGO DE LA VEGA, "La religiosidad en Apuleyo de Madaura", in *Homenaje a José M. Blázquez*, III, edd. J. Mangas-J. Alvar, ARYS 2, Madrid 1996, 87-105.

B.L. HIJMANS Jr.-R.Th. VAN DER PAARDT, edd., *Aspects of Apuleius'* Golden Ass. *A Collection of Original Papers*, Groningen 1979.

B.L. HIJMANS Jr.-R.T. VAN DER PAARDT-E.R. SMITS-R.E.H. WESTENDORP BOERMA-A.G. WESTERBRINK, *Apuleius Madaurensis.* Metamorphoses *Book IV 1-27*, Groningen 1977; *Books VII 25-32 & VII*, Groningen 1981; *Book VIII 1-27*, Groningen 1985, Groningen Commentaries on Apuleius.

B.L. HIJMANS-V. SCHMIDT, edd., *Symposium Apuleianum Groninganum 1980*, Groningen 1981.

B.L. HIJMANS Jr., "Apuleius, Philosophus Platonicus", in *ANRW*, II, 36, 1, Berlin-New York 1987, 395-475.

H. HOFFMAN, "Parodie des Erzählers, narrative Strategien in den Ehebruchsgeschichten von Apuleius' *Goldenem Esel*", in *Groningen Colloquia on Novel*, V, ed. H. Hoffman, Groningen 1993, 111-141.

N. HOLZBERG, "Apuleius und der Verfasser des griechischen Eselromans", *WJA*, n.F., 10, 1984, 161-178.

V. HUNINK, "Apuleius, Pudentilla, and Christianity", *VigChr* 54, 2000, 80-94.

V. HUNINK, "Apology in Apuleius' *Metamorphoses*", in *The Ancient Novel in Context. Proceedings of the Third International Conference on the Ancient Novel, Groningen, 25-30 July 2000*, edd. M. Zimmerman-S. Panayotakis-W. Keulen, in corso di pubblicazione.

В. ИЛУШЕЧКИН, "Legal and Illegal Marriage in Apuleius," in *Power, Men, Society in the Ancient World*, Papers of the Conference of the Ancient Association, Moscow 1997, 392-396.

В. ИЛУШЕЧКИН, "The Peculiarity of Controversy between Paganism and Christianity in the 2nd Century A.D., Apuleius's Story about the Lewd Wife of a Miller – *Met.* IX. 14", *Journal of Historical, Philological and Cultural Studies* 5, 1998, 111-116. [in russo]

P. JAMES, *Unity in Diversity: a Study of Apuleius'* Metamorphoses, *with Particular Reference to the Narrator's Art of Transformation and the Metamorphosis Motiv in the Tale of Cupid and Psyche*, Hildesheim 1987, Altertumswiss. Text und Stud. 16.

P. JAMES, "The Unbearable Lightness of Being: *levis amor* in the *Metamorphoses* of Apuleius", in *Aspects of Apuleius'* Golden Ass, II, *Cupid and Psyche*, edd. M. Zimmerman *et alii*, Groningen 1998, 35-49.

P. JAMES, "Kicking the Habit: *consuetudo* and Sexual Addiction in Apuleius", in *The Ancient Novel in Context. Proceedings of the Third International Conference on the Ancient Novel, Groningen, 25-30 July 2000*, edd. M. Zimmerman-S. Panayotakis-W. Keulen, in corso di pubblicazione.

H. JENNING, *De Metamorphosibus L. Apuleii tum de episodiis tum de iis locis qui e Lucio Patrensi videntur translatis*, Berlin 1971.

F. JESI, "L'esperienza religiosa in Apuleio", in *Letteratura e mito*, Torino 1968, 219-241.

C.P. JONES, "Two Enemies of Lucian", *GRBS* 13, 1972, 465-487.

C.P. JONES, "Two Friends of Plutarch", *BCH* 96, 1972, 265-267.

C.P. JONES, "Apuleius' *Metamorphoses* and Lollianus' *Phoinikika*", *Phoenix* 34, 1980, 243-254.

C.P. JONES, *Culture and Society in Lucian*, Cambridge, Mass. 1986.

P. JUNGHANNS, *Die Erzählungstechnik von Apuleius'* Metamorphosen *und ihrer Vorlage*, Leipzig 1932, Philologus Supplementband 24, Heft 1.

A. KAHANE, "Antiquity's Future: Writing, Speech, Representation in Apuleius' *Metamorphoses*", in *The Ancient Novel in Context. Proceedings of the Third International Conference on the Ancient Novel, Groningen, 25-30 July 2000*, edd. M. Zimmerman-S. Panayotakis-W. Keulen, in corso di pubblicazione.

P.B. KATZ, "The Myth of Psyche: a Definition of the Nature of the Feminine", *Arethusa* 9, 1976, 111-118.

V.L. KENAAN, "The Place of Dreams in Apuleius' *Metamorphoses*", in *The Ancient Novel in Context. Proceedings of the Third International Conference on the Ancient Novel, Groningen, 25-30 July 2000*, edd. M. Zimmerman-S. Panayotakis-W. Keulen, in corso di pubblicazione.

E.J. KENNEY, *Apuleius: Cupid and Psyche*, Cambridge 1990.

E.J. KENNEY, "Psyche and her Mysterious Husband", in D.A. RUSSELL, *Antonine Literature*, Oxford 1990, 175-198.

P. KERESZTES, "The So-called *Second Apology* in Justin", *Latomus* 24, 1965, 826-865.

W.H. KEULEN, "A Bird's Chatter: Form and Meaning in Apuleius' *Metamorphoses* 5, 28", in *Aspects of Apuleius'* Golden Ass, II, *Cupid and Psyche*, edd. M. Zimmerman *et alii*, Groningen 1998, 165-188.

W. KEULEN, "Swordplay - Wordplay: Phraseology of Fiction in Apuleius' *Metamorphoses*", in *The Ancient Novel in Context. Proceedings of the Third International Conference on the Ancient Novel, Groningen, 25-30 July 2000*, edd. M. Zimmerman-S. Panayotakis-W. Keulen, in corso di pubblicazione.

C.F.E. KNAUT, *De Luciano libelli qui inscribitur* Λούκιος ἢ Ὄνος *auctore*, Leipzig 1878.

K. KRAUTTER, *Philologische Methode und humanistische Existenz. Filippo Beroaldo und sein Kommentar zum* Goldenen Esel *des Apuleius*, München 1971.

A. LAIRD, "Person, *persona* and Representation in Apuleius'*Metamorphoses*", *MD* 25, 1990, 129-164.
S. LANCEL, "Y-a-t'il une *Africitas*?", *REL* 63, 1987, 161-182.
C. LANDI, "Apuleio o Luciano. A proposito di Lucio di *Patrae*", *RFC* 47, 1919, 358-365.
A. LA PENNA, "Una novella di Apuleio e l'*Iliupersis* virgiliana", *Maia* 37, 1985, 145-160.
D. LATEINER, "Tlepolemus the Spectral Spouse", in *The Ancient Novel in Context. Proceedings of the Third International Conference on the Ancient Novel, Groningen, 25-30 July 2000*, edd. M. Zimmerman-S. Panayotakis-W. Keulen, in corso di pubblicazione.
B. LAVAGNINI, "Il significato e il valore del romanzo di Apuleio", *ASNSP* 28, 1923 = *Studi sul romanzo greco*, Messina 1950, 109-141 = *Atakta*, Palermo 1978, 83-119.
C. LAZZARINI, "Il modello virgiliano nel lessico delle *Metamorfosi* di Apuleio", *SCO* 35, 1985, 131-160.
E. LEFÈVRE, *Studien zur Struktur der "Milesischen" Novelle bei Petron und Apuleius*, Stuttgart 1997.
A. LESKY, "Apuleius von Madaura und Lukios von Patrai", *Hermes* 76, 1941, 43-74.
P. LIVIABELLA FURIANI-A.M. SCARCELLA, *Piccolo mondo antico*, Napoli 1989, part. 217-249.
M. LOPORCARO, "Eroi screditati dal testo: strutture della parodia nelle storie di briganti in Apuleio *Met.* IV 9, 21", *Maia* 44, 1992, 65-78.
P.A. MACKAY, "*Kleptika*: the Tradition of the Tales of Banditry in Apuleius", *G&R* 10, 1963, 147-152.
H. MAEHLER, "Lucius the Donkey and the Roman Law", *MelPhilLond* 4, 1981, 161-177.
D. VAN MAL-MAEDER-M. ZIMMERMAN, "The Many Voices in *Cupid and Psyche*", in *Aspects of Apuleius'* Golden Ass, II, *Cupid and Psyche*, edd. M. Zimmermann *et alii*, Groningen 1998, 83-102.
T. MANTERO, *Amore e Psiche. Struttura di una fiaba di magia*, Genova 1973, Pubbl. Ist. Filol. Class. Univ. Genova 36.
S. MARIOTTI, "Lo *spurcum additamentum* ad Apulei *Met.* X 21", *SIFC* 27-28, 1956, 229-250.
P.K. MARSHALL, *Apuleius*, in L.D. REYNOLDS, ed., *Texts and Transmission: a Survey of the Latin Classics*, Oxford 1983, 15-16.
H.J. MASON, "*Fabula Graecanica*: Apuleius and his Greek Sources", in B.L. HIJMANS Jr.-R.T. VAN DER PAARDT, *Aspects of Apuleius'* Golden Ass, Groningen 1978, 1-15 = *Oxford Readings in the Roman Novel*, Oxford 1999, ed. S.J. Harrison, 217-236.
H.J. MASON, "The Distinction of Lucius in Apuleius' *Metamorphoses*", *Phoenix* 37, 1983, 135-143.
H.J. MASON, "Greek and Latin Versions of the Ass Story", in *ANRW*, II, 34, 2, Berlin-New York 1997, 1665-1707.
H.J. MASON, "The Metamorphoses of Apuleius and Its Greek Sources", in *Latin Fiction: the Latin Novel in Context*, ed. H. Hofmann, London 1999, 103-112.
S. MATTIACCI, "Neoteric and Elegiac Echoes in the Tale of Cupid and Psyche by Apuleius", in *Aspects of Apuleius'* Golden Ass, II, *Cupid and Psyche*, edd. M. Zimmerman *et alii*, Groningen 1998, 127-149.
R. MAY, "A Parasite in a Domus Comica: Comic Characterisation of Lucius in Apuleius, *Met.* I", in *The Ancient Novel in Context. Proceedings of the Third International Conference on the Ancient*

Novel, Groningen, 25-30 July 2000, edd. M. Zimmerman-S. Panayotakis-W. Keulen, in corso di pubblicazione.

G. MAZZOLI, "Apuleio: metamorfosi, conversione e loro logiche", in *Storia, Letteratura e arte a Roma nel II sec. d.C.: Atti del Convegno, Mantova, 8-9-10 ottobre 1992*, Firenze 1995, 193-211.

TH. MCCREIGH, "Sacrificial Ritual in Apuleius' *Metamorphoses*", in *Groningen Colloquia on Novel*, V, ed. H. Hoffman, Groningen 1993, 31-61.

P. MÉDAN, *La latinité d'Apulée dans les* Métamorphoses, Paris 1926.

F.G.B. MILLAR, "The World of the *Golden Ass*", *JRS* 71, 1981, 63-75 = *Oxford Readings in the Roman Novel*, Oxford 1999, ed. S.J. Harrison, 247-268.

C. MORESCHINI, *Apuleio e il platonismo*, Firenze 1978.

C. MORESCHINI, "Le *Metamorfosi* di Apuleio, la *fabula Milesia* e il romanzo", *MD* 25, 1990, 115-128.

C. MORESCHINI, "Towards a History of the Exegesis of Apuleius: the Case of the Tale of Cupid and Psyche", in *Latin Fiction. The Latin Novel in Context*, ed. H. Hofmann, London 1999, 215-228.

H. MÜLLER, *Liebesbeziehungen in Ovids* Metamorphosen *und ihr Einfluß auf den Roman des Apuleius*, Göttingen 1998.

M.C. O'BRIEN, "*For Every Tatter in its Mortal Dress*. Love, the Soul and her Sisters", in *Aspects of Apuleius'* Golden Ass, II, *Cupid and Psyche*, edd. M. Zimmerman *et alii*, Groningen 1998, 23-34.

M. O'BRIEN, "Apuleius and the Concept of a Philosophical Rhetoric", *Hermathena* 151, 1991, 39-50.

M. O'BRIEN, "Lucius and Thessaly", in *The Ancient Novel in Context. Proceedings of the Third International Conference on the Ancient Novel, Groningen, 25-30 July 2000*, edd. M. Zimmerman-S. Panayotakis-W. Keulen, in corso di pubblicazione.

W.A. OLDFATHER-H.V. CANTER-B.E. PERRY, *Index Apuleianus*, Middletown, Ct. 1934.

K. OLSON, "Slave Narrative in Apuleius' *Metamorphoses*", lettura tenuta all'*APA Meeting, 27-30 December 1998, Washington DC.*

C. PANAYOTAKIS, "Light and Darkness in Apuleius' *Metamorphoses*", in *The Ancient Novel in Context. Proceedings of the Third International Conference on the Ancient Novel, Groningen, 25-30 July 2000*, edd. M. Zimmerman-S. Panayotakis-W. Keulen, in corso di pubblicazione.

S. PANAYOTAKIS, "Slander and Warfare in Apuleius' Tale of Cupid and Psyche", in *Aspects of Apuleius'* Golden Ass, II, *Cupid and Psyche*, edd. M. Zimmerman *et alii*, Groningen 1998, 151-164.

E. PARATORE, *La novella in Apuleio*, Palermo 1942, 2^ ed.

E. PARATORE, "La favola di Amore e Psiche in Apuleio", in *Storia, Letteratura e Arte a Roma nel II sec. d.C.: Atti del Convegno, Mantova, 8-9-10 ottobre 1992*, Firenze 1995.

P. PARSONS, ed., *3010. Narrative about Iolaus.* Oxyrhynchus Papyri 42, 1973, 34-41.

A. PENNACINI, "Tecniche del racconto nelle Metamorfosi. Analisi dei libri I, II, III", in A. PENNACINI *et alii*, *Apuleio letterato, filosofo, mago*, Roma 1979, 21-102.

A. PENNACINI-P.L. DONINI-T. ALIMENTI-A. MONTEDURO ROCCAVINI, *Apuleio letterato, filosofo, mago*, Roma 1979.

J.L. PENWILL, "Slavish Pleasure and Profitless Curiosity: Fall and Redemption in Apuleius' *Metamorphoses*", *Ramus* 4, 1975, 49-82.

J.L. PENWILL, "Ambages reciprocae: Reviewing Apuleius' *Metamorphoses*", in A.J. BOYLE, *The Imperial Muse, II: Flavian Epicists to Claudian*, Berwick, Vic. 1990, 211-235.
B.E. PERRY, "The Story of Thelyphron in Apuleius", *CPh* 24, 1929, 231-238.
B.E. PERRY, *The* Metamorphoses *Ascribed to Lucius of Patrae: its Content, Nature and Authorship*, Lancaster, Pa. 1920.
B.E. PERRY, *The Ancient Romances. A Literary-Historical Account of their Origins*, Berkeley-Los Angeles 1967, Sather Classical Lectures 37.
H. PINKSTER, "The Use of Narrative Tenses in Apuleius' *Amor and Psyche*", in *Aspects of Apuleius'* Golden Ass, II, *Cupid and Psyche*, edd. M. Zimmerman *et alii*, Groningen 1998, 103-111.
A. PORTOLANO, *Cristianesimo e religioni misteriche in Apuleio*, Napoli 1972.
J. POUILLOUX, "Une famille de sophistes thessaliens à Delphes au IIe siècle après J.-C.", *REG* 80, 1967, 379-384.
R. RAFFAELLI, "Prova d'innocenza. La passione, il delitto, il colpo di scena in un racconto di Apuleio", in *Il mistero nel racconto classico: Convegno del XIII Mystfest, Cattolica, 29 giugno 1992*, a c. di R. Raffaelli, Urbino 1995, 59-66.
R.M. RATTENBURY, "Greek Romance and Apuleius", *YWCS* 31, 1938, 87-96.
H. RIEFSTAHL, *Der Roman des Apuleius. Beitrag zur Romantheorie*, Frankfurt 1938, Frankfurter Studien zur Religion und Kultur der Antike 15.
W. RIESS, "The Robbers in Apuleius between Fiction and Reality", in *The Ancient Novel in Context. Proceedings of the Third International Conference on the Ancient Novel, Groningen, 25-30 July 2000*, edd. M. Zimmerman-S. Panayotakis-W. Keulen, in corso di pubblicazione.
S. RIZZO, *Premessa al testo* di Apuleio, *Le Metamorfosi o l'Asino d'Oro*, intr. R. MERKELBACH, Milano 1991⁹, 27-56.
D.R. ROBERTSON-P. VALETTE, *Apulée: les* Métamorphoses, I-III, Paris 1940-45.
F. RUGGIERO, *La follia dei Cristiani. Su un aspetto della "reazione pagana" tra I e V secolo*, pref. di M. SIMONETTI, Milano 1992.
G.N. SANDY, "Notes on Lollianus' *Phoenicica*", *AJP* 100, 1979, 367-376.
G. SANDY, *The Greek World of Apuleius: Apuleius and the Second Sophistic*, Leiden 1997.
G. SANDY, "Apuleius' *Golden Ass*: from Miletus to Egypt", in *Latin Fiction: the Latin Novel in Context*, ed. H. Hofmann, London 1999, 8-102.
G. SANDY, "The Tale of Cupid and Psyche", in *Latin Fiction: the Latin Novel in Context*, ed. H. Hofmann, London 1999, 126-138.
A. SCHIESARO, "La tragedia di Psiche. Note ad Apuleio *Met.* IV 28. 35", *Maia* 40, 1988, 141-150.
C.C. SCHLAM, "Platonica in the *Metamorphoses* of Apuleius", *TAPA* 101, 1970, 477-487.
C.C. SCHLAM, "The Scolarship on Apuleius since 1938", *CW* 64, 1971, 285-309.
C.C. SCHLAM, *Apuleius and the Monuments*, University Park, Pa. 1976.
C.C. SCHLAM, "Sex and Sanctity. The Relationship of Male and Female in the *Metamorphoses*", in *Aspects of Apuleius'* Golden Ass, edd. B.L. Hijmans Jr.-R. Th. Van Der Paardt, Groningen 1978, 95-105.
C.C. SCHLAM, *The* Metamorphoses *of Apuleius: on Making an Ass from Oneself*, Chapel Hill 1992.

C.C. SCHLAM, "Cupid and Psyche. Folktale and Literary Narrative", in *Groningen Colloquia on Novel*, V, ed. H. Hoffman, Groningen 1993, 63-73.
V. SCHMIDT, "Reaktionen auf das Christentum in den *Metamorphosen* des Apuleius", *VigChr* 51, 1997, 51-71.
A. SCOBIE, *Aspects of the Ancient Romance and its Heritage. Essays on Apuleius, Petronius and the Greek Romances*, Meisenheim 1969, Beitr. zur klass. Philol. 30.
A. SCOBIE, "The Influence of Apuleius'*Metamorphoses* in Renaissance Italy and Spain", in B.L. Hijmans Jr.-R.T. van der Paardt, *Aspects of Apuleius'* Golden Ass, Groningen 1978, 211-230.
A. SCOBIE, *The Structure of Apuleius'* Metamorphoses, in B.L. Hijmans Jr.-R.T. van der Paardt, *Aspects of Apuleius'* Golden Ass, Groningen 1978, 43-71.
A. SCOBIE, *Apuleius and Folklore*, London 1983.
M.T. SCOTTI, "Il proemio delle *Metamorfosi* tra Ovidio ed Apuleio", *GIF* 34, 1982, 43-65.
G. SFAMENI GASPARRO, *Origene e la tradizione origeniana in occidente. Letture storico-religiose*, Roma 1998, part. il cap. 8.
N. SHUMATE, "The Augustinian Pursuit of False Values as a Conversion Motif in Apuleius' *Metamorphoses*", *Phoenix* 42, 1988, 35-60.
N. SHUMATE, "Apuleius' *Metamorphoses* : the Inserted Tales", in *Latin Fiction: the Latin Novel in Context*, ed. H. Hofmann, London 1999, 113-125.
M. SIMON, *Verus Israël. Étude sur les relations entre Chrétiens et Juifs dans l'Empire Romain, 135-425*, Paris 1964, in particolare 394-416.
M. SIMON, "Apulée et le Christianisme", in *Mélanges d'Histoire des religions offerts à Henri-Charles Puech*, Paris 1974, 299-305.
N. SLATER, "Spectator and Spectacle in Apuleius' *Metamorphoses*", in *The Ancient Novel in Context. Proceedings of the Third International Conference on the Ancient Novel, Groningen, 25-30 July 2000*, edd. M. Zimmerman-S. Panayotakis-W. Keulen, in corso di pubblicazione.
W.S. SMITH, "The Narrative Voice in Apuleius'*Metamorphoses*", *TAPA* 103, 1972, 513-534 = *Oxford Readings in the Roman Novel*, Oxford 1999, ed. S.J. Harrison, 195-216.
M. SMITH, *Jesus the Magician*, New York-London 1978.
W.S. SMITH, "Interlocking of Theme and Meaning in the Golden Ass", in *Groningen Colloquia on Novel*, V, ed. H. Hoffman, Groningen 1993, 75-89.
W.S. SMITH, "Cupid and Psyche Tale: Mirror of the Novel", in *Aspects of Apuleius'* Golden Ass, II, *Cupid and Psyche*, edd. M. Zimmerman *et alii*, Groningen 1998, 69-82.
M. STERN, *Greek and Latin Authors on Jews and Judaism*, I, Jerusalem 1976; II, *ibid.* 1980; III, *ibid.* 1984.
R.G. SUMMERS, "Roman Justice and Apuleius'*Metamorphoses*", *TAPA* 101, 1970, 511-531.
W. SMITH-B. WOODS, "Platonism in Apuleius' Tale of Aristomenes", in *The Ancient Novel in Context. Proceedings of the Third International Conference on the Ancient Novel, Groningen, 25-30 July 2000*, edd. M. Zimmerman-S. Panayotakis-W. Keulen, in corso di pubblicazione.
R.G. SUMMERS, "Apuleius Iuridicus", *Historia* 21, 1972, 120-126.
R.G. SUMMERS, "A Note on the Date of the *Golden Ass*", *AJP* 94, 1973, 375-383.

J. SVENDSEN, "Narrative Techniques in Apuleius' *Golden Ass"*, *Pacific Coast Philology* 18, 1983, 23-29.

J. TATUM, *The Tales of Apuleius'* Golden Ass, "TAPA" 100, 1969, 487-527 = *Oxford Readings in the Roman Novel*, Oxford 1999, ed. S.J. Harrison, 157-194.

J. TATUM, *Apuleius and the* Golden Ass, Ithaca, N.Y. 1979.

J. TATUM-G. VERNAZZA, edd., *The Ancient Novels. Classical Perspectives and Modern Paradigms. Proceedings of the 1989 International Conference on the Ancient Novel, Dartmouth NH*, Hannover N.H. 1990.

J. TATUM-G. VERNAZZA, edd., *The Search for the Ancient Novel. A Selection of Papers from the 1989 Conference*, Baltimore 1993.

R. THIBAU, "Les *Métamorphoses* d'Apulée et la théorie platonicienne de l'Eros", *Studia Philosophica Gandensia* 3, 1965, 89-144.

H. VAN THIEL, *Der Eselsroman, I, Untersuchungen*, München 1971, Zetemata 54, 1.

D. TRIPP, "The Baker's Wife and her Confident in Apuleius, *Met.* IX 14 sgg. Some Liturgiological Considerations", *Emerita* 66, 1988, 245-254.

R.T. VAN DER PAARDT, "Various Aspects of Narrative Technique in Apuleius' *Metamorphoses*", in B.L. Hijmans Jr.-R.T. van der Paardt, *Aspects of Apuleius'* Golden Ass, Groningen 1978, 75-94.

R.T. VAN DER PAARDT, "The Unmasked 'I': Apuleius *Met.* XI. 27", *Mnemosyne* 34, 1981, 96-106 = *Oxford Readings in the Roman Novel*, Oxford 1999, ed. S.J. Harrison, 237-246.

R.T. VAN DER PAARDT, "Three Dutch Asses", in H. Hofmann, ed., *Groningen Colloquia on the Novel, Volume II*, Groningen 1989, 133-144.

R. VAN DER PAARDT, "*Meleager Asinus*: a Complex Mythological Allusion, *Met.* VII 28", in *The Ancient Novel in Context. Proceedings of the Third International Conference on the Ancient Novel, Groningen, 25-30 July 2000*, edd. M. Zimmerman-S. Panayotakis-W. Keulen, in corso di pubblicazione.

P.G. WALSH, "Petronius and Apuleius", in B.l. Hijmans Jr.-R.T. van der Paardt, *Aspects of Apuleius'* Golden Ass, Groningen 1978, 17-24.

P.G. WALSH, "Apuleius and Plutarch", in H.J. Blumenthal-R.A. Markus, *Neoplatonism and Early Christian Thought*, London 1981, 20-32.

J. WHITTAKER, "Platonic Philosophy in the Early Empire", in *ARNW*, II, 36, 1, Berlin-New York 1987, 31-123.

J.J. WINKLER, *Auctor and Actor: a Narratological Reading of Apuleius'* The Golden Ass, Berkeley 1984.

J.J. WINKLER, "Lollianus and the Desperadoes", *JUS* 100, 1980, 155-181.

A. WLOSOK, "Zur Einheit der *Metamorphosen* des Apuleius", *Philologus* 113, 1979, 68-84 = *On the Unity of Apuleius'*Metamorphosis, in *Oxford Readings in the Roman Novel*, Oxford 1999, ed. S.J. Harrison, 142-156.

J.R.G. WRIGHT, "Folk-Tale and Literary Technique in *Cupid and Psyche*", *CQ*, n.s., 21, 1971, 273-284.

Aspects of Apuleius' Golden Ass, II, *Cupid and Psyche*, edd. M. Zimmerman *et alii*, Groningen 1998, con bibl. 217-228.

Bibliografia generale sul romanzo antico*

*Molte opere di carattere generale che sono già state menzionate nelle bibliografie specifiche delle singole sezioni non vengono qui riproposte. Cito qui gli altri studi di cui ho fatto menzione nel corso del lavoro e quelli meno datati che possono tornare utili.

M.H. ABRAMS, *The Mirror and the Lamp. Romantic Theory and the Critical Tradition*, New York 1962[2], tr. it. Bologna 1976.

L. ALEXANDER, "Better to Marry than to Burn. St. Paul and the Greek Novel", in *Ancient Fiction and Early Christian Narrative*, edd. R.f. Hock-J.B. Chance-J. Bradley-J. Perkins, Atlanta 1998, Society of Biblical Literature, Symposium Series Number 6, 235-256.

S. MAC ALISTER, *Dreams and Suicides. The Greek Novel from Antiquity to the Byzantine Empire*, London-New York 1996.

M. ALPEROWITZ, *Das Wirken und Walten der Götter im griechischen Roman*, Heidelberg 1992.

F. ALTHEIM, "Roman und Dekadenz", in Eiusd. *Literatur und Gesellschaft im ausgehenden Altertum*, I, Halle 1948; Tübingen 1951.

J. ALVAREZ, "Utopian Themes in Three Greek Romances", in *The Ancient Novel in Context. Proceedings of the Third International Conference on the Ancient Novel, Groningen, 25-30 July 2000*, edd. M. Zimmerman-S. Panayotakis-W. Keulen, in corso di pubblicazione.

G. ANDERSON, *Eros sophistés. Ancient Novelists at Play*, Chico, CA 1982, American Classical Studies 9.

G. ANDERSON, *Ancient Fiction. The novel in the Graeco-Roman world*, London 1984.

M. ANDREASSI, "Il mimo tra consumo e letteratura: *Charition* e *Moicheutria*", in *The Ancient Novel in Context. Proceedings of the Third International Conference on the Ancient Novel, Groningen, 25-30 July 2000*, edd. M. Zimmerman-S. Panayotakis-W. Keulen, in corso di pubblicazione.

AA.VV., *Les personnages du roman grec*, Colloque, Univ. de Tours, 18-20 novembre 1999, in corso di pubblicazione.

J. BALLOK, "The Description of Paul in the *Acta Pauli*", in *The Apocryphal Acts of Paul and Thecla*, ed. J.N. Bremmer, Pjaros 1996, 1-15.

M. БАХТИН, *Вопросы литературы и естетики*, tr. it. M. BACHTIN, *Estetica e romanzo*, a c. di C. Strada Janovič, Torino 1979.

M. BACHTIN, *The Dialogic Imagination. Four Essais*, ed. M. Holquist-C. Emerson, Austin 1981.

M. BAL, "Mise en abyme et iconicité", *Littérature* 29, 1978, 116-128.

A. BARCHIESI, *Tracce di narrativa greca e romanzo latino: una rassegna*, in *Semiotica della novella latina*, Roma 1986, Materiali e contributi per la storia della narrativa greco-latina 4, Roma 1986, 219-236.

A. BARCHIESI, "Il romanzo", in F. MONTANARI, a c. di, *La prosa latina*, Roma 1991, 229-248.

J.W.B. BARNS, "Egypt and the Greek Romance", in *Akten des VIII. Internationalen Kongresses für Papyrologie*, Mitteilungen aus der Papyrussammlung der Osterreichisches Nationalbibliothek, Neue Serie, 5. Folge, ed. H. Gerstinger, Wien 1956, 29-36.

D. BARTONKOVÁ, "Prosimetrum, the Mixed Style in Ancient Literature", *Eirene* 14, 1976, 65-92.

S. BARTSCH, *Decoding the Ancient Novel. The Reader and the Role of Description in Heliodorus and Achilles Tatius*, Princeton 1989.

M.F. BASLEZ-M. TRÉDÉT, edd., *Le monde du roman grec. Études de littérature ancienne*, Paris 1992.

R. BEATON, ed., *The Greek Novel A.D. 1-1985*, London-Sydney 1988.

R. BECK, *recensione a* R. MELKERBACH, *Isis regina-Zeus Sarapis, Die griechisch-ägyptische Religion nach den Quellen dargestellt*, Stuttgart-Leipzig 1995, *Klio* 80, 1998, 525-527.

R. BECK, "History into Fiction: the Metamorphoses of the Mythras Myths, c. 60-120 C.E.", in *The Ancient Novel in Context. Proceedings of the Third International Conference on the Ancient Novel, Groningen, 25-30 July 2000*, edd. M. Zimmerman-S. Panayotakis-W. Keulen, in corso di pubblicazione.

A. BILLAULT, *La création romanesque dans la littérature grecque à l'époque impériale*, Paris 1991.

A. BILLAULT, "Les romanciers grecs et la tragédie", *Cahiers de la Villa 'Kérylos'* 8, Paris 1998, 178-194.

J. BOARDMAN, *The Greeks Overseas*, London 1980[2].

G. W. BOWERSOCK, *Fiction as History: Nero to Julian*, Berkeley-Los Angeles 1994.

G.W. BOWERSOCK, *Martyrdom at Rome*, Cambridge 1995.

E.L. BOWIE, "The Greek Novel", in *The Cambridge History of Classical Literature*, I, edd. Easterling-Knox, Cambridge 1976, 683-698.

E.L. BOWIE, "The Novels and the Real World", in *Erotica Antiqua. Acta of the International Conference on the Ancient Novel*, ed. B.P. Reardon, Bangor 1977, 91-96.

E.L. BOWIE, "Who Read the Ancient Greek Novels?", in *The ancient novels. Classical Perspectives and Modern Paradigms. Proceedings of the 1989 International Conference on the Ancient Novel, Dartmouth NH*, ed. J. Tatum-G. Vernazza, Hannover N.H. 1990, 150-151.

E. BOWIE, "The Readership of Greek Novels in the Ancient World", in *The Search for the Ancient Novel*, ed. G. Tatum, Baltimore-London 1994, 435 sgg.

M. BRACHT BRANHAM, *Representing Time in Ancient Fiction*, in *The Ancient Novel in Context. Proceedings of the Third International Conference on the Ancient Novel, Groningen, 25-30 July 2000*, edd. M. Zimmerman-S. Panayotakis-W. Keulen, in corso di pubblicazione.

N. BRAGINSKAJA, "From the Marginal to the Center: Olga Freidenberg's Work on the Greek Novel", in *The Ancient Novel in Context. Proceedings of the Third International Conference on the Ancient Novel, Groningen, 25-30 July 2000*, edd. M. Zimmerman-S. Panayotakis-W. Keulen, in corso di pubblicazione.

J. BRANT, "Divine Birth and Apparent Parents. The Plot of the Fourth Gospel", in *Ancient Fiction and Early Christian Narrative*, edd. R.F. Hock-J.B. Chance-J. Bradley-J. Perkins, Atlanta 1998, Society of Biblical Literature, Symposium Series Number 6, 199-217.

R. BRETHES, "Pour une typologie du rire dans les romans de l'Antiquité: jeu narratologique et lecture inquiétante du monde", in *The Ancient Novel in Context. Proceedings of the Third International Conference on the Ancient Novel, Groningen, 25-30 July 2000*, edd. M. Zimmerman-S. Panayotakis-W. Keulen, in corso di pubblicazione.

M. BRIOSO, "Aspectos formales del relato en la novela griega antigua", in *Actitudes literarias en la Grecia romana*, edd. M. Brioso-F.J. González Ponce, Sevilla 1998, 123-207.

M. BRIOSO, "Modelos narrativos de la novela griega antigua", in *Homenaje a Esperanza Albarrán Gómez*, Sevilla 1998, 39-53.

M. BRIOSO, "Aspectos del estilo directo en la novela griega antigua", *Habis* 30, 1999, 153-173.

M. BRIOSO, "El engaño en la novela griega antigua. Algunas consideraciones, 1", *Myrtia* 14, 1999, 57-91.

M. BRIOSO, "La técnica del resumen retrospectivo en la novela griega antigua", in Kalon theama. *Estudios de filología clásica e indoeuropeo dedicados a F. Romero Cruz*, edd. V. Bécares Botas *et al.*, Salamanca 1999, 51-63.

P. BROWN, *La société et le sacré dans l'Antiquité tardive*, Paris 1985.

P. BROWN, "Bodies and Minds: Sexuality and Renonciation in Early Christianity", in *Before Sexuality. The Construction of Erotic Experience in the Ancient Greek World*, edd. D.M. Halperin-J.J. Winkler-F. Zeitlin, Princeton 1990, 479-493.

L. BRUIT ZAIDMAN-P. SCHMITT PANTEL, *La religion grecque*, Paris 1989.

P. BRULÉ, *La fille d'Athènes. La religion des filles à Athenes à l'époque classique. Mythes, cultes et société*, Paris-Besançon 1987.

R. CAILLOIS, *Approches de l'imaginaire*, Paris 1974.

C. CALAME, *Métamorphoses du mythe en Grèce antique*, Genève 1988.

L. CALLEBAT, *Langages du roman latin*, Hildesheim 1998, Spudasmata 71.

A. CARSON, *Eros the Bittersweet. An Essay*, Princeton 1986.

R. CARVER, "Old-wives' Tales and Eloquent Narrations: Humanist Encounters with the Ancient Novels and Romances", in *The Ancient Novel in Context. Proceedings of the Third International Conference on the Ancient Novel, Groningen, 25-30 July 2000*, edd. M. Zimmerman-S. Panayotakis-W. Keulen, in corso di pubblicazione.

L. CASSON, *Travel in the Ancient World*, Toronto 1974.

T. CAVE, *Recognitions. A Study in Poetics*, Oxford 1988.

A. CAVALLO, "Conservazione e perdita dei testi greci", in *Tradizione dei classici, trasformazioni della cultura*, Roma-Bari 1986, 147-149.

K. CHEW, "The Representation of Violence in the Greek Novels and Martyr Accounts", in *The Ancient Novel in Context. Proceedings of the Third International Conference on the Ancient Novel, Groningen, 25-30 July 2000*, edd. M. Zimmerman-S. Panayotakis-W. Keulen, in corso di pubblicazione.

G. CHIARINI, "Il viaggio nella letteratura greco-latina: da Ulisse ad Apollonio re di Tiro, con una nuova proposta di lettura del viaggio di Enea", in Pothos*: il viaggio, la nostalgia*, Trento 1995, 61-76.

M. CICU, "La 'Poetica' di Aristotele e le strutture dell'antico romanzo di amore e di avventure", *Sandalion* 5, 1982, 107-141.

E. CIZEK, "Le roman moderne et les structures du roman antique", *BAGB* 33, 1974, 421-444.
F. CONCA-E. DE CARLI-G. ZANETTO, *Lessico dei romanzieri greci*, I, A-Γ, Milano 1983.
F. CONCA-E. DE CARLI-G. ZANETTO, *Lessico dei romanzieri greci*, II, Δ-I, Hildesheim-Zürich-New York 1989.
S. BETA- E. DE CARLI-G. ZANETTO, *Lessico dei romanzieri greci*, III, K-O, Hildesheim-Zürich-New York 1993.
P. CHARTIER, *Introduction au grandes théories du roman*, Paris 1990.
D. COHN, *Transparent Minds*, Princeton 1978.
C. CONNORS, "Ancient Novels and the Language of Place", in *The Ancient Novel in Context. Proceedings of the Third International Conference on the Ancient Novel, Groningen, 25-30 July 2000*, edd. M. Zimmerman-S. Panayotakis-W. Keulen, in corso di pubblicazione.
S. COURAUD-LALANNE, "Théâtralité et dramatisation rituelle dans le roman grec", in *Groningen Colloquia on the Novel IX*, edd. H. Hofmann-M. Zimmerman, Groningen 1998, 1-16.
S. COURAUD-LALANNE, "Histoire du 'genre' dans le roman grec, histoire d'un imaginaire social", in *The Ancient Novel in Context. Proceedings of the Third International Conference on the Ancient Novel, Groningen, 25-30 July 2000*, edd. M. Zimmerman-S. Panayotakis-W. Keulen, in corso di pubblicazione.
M. CROUZET, *Espaces romanesques*, Paris 1982.
E.R. CURTIUS, *Letteratura europea e medioevo latino*, tr. it. a c. di R. Antonelli, Firenze 1992.
M.A. DOODY, "Death and the Novel", in *The Ancient Novel in Context. Proceedings of the Third International Conference on the Ancient Novel, Groningen, 25-30 July 2000*, edd. M. Zimmerman-S. Panayotakis-W. Keulen, in corso di pubblicazione.
S. DÖPP, "Roman-romanhafte Literatur", in *Lexikon der antiken Christlichen Literatur*, edd. S. Döpp-W. Geerlings, Freiburg im Breisgau 1998, 533-535.
R. DOSTÁLOVÁ, *Il romanzo greco e i papiri*, Praha 1991.
H.J.W. DRIJVERS, "The Syriac Romance of Julian, its Function, Place of Origin and Original Language", in *VI Symposium Syriacum 1992, University of Cambridge, Faculty of Divinity, 30th August-2nd September 1992*, ed. R. Lavenant, Roma 1994, Orientalia Christiana Analecta 247, 201-214.
P.E. EASTERLING-E.J. KENNEY, *The Cambridge History of Classical Literature*, vol. I, *Greek Literature*, I, 2, *Greek Drama*, I, 4, *The Hellenistic Period and the Empire*, Cambridge 1989[2].
M. EDSALL, *The Role and Characterization of the Priest in the Ancient Novel*, Diss. Columbia 1996.
B. EGGER, "Zu den Frauenrolle im griechischen Roman: die Frau als Heldin und Leserin", in *Groningen Colloquia on the Novel*, I, ed. H. Hofmann, Groningen 1988, 33-66.
B. EGGER, *Women in the Greek Novel. Constructing the Feminine*, Irvine 1990.
J. FERGUSON, *Utopias of the Classical World*, London 1975.
M. FINKELBERG, *The Bitrth of Literary Fiction in Ancient Greece*, Oxford 1998.
N. FRYE, *The Secular Scripture*, Cambridge, Mass. 1976.
M. FUSILLO, " Textual Patterns and Narrative Situations in the Greek Novel", in *Groningen Colloquia on the Novel*, I, ed. H. Hofmann, Groningen 1988, 17-32.
M. FUSILLO, *Il romanzo greco. Polifonia ed eros*, Venezia 1989.

M. FUSILLO, "Le conflict des émotions: un *topos* du roman grec érotique", *MH* 47, 1990, 201-221.

M. FUSILLO, "Il testo nel testo: la citazione nel romanzo greco", *Materiali e discussioni per l'analisi dei testi classici* 25, 1990, 27-48.

M. FUSILLO, *Naissance du roman*, Paris 1991.

M. FUSILLO, "Letteratura di consumo e romanzesca", in *Lo spazio letterario della Grecia antica*, dir. G. Cambiano, L. Canfora, D. Lanza, I, 3, Roma 1994, 233-273.

M. FUSILLO, "Romanzo e romanzieri greci", *GIF* 49, 1997, 273-276.

M. FUTRE PINHEIRO, "Utopia and Utopianism in the Ancient Greek Novel", in *The Ancient Novel in Context. Proceedings of the Third International Conference on the Ancient Novel, Groningen, 25-30 July 2000*, edd. M. Zimmerman-S. Panayotakis-W. Keulen, in corso di pubblicazione.

C. GARCÍA GUAL, "Idea de la novela entre los griegos y romanos", *Estudios Clásicos* 29, 1975, 111-144.

C. GARCÍA GUAL, "Apuntes sobre el mimo y la novela griega", Barcelona 1975, *Anuario de Filología*, 33-41.

F. GARIN, "Sui romanzi greci", *SIFC* 17, 1909, 423-460.

H. GÄRTNER, Der antike Roman. Bestand und Möglichkeiten, in *Vorschläge und Anregungen*, ed. P. NEUKAM, München 1980, 24-56.

H. GÄRTNER, ed., *Beiträge zum griechischen Liebesroman*, Hildesheim 1984.

G. GENETTE-T. TODOROV, *Théorie des genres*, Paris 1986.

G. GIANGRANDE, "On the Origins of the Greek Romances", *Eranos* 60, 1972, 132-159.

G.P. GOLD-N. HOLZBERG, *Der antike Roman*, München-Zürich 1986.

E. GOFFMAN, *La mise en scène de la vie quotidienne*, I-II, Paris 1973.

P. GRIMAL, tr. & comm., *Romans grecs et latins*, Paris 1958.

C. GUAL, *Los orígenes de la novela*, Madrid 1988^2.

P. GUYOT-R. KLEIN, *Das frühe Christentum bis zum Ende der Verfolgungen. Eine Dokumentation*, Darmstadt 1992-1994.

T. HÄGG, *Narrative Technique in Ancient Greek Romances. Studies on Chariton, Xenophon Ephesius, and Achilles Tatius*, Stockholm 1971.

T. HÄGG, *Den antiken Romanen*, Uppsala 1980.

T. HÄGG, *The Novel in Antiquity*, Oxford 1983 = *Eros und Tyche. Der Roman in der antiken Welt*, Mein am Rhein 1987, l'edizione svedese è del 1980 ma non ho potuto consultarla perché non conosco la lingua.

E.H. HAIGHT, *Essays on the Greek Romances*, New York 1943.

E.H. HAIGHT, "Notes on Recent Publications about the Greek Novel", *CW* 46, 1953, 233-237.

D.M. HALPERIN-J.J. WINKLER-F.I. ZEITLIN, edd., *Before Sexuality. The Construction of Erotic Experience in the Ancient Greek World*, Princeton 1990.

W. HANSEN, "Strategies of Authentication and Recommendation in Ancient Popular Literature", in *The Ancient Novel in Context. Proceedings of the Third International Conference on the Ancient Novel, Groningen, 25-30 July 2000*, edd. M. Zimmerman-S. Panayotakis-W. Keulen, in corso di pubblicazione.

Oxford Readings in the Roman Novel, Oxford 1999, ed. S.J. HARRISON, bibl. 309-337.

S.J. HARRISON, *Introduction. Twentieth Century Scholarship on the Roman Novel*, in *Oxford Readings in the Roman Novel*, Oxford 1999, ed. S.J. Harrison, xi-xxxix.

K. HAYNES, "Power of the Prude: Configurations of the Feminine in the Greek Novel", in *The Ancient Novel in Context. Proceedings of the Third International Conference on the Ancient Novel, Groningen, 25-30 July 2000*, edd. M. Zimmerman-S. Panayotakis-W. Keulen, in corso di pubblicazione.

A. HEISERMAN, *The Novel before the Novel. Essays and Discussions about the Beginnings of Prose Fiction in the West*, Chicago-London 1977.

R. HELM, *Der antike Roman*, Göttingen 1956[2], tr. ingl. *The Ancient Novel*, London-New York 1995.

A. HENRICHS, *Die* Phoinikika *des Lollianus*, Bonn 1972, Papyrologische Texte und Abhandlungen 14.

Ancient Fiction and Early Christian Narrative, edd. R.F. Hock-J.B. Chance-J. Bradley-J. Perkins, Atlanta 1998, Society of Biblical Literature, Symposium Series Number 6, con bibl. 293-309.

M.J. HIDALGO DE LA VEGA, "La novela griega como vehículo de propaganda religiosa", in *Formas de difusión de las religiones antiguas. Segundo encuentro-coloquio de ARYS. Jarandilla de la Vera. Diciembre 1990*, edd. J. Alvar-C.Blánquez-C.G. Wagner, Madrid 1991, 197-214.

R. HOCK, "Why New Testament Scholars Should Read Ancient Novels", in *Ancient Fiction and Early Christian Narrative*, edd. R.F. Hock-J.B. Chance-J. Bradley-J. Perkins, Atlanta 1998, Society of Biblical Literature, Symposium Series Number 6, 121-138.

F. HOFF, "Les debuts de récites en latin. Pour une typologie", in *Dossiers d'études pour l'enseignement des langues anciennes*, 16, Annales du CRDP de Strasbourg, CNARELA-ARELAS, 23-37.

G. HOFFMANN, *Le châtiment des amants dans la Grèce ancienne*, Paris 1990.

H. HOFMANN, ed., *Groningen Colloquia on the Novel. Volume I*, Groningen 1988; *Volume II*, Groningen 1989; *Volume III*, Groningen 1990; *Volume IV*, Groningen 1991; *Volume V*, Groningen 1993; *Volume VI*, Groningen 1995.

H. HOFMANN-M. ZIMMERMAN, edd., *Groningen Colloquia on the Novel, Volume VII*, Groningen 1996; *Volume VIII*, Groningen 1997; *Volume IX*, Groningen 1998.

H. HOFMANN, "Introduction", in *Latin Fiction: the Latin Novel in Context*, ed. ID., London 1999, 1-19.

N. HOLZBERG, *Der antike Roman: eine Einführung*, München und Zürich 1986.

ICAN I, Erotica antiqua. First International Conference on the Ancient Novel, Bangore, Wales 1976 ed. B. Reardon, Bangore 1977.

ICAN II, Classical Paradigms and Modern Perspectives. Second International Conference on the Ancient Novel, Dartmouth, U.S.A. 1989, edd. J. Tatum-G. Vernazza, Hannover, N.H. 1990.

ICAN III, The Ancient Novel in Context. Third International Conference on the Ancient Novel, Groningen 2000, edd. M. Zimmerman-S. Panayotakis-W.H. Keulen, in corso di stampa.

A. JACOBS, "A Family Affair: Marriage, Class and Ethics in the Apocryphal *Acts of the Apostles*", *Journal of Early Christian Studies* 7, 1999, 105-138.

R. JOHNE, "Übersicht über die antiken Romanautoren bzw. -werke mit Datierung und weiterführender Bibliographie", in *Der antike Roman. Untersuchungen zur literarischen Kommunikation und Gattungs-*

geschichte, hrsg. von H. Kuch, Berlin 1989, Veröffentlichungen zur Literarischen des Zentralinstituts für Alte Geschichte und Archäologie der Akademie der Wissenschaften der DDR 19, 198-230.

K. KERÉNYI, *Der antike Roman*, Darmstadt 1971.

K. KERÉNYI, *Der antike Roman. Einführung und Textauswahl*, Darmstadt 1971.

K. KERÉNYI, *Die griechisch-orientalische Romanliteratur in religionsgeschichtlicher Beleuchtung*, Tübingen 1927; Darmstadt 1962², 1973 rist.

D. KONSTAN, "Love in the Greek Novel", *Differences. A Journal of Feminist Cultural Studies*, 2, 1990, 185-205.

D. KONSTAN, *Sexual Symmetry. Love in the Ancient Novel and Related Genres*, Princeton 1994.

D. KONSTAN, "The Invention of Fiction", in *Ancient Fiction and Early Christian Narrative*, edd. R.F. Hock-J.B. Chance-J. Bradley-J. Perkins, Atlanta 1998, Society of Biblical Literature, Symposium Series Number 6, 3-17.

G.A.A. KORTEKAAS, ed., *Historia Apollonii regis Tyri*, Groningen 1984, Mediaevalia Groning. 3.

H. KUCH *et alii*, *Der antike Roman. Untersuchungen zur literarischen Kommunikation und Gattungsgeschichte*, Berlin 1989.

H. KUCH, *Die Herausbildung des antiken Romans als Literaturgattung*, in *Der antike Roman. Untersuchungen zur literarischen Kommunikation und Gattungsgeschichte*, ed. H. Kuch, Berlin 1989, 11-51.

H. KUCH, "Die 'Barbaren' und der antike Roman", *Das Altertum* 35, 1989, 80-86.

F. KUDLIEN, "Kindesaussetzung im antiken Roman: ein Thema zwischen Fiktionalität und Lebenswirklichkeit", in *Groningen Colloquia on the Novel*, II, ed. H. Hofmann, Groningen 1989, 25-44.

R. KUSSL, *Papyrusfragmente der griechischen Romane. Ausgewählte Untersuchungen*, Tübingen 1991, Classica Monacensia 11.

B. KYTZLER, "Der regenbogen der Gefühle – kontrastierende Empfindungen im antiken Roman", in *The Ancient Novel in Context. Proceedings of the Third International Conference on the Ancient Novel, Groningen, 25-30 July 2000*, edd. M. Zimmerman-S. Panayotakis-W. Keulen, in corso di pubblicazione.

P. JANNI, a c. di, *Il romanzo greco: guida storica e critica*, Roma-Bari 1987.

W.K. LACEY, *The Family in Classical Greece*, London 1968, 1972².

G. LAMBIN, "Sur les origines du roman grec", *AC* 68, 1999, 57-80.

R. LANE FOX, *Pagans and Christians in the Mediterranean World from the Second Century AD to the Conversion of Constantine*, London-New York 1988.

M. LAPLACE, "Eloquence et navigation à l'époque imperiale", in *Actes du XIème Congrès de l'Association Guillaume Budé*, II, Paris 1985, 72-74.

B. LAVAGNINI, *Studi sul romanzo greco*, Messina-Firenze 1950.

B. LAVAGNINI, "Ancora sul romanzo greco", *ASNSP*, Cl.di Lett. e Filos., ser. III, 15, 1985, 69-80.

G. LEROUX, "Du topos au thème. Sept variations", *Poétique* 64, 1985, 445-454.

A. LESKY, *Geschichte der griechischen Literatur*, tr. it. *Storia della letteratura greca*, III, Milano 1987¹¹, 1051-1066.

F. LÉTOUBLON, "Le miroir et la boucle", *Poétique* 40, 1983, 19-35.

F. LÉTOUBLON, "La Modernité de la Grecque de Prévost et la tradition grecque du genre romanesque", in *Cahiers Prévost d'Exiles* 6, 1989, 49-122.

F. LÉTOUBLON, *Les lieux communs du roman. Stéréotypes grecs d'aventure et d'amour*, Leiden-New York-Köln 1993.

F. LÉTOUBLON, "La lettre dans le roman grec ou les liaisons dangereuses", in *The Ancient Novel in Context. Proceedings of the Third International Conference on the Ancient Novel, Groningen, 25-30 July 2000*, edd. M. Zimmerman-S. Panayotakis-W. Keulen, in corso di pubblicazione.

D.N. LEVIN, "To Whom did the Ancient Novelists Address Themselves?", *RSClass* 25, 1977, 18-29.

P. LIVIABELLA FURIANI-A.M. SCARCELLA, edd., *Piccolo mondo antico: le donne, gli amori, i costumi, il mondo reale nel romanzo greco antico*, Napoli 1989, Pubblicazioni dell'Università di Perugia.

N. LORAUX, *Façons tragiques de tuer une femme*, Paris 1985.

G. LUCACS, *La théorie du roman*, Paris 1968[2].

H.I. MARROU, *Histoire de l'éducation dans l'Antiquité*, Paris 1981[6].

G. MAY, *L'autobiographie*, Paris 1982[2].

O. MAZAL, "Der griechische und byzantinische Roman in der Forschung von 1945 bis 1960", *Jahrbuch des Östlich. Byzant. Gesell.*, 11-12, 1962-63, 7-55.

O. MAZAL, "Der griechische und byzantinische Roman in der Forschung von 1945 bis 1960", *Jahrbuch des Östlich. Byzant. Gesell.* 13, 1964, 83-124.

R. MERKELBACH, "Literarische Texte unter Ausschluß der Christlichen", *APF* 16, 1958, 122-123.

R. MERKELBACH, *Roman und Mysterium in der Antike*, München-Berlin 1962.

R. MERKELBACH, "Fragment eines satirischen Romans. Aufforderung zur Berichte", *ZPE* 11, 1973, 81-100.

R. MERKELBACH, *Die Hirten des Dionysos. Mysterien der Römischen Kaiserzeit*, München-Berlin 1988.

J.D. MIKALSON, *Athenian Popular Religion*, Chapel Hill 1987[2].

C. MIRALLES, *La novela en la antigüedad clásica*, Barcelona 1968.

G. MOLINIÉ, *Du roman grec au roman baroque*, Toulouse 1982.

A. MOREAU, *L'initiation. Les rites d'adolescence et les mystères*, I-II, Montpellier 1992.

J.R. MORGAN, "Make-believe and Make Believe: the Fictionality of the Greek Novels", in *Lies and Fiction in the Ancient World*, ed. C. Gill-T.P. Wiseman, Austin 1993, 175-229.

J.R. MORGAN-R. STONEMAN, *The Greek Novel in Context*, London 1994.

C. MOSSÉ, *La femme dans la Grèce ancienne*, Paris 1983.

C. MOSSÉ, *La Grèce ancienne*, Paris 1986.

M.D. MUCHOW, *Passionate Love and Respectable Society in Three Greek Novels*, The J. Hopkins Univ., Ph.D. 1988, UMI Diss. Services, Ann Arbor 1991.

C.W. MÜLLER, "Der griechische Roman", in *Neues Handbuch der Literaturwissenschaft*, edd. K. See-E. Vogt, Wiesbaden 1981, 377-412.

L.S. NASRALLAH, "*She Became the Words Signified*: the Greek *Acts of Andrew*'s Construction of the Reader's Discipline, in *The Apocryphal Acts of the Apostles*, edd. F. Bovon *et al.*, Cambridge 1999, 233-258.

A.V. NAZZARO, "Narratologia antica e medioevale", *GIF* 49, 1997, 79-91.
S. NIMIS, "The Sense of Open-Endedness in the Ancient Novel", *Arethusa* 32, 1999, 215-238.
S. NIMIS, "*In mediis rebus*: Second Beginnings in the Ancient Novel", in *The Ancient Novel in Context. Proceedings of the Third International Conference on the Ancient Novel, Groningen, 25-30 July 2000*, edd. M. Zimmerman-S. Panayotakis-W. Keulen, in corso di pubblicazione.
E. NORDEN, *Die Antike Kunstprosa vom VI. Jahrhundert v. Chr. bis in die Zeit der Renaissance*, Stuttgart 1958.
H.A. ORMEROD, *Piracy in the Ancient World*, New York 1987.
R.A. PACK, *The Greek and Latin Literary Texts from Graeco-Roman Egypt*, Ann Arbor 1965².
P. PARSONS, "A Greek *Satyricon*?", *BICS* 18, 1971, 53-68.
J. PERKINS, "Social Geography in the Apocryphal *Acts of the Apostles*", in *The Ancient Novel in Context. Proceedings of the Third International Conference on the Ancient Novel, Groningen, 25-30 July 2000*, edd. M. Zimmerman-S. Panayotakis-W. Keulen, in corso di pubblicazione.
B.E. PERRY, *The Ancient Romances. A Literary-Historical Account of Their Origins*, Berkeley-Los Angeles 1967, Sather Classical Lectures 37.
R. PERVO, *Profit with Delight: the Literary Genre of the* Acts of the Apostles, Minneapolis 1987.
R. PERVO, "Early Christian Fiction", in J.R. Morgan-R. Stoneman, edd., *Greek Fiction: the Greek Novel in Context*, London-New York 1994.
R. PERVO, "The Ancient Novel Yesterday and Today", *Journal of Higher Criticism* 2, 1995, 3-32.
R. PFEIFFER, *History of Classical Scolarship. From the Beginning to the End of the Hellenistic Age*, Oxford 1971².
R. POIRIER, *La bibliothèque universelle des romans. Rédacteurs, textes, publique*, Genève 1977.
S. RABAU, "La première phrase du premier roman", *Poétique* 82, 1990, 131-144.
M. RAIMOND, *Le roman*, Paris 1988.
R.M. RATTENBURY, "Romance: Traces of Lost Greek Novels", in *New Chapters in the History of Greek Literature*, 3rd. Series, ed. J.U. Powell, Oxford 1933, 211-257.
B.P. REARDON, *Courants littéraires grecs des IIᵉ et IIIᵉ siècles après J.-C.*, Paris 1971, Annales Littéraires de l'Université de Nantes 3, 309-403.
B.P. REARDON, "The Second Sophistic and the Novel", in *Approaches to the Second Sophistic, Papers Presented at the 105th Annual Meeting of the American Philological Association*, ed. G.W. Bowersock, University Park, Pa., 1974, 23-29.
B.P. REARDON, Erotica antiqua. *International Conference on the Ancient Novel*, Bangor 1977.
B.P.REARDON, *The form of the ancient Greek romance*, in *The Greek Novel A.D. 1-1985*, ed. Beaton, London-New York-Sidney 1988, 205-217.
B.P. REARDON, ed., *Collected Ancient Greek Novels*, Berkeley-Los Angeles 1989.
B.P. REARDON, *The Form of Greek Romance*, Princeton N.J. 1991.
M.D. REEVE, "Hiatus in the Greek Novelists", *CQ*, n.s., 21, 1971, 514-539.
Y. REUTER, *Introduction à l'analyse du roman*, Paris 1985.
L.D. REYNOLDS, *Scribes and Scholars*, Oxford 1968.
L.D. REYNOLDS, ed., *Texts and Transmission: a Survey on the Latin Classics*, Oxford 1983.
G. RINALDI, *La Bibbia dei pagani*, I, *Quadro storico*; II, *Testi e documenti*, Bologna 1998.

M. ROBERT, *Roman des origines et origines du roman*, Paris 1972, 1977².

P. ROBIANO, "Heurs et malheurs du roman grec", *Kentron* 8, 1992, 45-54.

E. ROHDE, *Der griechische Roman und seine Vorläufer*, Hildesheim 1876, Leipzig 1914³, 1960⁴, rist. della 3^ ed. di Lipsia = Hildesheim 1960.

J. ROUSSET, *Leur yeux se rencontrèrent. La scène de première vue dans le roman*, Paris 1981.

J. ROUSSET, *Narcisse romancier. Essai sur la première personne dans le roman*, Paris 1986.

J. ROUSSET, "De l'invisible au visible: la morte-vivante", in *Du visible à l'invisible. Pour Max Milner*, Paris 1988.

C. RUIZ MONTERO, "Los orígenes de la novela griega: revisión crítica y nuevas perspectivas", *SphS* 5, 1981, 273-301.

C. RUIZ MONTERO, *La estructura de la novela griega. Análisis funcional*, Salamanca 1988.

C. RUIZ MONTERO, "La concepción de la mujer en los textos griegos de comienzos del imperio", in *Mujer e Investigación: Encuentros de primavera del Ceumu*, edd. L. Frutos Balibrea A-R. Maurandi Guirado, Univ. Murcia 1998, 507-514.

D.A. RUSSELL, *Criticism in Antiquity*, London 1981.

D.A. RUSSELL, ed., *Antonine Literatur*, Oxford 1990.

S. SAÏD, "La société dans le roman grec ou la campagne vue de la ville", in E. Frézouls, ed., *Sociétés urbaines, sociétés rurales dans l'Asie Mineure et la Syrie héllenistiques et romaines. Actes du Colloque organisé à Strasbourg 1985*, Strasbourg 1987, 149-171.

C. SALLES, *Les bas-fonds de l'Antiquité*, Paris 1982.

G.N. SANDY, "Recent Scolarship on the Prose Fiction of Classical Antiquity", *Classical World* 67, 1974, 321-359 = *The Classical World Bibliography of Roman Drama and Poetry and Ancient Fiction*, New York-London 1978.

G.N. SANDY, "Ancient Prose Fiction and Minor Early English Novel", *Antike und Abendland* 25, 1979, 41-55.

A.M. SCARCELLA, "Metastasi narratologica del dato storico nel romanzo erotico greco", in *Atti del Convegno Internazionale 'Letterature classiche e narratologia'*, Napoli 1981, 341-367.

A.M. SCARCELLA, "Morfologia e ideologia dionisiaca nel romanzo greco d'amore", *Quad. Ist. Filos., Fac. Magistero, Univ. Perugia*, 3, 1985, 11-23.

A.M. SCARCELLA, "Il mare, le fonti, i fiumi: l'altra faccia della geografia ideale dei romanzi erotici greci, I", *Euphrosyne* 16, 1988, 257-270; II, *ibid.*, 18, 1990, 243- 266.

A.M. SCARCELLA, *Romanzo e romanzieri. Note di narratologia greca*, a c. di P. Liviabella Furiani-L. Rossetti, I-II, Napoli 1993.

O. SCHISSEL, *Entwicklungsgeschichte des griechische Romanes im Altertum*, Halle 1913.

G. SCHMELING, "The Spectrum of Narrative: Authority of the Author", in *Ancient Fiction and Early Christian Narrative*, edd. R.F. Hock-J.B. Chance-J. Bradley-J. Perkins, Atlanta 1998, Society of Biblical Literature, Symposium Series Number 6, 19-29.

G. SCHMELING, "Myths of Person and Place: the Search for a Model for the Ancient Greek Novel", in *The Ancient Novel in Context. Proceedings of the Third International Conference on the Ancient Novel, Groningen, 25-30 July 2000*, edd. M. Zimmerman-S. Panayotakis-W. Keulen, in corso di pubblicazione.

K. SCHNEIDER, *Studien zur Entfaltung der altkirchlichen Theologie der Auferstehung*, Bonn 1999.

E. SCHWARTZ, *Fünf Vorträge über den griechischen Roman*, Berlin 1896.

A. SCOBIE, *Aspects of the Ancient Romance and its Heritage*, Meisenheim an Glan 1969.

A. SCOBIE, *More Essays on the Ancient Romance and its Heritage*, Meisenheim am Glan 1973, Beiträge für klass. Philol. 46.

Semiotica della novella latina, Roma 1986, Materiali e Contributi per la storia della narrativa greco-latina 4.

A. SCOBIE, "Storytellers, Storytelling and the Novel in Graeco-roman Antiquity", *RhM* 122, 1979, 229-259.

T. SINKO, "De ordine quo erotici scriptores Graeci sibi successisse videantur", *Eos* 41, 1940-46, 23-45.

E. SIRONEN, "The Role of Inscriptions in the Graeco-Roman Novels", in *The Ancient Novel in Context. Proceedings of the Third International Conference on the Ancient Novel, Groningen, 25-30 July 2000*, edd. M. Zimmerman-S. Panayotakis-W. Keulen, in corso di pubblicazione.

R. SÖDER, *Die Apokryphen Apostelgeschichten und die romanhafte Literatur der Antike*, Stuttgart 1932, Würzburger Studien zur Altertumswissenschaft 3.

G. SÖRBOM, *Mimesis and Art. Studies in the Origin and Early Development of an Aesthetic Vocabulary*, Uppsala 1966.

S.A. STEPHENS, "Popularity in the Ancient Novel", in *The Ancient Novel. Classical Perspectives and Modern paradigms. Proceedings of the 1989 International Conference on the ancient Novel, Dartmouth, NH*, edd. J. Tatum-G. Vernazza, Hannover, N.H. 1990, 148-149.

S.A. STEPHENS-J.J. WINKLER, *Ancient Greek Novels: The Fragments*, Princeton 1993.

S.A. STEPHENS, "Who Read Ancient Novels?", in *The Search for the Ancient Novel*, ed. G. Tatum, Baltimore-London 1994, 405-418.

A. STRAMAGLIA, Res inauditae, incredulae. *Storie di fantasmi nel mondo greco-latino*, Bari 1999, Le Rane, Collana di Studi e Testi, Studi 24.

S. SWAIN, *Oxford Readings in the Greek Novel*, Oxford 1999 [con bibliografia a 382-412].

S. TAILLEUR, "Models amoreux proposées par les romans grecs", *Kentron* 1, 1985, 11-16.

J. TATUM, ed., *The Search for the Ancient Novel, Selected Papers of the II ICAN Conference,* Baltimore-London 1994.

C. THOMAS, *Stories without Text and without Authors: the Problems of Fluidity in Ancient Novelistic Texts and Early Christian Literature,* in *Ancient Fiction and Early Christian Narrative*, edd. R.F. Hock-J.B. Chance-J. Bradley-J. Perkins, Atlanta 1998, Society of Biblical Literature, Symposium Series Number 6, 273-291.

S. TRENKNER, *The Greek Novella in the Classical Period*, Cambridge 1958.

S. TRENKNER, *Le style* KAI *dans le récit attique oral*, Assen 1960.

H. VAN THIEL, *Der Eselsroman. Untersuchungen zur Technik und Komposition*, I, München 1971, Zetemata 54, 1.

K. TREU, *Der antike Roman und seine Publikum*, in *Der antike Roman. Untersuchungen zur literarischen Komminikation und Gattungsgeschichte,* hrsg. von H. Kuch, Berlin 1989, 178-197.

R. TURCAN, *Le roman initiatique: à propos d'un livre récent*, *RHR* 163, 1963, 149-199.

F. UEBEL, "Literarische Texte unter Ausschluß der Christlichen", *APF* 21, 1971, 181.

K. WALDNER, "Gewalt und Wahrheit: zur Repräsentation öffentlicher Bestrafung in der kaiserzeitlichen Literatur", in *The Ancient Novel in Context. Proceedings of the Third International Conference on the Ancient Novel, Groningen, 25-30 July 2000*, edd. M. Zimmerman-S. Panayotakis-W. Keulen, in corso di pubblicazione.

P.G. WALSH, *The Roman Novel*, Cambridge 1970.

F. WEHRLI, "Einheit und Vorgeschichte der griechisch-römischen Romanliteratur", *MH* 22, 1965, 133-154 = Eiusd. *Theoria und Humanitas*, Zürich-München 1972, 242-266.

O. WEINREICH, *Der griechische Liebesroman*, Zürich 1962 [originariamente *Nachwort* alla tr. di Eliodoro di R. REYMER, Zürich 1950].

B. WESSELING, "The Audience of the Ancient Novel", in *Groningen Colloquia on the Novel*, I, ed. H. Hofmann, Groningen 1988, 67-80.

S. WEST, "Notes on Some Romance Papyri", *ZPE* 7, 1971, 95.

S. WIERSMA, "The Ancient Greek Novel and its Heroines: a Female Paradox", *Mnemosyne*, ser. IV, 43, 1990, 109 -123.

É. WOLFF, *Le roman grec et latin: thèmes et études*, Paris 1997.

S.L. WOLFF, *The Greek Romances in Elizabethan Prose Fiction*, New York 1912, Columbia University Studies in Comparative Literature,12.

G. ZANETTO, "La lingua dei romanzieri greci", *GIF* 42, 1990, 233-242.

G. ZANETTO, "Il romanzo greco: lingua e pubblico", in *The Ancient Novel. Classical Perspectives and Modern Paradigms. Proceedings of the 1989 International Conference on the Ancient Novel, Dartmouth, NH*, edd. J. Tatum-G. Vernazza, Hannover, N.H. 1990, 147-148.

G. ZANETTO, "Archaic Iambos and Greek Novel: a Possible Connection", in *The Ancient Novel in Context. Proceedings of the Third International Conference on the Ancient Novel, Groningen, 25-30 July 2000*, edd. M. Zimmerman-S. Panayotakis-W. Keulen, in corso di pubblicazione.

F. ZIMMERMANN, "Aus der Welt des griechischen Romans", *Die Antike* 11, 1935, 292.

F. ZIMMERMANN, *Griechische Roman-Papyri*, Heidelberg 1936.

F. ZIMMERMANN, "Zum Stand der Forschung über den Roman in der Antike", *F&F* 26, 1950, 59-62.